2230.
An-6.

20522

ŒUVRES
DE MONSIEUR
DE SAINT-EVREMOND,

Publiées sur les Manuscrits de l'Auteur.

Nouvelle édition revûë, corrigée & augmentée de la vie de l'Auteur.

TOME SIXIEME.

A LONDRES,

Chez JACOB TONSON, Libraire, à *Grais-Inn-Gate.*

Et se vendent chez les Libraires François, dans le *Strand.*

M. DCCXXV.

TABLE DES PIECES.

Contenuës dans ce sixiéme Tome.

I. Apologie de M. le Duc de Beaufort, contre la Cour, la Nobleſſe, & le Peuple, page 1

II. De l'Uſage de la Vie; par Monſieur de la VALTERIE. 22

   CHAP. I. Que l'homme doit s'appliquer à la recherche de ſa Felicité, puiſqu'il eſt en ſon pouvoir d'augmenter ſes plaiſirs, & de diminuer ſes miſeres. ibid.

   CHAP. II. De l'Exiſtence de Dieu. 28

   CHAP. III. Qu'il faut diminuer la violence de ſes deſirs par la conſideration de la veritable valeur des choſes que l'on deſire. 36

   CHAP. IV. De la Reputation. 39

   CHAP. V. Des Ennuis & des Déplaiſirs. 44

   CHAP. VI. Des Plaiſirs. 56

III. Fragment traduit de Petrone ſur l'Eloquence, par le même Auteur. 66

IV. Lettre de l'autre Monde. 107

TABLE DES PIECES.

Réponse à la Lettre de l'autre Monde. 115
V. De l'Etude & de la Conversation. 118
VI. De l'Amitié. 127
VII. Lettre à une Dame qui étoit allée à Bourbon avec Madame la Duchesse de *** 134
VIII. Lettre de M. Pavillon à Madame Pelissary, sur le Voyage de Mademoiselle sa Fille en Angleterre. 136
IX. De la vraye & de la fausse Beauté des Ouvrages d'Esprit, par M. de la VALTERIE. 144
    CHAP. I. ibid.
    CHAP. II. De l'honnêteté des Expressions. 158
    CHAP. III. De la Justesse du Raisonnement. 169
X. Colomesiana. 183
XI. Memoires de Madame la Duchesse Mazarin, par M. l'Abbé de Saint Real. 280
XII. Lettre contenant le Portrait & le Caractere de Madame Mazarin. 366
XIII. Plaidoyé de M. ERARD pour M. le Duc de Mazarin, Demandeur; Contre Madame la Duchesse de Mazarin son Epouse, Défenderesse, avec l'Extrait de l'Arrest. 379
XIV. Lettre de M. ERARD à M. le Duc de Caderousse, au sujet du Plaidoyé cy-dessus. 498

APOLOGIE

APOLOGIE (1)
DE Mr. LE DUC
DE BEAUFORT.

Contre la Cour, la noblesse & le peuple.

ESSIEURS,

Si j'étois aussi éloquent que ceux qui ont écrit pour la Cour, ou pour les Princes, vous auriez une belle apologie en faveur du Duc de Beaufort ; mais n'ayant fait que chasser toute ma vie, & joüer à la longue paume

---

(1) Le Duc de Candale, le Comte de Palluau, le Comte de Moret, Mr de St. Evremond, & cinq ou six autres ayant soupé ensemble, & se trouvant de bonne humeur, travaillerent à cette ingénieuse Satire. Chacun fournit ce qu'il croyoit le plus capable de tourner en ridicule le Duc de Beaufort ; & Mr. Girard, Auteur de la VIE du Duc d'Epernon, fut chargé de la mettre en ordre.

paume avec lui, vous me dispenserez, s'il vous plaît, de la fatigue de l'éloquence, & me permettrez d'aller mon grand chemin sans barguigner.

Pour entrer d'abord en matiere, il me semble, qu'il y a trois points en mon discours aussi-bien que dans son avis. Le premier est de le justifier à la Cour, qui le croit, dit-on, mal-intentionné : Le second, de le rétablir auprès de la noblesse, qui l'a méprisé : Le troisiéme, de lui redonner l'amitié du public, qui l'abandonne. Jugez, Messieurs, si j'ai peu de chose à faire, & s'il ne seroit pas plus aisé de délivrer les Princes, & de perdre le Cardinal, que de réüssir à ce que j'entreprens. Mais il n'importe, *in magnis voluisse sat est ; si periculum supra vires, animus saltem non defuit.*

I. Je dis, que la Cour est tout-à-fait injurieuse à Monsieur de Beaufort, de croire qu'il a de mauvais sentimens contre elle; & voici comme je raisonne là-dessus. Si Monsieur de Beaufort avoit conservé quelque haine pour la Cour; si la reconciliation de Monsieur le Cardinal n'étoit pleine de sincerité & de franchise, il se maintiendroit en état de lui nuire, ou de s'en garantir; mais tant s'enfaut, pour ôter tout sujet de crainte & de soupçon; pour établir une entiere confiance, il se décredite exprès dans

le

le Parlement, il s'attire le mépris des honnêtes-gens, & la haine des peuples. Quelle apparence donc, que Monsieur de Beaufort faisant toutes les choses, qui doivent plaire à la Cour, ait dessein de la desservir, ou de se broüiller avec elle?

Davantage, s'il étoit vrai, qu'il voulût entretenir une confédération désavantageuse à l'autorité du Roi, il seroit uni avec les frondeurs; & tous ensemble auroient un même but, & les mêmes interêts; mais chacun sait, qu'il a rompu avec Madame de Chevreuse, de peur qu'il ne semblât aller contre le Testament de Louis XIII. s'il conservoit quelque sorte de liaison avec elle; quelle apparence donc, qu'un homme, qui a des respects si délicats pour la mémoire du feu Roi, pût avoir des sentimens si pernicieux contre celui-ci?

Pour l'union du Ministre & de l'Amiral (1), on ne sauroit apparemment la desirer ni plus forte, ni plus étroite; & ils sont trop genereux l'un & l'autre, pour croire qu'on ait donné & reçu quatre vingt mille livres de rente, comme un gage trompeur d'une fausse réconciliation.

Mais afin de laisser les conjectures, où il

_____

(1) Le Duc de Beaufort étoit alors (1650) Grand Amiral.

il y a mille choses concluantes, pourquoi l'auroit-on appellé Mazarin sur le Pont-neuf, au Palais, & dans tous les lieux publics ? Pourquoi dans la derniere assemblée du Parlement auroit-il sollicité ce qui lui reste d'amis en sa faveur, s'il n'étoit veritablement dans ses interêts ?

On l'accuse de contribuer de tout son credit à la ruine du Duc d'Epernon : Et que peut faire autre chose ce genereux Prince, à moins que de souffrir les injures chrétiennement, & de s'enfermer dans un cloître ? Ne faut-il pas avoüer, que jamais persécution ne fut pareille à celle que lui fit le Duc de Candale, & son acharnement à deshonorer un parent si proche, ne mérite-t'il pas bien cette vengeance ?

Mais à dire vrai, ce ne sont qu'interêts particuliers ; en tout cas il se vange de ses ennemis malgré la Cour, & par une espece de compensation, il fait abandonner ses amis pour lui plaire. Fontrailles & Matta autrefois si passionnés pour ses interêts en ont fait l'expérience, & le Comte de Fiesque, après avoir reçu le même traitement, devroit se reprocher toute sa vie l'inutile generosité qu'il eut pour lui.

Concluons donc, que jamais personne n'a mieux suivi les intentions de la Cour, & que la Reine auroit fort mauvaise grace de
lui

lui refuser le gouvernement de Bretagne, si elle croyoit que les grands services qu'il a rendus, ne sont pas bien payez de l'Amirauté.

II. Après avoir justifié ce grand Duc pour ce qui regarde la Cour, je le veux justifier auprès de la vray noblesse, & faire voir, que rien n'est plus déraisonnable que le mépris qu'on en a fait depuis quelque tems.

Quand je parle de la vray noblesse, je n'entens pas ceux, que le seul langage de ce Prince fait ses ennemis; gens nourris dans la molesse & dans l'oisiveté, à qui les ruelles ont donné des entretiens tout particuliers.

Monsieur de Beaufort fait gloire d'ignorer des termes trop délicats, & capables d'amolir les courages, comme d'affoiblir les esprits. Il ne sait ce que c'est de justesse, ni de discernement; il ne cherche ni la politesse aux repas, ni la propreté aux habits; mais il sait se faire aimer de ses voisins, & quand il a besoin d'amis, il trouve des cent gentilshommes travestis en diables (1), qui ne manquent point de brocher Bayard (2). Voilà quelle est la maniere de vivre de ce grand

(1) En habit de Chasse.
(2) Le Duc de Beaufort apelloit brocher Bayard, courir à toute bride après les chiens dans des godis.

grand Duc. Je voi bien, que j'ai à satisfaire la noblesse sur un autre point, & qu'il y a peu de gentilshommes, qui parlant de l'affaire de Renard (1), ne parlent aussi du peu d'envie qu'on a eu de satisfaire des gens de qualité si fort offensés. Avant que de venir au détail, je vous dirai, que le bon Prince s'est repenti mille fois de cette action ; & pour

(1) Renard étoit valet de chambre du Commandeur de Souvré. Il s'entendoit fort bien en tapisseries, & il en faisoit apporter chez lui des plus belles, & les vendoit aux personnes de qualité. Le Cardinal Mazarin en achetoit souvent, & il avoit quelquefois d'assez longues conversations avec lui sur ces sortes de choses. Il acheta une petite place auprès des Tuilleries, & y fit un Jardin extrémement propre, qui étoit le rendez-vous ordinaire des personnes de la Cour lors qu'elles sortoient des Tuilleries. Dans le tems que les frondeurs ne vouloient pas laisser entrer le Roi dans Paris, les Courtisans ne laissoient pas d'aller aux Tuilleries, & delà au Jardin de Renard, qui y avoit une entrée. Un jour que le Duc de Candale, le Marquis de Jarzay, Bouteville, Saint Mesgrin, & quelques autres avoient fait partie d'y souper, les frondeurs l'ayant su, dirent qu'il ne falloit pas souffrir cela, parce que si le peuple les voïoit souvent, il s'accoûtumeroit insensiblement à voir le Roi. Le Duc de Beaufort partit là-dessus, suivi de beaucoup de gens ; & les ayant trouvés à table, il chassa les violons; renversa les viandes, & fit tout le desordre dont il étoit capable.

pour vous montrer, que je n'approuve pas l'affaire, ni la suite qu'elle a euë, je l'accuse d'avoir eu trop d'emportement & de courage chez Renard; & trop de refléxions & de sagesse dans le procedé. Mais pour peu de bonté que vous ayez, Messieurs, vous excuserez un homme, qui a pris seulement une chose pour l'autre; qui fut vaillant, quand il falloit être sage; & qui fut sage, quand il falloit être vaillant: si bien que ce n'est qu'un peu de mécompte, & vous auriez trop de severité si vous ne lui pardonniez cette méprise.

Et après tout, quand on voudroit prendre les choses à la rigueur, contre qui se devoit battre Monsieur de Beaufort ? S'il se fût battu contre Monsieur de Candale, qui étoit le vrai procedé en cette affaire, au moindre désavantage qu'il eût eu; toute la Cour s'en fût réjoüie : la Reine étoit encore aigrie de la guerre de Paris : sa réconciliation avec Monsieur le Cardinal Mazarin n'étoit pas encore bien faite : presque tous les gens du monde s'étoient offerts à Monsieur de Candale : Dieu sait quelle joye, s'il eût reçû quelque blessure, ou rendu l'épée ? De se battre contre Bouteville, c'étoit une chose presque aussi fâcheuse, il ne lui pouvoit arriver du desordre, que Monsieur le Prince & tous ses amis n'en eussent

A 4 pris

pris un merveilleux avantage. De la façon qu'il avoit traité Jarzay, c'étoit une affaire sans quartier, & dans le vœu qu'il a fait d'obferver le précepte naturel toute fa vie, il n'avoit garde de fe porter à cette inhumanité.

Il eft certain, qu'il fe fût battu contre Moret, mais celui-ci lui donna un rendez-vous trop éloigné des Chirurgiens, comme lui dit judicieufement Monfieur de Beaufort : Et quant à ce que difoit là-deffus Monfieur de Palluau, qu'il devoit fe contenter de la poudre de fympathie, cela eft bon à des gens comme lui fans confcience ; mais ce Prince eft trop homme de bien pour fe fervir de remedes qui ne font pas naturels, Madame de Vendôme lui prêchant toûjours, qu'il vaut mieux mourir mille fois, que de chercher fa guérifon dans la magie.

Voilà les raifons qu'il avoit de ne point tirer l'épée : chacun en aura les fentimens qu'il voudra : pour moi, je croirai toûjours qu'un homme génereux ne fauroit apporter trop de précaution, pour empêcher que fes ennemis n'ayent avantage fur lui ; ce qui pouvoit arriver à Monfieur de Beaufort, s'il fe fût commis avec des perfonnes défefperées. Mais je veux qu'il ait été emporté de trop de chaleur, & que par l'impetuofité d'un grand cœur, dont il ne

fut

fut pas le maître en cette occasion, il ait offensé mal-à-propos tant d'honnêtes gens : est-ce à dire qu'un outrage ne se puisse réparer que par la mort ? & lors qu'un grand Prince a la bonté de revenir, ses civilitez doivent-elles être méprisées ? Quels complimens n'a-t'on pas faits aux interessez, & quelles satisfactions ne leur a-t'on pas données, si vous en exceptez celle de se battre ? satisfaction cruelle & sanglante, que toutes les nations ont sujet de nous reprocher. Si ce génereux Prince avoit les sentimens aussi délicats pour les injures, que ces Messieurs qui se plaignent, quels chagrins ne devoit-il pas ressentir, pour faire voir qu'il n'a rien oublié, qui put gagner le cœur & l'amitié de la noblesse ? Vous savez, qu'aussi-tôt qu'il eût fait son accommodement, il commença à songer à la fortune des honnêtes-gens, & résolut d'employer tout son crédit pour les autres, sans penser à ses propres interêts. Aux uns ce génereux Prince offrit la sureté de sa protection, aux autres ce Prince liberal offrit tous les avantages qu'on pouvoit tirer de sa faveur : il distribuoit les charges, les gouvernemens, & ne pût jamais trouver une créature parmi ces gens abusés des esperances de la Cour : il n'y en eut point, qui ne refusât ses bienfaits. Le dépit qu'il eut de voir ses liberalités talités méprisées, le força de songer à ses affaires, & malgré le dessein qu'il avoit de ne rien prendre, il se vit réduit à cette fâcheuse necessité de solliciter ses interêts.

Voilà le premier déplaisir, que le Duc de Beaufort reçut des gentilshommes, & particulierement de la Cour ; voilà les premieres marques de leur mépris, qui a passé en fort peu de tems jusqu'aux injures les plus sanglantes. Dans la guerre de Paris on ne parloit que de sa generosité & de sa valeur : voyez quelle est l'injustice du siécle ! on prétend le déshonorer aujourd'hui par les mêmes actions, dont est venuë sa réputation.

Chacun sait que tout le monde lui fit des complimens sur la mort de Nerlieu, & quand veritablement il ne l'eut pas tué, les plus modestes s'y fussent laissé persuader aussi-bien que lui. Ce même monde, plein de complaisance & d'agrément en ce tems-là, devenant de mauvaise humeur présentement, lui veut ôter la gloire qu'il lui a donnée, & trouve, à ce qu'on dit, par une recherche aussi exacte qu'ingénieuse, qu'il n'approcha de Nerlieu qu'après sa mort.

Son combat contre Briole étoit allegué comme un combat extraordinaire, qui faisoit

soit trembler tous les héros des romans : Aujourdhui Briole lui arrache son épée, comme à un homme perdu, que l'emportement, ou quelque autre passion, avois mis hors de lui-même.

Ces Messieurs se figurent-ils, qu'il soit prêt de changer de créance aussi legérement qu'ils ont fait, & qu'une personne qui s'est imaginée d'avoir tué Nerlieu, quand on lui en a fait des complimens, soit resoluë de n'en rien croire, lors qu'il leur prend fantaisie de se dédire ? Non, non, Messieurs, vous devez avoir plus de fermeté ; & jamais on ne lui reprochera une pareille inconstance. Il pouvoit bien être qu'il ne l'avoit pas tué ; mais puisque vous l'avez voulu, si à present vous tenez le contraire, cela n'empêchera pas qu'il n'ait tué Nerlieu.

Des actions particulieres, on passe aux qualitez de sa personne. On le fait être grossier sans franchise ; artificieux sans esprit ; & par un mélange bizarre, il possede souverainement, disent-ils, les artifices de Monsieur de Vendôme, & la simplicité de Madame sa mere. Si vous les croyez, il promet à tout le monde, & ne tient jamais sa parole ; il envoye trois couriers, dont pas un ne monte à cheval, & se refuse lui-même de la part de la Reine ce qu'il n'a pas demandé. Que voulez-vous de plus ? Il sollicite

cite publiquement pour un homme, & sollicite en particulier contre lui. Je ne sai ce que l'on ne dit point de son langage, & de son esprit. On lui fait écrire des lettres ridicules à Monsieur de Bethune, où je m'assure qu'il ne pensa jamais. Les incidens des procès sont pour lui des accidens de la vie, quand on mange de la viande en Carême, il y veut mettre la politique: les chambres tenduës de noir sont lubriques, & les yeux les plus lascifs sont lugubres. Laval est mort d'une confusion à la tête; & le Chevalier de Chabot, pour avoir été mal timpané (1). Il n'y a lâcheté qu'on ne lui fasse faire, il n'y a sotise qu'on ne lui fasse dire; & cependant il faut croire, qu'il est sincere & spirituel, & qu'il ne manque de bonne foi, ni d'intelligence.

Peut'on s'imaginer, qu'une personne nourrie dans l'innocence des plaisirs des champs soit devenuë capable de tant de fourbes? Peut'on s'imaginer, qu'un Prince de sa naissance, ignore l'usage des termes les plus communs.

(1) Le Duc de Beaufort s'exprimoit d'une maniere extrémement grossiere & populaire: ce qui venoit tant de sa mere (Françoise de Lorraine, fille unique du Duc de Mercœur,) la plus grossiere femme qui fut en France; que de ce qu'il avoit été élevé à la campagne, où il ne s'occupoit qu'à la chasse.

commun. Pour moi, je vous avoüe, qu'au lieu de me figurer des choses si étranges, & si desavantageuses à Monsieur de Beaufort, j'admire toûjours sa generosité, ou sa patience à pardonner ou souffrir les injures qu'on lui fait.

Si je ne craignois de passer ici pour déclamateur, je finirois ce chapitre de la noblesse, en l'exhortant de vivre aussi-bien avec lui, qu'il est résolu de bien vivre avec elle ; & m'adressant aux gentilshommes, je leur dirois de sa part : « Quittez, Messieurs, quittez cette haine malicieuse, & ce mépris affecté ; rentrez dans les mêmes sentimens où vous êtiez à la mort du feu Roi : souvenez-vous de ce tems genereux, où tout le monde se jettoit en foule dans ses interêts ; où le Colonel des Suisses (1), les officiers de la maison du Roi, & les gens de qualité renonçoient à la Cour, & à leur fortune, pour l'amour de lui. Si vous revenez, Messieurs, il est prêt de vous recevoir, & en état de faire pour vous les mêmes choses qu'il a faites. Si vous ne revenez pas, je vous déclare, qu'il vous abandonne, & va tâcher de se rétablir dans l'affection des peuples, qui l'ont quitté. Il vous a dû les commencemens de sa réputation, mais il vous doit »

(1) Monsieur de la Chastre.

» doit la meilleure partie de son mépris, & se
» trouve assez déchargé de toute reconnois-
» sance par les ressentimens, où vous le pous-
» sez Messieurs, il n'est pas besoin de bar-
» guigner (1) davantage.

III. Il est tems de venir à sa justification auprès des peuples, & comme il avoüe lui-même, qu'il leur doit son salut, sa fortune, & son crédit ; il n'y a rien qu'il ne fasse pour leur ôter la mauvaise impression, qu'ils ont prise, ou par son propre malheur, ou par la malice de ses ennemis.

Ce n'est pas, s'il vouloit s'exempter de reconnoissance, qu'il ne pût distinguer l'obligation ; & quiconque voudroit examiner les choses avec la derniere rigueur, trouveroit sans doute, que leur affection étoit plûtôt un effet necessaire de son étoile, qu'un mouvement libre & obligeant de leurs esprits. Au seul nom de Monsieur de Beaufort, les peuples se sont trouvés émûs sans le connoître, & par je ne sai quelle impulsion, tous les cœurs se sont portés à cette furieuse amitié. Il est certain, qu'il est devenu leur pole, sans les avoir servis ; sans les avoir pratiqués ; sans avoir rien fait qui pût attirer ni leur gratitude, ni leur amitié,

(1) Expression ordinaire du Duc de Beaufort.

amitié, ni leur estime. De cette sorte, ils ont fait pour lui ce qu'ils ne se pouvoient empêcher de faire ; &, à parler sainement, il est beaucoup plus obligé au bonheur de sa naissance qu'à leurs bonnes volontés. Cependant il avoüe, qu'il leur doit toutes choses, & ne prétend point par une méconnoissance si exquise payer de veritables obligations. Il ne proteste pas seulement qu'il sera toûjours dans le dessein de servir les peuples, qui l'ont servi ; il assure, qu'il aura toute sa vie des sentimens d'amitié particuliere pour eux ; une parfaite ressemblance d'humeur ; un secret rapport de pensées ; une conformité admirable de langage & de maniéres, qui doivent maintenir entr'eux une liaison éternelle.

Et toutefois Messieurs de Paris veulent rompre injurieusement. D'une passion, qui alloit jusqu'à la folie, on les voit passer à une haine, qui va jusqu'à la fureur. Ce ne sont que reproches d'inconstance & de perfidie : Et du moment, qu'ils l'ont vû moins misérable, ils l'ont traité comme un ingrat & un corrompu. Souffrez, Messieurs, que je vous parle sans passion. Si j'ai dit quelque chose en sa faveur, ne croyez pas que je sois gagné, ni prévenu ; ni que je veüille m'attirer une animosité generale, pour conserver les bonnes graces d'un particulier.

Je

Je fais ici profession d'une sincerité toute entiere, & Dieu m'est témoin, si je suis d'autre mouvement que celui de la raison.

Trois choses, si je ne me trompe, ont ruiné Monsieur de Beaufort dans vôtre esprit; son accommodement avec Monsieur le Cardinal; l'Amirauté qu'il a prise; & les sollicitations qu'il a faites dans les dernieres assemblées.

Pour son accommodement, à moins que de le traiter avec beaucoup d'injustice, vous ne le sauriez trouver mauvais. S'il s'étoit accommodé sans considerer vos interêts, & n'avoit eu soin que des siens, vous auriez sujet de vous plaindre; mais il est certain, que le but de sa réconciliation est de chercher des moyens plus sûrs & plus faciles de perdre le Cardinal. Il a vû toutes les Provinces soûlevées sans fruit: il a vû que la haine ouverte & déclarée ne servoit de rien: il a eu recours aux apparences de l'amitié, & comme il dit lui-même, il a fait dessein de le perdre par le cabinet.

Son esprit aussi capable d'intrigue que de guerre, & de dexterité que de hardiesse, lui fournira mille moyens adroits & ingénieux; sans parler de son étoile politique, qui le destine au gouvernement de l'Etat, & le met au dessus de toutes les finesses d'Italie.

Si quelque personne un peu trop délicate sur l'honneur ne peut approuver, que Monsieur de Beaufort conserve les sentimens de ruiner le Cardinal, après en avoir reçû des bienfaits si considérables ; je lui répons, qu'il n'a point traité avec lui comme son ami ; mais au contraire, je me persuade, qu'en prenant l'Amirauté, il lui a fait le tour du plus cruel ennemi qu'il eût au monde.

Et quoi, Messieurs, ne pensez-vous pas que ce Prince l'a moins incommodé dans la guerre de Paris, que dans la paix ? & à vôtre avis le combat de Vitry n'étoit-il pas plus indifferent à la Cour, que la negociation de l'Amirauté ?

Dans cette guerre, il étoit toûjours en état, ou de s'enfuïr, ou d'être battu, & jamais son courage & sa sûreté ne s'accordoient ensemble : on n'alloit à la campagne qu'avec frayeur, on rentroit peu souvent dans Paris sans honte, & les succez les plus heureux étoient de faire venir du pain sans combattre.

En ce temps-là Monsieur de Beaufort, réduit avec vous aux dernieres necessités, ne faisoit, pour dire le vrai, ni beaucoup de peur, ni beaucoup de mal aux troupes de Saint-Germain : mais aujourd'hui qu'il force la Cour ; qu'il ôte quatre vingt mille livres de rente à la Reine même, vous apellez cela réconciliation, & bonne amitié ? Non, Messieurs, détrompez-vous, je vous prie, & croyez qu'il a exercé la plus fine de toutes les vengeances.

Si dans le compliment, qu'il fallut faire au Cardinal, pour le remercier de cette affaire, il l'assura d'avoir le même attachement à ses interêts que Champfleury (1), il faut croire qu'il ajoûtoit la moquerie au premier outrage ; & c'est violer le respect, qu'on doit à sa qualité de Prince, de s'imaginer qu'il ait êté capable de cette bassesse. Ceux qui sont dans le haut rang, peuvent bien se dire amis des Ministres, mais de descendre à l'attachement de Capitaine de leurs gardes, cela ne s'est jamais fait : & pour vous ôter tous les soupçons que vous avez injustement pris, je vous demande si les défiances de Monsieur de Beaufort sont moindres qu'elles n'étoient auparavant ? Lorsqu'une personne de qualité le fait apeller, & qu'il renvoye ces Messieurs à Commeny, comme on renvoye des créanciers à un intendant, ne faut-il pas dire, que c'est un artifice de la Cour ? Et n'a-t'on pas imprimé une lettre qui témoigne assez le sentiment qu'il a dans toutes les affaires qui se présentent ? Il
cherche

_____
(1) Capitaine des gardes du Cardinal Mazarin.

cherche les précautions que lui donne la défiance ; si l'on délibere au Palais Royal, si l'on délibere à l'hôtel de Montbazon, ils ont tous leur conseil, & dans leur cabinet on résout toutes les affaires d'importance.

J'avoüe que le Duc de Beaufort a sollicité pour le Cardinal ; mais on ne me sauroit dénier, que c'étoit moins en sa faveur, que contre les Princes ; & si vous lui donnez moyen de perdre le Cardinal par les Princes, & les Princes par le Cardinal, il vous aura la derniere obligation. C'est le malheur de la situation où il est, plus que la malice de son naturel, qui lui fait craindre tout le monde, & n'aimer personne. La bonté, qui se peut conserver parmi des interêts si délicats, lui reste encore. Il n'envie point à Monsieur le Prince la constance, qu'il témoigne au Bois de Vincennes, & comme il peut arriver tel desordre, qui feroit tort à sa gloire, il souhaite qu'il finisse promptement ses jours, pour mettre sa réputation à couvert.

Le tempéramment du Prince de Conti, est à son avis si foible & si délicat, que le moindre exercice, une chasse, une débauche, une petite agitation, seroit capable de le faire mourir, s'il étoit en liberté. Dans la dévotion où il est, il ne se peut lasser de loüer Dieu de la conversion du Duc de

Longueville, & la joye qu'il a de lui voir dire son breviaire ne se sauroit exprimer. Il est fâché, que le Cardinal soit occupé au gouvernement d'un peuple tumultueux, comme celui de France; & pour exercer la délicatesse de son esprit, il lui souhaite quelque bon emploi dans l'Italie. Outre les sentimens de bonté, qui le porte à desirer la gloire de ces Messieurs, il faut avoüer que le soin du bien public ne lui laisse point de repos; l'interêt de l'Etat lui devient si précieux, qu'il ne le sauroit souffrir entre les mains de personne, & la vie même lui semble inutile, s'il ne l'employe charitablement à nous gouverner.

Sans le flater, Messieurs, il y a peu de chose qu'on ne doive attendre de son zele & de sa capacité. Faut-il empêcher que l'autorité royale ne soit reconnuë? Faut-il en même tems s'opposer à la liberté des Princes, & tirer le Duc d'Epernon de son gouvernement? Faut-il exciter une sédition pour le bien de l'Etat; faire tendre les chaînes; armer les factieux? Faut-il se trouver à toute sorte d'assemblées au palais, à l'Hôtel de Ville, à tous les conseils? Il n'y a fatigue ni danger, qu'il refuse pour l'amour de vous. On peut attendre de lui ces grands services; & le moindre soupçon qu'on auroit de sa fidelité, lui seroit infiniment sensible.

fible. Il est prêt de sacrifier son repos pour le vôtre.

Il me semble néanmoins, qu'on doit avoir de la considération, & ne rien exiger, qui soit au dessus de ses forces. N'attendez pas, qu'il aille imprudemment s'opposer à l'Archiduc ; on sait bien, que la guerre de la campagne lui est inconnuë ; & combattre avec des troupes reglées, est pour ce héros une chose nouvelle. C'est à faire aux Gassions, & aux personnes peu considérables par leur naissance, de passer leur vie comme des Cravates ; c'est à faire à des gens désesperés de commettre la fortune d'un Etat au hazard d'une bataille ; pour lui, que sa condition & sa naissance rendent incapable de bassesse & de folie, il tiendra glorieusement sa place dans les conseils, & employera tout son tems à former un avis, qui puisse être dans la bouche de tout le monde, après être sorti de la sienne.

DE L'USAGE DE LA VIE (1).

CHAPITRE PREMIER.

Que l'homme doit s'appliquer à la recherche de sa felicité, puisqu'il est en son pouvoir d'augmenter ses plaisirs, & de diminuer ses miseres.

APrès avoir long-tems médité sur la condition des hommes, je n'ai trové que deux choses qui meritassent raisonnablement les soins du sage. La premiere est l'étude de la vertu qui fait l'honnête homme; & la seconde, l'usage de la vie qui le rend content, s'il peut le devenir ; ou moins malheureux, s'il ne peut absolument se délivrer des souffrances.

Il est vrai que c'est une folie de chercher le souverain bien ici bas. Toutes les idées qu'en ont donné les anciens Philosophes n'étoient

___
(1) Cette Piece a été écrite en 1658. par Mr. de La Valterie.

toient que des images confuses de celui qui peut remplir la vaste capacité de nos desirs; & l'incertitude de leurs sentimens qui varioient si souvent sur cette matiere, fait bien voir combien étoit douteuse cette felicité, qu'ils promettoient néanmoins avec tant de faste & d'ostentation.

En effet, le mouvement perpetuel des choses du monde, les révolutions continuelles de nôtre esprit, & l'inconstance de nos passions ne nous laissent pas dans une assiete assez ferme, pour y pouvoir établir le repos & la tranquillité de nôtre vie. Et quand je considere l'impuissance des objets à nous satisfaire; & la foiblesse de nos propres sens à recevoir leur impression, alors je renonce aux vaines poursuites de ce faux bonheur; & peu s'en faut que je n'entre dans une nonchalance génerale de toutes choses. Car quelle douceur y a-t'il au monde qui ne soit mêlée d'amertume? Nos sens ne sont-ils pas souvent troublés dans leurs fonctions par le désordre de nos organes; & nôtre esprit n'a-t-il pas ses inégalités causées par le déreglement des sens? Une maladie; un hiver; un mauvais jour; souvent même quelque chose de moins que cela, nous change, & change toutes choses à nôtre égard. Et quand il ne se feroit aucun changement en nous, ni en tout ce qui nous environne, dans la plus heureuse

situation

situation où puisse être nôtre ame, & avec la meilleure constitution que puisse avoir nôtre corps, il est constant que nous sommes incapables de goûter une pure & veritable douceur.

Ni l'entretien d'un honnête-homme, qui fait ma plus agréable satisfaction; ni les délices des repas; ni les charmes de la musique, qui font mes plus sensibles voluptés, ne m'ont jamais fait goûter les plaisirs que mon imagination m'en promettoit; & je puis dire avec verité, que parmi les plus grandes libertés de mes sens, j'ai goûté le bien dont je joüissois avec si peu d'attachement, que d'ordinaire j'y méditois mes affaires les plus sérieuses.

Le divertissement de la comédie, où l'on voit courir tant de monde, a-t'il fait sentir de veritables délices à ses partisans les plus déclarés ? Pour moi, je n'en ai pû voir une infinité qu'avec ennui; & les plus belles, qui sembloient ravir tout le peuple, n'ont point eu d'autre pouvoir sur mon esprit que de me faire soûpirer pour les maux de quelque heroïne qui ne souffroit plus, ce qui m'affligeoit, ou pour ceux de quelque héros imaginaire, dont les fausses douleurs m'arrachoient de veritables larmes, ce qui me remplissoit d'indignation contre moi-même.

Ni la beauté de nos Tuilleries qui enchantent

tent tous les yeux ; ni la magnificence du cours, paré de l'éclatant embarras des plus superbes équipages ; ni les plus brillantes assemblées des plus belles personnes, ni les spectacles, ni les ballets, ni l'art, ni le luxe, ni les richesses ne sauroient donner un plein contentement à aucun homme du monde.

Ceux qui ne voyent que rarement les spectacles, en sont interdits, & ne sauroient digerer le fracas de ces grands divertissemens. Ceux qui y vont souvent, y sont insensibles ; & tous ensemble, par ravissemens ou par stupidité, n'en goûtent point paisiblement les charmes. Ceux qui dans l'abondance de toutes choses flatent leur sens de ce qu'il y a de plus exquis, ne donnent-ils pas des marques de leur chagrin jusques dans leurs délices, se plaignant que la multitude des plaisirs les leur rend odieux ?

Mais si quelqu'un a jamais dû être heureux, on m'avoüera que c'étoit ce grand Prince qui eut la sagesse en partage (1). Sans s'embarrasser l'esprit de chimeres, il se porta à la recherche des solides biens. Sa puissance lui en fit bien-tôt avoir la possession. Tout lui réüssissoit au gré de ses vœux ; & la joüissance suivoit toûjours de près ses

delirs

(1) Salomon.

desirs. Cependant il declare qu'il trouva tant de vanité dans les plaisirs, qu'il eut peine à s'empêcher de haïr la vie, & d'avoir horreur de sa durée. Il n'y a donc point ici-bas de félicité parfaite pour les hommes ; & ils doivent plûtôt songer à s'y défendre des maux qui les pressent, qu'à soûpirer après un bonheur qui n'est point à leur portée.

Mais encore qu'il soit vrai que nous ne pouvons trouver en cette vie la beatitude imaginaire que nous y cherchons, il ne faut pas souhaiter la mort pour cela, ni nous abandonner comme par désespoir à nos miseres : car c'est-là nôtre folie ordinaire, de rechercher les biens où nous ne saurions atteindre, & de mépriser ceux qui sont sous nos mains. Nos plaisirs sont courts, il est vrai : ils ne sont pas même exemts d'amertume ; mais ce sont toûjours des plaisirs, & ils valent beaucoup mieux que nos miseres ; & c'est un des plus grands usages de la vie, que de les ménager avec adresse.

Comme nous devons être capables de supporter le mal, nous devons aussi savoir joüir du bien. Il faut pouvoir également assoupir nos sentimens pour la douleur, & réveiller nos appétits pour le plaisir. Car la temperance est éloignée de tout excès. Elle n'est pas moins ennemie des jeûnes outrés, que

des

des débauches excessives. Celui qui se laisseroit mourir de faim, choqueroit autant ses loix que celui qui s'étoufferoit à force de manger.

Insensés que nous sommes, nous nous plaignons à toute heure des rigueurs que nous souffrons en naissant, des inquietudes de nôtre vie, & des douleurs de nôtre mort. Cependant nous ajoûtons tous les jours de nouveaux maux à ces miseres; & il semble que nous ne soïons ingénieux que pour nous rendre plus miserables.

Cette conduite est bien éloignée de celle du grand Sage dont nous venons de parler. Il fit comme un essai de toutes les choses du monde pour lesquelles nous avons de plus violens desirs, & il en reconnut bien-tôt la vanité: mais il ne se laissa pas aller pour cela à un dégout general de toutes les choses qu'il avoit recherchées; & demeurant toûjours dans la même assiete, il joüissoit paisiblement des plaisirs.

Mais revenons à nôtre sujet, & voyons comment nous devons ménager les biens & les maux pour l'usage de la vie.

C 2   CHA-

CHAPITRE SECOND.

De l'existence de Dieu.

Lorsque je fais une exacte réflexion sur toute ma vie, je reconnois que j'ai eu des chagrins & des satisfactions selon les sentimens que j'ai voulu prendre. Mes pensées ont fait mes déplaisirs comme ma joye, & j'ai toûjours trouvé en moi-même la source de mes miseres & de mon bonheur.

Je ne dissimulerai point, que la persuasion de la Divinité, & l'incertitude de nôtre condition après la mort, ont troublé plusieurs fois ma tranquillité. Dans ces momens d'agitation & de trouble, je consideróis que toutes nos veilles, nôtre savoir, nos emplois, nos commodités & nos honneurs doivent prendre fin à la mort; & qu'aucune de ces choses n'étant éternelle, il falloit rechercher ailleurs quelque ressource. Mais je permettois souvent à mon esprit de penser licentieusement sur ces matieres; & ne respectant pas assez la premiere verité, je n'avois que des doutes & des difficultés sur l'immortalité de l'ame.

Comme je me reposois toûjours en cela sur les raisons d'autrui, je n'en pouvois jamais

mais avoir de connoissances certaines; & la confusion des sentimens de nos auteurs me donnoit des peines insuportables. Jamais mon esprit & ma conscience n'étoient d'accord. J'étois contraint de souffrir la violence de ces deux parties qui combattoient sans cesse en moi-même; & rien n'égaloit mon inquiétude, que la difficulté de resoudre la question qui en faisoit le sujet.

Enfin rebuté de tant de secours étrangers, je me résolus à m'abandonner à mes propres recherches, comme ces malades qui se voyant abusés par les médecins, entreprennent de se guérir eux-mêmes. Ce fut là que je rompis tout commerce avec les livres où je n'avois trouvé que difficultés & incertitudes. Ce fut là que je résolus de rentrer en moi-même pour consulter mes propres sentimens sur la structure de l'univers, & sur l'ordre admirable qui regne en toutes choses.

Lorsque je considérois les cieux, la grandeur de ces voutes merveilleuse me remplissoit d'étonnement & de je ne sai quel respect. La beauté des etoiles; le silence & la solitude de la nuit m'imprimoient une secrete horreur qui me disposoit insensiblement à la religion.

Seroit-il possible, me disois-je à moi-même, que le mouvement des cieux, si juste & si reglé, n'eût pas une intelligence pour principe ? Si ces globes merveilleux connoissent, & reglent eux-mêmes leurs cours, ne sont-ce pas des dieux qui gouvernent ce Monde comme il leur plaît ? Et s'ils souffrent la violence de quelque pouvoir superieur, qui peut commander à ces épouvantables machines qu'une souveraine puissance ? Qui peut mouvoir ces grands corps qu'une force insurmontable ? Qui peut accorder leurs divers mouvemens qu'une sagesse infinie ? Ce Soleil, continuois-je, qui éclaire tous les hommes avec tant d'égalité, pourroit-il nous donner sa lumieres au hazard ? Et cette justesse que nous y remarquons, pourroit-elle venir d'ailleurs que d'une éternelle intelligence ?

Ensuite de ces méditations je consideroit le combat perpetuel des élemens ; & je ne pouvois assez admirer cette heureuse guerre qui entretient le monde par tant d'admirables agitations.

Mais sur tout, je faisois ceder ma raison & plier tout mon esprit au prodige du flux & reflux de la mer. La vaste étendue des eaux m'épouvantoit : mais quand je venois à considerer que les vagues les plus furieuses se brisoient contre de petits cailloux, & ne les avoient pas plûtôt rencontrés, que malgré toute leur impétuosité elles étoient contraintes de retourner avec violence sur
elles-

elles-mêmes : C'étoit-là que je me récriois, transporté d'admiration, & saisi d'étonnement :

   La Mer voit son onde arrêtée,
   Malgré ses plus puissans efforts.
   Elle roule dessus ses bords
Le sable par lequel on la voit limitée.
   Au lieu d'appaiser sa fureur,
   Neptune sent avec horreur.
   Les propres traits de son injure.
   Il quitte ses petits cailloux,
   Et tournant sur soi son courroux,
   Toûjours gronde, & toûjours murmure.

Enfin quand j'avois long-temps consideré ces objets, je prenois plaisir à descendre en moi-même, pour y observer la structure du corps humain, & reconnoître tous les ressorts qui font mouvoir cette machine admirable. Je méditois sur l'assortiment de tant de parties diverses & toutes necessaires à la composition & à la conservation de nos corps. Tant d'os, de nerfs, de muscles, de sang & d'esprits. Je considerois l'œconomie merveilleuse de toutes ces pieces, & m'écriois avec admiration : Pauvre homme, qui ne connois ces choses que par le moyen de tes sens, pourrois-tu bien te dire l'Auteur d'un si excellent ouvrage ; toi qui ne le connois qu'après l'avoir fait ! Encore faut-il exposer toutes ces parties devant tes yeux pour t'en donner quelque connoissance. Il a fallu que l'expérience de plusieurs siécles t'ait fait comprendre de quelle maniere tu vis; tu digere; tu remuë; & malgré tes plus exactes observations, tu ne le connois encore que d'une maniere très-imparfaite.

D'autre part, jettant la vuë sur le reste des créatures, j'examinois avec étonnement les differentes figures des animaux; les écailles de nos poissons; le ramage de nos oiseaux; les fourrures des autres bêtes; & toutes ces choses, qui, regardées sans attention, ne représentent rien de distinct à l'esprit, me découvroient sensiblement les plus grandes merveilles de la nature. Car appellez destin, nature, intelligence ou divinité, ce qui fait & gouverne tout ici-bas, n'est-ce pas toûjours une souveraine puissance? N'est-ce pas toûjours une sagesse infinie?

Alors je demeurois confus de l'ignorance où j'avois été, & je ne pouvois assez m'étonner, ni de la malice des impies, ni de l'aveuglement des incrédules. Car il faut qu'un homme s'oublie entierement soi-même, & perde la connoissance de toutes choses, avant que de perdre celle de son créateur.

Quelque part que nous jettions les yeux, nous appercevons le caractere de la Divinité,

nité ; & quiconque étudiera sainement la nature, y trouvera des marques sensibles de la puissance dont elle dépend.

Mais nous avons certains esprits lâches toûjours portés à l'imitation des autres, qui sans s'être examinés eux-mêmes, ni avoir médité sur ces choses, donnent dans l'impieté, seulement pour se déclarer partisans de quelque fameux libertin.

Il est même certains esprits qui par une force d'ame extravagante, ne veulent en rien dépendre de leur Créateur, s'imaginant que l'obéissance qu'ils auroient pour cette Majesté infinie, choqueroit la liberté de leur sentimens.

Ce n'est pas qu'on ne voye les plus honnêtes gens du monde, & les plus savans tomber dans quelque sorte d'incredulité ou d'incertitude. Ceux-ci ne se contentent pas de découvrir une intelligence éternelle par l'ordre de l'univers ; leur curiosité les pousse à rechercher ce que ce peut être ; & après avoir étonné leur entendement de ses qualités infinies que l'esprit de l'homme ne sauroit comprendre, ils demeurent souvent incrédules malgré qu'ils en ayent ; & ne sauroient accorder les sentimens de leur esprit avec ceux de leur conscience.

Or, comme il faut se mocquer des sots, & abhorrer les méchans, je croi qu'on doit
avoir

avoir compassion des derniers, & les plaindre seulement de ce qu'ils sont misérables.

Quelques-uns se gênent à se persuader ce qu'ils ne sauroient comprendre. Les autres attaquent le ciel par une malice épouvantable ; & blasphément contre un Dieu dont ils n'ignorent pas le pouvoir. Aussi sont-ils toûjours dans le trouble & le désespoir; & après avoir été agités par la rage de l'Impieté, ils se trouvent déchirés par les remords de leur conscience ; sur tout quand la lumiere les abandonne, & que la compagnie qui les assuroit, les laisse dans l'effroi de la solitude. Il n'y a passion fâcheuse dont ils ne ressentent les mouvemens. La crainte, le trouble, l'inquiétude, & la fureur les travaillent tour à tour. Il vaudroit mieux pour leur repos qu'ils ne rentrassent jamais en eux-mêmes, que d'avoir un moment de commerce avec leur conscience : car rien n'est égal au tourment de l'impie.

S'il a poussé quelque blasphême,
On le voit bien-tôt soûpirer,
L'esprit qui ne peut s'assurer,
Voudroit s'arracher à soi-même.
Il fuit & le jour & la nuit,
Il craint seul, il hait qui le suit;
Il se trouble, & s'agite avec impatience,
Pour fuir la verité qui lui sert de flambeau.
Mais il ne peut quitter sa conscience,
Qui lui sert, à la fois, de Juge & de Bourreau.

Les

Les incredules, pour n'être pas si criminels, ne sont pas moins misérables. Ils cherchent avec peine une chose qu'ils ne trouvent point ; & accusent à toute heure la nature d'être cruelle seulement à l'égard des hommes.

De-là sont venuës les plaintes de ce grand homme, qui portoit envie à l'avantage qu'avoient les animaux de vivre dans une commode ignorance de toutes choses, sans s'inquiéter de la recherche d'aucune verité. De-là vient encore le chagrin de ces gens qui ne sauroient penser sans envie à ceux des autres pays ; ni voir aucune bête dans la douceur du repos, sans envier la tranquillité que lui donne la nature.

Il est donc vrai que la créance d'un Dieu fait le fondement de tous nos plaisirs ; & que le sentiment qu'on en a, ne laisse jamais un homme sans satisfaction dans le bonheur, ni sans consolation dans la misere.

Un esprit bien fait ne goûte seulement des douceurs dans la joüissance du bien qu'il reçoit, il trouve encore des délices à remercier son bienfaiteur, & chaque refléxion qu'il fait sur cela lui est un sujet de contentement.

C'est à Dieu qu'il faut avoir recours dans les afflictions ; il n'y a point de si grandes amertumes qui ne s'adoucissent par une parfaite

faite résignation à la providence.

Que chacun juge donc combien nous importe la religion ; combien il nous importe de connoître Dieu, & de nous soûmettre à ses volontés, tant par la considération du devoir, que par l'interêt de nôtre repos.

CHAPITRE TROISIE'ME.

Qu'il faut diminuer la violence de ses desirs par la consideration de la veritable valeur des choses que l'on desire.

JE ne trouve rien de plus utile, & de plus important à quiconque veut goûter quelque douceur dans la vie, que de rompre ses plus grands attachemens, & de réduire la violence de ses desirs aux simples mouvemens qu'on nomme souhaits.

Cependant, comme il n'y point d'homme qui n'ait quelque inclination particuliere, & quelque passion favorite, ce n'est pas une chose aisée que de parvenir à l'indifférence ; mais on peut au moins affoiblir ses chaînes, & il n'y a point de liens si forts, que la raison & l'experience ne puissent rompre avec le tems.

En effet, comme les objets les plus doux ont leur amertume, il n'y a point de doute que

que le cœur ne perde beaucoup de la violence de ses desirs par quelque dégoût. Alors l'homme s'éleve insensiblement au-dessus du monde. Les plaisirs qu'il avoit coûtume de rechercher avec tant d'empressement, lui paroissent insipides. Il voit alors combien il importe de connoître le juste prix de la gloire ; quelle peine, ou quelle satisfaction on trouve dans la science, afin de ne rien attendre d'où l'on ait à se repentir, & ne rien esperer dont on ne puisse joüir.

Avec ces vûës, y a-t-il quelqu'un du changement de qui on doive désesperer ? Celui qui n'eût jamais en partage que les soûmissions & l'obéïssance, n'élevera-t-il pas ses désirs à la gloire du commandement ? Les necessiteux n'établiront-ils pas leur felicité dans l'abondance, pressés qu'ils seront de la misere qui les travaille ? Un infame qui souffre les remords de sa lâcheté, & les synderéses d'une mauvaise vie, ne tiendra-t-il pas heureux celui qu'il verra dans l'estime des honnêtes-gens ? Ceux qui seront embarrassés dans la foule, ne souhaiteront-ils pas le repos des Solitaires ?

La pompe & la Cour nous ennuyent : les bois & les champs nous deviennent insupportables. Mais quiconque n'a point ressenti les ennuis, ne sauroit presque se persuader de si étranges effets.

Nous

Nous pouvons enfin nous dégoûter de nos conditions, mais non pas de celles que nous n'avons point éprouvées. Voici donc l'adresse dont on se peut servir en cette occasion pour reconnoître la vanité de toutes choses.

Quoiqu'on ne possede pas seul tous les biens, tout le merite, & toutes les belles qualités, on peut pratiquer ceux qui les ont acquises ou par leur fortune ou par leur vertu; & découvrir les chagrins dont ils sont dévorés. Nous les verrons alors pressés de nos mêmes maladies; sujets, comme nous, à tous les maux dont la nature nous afflige. Nous verrons un savant ne pouvoir se défendre de son caprice & de sa sottise : un héros foible, plein de défauts, aussi homme que ceux au-dessus desquels il est élevé; & les plus grands originaux de l'Europe sujets à des foiblesses particulieres comme les moindres copies.

Nous verrons enfin qu'il est impossible de renoncer à la nature, & de s'élever au-dessus de la condition où Dieu nous a mis. Car il est de grands hommes, à la verité, si on les compare les uns aux autres : mais ils sont toûjours en eux-mêmes foibles, inégaux & défectueux par quelque endroit.

La pompe & la splendeur ne contente pas tous ceux qu'elle environne. L'excès des

délices

délices nous dégoûte plus souvent qu'il ne nous satisfait, & tous les avantages de la nature & de la fortune réünis ensemble, ne sauroient former une pleine & entiere felicité.

Cette consideration temperera la violence de nos desirs, & rompra peut-être cet attachement que nous avons aux objets les plus sensibles; & alors nous chercherons nos contentemens sans inquiétude ; nous en joüirons sans empressement ; & nous les perdrons sans regret.

CHAPITRE QUATRIE'ME.

De la réputation.

IL n'y a point de passion qui fasse plus de miserables que celle que presque tous les hommes ont pour l'estime universelle. Car, à la reserve de quelques ames veritablement fortes, qui n'agissent que pour la satisfaction de leur conscience ; & peut-être encore pour l'approbation des honnêtes gens, tous les hommes font pour l'éclat, ce qui se devroit faire pour la vertu, & se laissent enchanter de l'ombre & de l'apparence d'une chose, dont le veritable corps ne les touche seulement pas.

Ils

Ils veulent que toutes leurs actions soient estimées vertueuses, & non pas qu'elles le soient. Ils ne souhaitent que l'applaudissement du peuple, au milieu de la foule & de l'agitation duquel il est presque impossible de reconnoître la verité : & sans considerer le sentiment des sages, ils s'imaginent que toutes choses se doivent decider par le nombre ; & que l'opinion des savans, qu'ils appellent des gens bizarres, ne sauroit obscurcir leur renommée.

Les plus adroits font paroître en ce point assez de finesse dans leur conduite : car s'étant satisfaits eux-mêmes, & ayant contenté les honnêtes gens par quelque qualité essentielle, ils s'accommodent grossierement à l'humeur du peuple, & gagnent le vulgaire par la mine & par l'apparence.

Ils font des sottises volontaires pour agréer à de veritables sots. Ils paroissent sans esprit avec les stupides ; subtils avec les personnes ingénieuses ; genereux avec les hommes d'honneur ; & se tournent enfin à toutes sortes de caractéres avec tant de souplesse, qu'on diroit que leur humeur est celle de tous les autres.

Mais outre qu'en cela nous trahissons nos propres sentimens, & que nous nous opposons au dessein de la nature qui nous a plus faits pour nous que pour les autres, je ne vois pas que ces gens si souples & si complaisans, avec leurs feintes & leurs dissimulations, arrivent jamais au point qu'ils se proposent. Au contraire, j'ai connu mille fois par expérience, que ces hommes si avides de réputation, la perdent presque toûjours par le déreglement & l'avidité avec laquelle ils la recherchent ; & que rien ne les détourne tant de leur but, que la passion excessive qu'ils ont d'y arriver.

En effet, qui est-ce qui a jamais eu assez de merite & de bonheur pour acquerir une estime vraiment generale ? Qui est-ce qui a jamais été assez puissant pour interdire la médisance à tous ses ennemis ? Et qui est-ce qui a pû, jusques-ici, fermer la bouche à l'envie ?

Je puis assurer que j'ai connu des personnes si agréables & si vertueuses, qu'on ne pouvoit les entretenir sans admiration & sans amour. Elles faisoient des partisans de leurs propres ennemis ; & il falloit être farouche jusqu'à l'excès pour résister aux charmes de leur conversation : ou ne se laisser pas gagner à la bonté de leur naturel.

J'ai vû pourtant quelques démons envieux opposer leur malice à une si haute vertu ; & selon qu'ils avoient ou d'adresse ou de puissance, arrêter le cours d'une estime si juste & si bien établie.

Or, puisqu'il est impossible d'attraper ce fantôme après lequel je voi courir tout le monde, quelle folie de travailler à l'acquerir avec tant de soins, & par des travaux si mal récompensés !

D'ailleurs un sot qui desire cette estime avec passion, ne la méritant pas, ne la sauroit long-tems posseder. Un honnête homme au contraire fait bien-tôt réflexion sur la foiblesse & la fragilité de ce petit bien ; & connoissant ses miseres au travers des applaudissemens qu'on donne à son bonheur, il ressent des chagrins & des inquiétudes lorsqu'on se récrie sur ses avantages, & sur la felicité. *Vera Gloria cupidi nulla ratione quiescere possunt, cùm non inveniant unde possint aliquatenus gloriari.*

En effet, n'a-t-on pas vû un Vespasien parmi les magnificences & les splendeurs s'ennuyer de la longueur du triomphe, & connoissant la vanité de la gloire dont on le flattoit, paroître triste & chagrin jusques dans les fêtes qu'on celebroit pour remercier les dieux de sa fortune & de son bonheur ? N'avons-nous pas vû ce grand & redoutable Roi de Suede (1) mépriser les acclamations des peuples, & rejetter les panégyriques des orateurrs? Le Duc de Candale,

---

(1) Gustave Adolphe.

que nous venons de perdre, regretté de tous les honnêtes gens, n'avoit-il pas autant d'aversion pour cette sorte d'estime, que nos courtisans ont d'ardeur pour elle.

Il est donc constamment vrai qu'il est impossible de l'acquerir, & que quand même nous l'aurions acquise, la possession nous en seroit absolument inutile ; parce que dépendant moins de nous que de la fortune, elle se trouve sujette à ses inconstances ; c'est un bruit qui ne frappe que l'oreille, & qui ne sauroit toucher sensiblement une belle ame.

Si nous voulons donc travailler à nôtre bonheur, tâchons de contenter l'esprit des sages, qui sont à la verité en petit nombre, mais de qui nous pouvons recevoir de veritables approbations.

Hatillius ne vouloit pas qu'un sage hazardât sa vie pour le repos des fous. Mais étant redevables de nos services & de nous-mêmes à l'utilité de nôtre païs & au bien des nos amis, nous devrions toûjours faire des actions dignes de la renommée publique, & mépriser cette même renommée, après les avoir faites.

Je ne voudrois pas conseiller toutefois un désinteressement qui allât jusqu'à ne faire trouver aucune satisfaction dans l'estime qu'on merite : mais comme les censures suivent de près les approbations, épargnons-nous l'aigreur de la critique en nous défendant des fausses loüanges qui nous la rendent plus sensible ; tirons avantage de la bonne réputation ; ne soyons pas si farouches que de nous interdire toute sorte de complaisance touchant nôtre merite ; & si le public a de nous des sentimens injustes, appellons de cette opinion au jugement des sages, & nous retirons ainsi en nous-mêmes, pour nous consoler par le temoignage de nôtre conscience.

CHAPITRE CINQUIE'ME.

Des ennuis & des déplaisirs.

C'Est un des grands secrets de la vie que de savoir adoucir nos ennuis, & si nous ne pouvons nous défaire de nos douleurs, d'en affoiblir au moins les atteintes. Sans cela il faut nous resoudre à être souvent miserables : car étant en butte à une infinité de malheurs, il ne se passe presque aucun jour où nous ne ressentions quelque nouvelle infortune. Or, je ne sache point de plus puissant remede à cela que la prévoyance ; & quiconque aura fait une exacte réflexion sur les traverses de la vie, se trouvera au moins consolable dans ses disgraces.

graces. Car comme on oppose toûjours une vigoureuse défense à une attaque préméditée, l'ame qui se prépare à la résistance par la consideration du peril, en est bien moins ébranlée.

Je voudrois donc que chacun prévît & s'attendît tellement à toutes sortes de malheurs, qu'il ne pût être surpris par aucune disgrace.

Qu'un heureux courtisan possede la faveur de son Roi, & joüisse tant qu'il lui plaira des délices de son bonheur: mais que l'exemple de tant de chutes le porte à se défier de la fermeté de son assiette; que pour être au haut de la roüe, il ne leve pas toûjours les yeux, mais qu'il les abaisse quelquefois: Qu'il regarde le lieu duquel il a commencé à s'élever; & qu'il considere le premier degré de sa fortune comme un précipice où il peut à tous momens retomber.

Qu'un General d'armée ne s'assure pas toûjours du commandement, & ne s'enfle pas de la gloire qu'il a acquise autant par l'assistance de ses troupes, que par sa propre valeur. Un seul jour peut décider de sa fortune: mais aussi qu'après la perte d'une bataille, celui qui se trouvoit auparavant environné de tant de personnes, ne s'imagine pas s'être perdu avec elles. Il faut qu'il
se

se possede ; qu'il se retrouve, & qu'il puisse encore joüir de lui-même.

Qu'un Prince ne se fie qu'avec raison à son Empire, & que l'obéïssance de tant de monde ne flate pas témerairement son amour-propre. En vingt-quatre heures on a vû des Rois sur le Trône, & à la suite d'un chariot. En peu de jours on a vû le même Prince triompher, & être mené en triomphe. La revolte des peuples, ou la perte d'une bataille lui peut ravir sa Couronne, & mettre son sceptre en une main étrangere.

Il faut que j'en fasse un aveu public. J'honore les Romains ; & je croi qu'ils sont quelque chose de plus que des hommes. Je ne puis considérer sans émotion, les Brutus & les Cassius, connoissant la fragilité des grandeurs humaines, disposer de leur sang sur le point de la bataille, & dans l'incertitude de l'evenement s'embrasser comme pour la derniere fois. Je m'imagine que je les voi se faisant leur derniers adieux avec de si beaux sentimens d'affection & de courage.

Le vulgaire trouve de la timidité dans la prévoyance, & ne pouvant concevoir le danger qu'avec crainte, se persuade qu'on ne peut s'y jetter sans aveuglement. Mais comme c'est le défaut du peuple d'entreprendre beaucoup de choses qu'il ne connoît pas, & d'y renoncer aussi-tôt qu'il les a connuës, il

n'appartient

n'appartient qu'aux honnêtes gens de prévoir les dangers qui les ménacent, & de soûtenir avec une même égalité d'esprit les faveurs & les disgraces de la fortune.

Mais nous ne devons pas seulement nous préparer contre la perte des prosperités de la vie, il est bien d'autres épreuves de nôtre constance. La mort de nos amis, & la nôtre même nous touche bien plus sensiblement. Aussi doit-on l'attendre avec bien plus de préparation, qu'une simple privation de toutes les choses étrangeres, qui doivent être indifferentes aux personnes sages.

Tous les jours je regarde combien de choses me sont cheres, & les considerant ensuite comme mortelles & périssables, je me prépare à en souffrir la perte sans lâcheté.

Quand le Soleil commence à luire, je ne m'attens point à voir le soir. Le jour & le moment auquel je mourrai ne ressemblera-t-il pas à celui que je passe aujourd'hui ? On entendra également le bruit ; on joüira de la lumiere ; on vivra de la même sorte. Or, puisque nous devons tous mourir, & que nous sommes dans une si grande incertitude du tems de la mort, préparons-nous, dès ce jour, à nous quitter les uns les autres.

Il ne se passe aucune heure où il n'y ait quelqu'un qui perde un ami. Je puis donc

aussi

aussi perdre à tous momens le mien ; & dans quelque tems que ce soit, les circonstances de sa mort n'augmenteront point mon deüil ni mon affliction. Peut-être qu'il répandra son sang sur un echaffaut : peut-être qu'un embrasement le réduira en cendres ; ou qu'il sera englouti dans les flots. Mais ne croyez pas que le genre de sa mort redoublât ma tristesse, & que je me plaignisse de rien tant à sa mort, que de sa perte. C'est à lui seulement que je trouverois à dire ; & il ne m'importeroit guéres que ce fût l'eau, le fer, ou la flamme qui me l'eût ravi.

Ce n'est pas que je prétendisse que nous devinssions barbares pour nous exercer à la constance, & que la nature ou l'amitié ne pussent tirer de nous des larmes très-legitimes. Je soûtiens, au contraire, que ce seroit être inhumain que de les refuser en certaines occasions.

On soûpire, & on pleure avec justice dans le trouble des premiers mouvemens : mais une ame forte doit entrer en elle-même aussi-tôt, & se remettre dans l'assiette dont le désordre de la passion l'a tirée. Car un homme raisonnable peut-il considerer l'inutilité de ses pleurs ; la vanité de ces regrets, sans rougir d'une longue & violente affliction ?

Que

Que si nous pouvions réparer les mauvais succès, je serois d'avis que nous y employassions toutes sortes de remedes : mais dans un accident sans ressource, que sert-il de s'affliger sottement, & de répandre des larmes, cheres à ceux qui les versent, & inutiles à ceux pour qui elles sont versées.

Oüi, R**; tous ces cris sont des soins superflus,
Nos plaintes dans les airs sont vainement poussées :
Un homme enseveli ne considere plus
　　Nos yeux ni nos pensées.

D'ailleurs les personnes les plus sensibles perdent enfin leur tendresse ; & l'ame qui s'est d'abord excessivement affligée, s'épargne bien-tôt cette violence, & n'est pas long-tems à épuiser ses regrets.

Nos plaintes s'en vont avec les années ; & comme l'objet s'éloigne de nôtre imagination, le déplaisir s'éloigne aussi insensiblement de nôtre esprit.

Que si nous étions sages, ne devrions-nous pas donner à la raison les sentimens que la foiblesse est contrainte de donner à la longueur des années ?

Un pere mort depuis peu d'heures, est aussi mort que nos bisayeux ; & ce qui n'est plus pour nous, ne doit plus nous toucher.

Tome VI. E *Vôtre*

Vôtre pere est enseveli,
Et dans les noirs flots de l'oubli
Où la parque l'a fait descendre.
Il ne sait rien de vôtre ennui,
Ne fût-il mort que d'aujourd'hui.
Puisqu'il n'est plus qu'os & que cendre,
Il est aussi mort qu'Alexandre,
Et vous touche aussi peu que lui.

Cette seule raison est capable d'adoucir nos amertumes, & d'appaiser tous les mouvemens de nos douleurs. Celui que je viens de perdre ne sent rien; n'a plus de part au jour; & n'a non plus de vie que ceux qui furent engloutis dans le déluge. Pourquoi donc me tourmenter vainement après une ombre qui n'a ni voix ni sentiment?

(1) *Ne te lasse donc plus d'inutiles complaintes,*
　　Mais sage à l'avenir,
Aime une ombre comme ombre, & des cendres
　　Eteint le souvenir. (éteintes

Il faut considerer de plus, que dans cette rigoureuse séparation de l'ame & du corps, la nature ne nous fait point de violence qu'elle ne fasse ressentir à tout le monde. De cette masse épouvantable d'hommes que la terre porte, en trouverez-vous un qui s'exemte de la cruauté de ses loix?

Je

____
(1) Malherbe: Consolation à M. du Perier.

Je sai bien que chacun est sensible à sa douleur, & que ceux dont j'apporte ici l'exemple, endurent & se plaignent aussi-bien que nous. Car, comme nous ne laissons pas de goûter nôtre bonheur pour connoître la felicité des autres, aussi la connoissance que nous avons des miseres de nos semblables ne nous ôte pas le sentiment de nos infortunes. Et puisque les personnes privées ont part aux réjoüissances publiques, comment est-ce qu'elles ne l'auroient pas aux tristesses génerales?

Il y a des peines communes qui regardent tous les hommes, mais chacun a ses sentimens entiers, & souffre ainsi seul toute sa douleur.

Avoüons la verité. Ce qui nous touche le plus dans nos disgraces, c'est de n'avoir personne qui nous ressemble. Nous ne saurions nous voir seuls destinés à souffrir un mal dont tout le monde peut être atteint comme nous. Et à parler sainement, rien n'augmente si fort les aigreurs de nos afflictions, que la fierté & l'orgüeil de ceux qui semblent les braver.

Or ce ne sont pas seulement les hommes qui nous accompagnent au trépas, tous les animaux, de quelque espece qu'ils soient, arrivent au même terme, & subissent la même loi. La force, l'adresse & la prévoyance, que la nature leur a données pour la conservation de leur vie, demeurent vaines & inutiles à la mort.

Les choses les plus insensibles ont leur fin, qui est une espece de mort pour elles. Les remparts qui se sont défendus des coups de canon & de la violence des hommes, auront leur part à cette ruine universelle. Les élemens eux-mêmes, qui composent toutes choses, se verront detruits. Les cieux seront renversés : le Soleil & les étoiles perdront leur lumiere ; & toute la masse du monde sera confonduë dans une ruine générale. Pourrions-nous donc demander avec justice le salut de nos amis, ou le nôtre ? Et puisqu'il faut mourir necessairement, n'est-ce pas une consolation pour nous de savoir que toutes les choses que nous avons vûës périront, & auront la même destinée que nous ?

Les étoiles s'arrêteront,
Les élemens se mêleront,
Et cette admirable structure
Dont le ciel nous laisse joüir,
Ce qu'on voit, ce qu'on peut oüir,
Passera comme une peinture.
L'impuissance de la nature
Laissera tout évanoüir
Le Créateur du Firmament.
Celui qui tira du néant
L'air, & le feu, la terre & l'onde,

Renversera

Renversera d'un coup de main,
La demeure du genre humain,
Et la base où le ciel se fonde.
Et ce grand desordre du monde
Peut-être arrivera demain.

Mais voici une affliction à laquelle je suis tellement sensible, que je ne trouve point de force dans toute la philosophie qui me la puisse faire soûtenir. C'est celle qui me vient des calamités publiques, ausquelles mes sentimens s'interessent malgré moi.

Je ne saurois oüir les gémissemens des peuples; je ne saurois entendre leurs cris, ni voir couler leurs larmes, sans que je me sente atteint d'une veritable compassion. Je ne puis être spectateur des desordres de mon païs, ni considerer l'orgüeil des oppresseurs, sans concevoir une violente aversion contre eux.

Nous éprouvons encore une autre sorte d'ennui qui nous saisit au milieu des voluptés mêmes. Ce n'est bien souvent qu'un dégoût de l'abondance: car nôtre ame n'ayant pas assez de force pour la digerer, relâche beaucoup de la vigueur de ses sentimens, & succombe enfin à la violence de ses excès.

A cela, je ne trouve point d'autre remede que de moderer nos passions, & de ménager nos plaisirs avec une ingenieuse & sage économie. C'est ainsi qu'Epicure réveilloit ses ap-

petits

petits par l'abstinence, & fuyoit tous les excès pour éviter l'incommodité de la débauche. Et comme la compagnie continuelle, même des plus honnêtes gens, devient ennuyeuse ou insensible, les esprits délicats s'éloignent volontairement les uns des autres, pour éviter le chagrin qui les menace, & goûter mieux les charmes de la conversation par la vigueur nouvelle qu'ils donnent à leurs sentimens.

Il ne me reste plus à parler que d'une autre sorte de chagrin dont je ne puis deviner la cause; & comme on n'en sauroit bien connoître le véritable sujet, je trouve qu'il est mal-aisé de l'adoucir, ou de s'en défendre. C'est un ennui secret qui se cache au fond de l'ame, & qu'on sent mieux qu'on ne le découvre. C'est lui qui se met au lit avec nous; qui s'éveille, & qui se leve avec nous, qui nous accompagne aux repas; qui nous suit à la promenade; que nous portons dans la foule & dans la solitude, & qui n'abandonne point ceux qu'il a une fois saisis, qu'après avoir épuisé sur eux toute sa puissance.

J'ai fait de fâcheuses épreuves de cet ennui, & j'en ai souvent ressenti toute l'amertume. Avec lui je suis entré à la comedie, & j'en suis sorti de même. Je l'ai porté dans les meilleures compagnies, sans aucun fruit. J'ai pris durant ces accès les divertissemens les plus agréables : mais j'y étois alors insensible ; & au milieu des réjoüissances de tout le monde, j'étois contraint de montrer ma mauvaise humeur, & de paroître dégoûté des plus doux contentemens de la vie; & je n'ai enfin point trouvé d'autre remede pour le charmer, que la douceur des repas.

La bonne chere avec ses amis est le souverain remede contre cette sorte de chagrin: car outre que la conversation, qui devient alors libre & plus gaye, l'adoucit insensiblement, il est certain que le vin réveille les forces de la nature, & donne à nôtre ame une vigueur capable de chasser toute sorte d'ennuis.

Je sai bien que certaines gens farouches, au moins de la mine & de l'apparence, témoigneront beaucoup d'aversion pour un remede dont néanmoins ils ne méprisent pas trop les délices. Mais loin d'ici toutes grimaces, je m'embarrasse peu de leurs severités mal entenduës, puisque le plus severe philosophe de la terre nous a conseillé ce même remede; que les plus farouches de nos hommes illustres ont soûmis, pour ainsi dire, leurs vertus les plus austéres aux charmes de ce doux plaisir ; & que les plus honnêtes gens n'en dédaignent pas l'usage ; mais se contentent d'en condamner l'excés.

CHAPITRE SIXIE'ME.

Des plaisirs.

APrès avoir discouru de nos ennuis & de la façon dont on en peut adoucir les amertumes, il est à propos que nous nous entretenions des plaisirs de la vie.

Quoi qu'à dire le vrai les choses étrangeres contribuent beaucoup à nos plaisirs, & qu'il ne suffise pas d'avoir des sens, si nous n'avons des objets pour les contenter; cependant la multitude en étant presque infinie comme elle est, il semble que nôtre bonheur dépend en quelque façon de nous-mêmes, & que les grands divertissemens nous dégoûtent, si nos sens ne sont dans une disposition propre à en joüir.

Pour moi je serois d'avis que nous tinssions toûjours nôtre esprit present aux plaisirs innocens qui se rencontrent, exemt des regrets que donnent les choses passées, & libre des inquiétudes que nous concevons pour l'avenir. Le seul présent est à nous; & si nous étions sages, nous ménagerions chaque moment comme le dernier de la vie : mais rien n'est plus ordinaire que le mauvais usage que nous faisons du tems que la

nature

nature nous a donné. Il est peu d'hommes qui ne vécussent assez long-tems, s'ils savoient bien vivre : mais il arrive presque toûjours qu'en mourant nous nous plaignons de n'avoir pas encore vécu. Si nous avons de longues années, nous les troublons par la crainte de ne les avoir pas ; & quand nous sommes arrivés à nôtre terme, nous n'avons que le regret de les avoir fort mal ménagées.

Ce plaisir qui se présente est peut-être le dernier auquel je puisse être sensible. Une infinité de douleurs m'accableront un moment après. Qui m'empêche donc, insensé, de me réjoüir innocemment pendant que je le puis encore ? Faut-il que la difference des lieux, ou l'inégalité des objets, me tiennent toûjours dans le chagrin, lorsque je puis vivre content en tous les endroits de la terre ?

Je demeure d'accord qu'à la verité certaines personnes nous sont plus cheres & plus agréables que les autres ; que comme il y a des differens sujets de nous réjoüir, il y a des délices plus & moins sensibles : mais pour un plaisir que j'esperois avec ardeur, dois-je mépriser tous les autres ?

La vie qui s'écoule à la campagne n'est pas moins à moi que celle que je passe à la Ville. Les jours que je me rends ennuyeux par

par mon chagrin me seront comptez comme mes plus belles fêtes, & contribueront autant qu'elles à fournir le nombre où se doivent borner mes années.

Pourquoi donc troubler ici les charmes de mon repos par le souvenir des plaisirs que j'aurai goûtés; ou par l'imagination de ceux dont je prétens joüir?

C'est folie que de vouloir se retrouver ainsi aux lieux que l'on a quittés; & de s'efforcer de se rendre present à ceux où l'on ne peut pas encore si-tôt être.

Si les plaisirs qui se trouvent aux champs sont differents de ceux de la Cour, tâchons d'y accommoder nôtre ame. Car qui est-ce qui nous peut empêcher de nous élever & de nous abaisser de cette sorte? Nous n'avons ici ni la musique, ni le bal, ni les comédies, mais aussi n'avons-nous pas à souffrir ni à craindre les disgraces & la servitude.

La conversation ne s'y trouve pas si agréable. Hé bien, on aura commerce avec soi-même, & avec des gens qui pour le moins ne seront pas fâcheux.

Caton entretenoit les enfans, après s'être occupé tout le jour au service de la République, & les meilleurs esprits de nôtre France ne dédaignent pas d'entendre les contes de leurs valets après les plus serieux discours.

Il faut tâcher de vivre commodément par tout, & goûter les plaisirs que nous peut fournir le lieu de nôtre demeure.

Ne faisons pas si fort les philosophes que nous condannions par nôtre chagrin, les magnificences de la Cour. Je veux bien que nous imitions la vertu des vieux romains. Soyons justes; soyons généreux comme ils ont été: mais nous pouvons nous passer de ces maximes outrées, dont l'austerité corrige moins de personnes qu'elles n'en effraye.

Si nous n'avons pas le moyen d'être splendides, n'accusons point les autres d'une splendeur immoderée: car certainement on ne sauroit condamner tant de beaux ouvrages de l'industrie des hommes, sans être farouche.

On peut admirer la pompe d'une belle ville fort innocemment: On peut goûter les délices des parfums; les douceurs de la musique: on peut considerer avec plaisir la délicatesse de la peinture, sans violer les loix de la tempérance.

Que si, par contrainte, ou par inclination, nous avons établi nôtre séjour à la campagne, cessons alors d'admirer les travaux des hommes pour contempler les ouvrages du Créateur, & les merveilles de la nature: éloignons nos sentimens de l'orgüeil & des pompes de la Cour; & goûtons innocemment les douceurs qui se rencontrent aux lieux solitaires.

Les cieux, le soleil, les étoiles, les élemens n'ont-ils pas assez de beautés pour satisfaire l'esprit qui les contemple ?

L'étenduë des plaines, le cours des rivieres, les prairies, les fleurs, les ruisseaux n'ont-ils pas assez de charmes pour enchanter la vûë ?

La musique des oiseaux manque-t-elle jamais dans nos boccages ? Et s'il est vrai que les hommes ayent appris la leur des rossignols, quel avantage pour nous d'avoir un si grand nombre de ces petits maîtres, qui sont à nôtre service sans être à nos gages ?

Mon cœur, dans tous les tems, a paru limité :
On ne m'a jamais vû de sotte vanité.
Je ne crains, ni ne brave.
Nul soin ne me paroit pesant :
Et ne me rens esclave
Ni des hommes, ni de l'argent :

Abhorrant l'émotion
Et la sale passion
Des ames interessées,
Je laisse courir mes sens,
Et promener mes pensées
Sur les objets innocens

Le plaisir de sentir des fleurs,
De qui l'odeur & les couleurs

Enchan-

Enchantent mes esprits malades:
Et l'eau qui du haut d'un rocher
Se précipite par cascades,
Sont ici mon bien le plus cher.

Le doux concert des oiseaux:
Le mouvant cristal des eaux:
Un bois, des prés agréables:
Echo qui se plaint d'amour,
Sont des matiéres capables
De me charmer nuit & jour.

Enfin nous pouvons vivre contens par tout, & nous changeons seulement de plaisirs en changeant de demeure.

Nôtre esprit trouve ici son plaisir dans l'étude de la nature. Nos sens y rencontrent leurs délices ; & quiconque est capable de modération, n'y trouve que trop de quoi se contenter.

Ni les bornes de la solitude, ni le petit espace d'une prison, ne sauroit empêcher que le sage n'y trouve sa tranquillité. Il y peut méditer ; s'y souvenir agréablement des bonnes actions qu'il a faites, & se consoler par de douces refléxions sur son innocence.

On n'a pas toûjours besoin de l'étendüe des campagnes pour être heureux. Bien souvent nôtre bonheur est en nous mêmes ; & comme nous nous trouvons quelquefois chagrins dans la pleine joüissance de nôtre liberté, il peut bien arriver que nous
soyions

soyons satisfaits jusques dans les prisons où l'on nous jette.

Les plus cruels tyrans ne sauroient trouver de cachot pour nôtre ame; & ils n'en peuvent devenir les maîtres, à moins que nous ne voulions bien nous-mêmes la leur asservir. Leurs chaînes ne la sauroient lier, & en quelque endroit que soit enfermé le corps, elle ne change pourtant ni de lieu ni de demeure.

Ainsi nous pouvons trouver des contentemens par tout: tâchons seulement d'en joüir avec modération; & soyons persuadés que c'est une erreur de condamner les plaisirs comme plaisir, & non pas comme injustes & illegitimes.

A la verité, quelque innocens qu'ils puissent être, l'excès en est toûjours criminel, & ne va pas seulement à l'infamie, mais encore à la douleur. Un homme qui perd sa réputation par la débauche, y perd le plus souvent la santé, & ne blesse pas moins sa constitution que son honneur.

Que si nous nous trouvons insensibles aux charmes de nos douceurs, excitons nôtre goût & nos appétits par la considération des douleurs qui leur sont contraires.

Que ceux qui se trouvent dans les commodités de la vie, goûtent leur bonheur par l'opposition des necessités des autres; & que la pensée des infortunes, les fasse joüir délicieusement de la felicité qu'ils possedent.

Qu'un homme de bien fasse réflexion sur l'état de sa conscience, & se réjoüisse de ne trouver ni remords ni gêne au fond de son cœur.

Que la santé que l'on goûte ordinairement de la même sorte qu'un bien insensible, que ce riche present de la nature soit ressenti plus vivement par la comparaison des maladies, & des infirmités auquelles tant d'autres sont sujets.

Qu'un homme de bonne santé ne se tienne pas seulement heureux dans la joüissance de son bonheur, mais que la pensée de ne rien souffrir parmi tant d'objets fâcheux qui l'environnent, le rende encore plus content : Qu'il ne se réjoüisse pas seulement des bonnes fortunes qui lui arrivent, mais du malheur qu'il n'a pas : Que le plaisir qu'il goûte, & la douleur qu'il ne souffre point, contribuent également à lui donner de nouvelles satisfactions.

Au reste, bannissons cette vilaine passion d'envie; ce mouvement infame qui corrompt tous nos plaisirs. Que nos yeux & nos oreilles ne deviennent pas interessées

parmi

parmi les possessions étrangeres : mais goûtons sans convoitise tous les charmes des lieux que nous visitons.

Tout ce qui se fait pour le plaisir de la vûë, n'est-il pas à moi durant qu'il est exposé devant la mienne ?

Le Louvre, le Luxembourg, les Tuilleries m'appartiennent autant, quand je considere leur beauté, qu'à ceux qui ont les titres de leur acquisition. Car à parler sainement, rien ne peut être à nous que par une actuelle joüissance.

La conclusion que je tire de tous ces discours, c'est qu'il nous faut réjoüir avec moderation. A le bien prendre, tout ce qui se fait au monde se fait seulement pour le plaisir, & prenant diverses routes, nous visons tous à un même but.

Celui qui cherche de l'estime au travers des mousquetades, & qu'on voit couvert de feux & de plomb pour acquerir de l'honneur, ne s'exposeroit pas au moindre danger, s'il n'esperoit la satisfaction qu'on trouve en soi-même, ou celle qui vient de la renommée.

Celui qui vieillit dans un cabinet parmi la crasse & la poussiere des livres, n'employeroit pas la moindre veille à l'acquisition des sciences, s'il n'en retiroit quelque volupté.

Toutes

Toutes nos actions n'ont de veritable objet que le plaisir. Sans lui les plus laborieux demeureroient languissans & oisifs. C'est lui seul qui nous fait agir: c'est lui qui remuë tous les corps: c'est lui qui donne le mouvement à tout l'univers.

Que chacun prenne donc la voïe la plus conforme à ces innocentes inclinations, & joüisse de toutes les délices qui se présentent, lors qu'elles ne sont point opposées au sentiment de l'honneur, ni à celui de la conscience.

III. **FRAGMENT**
TRADUIT
DE PETRONE(1)
SUR L'ELOQUENCE.
A MONSIEUR ***.

J'Eus l'autre jour bien du plaisir, de voir avec quelle impatience cet admirateur des discours publics de ***** souffrit ce que nos amis disoient de l'éloquence de nôtre siécle. Je ne sai s'il s'apperçût à quelques traits de leur censure, que l'on en vouloit à son héros, car vous savez qu'il est des héros de toute maniere, mais je remarquai qu'il avoit un fort grand dépit de ce qu'ils ne le préferoient pas à Ciceron & à Démosthene. Quoi qu'on lui pût dire pour le détromper, il ne fut pas d'humeur à se faire justice là-dessus. Je m'attens bien aussi qu'il ne me la fera pas, & qu'il ne me pardonnera de sa vie le peu de complaisance que j'eus pour lui. J'ai déja entendu dire

qu'il

___
(1) Cette piece est de Mr. de la Valterie.

qu'il nous décrie par tout comme des esprits satiriques, qui affectent de mépriser tout ce que les autres estiment, & qui veulent introduire une espece d'inquisition dans les belles-lettres. Cependant vous savez que nos amis n'ont pas besoin de ruiner la réputation d'autrui pour élever la leur; & que celle dont nous parlons s'est établie sur des fondemens si peu solides, qu'il est à croire que cet applaudissement **** qui l'a soûtenuë depuis quelques années, ne prévaudra pas toûjours sur l'opinion des honnêtes gens. Mais, à la bonne heure, laissons-le joüir de cette fausse gloire dont ses adorateurs vont l'enyvrer tous les jours; & contentons-nous de justifier nos amis. C'est à quoi je veux travailler présentement; & sans me renfermer dans les bornes d'une lettre, ni m'ériger en docteur, je prétens vous écrire tout ce qui me viendra dans l'esprit, soit de mon propre fonds; soit de celui des autres, afin d'ôter les mauvaises impressions qu'on vous a voulu donner de nôtre critique.

Vous savez, Monsieur, que ce n'est pas d'aujourd'hui qu'on a trouvé des gens qui se sont plaints du goût dépravé de leur siécle, & de la corruption de l'éloquence. Je crois que cette plainte a été de tous les tems, depuis la mort de Ciceron. L'auteur du dialogue qu'on attribuë à Quintilien, condamne le même desordre ; & pour remonter plus haut, Pétrone a fait une satire ingénieuse contre les déclamateurs de ce tems-là, qu'il accuse d'avoir gâté le stile des jeunes-gens. Le jugement qu'il en fait est fort juste ; & il tourne en ridicule les mêmes défauts contre lesquels nous nous élevons aujourd'hui ; mais d'une maniere si plaisante, qu'il me prend envie de vous envoyer en nôtre langue, ce qu'il dit si agréablement dans la sienne, contre ce haut stile que nous appellons phebus, ou galimatias. Mais j'ai l'esprit tellement né pour la liberté, qu'il n'est pas en mon pouvoir de l'assujettir aux regles d'une traduction fidelle. C'est pourquoi j'ai pris la hardiesse de lier les sens interrompus de Pétrone, par des choses qui sont purement de moi. Si cette occupation vous paroît peu digne d'un magistrat, songez, s'il vous plaît, Monsieur, que nous sommes dans une saison où la justice même nous permet de nous délasser. Je prétens avec cela, que vous m'en ayez un peu d'obligation, & que vous lisiez avec vôtre indulgence ordinaire, ce que j'écris présentement pour vôtre plaisir.

« Je me promenois, dit Eumolpe, avec le jeune Ascilte dans une place assez proche des écoles publiques, lorsque nous vîmes accourir de toutes parts un grand nombre de personnes de differentes qualités, mais principalement une foule de jeunes écoliers qui se pressoient à qui entreroit le premier dans l'école. La curiosité qui entraîne aisément dans ces lieux publics les hommes qui n'ont pas beaucoup d'affaires, m'obligea d'y suivre les autres. Je me mêlai parmi ceux qui entroient, & je m'enquis des gens qui se trouverent auprès de moi, quelle étoit la cause qui assembloit tant de monde. J'appris qu'un déclamateur celebre, nommé Agamemnon, devoit faire une harangue. Je demandai ensuite quel sujet il avoit pris pour son discours, & l'on me répondit qu'il promettoit par son affiche une déclamation de deux heures, sous le titre magnifique de la pieté cruelle, pour exhorter le Roi Agamemnon à livrer sa fille Iphigenie qui devoit être sacrifiée à Diane, suivant l'oracle, afin de faciliter l'expedition de Troye. Je crus que la rencontre d'un titre si spécieux, ou bien la conformité du nom d'Agamemnon que portoit le déclamateur, l'avoit engagé au choix »

» choix de ce sujet ; & je ne doutai pas
» qu'il ne se montrât dans son discours,
» digne auteur d'une si belle affiche. Il est
» vrai aussi que je n'y fus pas trompé ; car
» après avoir attendu près d'une heure, nous
» vîmes paroître sur une espece de théatre
» un peu élevé au-dessus des auditeurs, un
» homme d'un âge assez avancé, qui n'avoit
» rien oublié ce jour-là pour se mettre sur
» sa bonne mine. Il jetta d'abord les yeux
» sur son auditoire, pour assurer sa conte-
» nance ; & après avoir toussé, craché, &
» salué tout le monde, il se tint quelque
» tems dans une contenance triste, tournant
» les yeux d'un côté & d'autre sur ses au-
» diteurs ; puis tout d'un coup il commença
» son discours d'une voix aigre & traînante.
» Son exorde étoit pompeux, & plein d'an-
» tithéses ; ses periodes étoient enflées à
» perte d'haleine, & parmi ces grands mots
» dont elles étoient composées, il n'y en
» avoit pas un qui fût propre à attirer la
» bienveillance & l'attention des auditeurs,
» ni à donner une idée generale de son ac-
» tion. Mais pourtant on remarquoit qu'il
» avoit ramassé dans les livres tout ce qui
» regarde la sainteté & l'infaillibilité des
» oracles. Il avoit cela de bon, qu'il ne ci-
» toit point de vers d'Hesiode, ni d'Ho-
» mere. Dans le reste de la piece, il s'éten-
„ dit

dit fort sur les devoirs qui attachent les «
hommes à leur patrie : il exagera princi- «
palement l'étroite obligation qui engage «
les Princes à se dévoüer entierement à la «
gloire & au bonheur de leurs Etats : il «
fit une longue description de tous les «
combats de la nature & de la religion «
dans le cœur d'un pere qui doit perdre sa «
fille, ou désobéïr aux dieux : il apporta «
beaucoup de raisons pour prouver que la «
religion devoit l'emporter sur la nature, «
& qu'il falloit que le respect des ordres «
du ciel arrêtât les mouvemens du sang, «
& calmât l'émotion des entrailles pater- «
nelles. C'étoient-là les termes dont se ser- «
voit ce déclamateur, & tout son discours «
étoit rempli de grands mots qui ne signi- «
fioient rien, & qui sembloient faits ex- «
près pour la mesure énorme de ses perio- «
des. Les figures étoient si fréquentes, & «
particulierement celles qui consistent dans «
l'arangement des paroles : l'ordre dans «
lequel il les avoit placées, étoit si com- «
mun, que les petits écoliers savoient «
quand le rang de chacune devoit venir «
& les distinguoient toutes par leur nom. «
Il me souvient que j'entendis un homme «
auprès de moi, qui s'écria sur de certains «
endroits où je commençois un peu à m'en- «
dormir ; Ah ! la belle Prosopopée ! Ah ! «
les «

» les belles Antithéses ! Je souffris son ad-
» miration patiemment, parce que peut-être
» il étoit gagé pour applaudir, comme j'en
» ai vû quelquefois. Aussi-tôt qu'Agamem-
» non eût achevé, chacun sortit de l'école.
» Je vous avoüe que je ne fus pas des der-
» niers à me débarrasser d'un lieu où j'avois
» trouvé de quoi contenter ma curiosité pour
» long-tems. Néanmoins j'eus encore envie
» de savoir ce que l'on diroit sur cette
» harangue. Je m'approchai de ceux qui
» s'étoient arrêtés sous le portique, ayant
» entendu en passant qu'ils s'entrenoient
» sur cette matiere. En effet, je trouvai que
» chacun en fornioit son jugement : la plû-
» part en paroissoient fort contens : plusieurs
» loüoient la beauté du sujet : d'autres ad-
» miroient l'abondance des figures, & la
» hardiesse de l'expression : j'entendis même
» qu'ils s'attachoient sur toutes choses à
» exalter la durée de cette action, s'éton-
» nant qu'il eût pû fournir à parler deux
» heures sur un sujet comme celui-là. Quel-
» ques-uns de mes amis qui se rencontre-
» rent parmi eux, me demanderent ce que
» j'en pensois ; & comme ils se persuadoient
» que j'avois quelque discernement pour ces
» ouvrages, ils voulurent m'engager à dire
» quel étoit mon sentiment sur le discours
» d'Agamemnon. Je crûs que mon âge, &

» le

le grand nombre de personnes qui pou- «
voient m'entendre, m'obligeoient à avoir «
quelque retenuë : c'est pourquoi, au lieu «
de m'expliquer avec cette liberté qui «
m'est ordinaire, je répondis froidement «
qu'il me sieroit mal de censurer ce que «
tout le monde sembloit approuver. Pour «
moi, dit alors un jeune étourdi, qui «
s'étoit mêlé dans la troupe, il ne m'est «
pas possible de dissimuler davantage ce que «
j'en pense. J'avoüe de bonne foi, qu'on «
n'en sauroit être plus mécontent que je le «
suis. Cette franchise me soulagea un peu «
dans l'effort que j'avois fait pour me taire ; «
& je fus bien aise de voir qu'un autre «
avoit hazardé d'en juger le premier. Mais «
afin d'engager ce censeur à parler, je le «
priai de nous dire précisément ce qui lui «
déplaisoit le plus dans cette action. *Tout*, «
me répondit-il, brusquement : *Je blâme* «
également le choix du sujet ; la conduite «
de l'ouvrage, & le tour de la diction. «
Je ne saurois même souffrir qu'un orateur «
suive plûtôt la passion qu'il a de parler, «
que la necessité des choses qu'il est obligé «
de dire. Cependant la plûpart de ces dé- «
clamateurs se persuadent qu'il est de l'es- «
sence d'un beau discours de durer plus «
d'une heure, & ne songent pas que c'est «
une présomption insuportable de prétendre «

Tome VI.   G   qu'on

» qu'on soit obligé de les écouter si long-tems
» sans s'ennuyer. Pour moi, continua-t-il,
» j'admire bien plus dans ces occasions la pa-
» tience des auditeurs, que la fécondité de
» l'orateur. Mais, voyez, je vous prie, à
» quoi cette belle maxime vient d'engager
» nôtre déclamateur; à nous dire une infi-
» nité de choses dont on a les oreilles rebat-
» tuës dans les écoles. Pour ce qui est de
» l'ordre de son discours, l'art en est si
» grossier, que si vous en aviez demandé la
» division aux moindres de ses écoliers, ils
» vous diroient aussi-tôt de combien de figu-
» res il étoit composé. Ils le partageroient en
» quatre lieux communs : le premier seroit
» la sainteté des oracles ; le second, l'a-
» mour de la patrie ; le troisième, l'obliga-
» tion des Princes envers leurs sujets ; &
» le dernier, le respect que l'on doit aux
» dieux. Pour ce qui est de sa diction, elle
» est si affectée, que la recherche des mots
» lui a plus coûté que tout le reste ; & après
» avoir donné la torture à son esprit pour
» les choisir, il l'a donné à sa langue pour
» les prononcer. Mais le sujet me paroît plus
» extravagant que tout le reste : car les
» déclamations n'ont été introduites que pour
» exercer l'esprit des jeunes-gens sur des
» matieres qui puissent tomber dans l'usage
» ordinaire, & pour leur proposer des exem-
» ples

ples qui soient propres à les instruire sur «
les choses où ils sont obligés de parler. Ce- «
pendant quel intérêt peut-on prendre pré- «
sentement à une avanture si opposée à nos «
mœurs ? Quelle apparence y a-t-il qu'au- «
cun de ceux qui ont entendu Agamemnon, «
rencontre de sa vie une occasion de dire «
par combien de bonnes raisons il falloit ap- «
paiser Diane, & sacrifier Iphigenie ? Que «
nous servira d'être persuadés que les Grecs «
firent fort sagement de contenter cette «
déesse vindicative, qui n'auroit pas man- «
qué sans ce sacrifice, de renverser toutes «
les machines de leur armée, & de prendre «
le bon Priam sous sa protection ? Mais «
quand il arriveroit que l'on se pût entre- «
tenir serieusement de ces contes-là, auroit- «
on bonne grace de se servir de ces expres- «
sions outrées, & de ces figures extrava- «
gantes, contraires aux veritables mouve- «
mens de la nature, au bon-sens & à «
l'air simple & facile avec lequel les hon- «
nêtes-gens ont accoûtumé de s'expliquer ! «
Car enfin, tout ce qui n'est point confor- «
me à la nature, est opposé à la veritable «
éloquence. »

Bien que ce censeur poussât son opi- «
nion trop loin, parce qu'en effet les qua- «
tre parties du discours d'Agamemnon trai- «
toient des points de morale qui peuvent «

» tomber tous les jours dans la conversa-
» tion, sa critique néanmoins ne me dé-
» plût pas; & la chaleur qu'il avoit témoi-
» gnée, m'excita de telle sorte à dire ce
» que j'en pensois, que quelque résolution
» que j'eusse faite de ne pas déclarer mes
» sentimens devant tant de monde, je ne pus
» m'empêcher de parler de la sorte.

» Je ne veux, dis-je, condamner personne
» en particulier, ni censurer le discours
» d'Agamemnon; mais tout ce qui vient
» d'être dit en general sur les sujets ordi-
» naires des déclamations, est fort de mon
» goût. Il me semble que j'entens un hom-
» me qui rêve, ou qui est hors de son bon-
» sens, quand un déclamateur bien nourri,
» & sain de tous ses membres, crie à pleine
» tête, comme j'en ai vû quelques-uns : *C'est*
» *pour vous, mes concitoyens, que j'ai*
» *perdu les yeux : donnez-moi un guide qui*
» *me reconduise entre les bras de mes enfans,*
» *que j'ai abandonnés pour vous garantir de*
» *la fureur des ennemis. Qui me rendra le*
» *sang que j'ai répandu pour vous! Soûte-*
» *nez ce corps affoibli par les fatigues de*
» *la guerre, ces blessures honorables que*
» *vous voyez, ont sauvé vôtre liberté : elles*
» *sont comme autant de bouches qui vous*
» *demandent quelque secours, & qui témoi-*
» *gnent ce que j'ai merité de la République.*
» Nean-

Néanmoins on se résoudroit à souffrir ces « discours impertinens, s'ils étoient de quel- « que utilité pour parvenir à la perfection « de l'éloquence : mais bien-loin que les « écoliers tirent du profit de ces sujets « pompeux & de ces expressions forcées, « quand ils sortent de-là, il semble qu'ils « viennent d'un autre monde. Ils sont même « incapables de la conversation des hon- « nêtes-gens ; & dès qu'ils ont perdu de vuë « le théatre de leurs écoles, ils n'ont pas « le courage de parler en public. Cela vient « de ce que les lieux destinés à l'instruction « de la jeunesse, où l'on ne devroit enseig- « ner que ce qui est propre à leur éduca- « tion, ne servent qu'à les amuser ; & qu'on « n'y apprend autre chose que de ces fa- « bles ridicules. En effet, vous les enten- « dez retentir continuellement, du bruit « des chaînes que les pirates préparent aux « malheureux qui ont été poussez par la « tempête sur des côtes desertes ; l'on n'y « parle que des prodiges de la cruauté des « tyrans, qui pour faire violence à la na- « ture, commandent aux enfans d'être les « bourreaux de leurs peres. Enfin l'on n'en- « tretient les auditeurs que de ces oracles « barbares, qui demandent qu'un certain « nombre de vierges soient immolées pour « faire cesser la peste, & pour appaiser la « colere «

„ *colere des dieux.* Cependant ces figures
„ chimériques forment insensiblement dans
„ les jeunes gens une habitude à ne dire
„ jamais les choses en termes justes & na-
„ turels. Il arrive même assez souvent qu'el-
„ les noircissent leur esprit par des idées
„ affreuses, & qu'elles leur donnent en quel-
„ que sorte des leçons de cruauté. Mais
„ ce n'est pas seulement dans les sujets éle-
„ vez qu'on les accoûtume à ce déréglement;
„ car quand leurs maîtres changent de ma-
„ tiere dans les leçons qu'ils leur donnent,
„ & quils se relâchent quelquefois à par-
„ ler de ces passions, dont le caractere est
„ opposé aux figures enflées du haut stile,
„ ils tombent tout d'un coup dans un excès
„ contraire à l'autre : ils ne se servent que
„ de diminutifs ; toutes leurs paroles sont
„ doucereuses & confites (pour ainsi dire)
„ dans le miel ; leurs pensées sont plates &
„ puériles. Ils font des pointes & des jeux
„ de mots en parlant de leur amour, & ils
„ affectent d'accompagner leur expression
„ d'un air languissant ; à force d'être tendre,
„ elle devient fade, & enfin elle ne paroît
„ pas moins ridicule dans ce genre d'élo-
„ quence que dans l'autre. De sorte qu'il
„ est aussi peu possible à un jeune homme
„ d'avoir le goût du bon stile parmi ces
„ mauvais exemples, que de prendre l'air
„ noble

noble & aisé de la Cour parmi la pedan- "
terie de l'école. "

« N'en déplaise à ces déclamateurs, "
nous pouvons dire qu'ils ont été les pre- "
miers corrupteurs de l'éloquence. Ils ont "
avili cet art admirable qui faisoit regner "
Periclés & Demosthéne sur l'esprit des "
hommes, & en ont fait un jouet & un "
amusement d'enfans. Ils lui ont ôté la "
force des pensées, en ne s'appliquant qu'à "
l'arrangement des mots, & à la cadence "
pompeuse des periodes. Car avant que ces "
docteurs nourris dans l'obscurité, & qui "
n'ont jamais rien vû que leurs livres, "
eussent gâté l'esprit des jeunes gens par "
leurs méchantes maximes, l'éloquence "
s'attachoit à former le jugement; la ve- "
rité, la raison, la clarté étoient son but "
& sa regle dans tous les discours: elle "
n'étoit soutenuë que de la grandeur des "
choses, & non pas de la pompe des mots: "
jamais elle ne s'échapoit dans ces enthou- "
siasmes qui transportent un auditeur com- "
me par magie dans des pays perdus, & "
qui ne le ramenent au sujet qu'après avoir "
lassé son attention. La poësie même, qui "
prend de plus grandes licences, étoit libre "
sans effronterie, & ornée sans affecta- "
tion; elle parloit le langage des dieux "
sans dire des extravagances. Sophocle & "

G 4   Euripide "

» Euripide prenoient quelquefois la co-
» thurne, mais ils ne montoient pas sur des
» échasses comme font les poëtes de nôtre
» tems : Homere qui savoit bien jusqu'où le
» poëme héroïque doit aller, ne guindoit
» pas son stile jusqu'au galimatias, quand
» il le vouloit élever jusqu'au sublime. Car
» il y a une simplicité d'expression qui n'ôte
» rien à la grandeur des pensées ; & il ne
» s'ensuit pas que parce qu'une chose est
» grande, il faille l'exprimer par de grands
» mots. En effet, ce poëte incomparable
» composa des vers si magnifiques dans ce
» genre-là, que Pindare & les neuf poëtes
» Lyriques n'osant se promettre de les éga-
» ler, ont été contraints de tenter une autre
» sorte de poësie. Si l'on dit que l'exemple
» des poëtes ne se peut appliquer à l'usage
» des orateurs, voyons si Platon, Eschine
» ou Démosthéne, ont voulu prendre des
» leçons de ces gens qu'ils nommoient So-
» phistes, & que nous appellons Pédans.
» Au contraire, ils les ont toûjours décriés
» comme des corrupteurs des mœurs & du
» langage. Platon entre autres les a bannis
» de sa république, & disoit d'eux aussi-
» bien que des poëtes : *Donnons-leur des*
» *couronnes, mais que ce soit pour les chasser*
» *honnorablement de nôtre état.*

» La sage, & si je l'ose dire, la chaste
» éloquence

éloquence n'a rien que de réel, de solide & de veritable; & s'il m'est permis de parler ainsi, elle ne met point de mouches & de fard sur son visage pour paroître agréable: sa grace n'éclate jamais par des couleurs empruntées: tous ses ornemens lui sont propres; & c'est par les traits de sa beauté naturelle qu'elle charme & qu'elle persuade: son air majestueux met entre elle & la fausse éloquence, la même difference que l'on remarque entre une honnête-femme & une coquette. Cette causeuse, cette grande diseuse de rien; en un mot, cette monstrueuse éloquence des déclamateurs a passé depuis peu de l'Asie dans la Grece, où elle a répandu un air contagieux qui a infecté les esprits des jeunes gens: ceux mêmes qui sembloient promettre de grandes choses, & qui avoient conservé jusques alors le goût du bon stile, & la pureté du langage, n'ont pû se défendre de cette corruption. Depuis ce changement, nous n'avons vû personne qui ait atteint la perfection de Thucidide, ni qui ait égalé Hyperide: il n'a pas même paru de poësie qui n'ait été pleine de cette enflure asiatique; & tous les ouvrages de nôtre tems, de même que ces corps qui n'ont pris qu'une mauvaise nourriture, n'ont pû parvenir

„ venir jusqu'à la vieillesse. La plûpart des
„ beaux arts n'ont pas eu un meilleur sort,
„ & nous avons vû la peinture décliner peu
„ à peu, depuis que les Egyptiens ont été
„ assez hardis pour entreprendre de l'ensei-
„ gner par une méthode plus courte & plus
„ aisée que celle de Zeuxis & d'Apellés.
„ Durant que je parlois de la sorte, & que
„ la chaleur de mon discours m'emportoit
„ plus loin que je ne m'étois proposé, Aga-
„ memnon étoit sorti de son école, après
„ avoir reçû de ceux qui s'y étoient arrêtés,
„ l'applaudissement que l'on donne d'ordi-
„ naire à ceux qui viennent de parler en
„ public, quand ils descendent du théatre,
„ & comme il est mal-aisé de se moderer sur
„ l'amour des loüanges, il venoit sans
„ doute en mandier quelqu'une auprès de
„ nous: mais voyant que je ne faisois pas
„ semblant de l'appercevoir, il se vint pla-
„ cer derriere moi pour m'entendre. Après
„ m'avoir donné quelque attention, l'impa-
„ tience le prit. Je ne sai s'il eût peur que
„ ma censure qui n'avoit pour objet que
„ l'éloquence en général, ne descendit à une
„ critique de la sienne en particulier; ou si
„ cet homme accoûtumé à regenter les au-
„ tres, ne pût souffrir que je me fisse écou-
„ ter plus long-tems sous le portique, tout
„ d'un coup il fendit la presse, & me frappant
„ dou-

doucement sur l'épaule, il m'interrompit «
d'un air pédantesque, & dit en soûriant : «
Jeune homme, puisque vous tenez un dis- «
cours qui n'est pas du goût de nôtre siecle, «
& que vous êtes encore dans les bons sen- «
timens, c'est une qualité si rare, que vous «
meritez bien que je ne vous cache pas le «
secret de nôtre profession. Sachez donc que «
je m'accommode autant que je le puis aux «
erreurs du temps ; & qu'encore qu'elles «
n'ayent pas tout-à-fait corrompu mon ju- «
gement, non plus que le vôtre, je suis «
contraint néanmoins de me laisser entraîner «
au torrent, & de suivre plûtôt ce qui est «
capable de plaire à la foule des auditeurs, «
qu'à un petit nombre d'honnêtes-gens. «
Car leur approbation ne suffit pas pour «
établir la réputation d'un orateur : c'est «
la voix publique qu'on en croit, & le plus «
grand nombre l'emporte toûjours. Ce ne «
sont donc pas les professeurs à qui l'on doit «
imputer l'abus des déclamations : s'ils n'a- «
voient pas de complaisance pour la folie «
du siecle ; s'ils s'attachoient scrupuleuse- «
ment à la pureté de l'ancienne éloquence, «
leurs écoles deviendroient desertes, & «
cette multitude d'écoliers qui fait la gloire «
& la fortune d'un maître, se dissiperoit «
aussi-tôt pour courir après un autre, dont «
la méthode fut plus conforme à leurs incli «
nations. "

» nations. Il faut pour un discours public
» des pensées brillantes, des expressions
» hardies, de l'invention, du feu d'esprit,
» & débiter tout cela effrontement. Qu'im-
» porte qu'il y ait de la raison, de l'ordre,
» du bon-sens, pourvû qu'on impose, &
» qu'il n'y ait que deux ou trois hommes dans
» toute une assemblée, qui s'apperçoivent de
» vos défauts ? Les déclamateurs ne sont
» pas en cela fort éloignez de la servitude
» des parasites, qui pour avoir place dans
» les bonnes tables, tiennent presque toû-
» jours un langage contraire à leurs senti-
» mens. S'ils ne tendoient ces piéges à la va-
» nité des grands Seigneurs, ils courroient
» souvent fortune de faire de mauvais repas.
» En bonne foi, conseilleriez-vous à ce pa-
» rasite de se laisser mourir de faim, plûtôt
» que de trahir la verité ? Voudriez-vous
» qu'un pescheur se morfondit inutilement sur
» le rivage, plûtôt que de mettre quelque
» appas au bout de son hameçon ? Il en est
» de même des déclamateurs que vous con-
» damnez. Ce n'est point à eux qu'il se faut
» prendre de cette corruption, c'est aux peres
» de famille qui ne veulent pas que l'on éleve
» les jeunes gens dans les formes d'une dis-
» cipline severe ; qui ont une impatience dé-
» raisonnable de les avancer dans leurs étu-
» des, & qui voudroient que leurs enfans
» fussent,

faſſent, pour ainſi dire, éloquens dès le «
berceau. De là-vient que l'érudition qu'ils «
rapportent des écoles eſt ſemblable aux «
fruits que l'on fait mûrir par artifice, & «
qui n'ont ni le goût ni la beauté de ceux «
qui viennent dans la ſaiſon. L'ambition «
que l'on a de les pouſſer de bonne heure «
dans le barreau & dans les charges de la «
République, fait qu'ils y entrent comme «
dans un nouveau monde, & qu'ils ſont «
d'ordinaire accablés du poids de leur di- «
gnité : cependant, ſi l'on vouloit laiſſer «
conduire la jeuneſſe par les degrez d'une «
éducation bien reglée ; s'il étoit permis «
aux Profeſſeurs de meſurer aux talens na- «
turels d'un écolier, les leçons qu'ils lui «
donnent ; s'ils pouvoient ſuivre avec pa- «
tience le progrès qu'il eſt capable de faire, «
& former ſes mœurs & ſon jugement en «
poliſſant ſon eſprit : alors on pourroit eſ- «
perer de voir revivre dans nôtre ſiecle «
l'éloquence de Démoſthéne ; alors les jeunes «
gens apprendroient dans l'école ce qu'il «
faut ſavoir pour réüſſir dans le commerce «
du monde, & paſſeroient avec ſuccès de «
l'étude, à la converſation des honnêtes- «
gens. Au lieu que les écoliers ne font que «
badiner dans l'école ; ou ſe mocquer de «
leurs maîtres, & en ſortent ſi mal inſ- «
ſtruits, qu'ils ſe font mocquer d'eux da s «

» le barreau. Mais ce que je trouve de plus
» ridicule, c'est que les vieillards n'osent
» avoüer de bonne foi, qu'ils n'ont pas été
» bien élevés dans leur jeunesse, & qu'ils
» veulent que leurs enfans se reglent sur le
» mauvais exemple de leur propre éduca-
» tion.
» Le discours d'Agamemnon me parut si
» raisonnable & si sincere (1), que je n'eus
» pas le mot à dire; & comme je n'ai ja-
» mais été assez fou pour m'ériger en ré-
» formateur du siécle, je ne m'opiniâtrai
» point à combattre de si bonnes maximes.
» Ainsi je pris congé brusquement d'Aga-
» memnon & de la compagnie, pour aller
» trouver Ascilte. »

N'est-il pas vrai, Monsieur, qu'il y a
en cet endroit de Pétrone des traits d'une
satire fine & délicate comme vous la demandez, & qu'ils semblent faits exprès pour
tourner en ridicule la fausse éloquence,
contre laquelle nos amis parlerent si sagement

---

(1) En effet, Pétrone fait parler trop raisonnablement un homme à qui d'abord il a donné le caractére d'un pédant, lui qui par tout ailleurs conserve si bien le caractére des personnes qu'il fait parler. Mais il faut croire que son humeur étoit de tourner la raison même en ridicule, lorsqu'il se mocquoit de ceux qui luy déplaisoient, bien qu'il les trouvât raisonnables en de certaines choses.

ment chez vous ? N'avoient-ils pas raison de dire qu'on la souffroit avec peine dans les écoles, mais qu'elle étoit insupportable par tout ailleurs ? Ne vous souvient-il pas qu'ils la blâmoient de n'avoir aucun égard à la dignité de celui qui parle, ni à la qualité de ceux qui écoutent, ni à la condition des tems, ni à la majesté du lieu ? Qu'ils l'accusoient avec sujet de n'observer point d'ordre dans son dessein ; point de suite dans son discours ; point de justesse dans son expression, ni de bornes dans sa durée ? Ne fûtes-vous pas bien aise d'entendre celui d'entre eux qui dit toûjours ses avis avec plus de chaleur & de liberté que les autres, se récrier sur le mot de durée, & pester si plaisamment contre la longueur ennuyeuse de ces discours d'où l'on sort comme des mauvais songes ; & dont on ne remporte rien que de l'ennui & du chagrin ? Il vouloit établir en France la loi de Pompée, de la mesure des horloges d'eau pour les actions publiques, & que personne n'en fût exemt. Mais l'endroit où je trouvai sa critique la plus agréable, fut la peinture naïve qu'il nous fit de ces harangueurs froids & ennuyeux, qui commencent leurs discours d'une voix fausse & languissante par ces mots : " C'est un problême ordinaire chez les anciens philosophes ; & cet autre : Si la "

lumiere

„ lumière du soleil est impénétrable à nos re-
„ gards ; si le cours des astres, & la rapidité
„ du firmament," &c. Encore, ajoûtoit-il, si
nous en étions quitte pour l'exorde, on se
resoudroit d'abord à leur pardonner ces
premieres fautes ; mais d'ordinaire le reste
de la piece n'est rempli que de grands rai-
sonnemens hors d'œuvre, de lambeaux dé-
cousus, & de lieux communs cités sans
besoin & sans discretion. Ils seroient marris
de nous pardonner un seul passage du divin
Platon, ou du savant Trismegiste. L'archi-
tecte enfin bâtit la maison avec aussi peu de
jugement qu'il bâtit le portail, & tout leur
ouvrage ressemble à la Venus que ce sculpteur ignorant avoit fait riche, parce qu'il
n'avoit pû la faire belle. Cependant cette
éloquence a trouvé des admirateurs, & des
gens qui se sont attachés à l'imiter. Elle a
eu son cours parmi nous, comme les vers de
Ronsard. Malherbe a commencé de nous
donner le goût de la bonne poësie, & les
Satires de Boileau nous déferont à la fin
des méchans poëtes. Plût à Dieu qu'il en
pût faire autant des méchans orateurs ! Mais
le nombre en est trop grand ; cette maladie
s'est répanduë dans le barreau ; comme celle
des Abderites dont parle Lucien dans cette
raillerie ingénieuse qu'il a faite des historiens de son tems. A force d'avoir entendu

les

les tragédies d'Euripide, tous ces pauvres gens en récitoient sans cesse les vers, comme s'ils avoient été dans les rêveries d'une fièvre chaude. Et ces historiens qu'il leur compare, voulant imiter Herodote & Thucydide, commençoient leur histoire de la guerre des Parthes par des avant-discours aussi impertinens que les exordes de nos déclamateurs.

Nôtre ami, s'il vous en souvient, n'en seroit pas demeuré là, & auroit peut-être fait des portraits trop ressemblans des personnes qu'il vouloit censurer, si un autre plus modeste que lui, n'eût pris la parole, & dit des choses qui vous parurent si raisonnables, que vous souhaitâtes alors de les avoir par écrit. J'ai fait un effort pour vous contenter, & vous trouverez peut-être, que je les ai écrites à peu près comme vous les avez entenduës.

Puisque vous avez parlé de cet en-"
droit de Lucien, trouvez bon, dit nôtre "
sage ami, que je vous interrompe ; & "
que je dise à mon tour, qu'il est vrai "
que ce discours qu'il a fait sur la maniere "
dont il faut écrire l'histoire, est le chef- "
d'œuvre de l'esprit le plus délicat de "
l'antiquité. Je suis persuadé qu'après "
Ciceron & Quintilien, nous ne saurions "
prendre un meilleur maître de l'éloquence ; "

,, & que les préceptes qu'il donne aux histo-
,, riens, se peuvent presque tous appliquer
,, à l'instruction de ceux qui font profession
,, de parler en public. Mais pour appliquer
,, à nôtre usage ce qu'il en a dit, & ce que
,, d'autres, qui ont excellé dans cette science,
,, en ont écrit avant & après lui, je voudrois
,, le tourner de la sorte.
,, Pour acquerir la perfection de l'élo-
,, quence, il faut avoir un fonds de bon
,, sens & de bon esprit ; l'imagination vive ;
,, la memoire fidelle ; la présence agréable ;
,, le son de la voix net ; la prononciation
,, correcte ; le geste noble ; une assurance
,, honnête, & une grande facilité de parler.
,, Les quatre dernieres qualités se peuvent
,, acquerir par les préceptes de l'art, & par
,, un long exercice : les autres sont des dons
,, de la nature, que l'art peut polir, mais
,, qu'il ne sauroit donner. Ces talens qui
,, embrassent beaucoup de choses, n'ache-
,, vent pas néanmoins un orateur ; l'étude,
,, & le commerce du monde peuvent faire
,, tout le reste. Avant que d'entreprendre de
,, parler en public, il faut que la lecture
,, des auteurs qui ont quelque réputation,
,, & particulierement des originaux en cha-
,, que science, ait enrichi nôtre esprit : il
,, faut que la conversation des savans, & le
,, conseil d'un censeur honnête, habile, &

,, de

de nos amis, nous enseignent l'usage, &
nous apprennent à le regler sur le goût de
nôtre siècle. Il est bon aussi que l'entretien des plus sages courtisans; que les
visites sérieuses chez les femmes d'esprit; & enfin que la lecture des meilleurs
ouvrages du tems; & même l'essai de la
poësie, ayent poli nos mœurs & nôtre
langage.

S'il est vrai qu'un homme puisse jamais
être assez heureux pour posseder ces avantages, voici de quelle façon il peut appliquer les préceptes que donne Lucien &
les autres qui en ont parlé. Lorsque le
choix du sujet dépend de l'orateur, il le
doit prendre susceptible de force & d'ornement: il doit jetter de l'ordre dans son
dessein, & de la liaison dans ses pensées;
& s'il est possible, il ne faut pas que son
discours dure plus d'une heure. Sa diction doit être pure, & propre à son sujet;
riche & ornée sans fard; forte & serrée
sans sécheresse; convenable à celui qui
parle, au lieu, au tems & aux auditeurs.
On ne sauroit trop éviter les mots qui ne
sont plus en usage, ou ceux que l'on af-
fecte dans l'entretien des dames à cause
de leur nouveauté. Ayons plus de soin de
nous rendre intelligibles, que de paroître
doctes; parlons de sorte que le peuple

„ nous entende, & que les savans nous
„ loüent. Fuyons néanmoins ces expressions
„ que Malherbe appelle Plebées, aussi-bien
„ que celles qui sentent le Phébus, & qui
„ s'échappent jusqu'aux plus grandes licen-
„ ces de la poësie. Évitons cette enflure
„ asiatique, ennemie du bon-sens & de la
„ verité. Qu'un orateur se souvienne toû-
„ jours que c'est à la verité seule qu'il doit
„ immoler les premieres productions de la
„ chaleur de l'esprit : Qu'il se détache cou-
„ rageusement de tous les interêts qui le
„ pourroient engager à une flaterie servile :
„ Qu'il mette un frein à sa langue & à cette
„ inclination médisante qui le porte à la
„ satire : Enfin, qu'il surmonte un sot or-
„ gueil qui l'empêche de prendre de bons
„ conseils, & qu'il se défie de l'amour
„ aveugle que tous les hommes ont pour
„ leurs propres ouvrages. Sa narration doit
„ être exacte, claire, serrée ; il faut qu'on
„ y remarque par tout du désinteressement
„ & de la bonne foi : elle doit couler ma-
„ jestueusement comme les grands fleuves,
„ & non pas avec rapidité comme les tor-
„ rens. La grandeur des choses qu'elle traite,
„ & non pas la grandeur des mots dont elle
„ se sert, doit faire son élevation. Jamais
„ elle ne sauroit être trop scrupuleuse à re-
„ jetter ce qui peut blesser la vrai-semblance.
„ Il

MESLE'ES.

« Il lui est permis de s'écarter quelquefois
« de son sujet, pourvû qu'elle ne s'égare
« pas, & qu'elle y revienne aussi-tôt avec
« plus de force ou d'agrément. Ses compa-
« raisons doivent être justes & courtes : ses
« métaphores suivies & naturelles : ses ci-
« tations choisies & peu fréquentes, & moins
« encore dans une langue étrangere que
« dans sa langue naturelle, si ce n'est qu'el-
« les ne se puissent traduire avec la même
« beauté, ou qu'elles ayent plus de poids
« & d'autorité dans leur langue. Il doit
« éviter les rencontres froides, les pro-
« verbes, les équivoques, les pointes &
« les jeux de mots, comme de mauvaises
« habitudes d'une éducation basse, & com-
« me des ornemens indignes de la veritable
« éloquence. On les pardonne avec peine
« aux honnêtes-gens, même en badinant
« dans une conversation libre. Il faut enfin
« que des passions soient amenées, & que
« leurs mouvemens soient ménagés avec dis-
« cretion, & mêlés d'une grande varieté.
« Il faut que les figures en soient dispo-
« sées avec tant de délicatesse, & que l'art
« en soit si caché, qu'on ne reproche jamais
« à l'orateur que son discours ressemble
« aux recettes de ces operateurs qui n'ont
« qu'un remede pour toutes les maladies,
« & qui mettent toûjours les mêmes dro-
« gues

,, gues & la même doze pour les com-
,, poser.

Voilà, Monsieur, si je ne me trompe, ce que nôtre judicieux ami nous dit l'autre jour sur cette matiere. Je croi que je vous aurai fait plaisir de l'écrire, au moins vous puis-je assurer que je n'ai eu d'autre but que celui-là, & de défendre nos sentimens contre l'admirateur de ***.

Après ce que je vous ai dit de Pétrone, vous me croirez bien hardi d'entreprendre de vous faire voir en nôtre langue, quelques traits de ce qui nous reste de ses ouvrages : cependant vous devez me savoir un peu de gré de l'essai que j'en ai fait pour vous contenter. Je vous prie même de trouver bon qu'il demeure entre nous, parce qu'il est difficile d'imiter parfaitement la politesse de cet auteur. Voici donc à peu près de quelle maniere il conte sa nouvelle de la Matrone d'Ephese, que vous avez tant d'envie d'entendre.

,, **L**Orsqu'*Eumolpe* eut garanti ses amis
,, du danger où ils s'étoient trouvés dans
,, le vaisseau de *Licas* ; & que par son
,, adresse il eût appaisé ceux qui étoient en-
,, trez dans la querelle en faveur de l'un
,, ou de l'autre des deux partis, il n'oublia
,, rien pour faire cesser leur ressentiment ; &
,, afin

afin d'achever cette reconciliation, il dit "
qu'il ne falloit plus parler que de se diver- "
tir. Insensiblement la conversation se tour- "
na sur des matieres agréables. D'abord "
elle tomba sur l'attachement qu'ont la plû- "
part des femmes à donner de l'amour, & "
sur le desir qu'elles ont d'être aimées. Enfin "
on parla de leur facilité à s'engager dans "
de nouvelles passions, & de leur legereté à "
s'en dégager. Eumolpe n'avoit jamais eu "
de tendresse pour le sexe. Il ne se piquoit "
pas non plus de cette discretion qui oblige "
les honnêtes-gens à cacher ce qu'ils en "
pensent ; mais il avoit beaucoup d'esprit, "
& la matiere fournissant assez d'elle-même, "
il dit cent choses plaisantes pour faire voir "
que les femmes ne sont tendres que par foi- "
blesse ou par caprice ; qu'elles ne sont fi- "
delles que par interêt, ou par crainte ; que "
la coqueterie est le fonds de leur humeur, "
& que leur vertu n'est qu'une habileté à "
cacher leurs coqueteries. Comme sa ma- "
niere de parler sentoit toûjours le poëte, "
il dit que l'ame des femmes n'est pas moins "
fardée que leur visage ; & qu'il y a de "
l'artifice en toutes leurs paroles & dans la "
plûpart de leurs actions, mais sur tout dans "
leurs larmes. Il soûtint que c'est le plus "
grand art dont elles se servent pour trom- "
per les hommes ; qu'après ce qu'il avoit vû, "
il "

„ il se défieroit toute sa vie de ces femmes
„ qui pleurent la perte de leurs amans, ou
„ la mort de leurs maris.

„ Tifreine & ses femmes écoutoient ce
„ discours impatiemment, & vouloient in-
„ terrompre Eumolpe ; mais il étoit en pos-
„ session de dire tout ce qu'il vouloit, & de
„ le dire si plaisamment avec son air poëti-
„ que, qu'il mettoit toûjours les rieurs de
„ son côté. Comme il vit donc que le reste de
„ la compagnie souhaitoit d'apprendre ce qu'il
„ avoit vû, & qu'hormis Tifreine chacun
„ avoit les yeux attachez sur lui pour en-
„ tendre ce qu'il alloit conter, il commença
„ de la sorte.

„ Il y avoit dans la ville d'Ephese une
„ Dame dont toute la Grece admiroit la
„ vertu & la beauté. Le ciel lui avoit donné
„ un époux digne d'elle. Ils s'aimoient ten-
„ drement, & cet amour les rendoit heu-
„ reux ; mais le bonheur dont ils joüissoient
„ ne fut pas de longue durée, & la mort
„ de cet époux finit bien-tôt le cours d'une
„ felicité que tout le monde regardoit avec
„ envie.

„ Cette Dame parut tellement sensible à
„ une si grande perte, qu'il ne faut pas s'é-
„ tonner si elle donna dans la suite des mar-
„ ques si extraordinaires de sa douleur.
„ Aussi ne se contenta-t-elle pas d'assister,
„ selon

selon la coûtume, à la pompe funébre de « son mari ; on la vit toute échevelée, fon- « dre en larmes ; déchirer ses habits ; s'ar- « racher les cheveux devant le peuple qui « accompagnoit le convoi. Elle avoit fait « embaumer précieusement le corps de son « cher époux, qu'elle voulut suivre jusqu'au « tombeau : & comme si la mort n'avoit pas « eu le pouvoir de les séparer, elle s'y en- « ferma avec lui, résolue de pleurer nuit « & jour, & de se laisser mourir de faim « ou de douleur. «

Ses parens & ses amis ne purent la dé- « tourner d'une résolution si cruelle ; les « magistrats mêmes furent contraints de la « laisser dans ce tombeau, voyant que par « leurs conseils ni par leur autorité, ils « ne gagnoient rien sur cet esprit abandonné « à son désespoir. Ainsi cette dame devint « plus celebre par l'excès de son affliction, « qu'elle ne l'étoit auparavant par sa vertu, « ni par sa beauté. «

Elle avoit déja passé deux jours sans « prendre aucune nourriture, n'ayant pour « toute compagnie qu'une femme affection- « née, qui mêloit ses larmes aux larmes de « sa maîtresse, & qui prenoit le soin d'en- « tretenir la lumiere qui les éclairoit dans « l'obscurité de ce sepulchre. On ne parloit « d'autre chose dans la ville d'Ephese, & «

Tome VI. I chacun «

„ chacun la proposoit comme un exemple
„ admirable d'amour & de fidelité.

„ En ce tems-là le Gouverneur de la Pro-
„ vince avoit fait attacher en croix quel-
„ ques voleurs, tout proche du lieu où la
„ vertueuse dame se consumoit en regrets.
„ Le soldat commandé pour garder les
„ croix pendant la nuit, de peur que les
„ corps ne fussent enlevés, apperçut cette
„ lumiere qui étoit dans le sepulchre, &
„ crût entendre les plaintes d'une personne
„ affligée. Aussi-tôt, par un mouvement de
„ curiosité commun à tous les hommes, il
„ s'avança quelques pas de ce côté-là, &
„ entendant redoubler les mêmes plaintes,
„ il descendit enfin dans le sepulchre pour
„ s'éclaircir de la verité.

„ Au bruit qu'il fit en entrant, cette dame
„ désolée, qui tenoit les yeux attachés sur
„ le cercüeil de son époux, ne pût s'empê-
„ cher de les tourner vers cet inconnu. Si
„ malgré sa douleur elle fut surprise de son
„ abord, ce soldat ne le fut pas moins d'un
„ spectacle si lugubre; mais sa plus grande
„ peine fut de s'assurer si ce n'étoit point
„ une illusion, & si ce cercüeil & ces fem-
„ mes qui le gardoient, n'étoient pas autant
„ de fantômes.

„ Néanmoins, dès qu'il fut revenu de son
„ premier étonnement, il vit bien que ces
„ objets

objets devoient causer plus de compassion «
que de crainte. Les plaintes qu'il enten- «
doit, lui firent comprendre à la fin le «
sujet d'une affliction si extraordinaire. Il «
remarqua aussi sur le visage abatu de «
cette dame affligée, des charmes que la «
douleur & l'abstinence n'avoient que peu «
diminués : comme l'amour s'insinuë aisé- «
ment dans les cœurs par la pitié, il plai- «
gnit cette dame ; & l'aima presque en un «
moment ; de sorte que pour conserver ce «
qu'il aimoit, il fut chercher quelque «
nourriture, qu'il porta aussi-tôt dans ce «
tombeau. «

Alors il n'oublia rien pour la détour- «
ner d'une résolution si funeste ; il lui dit «
que la sortie de ce monde étoit la même «
pour tous les hommes ; & lui représenta «
que la fin de la vie étant inévitable, les «
regrets de sa perte étoient inutiles. Il se «
servit enfin de toutes les raisons qu'on em- «
ploye d'ordinaire pour adoucir de sem- «
blables afflictions : mais cette dame au «
lieu d'écouter sa consolation, redoubloit «
des efforts de sa douleur ; se meurtrissoit «
le sein avec plus de violence qu'aupara- «
vant ; & s'arrachoit les cheveux, qu'elle «
jettoit sur le cercüeil de son cher époux, «
comme de nouveaux sacrifices de son «
amour & de son desespoir. «

» Le soldat ne se rebuta point de cette
» obstination, & s'imaginant qu'il pourroit
» fléchir plus aisément la maîtresse par l'e-
» xemple de la suivante, il essaya de per-
» suader celle-ci par toutes sortes de moyens.
» Comme sa douleur étoit moins forte, &
» qu'elle n'avoit pas absolument résolu de
» se laisser mourir de faim, elle ne put re-
» sister plus long-tems au pressant besoin
» de manger ; & à la vûë des viandes qui
» la tentoient davantage que tous les dis-
» cours de ce consolateur ; enfin elle se laissa
» vaincre, & surmonta un reste de pudeur
» qu'elle avoit de montrer moins de courage
» que sa maîtresse, elle tendit la main pour
» recevoir le secours qu'on lui offroit si ge-
» nereusement.

» Dès qu'elle eût repris quelque vigueur
» par un peu de nourriture, elle se mit à
» combattre elle-même la douleur de sa
» maîtresse, par toutes les raisons que son
» amitié, ou l'envie de sortir d'un si triste
» lieu lui pûtent inspirer. Que vous servira,
» disoit-elle, de finir vos jours dans ce tom-
» beau, & de rendre ici à la destinée
» une ame qu'elle ne vous demande pas
» encore ?

„ N'exercez point sur vous ces injustes rigueurs :
„ Que vôtre desespoir épargne un peu vos charmes,
„ Les dieux peu touchez de vos larmes,
„ Ne

„ Ne vous rendront jamais l'objet de vos dou-
„ leurs :
„ Vivez, mangez, & cessez de pleurer.
„ Malgré de vôtre époux la perte douloureuse,
„ Il ne tient qu'à vous d'être heureuse,
„ Vous avez dans vos yeux de quoi la réparer.

Si vôtre mari étoit à vôtre place, il seroit sans doute plus raisonnable que vous n'êtes : on n'a point vû d'homme s'enterrer tout vif après la mort de sa femme. Croyez-moi, défaites-vous d'une foiblesse qu'on auroit droit de reprocher à nôtre sexe, & joüissez des avantages de la lumiere tant qu'il vous sera permis. Ce corps que vous arrosez de vos larmes, n'est plus bon qu'à vous apprendre quel est le prix & la brieveté de sa vie ; & de quelle façon vous devez la ménager.

La faim & le desir naturel de se conserver, sont de puissans seducteurs en de pareilles occasions ; les personnes mêmes les plus desesperées ont de la peine à ne pas écouter ceux qui leur conseillent de vivre. Il ne faut donc pas trouver étrange si cette femme qui paroissoit resoluë à mourir de sa douleur, fut contrainte de succomber à ces persuasions, & à l'exemple de sa suivante.

Ce soldat officieux voyant qu'il avoit gagné sur elle une chose qui lui paroissoit

,, d'abord impossible, porta ses desirs plus
,, loin, & comme l'amour nous fait imagi-
,, ner de la facilité dans toutes les choses qu'il
,, nous fait desirer, il crût trouver encore
,, moins de résistance dans la vertu de cette
,, belle affligée, qu'il n'avoit fait dans son
,, desespoir.

,, Pour en venir à bout, il lui dit tout
,, ce que les premiers feux d'une passion ai-
,, dée d'une grande esperance & d'une occa-
,, sion favorable, peuvent inspirer de plus
,, touchant. Le jeune homme ne paroissoit
,, à la prude, ni desagréable de sa personne,
,, ni sans esprit : elle commençoit à remar-
,, quer qu'il faisoit toutes choses avec beau-
,, coup de grace, & qu'il n'étoit pas inca-
,, pable de persuader. Déja cette sympathie
,, secrete, qui fait plus souvent & plûtôt
,, que l'estime la premiere liaison des cœurs,
,, agissoit si fortement sur le sien, que les
,, conseils de la suivante qui n'oublioit rien
,, pour reconnoître les graces de leur bien-
,, faicteur, acheverent de la gagner.

,, Pouvez-vous, lui disoit-elle, moins
,, faire pour celui qui vous a sauvé la vie,
,, que de répondre à son amour, puisque
,, vous rencontrez heureusement en lui de-
,, quoi vous consoler de la perte que vous
,, avez faite ? Oubliez, si vous m'en voulez
,, croire, oubliez dans la douceur d'être
,, aimée,

aimée, le reste de vôtre douleur.

,, C'est pousser trop long-tems d'inutiles soûpirs,
,, Ne vous opposez point à ses justes desirs :
,, La nature vous dit qu'il est doux de les suivre,
,, Ce n'est pas assez que de vivre,
,, Il faut vivre pour les plaisirs.

La suivante appuyoit ces conseils avec tant de force, qu'il est à croire qu'elle les auroit pris volontiers pour elle-même. La maîtresse n'y pût résister davantage, tant il est vrai qu'une confidente gagnée est d'un grand secours pour un amant. Le moyen après tout, que cette femme abattuë par une si longue abstinence, & par l'excès de son déplaisir, eût la force de se défendre contre un soldat entreprenant & passionné......

Ils demeurerent ensemble, non seulement la premiere nuit d'une avanture si rare, mais encore le lendemain & le jour d'après ; les portes du sepulchre si bien fermées, que quiconque y fût venu auroit pensé sans doute, que cette dame étoit morte de douleur sur le corps de son mari.

Le soldat charmé de la beauté de sa maîtresse, & du secret de sa bonne fortune, alloit pendant le jour acheter de quoi lui faire bonne chere, & le portoit dans

„ le tombeau dès que la nuit étoit venuë.
„ Cependant les parens d'un de ces voleurs
„ qu'on avoit pendus, s'étant apperçûs qu'il
„ n'y avoit plus de garde auprès d'eux,
„ enleverent le corps, & lui rendirent les
„ derniers devoirs : mais le soldat ayant
„ vû le lendemain qu'il n'y avoit plus de
„ corps à l'une de ces croix, revint au-
„ près de sa maîtresse tout effrayé de la
„ crainte du châtiment qu'il avoit merité,
„ & lui conta le malheur qui venoit de lui
„ arriver.

„ Il n'y alloit pas moins que de la vie ;
„ le Gouverneur de la province étoit se-
„ vere : ce soldat désesperoit de sa grace,
„ & ne vouloit point attendre sa condam-
„ nation. Il étoit donc résolu de se tuer
„ pour éviter la honte du supplice : rien ne
„ le pouvoit détourner de cette pensée ; &
„ sans doute une mort violente alloit ravir
„ à cette belle le second objet de son
„ amour. Déja ce malheureux amant la
„ suplioit d'avoir soin de sa sepulture, &
„ de le mettre dans ce même tombeau qui
„ lui devoit être commun avec son époux.
„ Il étoit enfin sur le point d'executer un si
„ funeste dessein, lorsque cette dame, qui
„ durant ce discours n'avoit songé qu'aux
„ moyens d'empêcher sa mort, arrêta le
„ coup de son desespoir.

„ Aux

« Aux dieux ne plaise, s'écria-t-elle, « que je sois réduite à regretter en même « tems la perte de deux personnes qui me « sont si cheres, puisqu'il y a des expediens « pour m'en garantir. Il est juste que ce qui « me reste de mon époux serve à me con- « server mon amant : J'aime encore mieux « voir pendre le mort, que de voir perir le « vivant. «

A ces mots le soldat tout transporté de « joye, se jette aux pieds de sa maîtresse, « & ravi d'un conseil si ingénieux, il con- « fesse que son amour & ses services sont « trop heureusement récompensés. Après « cela, ils se mirent tous trois en devoir de « tirer le corps du cercüeil, le soldat le « chargea sur ses épaules, & fit si bien avec « le secours de ces deux femmes, qu'il « l'attacha sur cette croix d'où l'on avoit « enlevé l'autre. «

Le lendemain deux amis du mort, cu- « rieux d'apprendre ce qu'étoit devenuë sa « vertueuse femme, s'en allerent de bonne « heure vers le tombeau. Ils s'entretenoient « en chemin des loüanges d'une fidelité si « extraordinaire, & quand ils furent pro- « che des croix, ils leverent par hazard les « yeux sur celle qui étoit le plus près d'eux, « où ils reconnurent le visage de leur ami. « Il avoit été si bien embaumé, que ses « traits »

» traits étoient encore assez remarquables.
» La peur saisit ces deux hommes à un tel
» point, qu'au lieu d'aller jusqu'au sepul-
» chre pour s'en assurer davantage, ils cou-
» rurent tous effrayez vers la ville d'E-
» phese, où ils firent avec peine le recit de
» ce qu'ils venoient de voir. La nouvelle
» s'en répandit aussi-tôt : le peuple accourut
» en foule pour voir un spectacle si nou-
» veau ; & chacun disoit avec étonnement :
» Comment se peut-il faire qu'un mort soit
» sorti du cercüeil pour aller au gibet ?
» En cet endroit Eumolpe fut contraint
» de finir son conte, parce qu'il se fit un si
» grand éclat de rire dans toute la compa-
» gnie, qu'on ne lui donna plus d'attention.
» Les mariniers qui s'étoient approchés pour
» l'entendre, retournerent à leur emploi en
» battant des mains sur une avanture si plai-
» sante. Et Tifrene même qui durant le recit
» d'Eumolpe en avoit rougi de dépit plus
» d'une fois, ne pût s'empêcher d'en soû-
» rire. Le seul Licas qui avoit un fonds de
» mauvaise humeur, capable d'empoisonner
» toutes les joyes du monde, se prit à dire,
» en branlant la tête d'un air chagrin: » j'a-
» vois été à la place du Gouverneur de la
» Province, j'aurois fait détacher le mort
» de cette croix, & je l'aurois fait remet-
» tre dans le tombeau avec les mêmes hon-
» neurs

neurs que la premiere fois ; après cela "
j'aurois fait pendre en sa place, avec toutes "
les marques de la derniere infamie, une "
si méchante femme. Ce Jugement fut trou- "
vé si à contre-tems, & de si mauvais goût, "
qu'on ne fit pas seulement semblant de l'en- "
tendre, & chacun se remit à rire plus fort "
qu'auparavant. "

LETTRE
DE
L'AUTRE MONDE (1).

JE viens de ressusciter, Mademoiselle; après avoir passé quelques jours en l'autre monde, je viens encore en celui-ci ; & le premier plaisir que j'y aurai sera de vous raconter une petite avanture qui pourra vous divertir & vous instruire tout ensemble. Lisez-la ; mais sur tout profitez-en.

Vers

(1) On avoit tiré cette Lettre d'un petit in-douze imprimé à Grenoble en 1671. & on l'a-voit mutilée avant que de l'attribuer à Mr. de St. Evremond : mais elle a été rétablie sur l'in-douze de Grenoble qui a pour Titre : Oeuvres Diverses, par M. L. C. D. P.

Vers les bords du fleuve fatal
　Qui porte les morts sur son onde ;
Et qui roule son noir cristal
Dans les plaines de l'autre monde ;

Dans une forest de cyprès
Sont des routes tristes & sombres
Que la nature a fait exprès
Pour la promenade des ombres.

Là, malgré la rigueur du sort,
Les amans se content fleurettes,
Et font revivre après leur mort
Leurs amours & leurs amourettes.

Arrivé dans ce bas séjour,
(Comme j'ai le cœur assez tendre)
Je resolus d'abord d'apprendre
Comment on y traitoit l'amour.

J'allai dans cette forest sombre,
Douce retraite des amans,
Et j'en apperçûs un grand nombre
Qui poussoient les beaux sentimens.

Les uns se faisoient des caresses,
Les autres étoient aux abois
Auprès de leurs fieres maîtresses,
Et mouroient encore une fois.

Là, des beautez tristes & pâles
Maudissant leurs feux violens,
Murmuroient contre leurs galans,
Ou se plaignoient de leurs rivales.

Là,

MESLE'ES.

Là, défunts Messieurs les Abbés,
Avecque leurs discretes flames,
Alloient dans les lieux dérobés
Cajoller quelques belles ames.

Parmi tant d'objets amoureux
Je vis une ame désolée;
Elle s'arrachoit les cheveux
Dans le fond d'une sombre allée.

Mille soûpirs qu'elle poussoit
Montroient qu'elle étoit amoureuse;
Cependant elle paroissoit
Aussi belle que malheureuse.

Tout le monde disoit : voilà
Cette ame triste & miserable;
Et quoi qu'elle fut fort aimable
Tout le monde la laissoit-là.

» Ombre pleureuse, ombre crieuse,
» Helas! lui, dis-je, en l'abordant,
» D'une maniere sérieuse,
» Qu'est-ce qui te tourmente tant?

Chez les morts sans ceremonie
On se parle ainsi librement,
Et dès qu'on sort de cette vie
On ne fait plus de compliment.

Qui que tu sois, dit-elle, helas!
Tu vois une ame malheureuse,
Furieusement amoureuse,
Et qui n'aime que des ingrats.

Dans

Dans l'autre monde j'étois belle;
Mais rien ne me pouvoit toucher,
J'étois fiere, j'étois cruelle;
Et j'avois un cœur de rocher.

J'étois peste, j'étois rieuse,
Je traitois abbez & blondins,
D'impertinens & de badins,
Et je faisois la précieuse.

Ils venoient humblement m'offrir
Et leur estime & leur tendresse;
Ils disoient qu'ils souffroient sans cesse,
Et moi je les laissois souffrir.

Je rendois leur sort déplorable
Lors qu'ils se rangeoient sous ma loi,
Et dès qu'ils se donnoient à moi
Je les faisois donner au diable.

C'étoit en vain qu'ils s'enflâmoient,
Maintenant les dieux me punissent:
Je haïssois ceux qui m'aimoient,
Et j'aime ceux qui me haïssent.

Mon cœur n'y sauroit résister,
Je n'ai plus ni pudeur ni honte:
Je cherche par tout qui m'en conte,
Personne ne m'en veut conter.

En vain je soûpire & je gronde,
Mes destins le veulent ainsi,
Et les prudes de l'autre monde
Sont les folles de celui-ci.

Là,

MESLE'ES.

Là, cette ombre amoureuse & folle
Poussa mille soûpirs ardens :
Se plaignit ; pleura quelque tems,
Puis en m'adressant la parole :

Pauvre ame ! dit-elle, à ton tour
Te voilà peut-être forcée
De venir payer à l'amour
Ton indifference passée.

De nos cendres froides il sort
Une vive source de flâmes
Qui s'attache à nos froides ames,
Et nous ronge après nôtre mort.

Si tu fus jadis des plus sages,
Tu deviendras fou malgré toi,
Et tu viendras dans ces bocages
Te desesperer comme moi.

Ombre, lui dis-je, ce présage
Ne m'a pas beaucoup alarmé,
Je n'aimerai pas davantage,
Je n'ai déja que trop aimé.

Mais je connois une insensible
Dans le monde que j'ai quitté,
Plus cruelle & plus infléxible
Que vous n'avez jamais été.

Galans, abbés, blondins, grisons
Sont tous les jours à sa ruelle,
Lui content toutes leurs raisons,
Et n'en tirent aucune d'elle.

L'un

L'un lui donne des madrigaux,
Des épigrammes, des devises :
Lui prête carrosse & chevaux,
Et la mene dans les églises.

L'autre admire ce qu'elle dit,
Lui soûrit d'un air agréable,
Et la traite de bel-esprit,
Et trouve sa juppe admirable.

Tel la prêche des jours entiers
Sur les doux plaisirs de la vie,
Et tel autre lui sacrifie
Toutes les belles de Poitiers.

Tel avec sa mine discrete,
Plus dangereux à ce qu'on croit,
Lui fait connoître qu'il sauroit
Tenir une flâme secrete.

Jamais rien n'a pû la fléchir,
Vers, prose, soins & complaisance,
Discretion, perseverance,
Tout cela ne fait que blanchir.

Elle se rit, cette cruelle,
Des vœux & des soins assidus :
Les soûpirs qu'on pousse pour elle,
Sont autant de soûpirs perdus.

On a beau lui faire l'éloge
De ceux qui l'aiment tendrement,
Cœur françois, gascon, allobroge,
Ne la tentent pas seulement.

MESLE'ES.

Que je plains, dit l'ombre étonnée,
Cette belle au cœur endurci,
Nous la verrons un jour ici
Souffrir comme une ame damnée.

Helas! helas! un jour viendra
Que la prude sera coquette;
Et croit-elle qu'on lui rendra,
Tous les amans qu'elle rejette?

Mille soins la déchireront:
Elle sechera de tendresse;
Et ceux qui la suivent sans cesse
Eternellement la fuïront.

Ombres sans couleur & sans grace,
Ombres noires comme charbon;
Ombres froides comme la glace,
Qu'importe, tout lui sera bon.

A tous les morts qu'elle verra
Elle ira faire des avances,
Leur disant mille extravagances,
Et pas un ne l'écoutera.

Alors cette fille perduë
Sans esperance de retour,
Sans pudeur & sans retenuë,
Voudra toûjours faire l'amour.

D'une si violente flâme
Ne crains pas pourtant les efforts.
Nous avons les peines de l'ame
Sans avoir les plaisirs du corps.

Tome VI.

Malgré le feu qui nous dévore
Tous nos desirs sont superflus,
Les passions restent encore,
Et les plaisirs ne restent plus.

Tu sais ce qu'elle devroit faire ;
Et si tu peux l'en informer,
Dis-lui qu'elle soit moins severe,
Et quelle se hâte d'aimer.

Qu'aussi-bien les destins terribles
La forceront avec le tems
D'aimer quelques morts insensibles ;
Qu'elle aime quelques bons vivans.

A ces mots la malheureuse ombre
Se tût, rêvant à son destin ;
Et retombant dans son chagrin,
Reprit son humeur triste & sombre.

 Les dieux veulent vous exemter
 Iris, de ce malheur extrême,
 Et je viens de ressusciter
 Pour vous en avertir moi-même.

Quittez l'erreur que vous suivez,
Craignez que le ciel ne s'irrite.
Aimez pendant que vous vivez,
Et songez que je ressuscite.

RÉPONSE
A LA LETTRE
DE
L'AUTRE MONDE.

MOi qui fus mourir & renaître
J'ai vû l'autre monde de près ;
Et n'ai point vû le myrthe y croître
Parmi les funestes cyprès.

Jusqu'aux bords de l'onde infernale,
L'amour étend bien son pouvoir,
Mais passé la rive fatale,
Le pauvre enfant n'y peut que voir.

Là bas dans ces demeures sombres,
Rien ne sauroit toucher un cœur ;
Croyez-m'en plûtôt que les ombres,
Car il n'est rien de si menteur.

Il en est à mines discrettes ,
Et d'un entretien décevant ;
Mais fiez-vous à leurs fleurettes ,
Autant en emporte le vent.

Sans dessein , sans choix , sans étude,
D'autres soûpirent tout le jour ;
Un certain reste d'habitude
Les fait encor parler d'amour.

A de pereilles destinées,
Grand nombre de gens est soûmis ;
Si telles ames sont damnées,
Malheur cent fois à nos amis.

Enfin la mort aux morts ne laisse
De leurs amours qu'un souvenir.
Sans que leur deffunte tendresse
Leur puisse jamais revenir.

L'objet agréable ou funeste,
Sur eux fait peu d'impression :
Ombres qu'ils sont, il ne leur reste
Que des ombres de passion.

D'en naître là, point de nouvelles ;
Chaque blondin vaut un barbon ;
Et la plus jeune demoiselle
Y paroît cent ans, ce dit-on.

C'est une chose insupportable
Que l'entretien d'un trépassé ;
Car que sait-il, le miserable,
Que des contes du tems passé.

Aime-t-on des ombres de glace,
Quel feu tient contre leur froideur ;
Faites-moi quelqu'autre menace
Si vous voulez me faire peur.

Pour appuyer la prophetie,
Me défendrois-je avec effort
De tant d'honnêtes-gens en vie,
Pour m'entêter d'un vilain mort ?

Quoi,

Quoi, me reprendre de la sorte !
Je suis plus sage ; & je le sens ;
S'il falloit aimer, vive ou morte,
Je saurois bien prendre mon tems.

Mais par bonheur sans se méprendre,
On peut fuïr l'amour & ses traits ;
Et qui, vivant, sait s'en défendre,
Il en est quitte pour jamais.

Qui se sent prude & précieuse
Pour toûjours est en sûreté,
Et fut-elle peste & rieuse,
Les rieurs sont de son côté.

Si je craignois d'être affligée
De quelques veritables maux,
Je vous serois fort obligée :
Mais vous ressuscitez à faux.

DE L'ETUDE
ET
DE LA CONVERSATION.

LA conversation est un bien particulier à l'homme, de même que la raison. C'est le lien de la societé, c'est par elle que s'entretient le commerce de la vie civile, que les esprits se communiquent leurs pensées; que les cœurs expriment leurs mouvemens, & que les amitiés se commencent & se conservent.

Deux amis se rendent par la conversation leurs biens & leurs maux communs: Elle augmente leurs plaisirs, & diminuë leurs peine: rien ne soulage tant la douleur que la liberté de se plaindre: rien ne fait mieux sentir la joye que le plaisir de la dire. Enfin l'homme est tellement né pour être sociable, que cette qualité n'est pas moins attachée à son essence que celle de raisonnable.

C'est agir contre l'intention de la nature que de fuïr la compagnie. Pour vivre toûjours dans la retraite, il faut être quelque chose de plus que les hommes, ou de moins que les bêtes. Encore y a-t-il quelque commerce entr'elles. Beaucoup de philosophes ont soûtenu que les animaux avoient un langage particulier, & plusieurs expériences ont donné lieux de le croire.

Du moins est-il bien vrai qu'il n'y a point d'animaux si farouches sur la terre, que de certains hommes qui font une profession de mépris & d'aversion pour tout le genre humain ; à l'exemple de cet extravagant citoyen d'Athénes (1), qui ne parloit à personne que pour lui dire de s'aller pendre, & qui prit soin de faire son épitaphe de maniere qu'il put maudire les hommes après sa mort.

Il faut avoir l'esprit noirci de mélancolie pour mener une vie sauvage, & se tenir toûjours dans l'obscurité. Je ne prétens pas blâmer ceux dont nôtre religion a consacré la retraite & le silence ; au contraire, je les admire : Le principe qui les a portés à choisir une vie si contraire à la nature, nous oblige de les révérer. Comme il n'y a rien de plus rare que la vertu d'un vrai solitaire, il n'y a rien aussi de plus inimitable ; & qui merite mieux nos loüanges.

Mais il est vrai que parmi ceux qu'une veritable vocation, ou le caprice que l'on
prend

(1) Timon le Misanthrope.

prend quelquefois pour elle, ont jetté dans le dégoût du monde, il s'en trouve bien peu qui perseverent jusqu'au bout dans leur condition avec le même zele. L'état du solitaire est un état violent pour l'homme : l'instinct naturel qui lui fait aimer la société, se rend à la fin le maître, & lui donne de tems en tems quelque regret de l'avoir quittée. Après tout, est-ce vivre que d'être caché toute sa vie ? Quelle difference y a-t-il entre la mort & la retraite, entre la solitude & le tombeau ?

Il faut donc pour vivre en homme, conferer avec les hommes : Il faut que la conversation soit le plus agréable bien de la vie, mais il faut qu'il ait ses bornes. Il en faut joüir avec choix, & en moderer l'usage avec discretion. Il n'y a rien de plus utile ni de plus dangereux : comme la retraite trop longue affoiblit l'esprit, la compagnie trop frequente le dissipe.

Il est bon de rentrer quelquefois en soi ; il est même necessaire de se rendre un compte exact de ses paroles, de ses sentimens, & du progrès qu'on a fait dans la sagesse. Pour recüeillir le fruit de sa lecture & des entretiens que l'on a eus, pour profiter de ce que l'on a vû, il faut du silence, du repos, & de la méditation.

Il faut du temps pour l'étude : Il en faut
pour

pour les affaires qui font attachés à nôtre profeſſion. La converſation ne peut pas occuper toute nôtre vie ; ces deux autres devoirs meritent de lui être préferés. L'ignorance eſt toûjours honteuſe à un honnête homme. Sa condition ne l'excuſe point, & le monde ne l'inſtruit pas aſſez. Quand on ſait mêler également toutes ces choſes, on ſe diſtingue fort de ceux qui ne s'appliquent qu'à une ſeule.

L'étude eſt la plus ſolide nourriture de l'eſprit : c'eſt la ſource de ſes plus belles lumieres : c'eſt l'étude qui augmente les talens de la nature ; mais c'eſt la converſation qui les met en œuvres, & qui les polit : c'eſt le grand livre du monde qui apprend le bon uſage des autres livres, & qui peut faire d'un homme ſavant, un fort honnête-homme.

L'étude enfin met une plus grande difference entre le ſavant & l'ignorant, qu'il n'y en a entre l'homme ignorant & la bête ; mais l'air du monde diſtingue encore plus l'homme poli d'avec le ſavant. La ſcience commence un honnête-homme, & le commerce du monde l'acheve.

On a vû néanmoins des génies extraordinaires, paſſer tout d'un coup de la méditation du cabinet, aux charges les plus difficiles :

mais ces gens-là ne peuvent être tirés en exemple.

Quand un homme enyvré de sa lecture, fait un premier pas dans le monde, c'est presque toûjours un faux pas. S'il ne prend avis que de ses livres, il court fortune de n'être jamais qu'un mal-habile homme. L'étude immoderée engendre une crasse dans l'esprit, & la conversation de nos amis l'épure & le redresse.

C'est être heureux que de rencontrer un ami fidele, éclairé, discret : fidele, pour ne nous rien déguiser ; éclairé, pour remarquer nos fautes ; & discret, enfin, pour nous en reprendre. Mais c'est le comble du bonheur de pouvoir croire ses conseils. Il arrive souvent que nous nous faisons un honneur de ne suivre que nos propres lumieres ; semblables aux voyageurs qui s'égarent faute de prendre un guide, ou de demander le chemin.

Il est vrai qu'un homme qui sent sa force, & qui connoît les avantages de son esprit, qu'un homme, dis-je, qui aspire à la belle gloire, & qui veut élever sa réputation, doit craindre comme un écüeil d'être soupçonné de se laisser gouverner.

La dépendance est insupportable à un homme de cœur, & sur-tout celle de l'esprit. Quand on veut exercer une espece de

tyrannie

tyrannie sur la plus libre partie de nôtre ame, il est mal-aisé de ne se revolter pas contre la raison, par dépit contre celui qui raisonne.

Il faut bien autant de discretion pour donner conseil, que de docilité pour le suivre. Rien n'est si terrible qu'un ami qui prend avantage de son experience, qui propose tous ses avis comme des loix, & d'un air de maître, qui nous ôte le droit d'examiner ce qu'il dit, & qui veut forcer l'esprit par l'autorité, plutôt que de le gagner par le discours.

Un ami ne manque jamais de se donner pour exemple. Il applique à tous propos les remarques de la vieille cour. Il rapporte ses avantures pour des preuves; il a vû tout ce qu'il avance; tout ce qu'il dit est outré, & la peur qu'il a de n'en dire pas assez pour persuader, fait qu'il en dit toûjours trop pour être crû.

Néanmoins, une grande foiblesse à recevoir conseil, n'est pas moins à blâmer, qu'une grande rudesse à le donner. Il est de nôtre interêt de surmonter l'une, & d'adoucir l'autre. Il faut quelquefois aider à la liberté de celui qui nous avertit, en recevant facilement ses avis.

Un bon conseil perd sa force dans la bouche d'un ami trop complaisant; quand il s'exprime avec force, il pique davantage nôtre cœur ; il réveille mieux nôtre attention : les remedes salutaires sont rarement de bon goût, & les medecins les plus doux ne sont pas les plus secourables.

Nous devons nous regarder comme des malades, tant que nous avons besoin de conseil. Hé ! qui n'en a pas besoin ? Si l'avis est bon, pourquoi le rejetter, parce qu'il n'est pas donné de bonne grace ? Il faut voir si l'on en peut tirer quelque utilité avant que de le rejetter : il ne faut pas même rejetter tous les méchans conseils, de peur de rebuter les personnes qui pourroient nous en donner de bons.

Au pis aller, quand on n'en tireroit point d'autre fruit que d'apprendre à vaincre nôtre délicatesse, & d'ôter de nous-mêmes ce qui nous déplaît en autrui, n'est-ce pas assez pour nous obliger de les entendre, & d'en savoir gré ?

Le mauvais exemple peut servir à nous éloigner du mal, comme le bon à nous exciter au bien : profitons-en de quelque part qu'il nous vienne, & de quelque façon qu'il nous soit donné.

C'est à nous à démêler l'or d'avec la terre : on le trouve rarement pur, mais il n'en est pas moins or : c'est la faute de l'artisan & non pas du métal.

On rencontre quelquefois des hommes d'un sens exquis, qui n'ont pas le don de s'expliquer. Il faut compatir au défaut de leur expression, & profiter de leur bon sens. D'autres ont la facilité de parler, & ne s'attachent qu'à l'écorce des choses. Imitons ce qu'il y a de bon dans leur langage, & pénétrons plus avant dans la verité.

Il en est d'autres encore qui ont travaillé toute leur vie pour se rendre habiles, & qui n'ont pû se rendre agréables : nous estimons leur savoir, mais leur façon nous rebutte : nous serions bien-aises de profiter de leurs connoissances, mais nous ne voulons pas essuyer leur mauvaise humeur.

Un peu de dégoût nous empêche de tirer de leur conversation tout le fruit qu'on en peut tirer ; nous préferons l'entretien d'un flateur ignorant, à la conversation d'un sçavant homme, quand il est chagrin & sevére. L'autorité qu'il prend sur nous, est fâcheuse à la verité, mais n'est-ce pas un droit acquis par l'âge ? S'il nous fait part de ce qu'il sait, est-ce trop faire pour le reconnoître, que d'avoir une soûmission apparente à ses sentimens ?

Je ne veux pas, néanmoins, que cette soûmission soit aveugle ; il est juste de nous reserver la liberté de raisonner sur ce qu'il dit : mais il lui faut répondre avec beaucoup de déférence : Il ne le faut contredire que pour nous instruire mieux : Il faut se rendre à la raison dès qu'elle paroît, & la trouver belle, même dans la bouche d'un pédant.

Néanmoins ne recevons pas sa doctrine toute cruë ; ne nous établissons point d'opinion sur l'opinion d'autrui ; car ce n'est que dans la foi qu'il faut jurer sur le paroles du Maître.

Pour connoître sainement les choses, il faut être toûjours en garde contre la réputation de celui qui les dit ; l'air du visage ; la façon de parler ; la qualité ; le tems ; le lieu, tout impose. Vous entendez la Cour se récrier sur tous les mots de Bautru, parce qu'il en dit quelquefois de bons. L'admiration est la marque d'un petit esprit, & les grands admirateurs sont la plûpart de fort sottes gens. Ils ont besoin qu'on les avertisse quand il faut rire ; le partere qui n'a d'autres lumieres que celles de la nature, juge mieux de la comédie que ceux qui embarrassent le théatre.

Le plus grand secret pour réüssir dans la conversation est donc, d'admirer peu ; d'écouter beaucoup ; de se défier toûjours de sa raison, & quelquefois de celle de nos amis ; de ne se piquer jamais d'avoir de l'esprit, de faire paroître tant qu'on peut celui des autres, d'écouter ce qu'on dit, & de répondre à propos. Enfin, de pratiquer le précepte du bon Horace :

Ut jam nunc dicat, jam nunc debentia dici (1).

(1) De Arte Poët. v. 43.

DE L'AMITIÉ.

LA premiere amitié qui naît dans le monde, est celle qui se forme dans le sein des familles. L'habitude continuelle d'être toûjours ensemble, & de se considerer comme étant de même sang ; les mêmes sentimens dans lesquels on est élevé ; la conformité que l'on a les uns avec les autres, la communication des secrets, des affaires, & des interêts : toutes ces choses contribuent autant à sa naissance que la nature : elles consacrent pour le moins autant le nom de frere, de sœur & les autres, que le lien du même sang. Car, quelque chose que l'on dise de certains sentimens naturels, que l'on a eus à la rencontre de ses parens que l'on ne connoissoit pas encore, il est certain que les exemples en sont ou exagerés, ou rares, & que nous en userions les uns avec les autres comme des étrangers, si nous ne nous étions accoûtumés à considerer nos proches comme d'autres nous-mêmes. C'est donc là la première liaison de nos cœurs.

Il seroit à desirer que cette première amitié durât toute la vie dans le même état qu'elle est en nos premieres années, mais elle s'affoiblit insensiblement. En premier lieu, par le grand nombre de personnes dont une famille est composée : car c'est un principe certain que l'amitié ne sauroit durer long-tems entre plusieurs personnes. De plus on sort de sa famille pour s'établir dans le monde. On entre par le mariage en de nouvelles alliances ; ou par la profession d'une pieté particuliere on sort de sa maison sans avoir le plaisir d'en adopter une autre. Ainsi on se fait d'un côté, en quelque sorte, une obligation d'oublier ses parens ; & de l'autre, un devoir d'en aimer de nouveaux. Que dirai-je de l'interêt qui divise si souvent les familles ? Quand même toutes ces choses sont reglées, le seul éloignement où l'on est, diminuë quelque chose de la premiere tendresse. En cet éloignement chacun se forme avec le tems des manieres particulieres, soit pour la conduite de sa vie, soit pour sa fortune, soit pour le gouvernement de sa famille. Le premier lien d'amitié ne sert presque plus ensuite qu'à s'épargner un peu moins que
l'on

l'on ne feroit si l'on n'étoit point parens; à avoir un peu plus de curiosité sur leur sujet; & à se mesurer avec assez de soin, pour ne paroître pas inferieur en rien aux autres.

Cela n'empêche pas que lorsqu'il se rencontre des occasions essentielles de se rendre service, on ne se fasse une gloire de n'y manquer en rien. Ainsi cette premiere amitié qui est tendre dans les premieres années, qui se relâche dans la suite de la vie, paroît néanmoins toûjours forte, quand il s'agit de quelque interêt important. Pour moi, je croi que de toutes les amitiés, c'est celle-ci qu'il faut ménager avec plus de soin.

Il y a une seconde espece d'amitié, qui a aussi ses perfections & ses imperfections, comme la premiere dont nous avons parlé. C'est celle qui se trouve entre un mari & une femme, lorsqu'ils sont entrés sans contrainte dans le mariage, & qu'ils y vivent en bonne intelligence. Elle a quelque chose de l'amitié qui est entre le supérieur & l'inférieur, puisque les loix ont declaré que les femmes devoient considérer leurs maris comme leurs maîtres; & que l'honnêteté des hommes les oblige de ne recevoir des témoignages de respect de leurs femmes, que pour s'en dessaisir aussi-tôt, & dépendre d'elles par leur propre choix, comme elles dépendent d'eux par les loix & par la

coûtume

coûtume. Quand on vit ensemble de cette manière honnête, on est dans un commerce continuel d'estime : on goûte ce qu'il y a de plus délicat de la tendresse : on a le plaisir d'aimer & d'être aimé ; on se fait même une gloire de son amitié. Je croi que c'est ce mélange de tendresse, ce retour d'estime, ou, si vous voulez, cette ardeur mutuelle à se prévenir par des témoignages obligeans, en quoi consiste la douceur de cette seconde amitié. Je ne parle point d'autres plaisirs, qui ne le sont point tant en eux-mêmes, que dans l'assurance qu'ils donnent de la parfaite possession des gens que l'on aime. Ce qui me semble si vrai, que je ne crains point de dire, que si l'on est assuré d'ailleurs de la parfaite tendresse d'une femme, on n'en peut souffrir la privation aisément ; & qu'ils ne doivent entrer dans l'ordre de l'amitié que comme des marques & des preuves qu'elle est sans reserve. Il est vrai que peu de gens sont capables de la pureté de ces sentimens. Aussi ne voit-on guéres de perfaite amitié dans les mariages ; au moins pour long-tems. L'objet des passions grossieres ne peut soûtenir un si noble commerce que l'amitié. Après qu'il en a fait naître, & conservé quelque tems l'ombre & la ressemblance ; l'indifference, le mépris, & d'autres nouvelles passions, viennent

nent bien-tôt les effacer. La contrainte même où l'on est de conserver toûjours la même société, diminuë quelque chose du prix de la persevérance. On perd peu à peu l'assurance que l'on avoit d'être aimé : on entre en des défiances, des jalousies & des inquiétudes : on ne peut guéres se les cacher, dans la necessité où l'on est de vivre éternellement ensemble. De-là naissent des soupçons, des plaintes & des querelles. Les enfans sont les seuls liens qui retiennent alors les hommes & les femmes dans leur devoir. Ce sont les gages & les fruits de leur premiere tendresse : c'est un interêt qui les lie au moment que leur cœur alloit à sa séparation. Mais quand on a parlé de l'amitié, & quand on en parle tous les jours, ce n'est ni de cette premiere, ni de cette seconde que l'on a entendu parler.

C'est d'une espece toute particuliere. On veut qu'elle ne soit qu'entre deux personnes; qu'elle soit des années entires à se former; que la seule vertu en soit le fondement; qu'elle dure toûjours ; que ce soit une communication parfaite de toutes choses : en un mot, qu'il se fasse de ces deux personnes une métamorphose si générale, qu'elles se transforme mutuellement l'une en l'autre. Les auteurs triomphent sur ce portrait. Ils lui donnent encore de plus belles couleurs que je ne fais. Cependant je croi pouvoir soûtenir sans temerité, que ces habiles peintres qui nous donnent de si illustres copies de l'amitié, n'en ont jamais vû d'original. Mais enfin on se plaît à exagerer toutes choses. On oublie dès le premier moment que l'on commence un livre ou un discours, que l'on est homme, & que l'on parle à des hommes.

Mais aussi il faut éviter de prendre pour amitié, je ne sai combien de commerces que l'on a dans la vie, qui ne méritent point assurément ce glorieux titre.

Pour être ensemble de quelque partie de plaisir; pour se trouver quelquefois dans les mêmes conversations; pour se rencontrer souvent ou à la Cour, ou à la Ville, on ne peut pas s'assurer par ces sortes de liaisons d'une amitié un peu forte. Toutes ces choses arrivent ordinairement par un pur hazard : c'est la fortune qui fait ces differentes occasions. Quelle part y peut avoir le cœur, que l'interêt de quelque plaisir? Et cet interêt-là peut-il produire une amitié fort parfaite? Il est vrai que l'on aime les gens commodes, plaisans, agréables; que l'on se trouve avec plaisir où ils sont, & qu'on leur fait un accüeil favorable. On a encore des égards plus particuliers pour les gens qui ont la réputation d'avoir des

amis,

amis ; d'être hommes d'intrigue ; & de pouvoir servir dans les occasions. Car de dire des choses plaisantes, & de pouvoir en faire d'utiles, ce sont deux grands moyens d'avoir quelque entrée dans les cœurs les plus inaccessibles.

Mais il n'est pas moins vrai que les gens que l'on ne connoît que sur ce pied-là, ne doivent pas mettre l'amitié que l'on a pour eux, à une épreuve un peu forte. On ne veut guéres acheter le plaisir que donne la conversation d'un bel-esprit ; & on remet assez ordinairement sur les autres le soin de servir une personne qui ne fait que nous divertir.

Si l'on y fait un peu de réflexion, on verra que cette espece d'amitié, qui, toute imparfaite & toute commune qu'elle est, ne laisse pas de former une honnêteté sur laquelle on regle sa conduite, & qui est comme le fondement du repos public.

C'est elle qui apprend la maniere de vivre ; & cette maniere de vivre comprend une infinité de petits devoirs sans lesquels tout seroit en confusion.

Une amitié plus parfaite est un prodige, dont les exemples sont si rares, qu'on les peut aisément compter.

VII. LETTRE A UNE DAME

*qui étoit allée à Bourbon, avec Madame la Duchesse de ****.*

Supposé que vous soyez malade, & que cet éternel embonpoint, & cette face resplendissante ne soient chez vous que de faux témoins, qui déposent en faveur de vôtre santé, pour tromper tous ceux qui vous voyent, & vous dérober la compassion de vos amis, vous ne pouviez choisir un remede plus agréable, que d'aller à Bourbon de la maniere dont vous y êtes allée ; vous en reviendrez peut-être avec plus de santé ; mais sûrement avec plus d'esprit, & ce sera une chose très-curieuse, que de voir augmenter l'une ou l'autre. Ce qui me fâche de ce voyage, dont j'attens un si grand miracle, c'est que vous ayiez tant de raison de ne point regretter vos amis ; & qu'en l'état où vous êtes, vous ne pouvez penser à eux, sans voir le peu que vous avez perdu, en comparaison de ce que vous possedez à présent. Vous nous avez fait grand plaisir de partir sans nous dire adieu,

& de nous avoir ainsi caché la joye que vous aviez de nous quitter. Trop heureux! si vous revenez à nous sans chagrin. Vous trouverez ici une table frugale, mais toûjours prête : une conversation simple, mais libre : des plaisirs médiocres, mais tranquilles ; des amis bourgeois, mais fideles : & tous également ravis de vous voir & de vous entendre. Vôtre lettre en vieux gaulois est digne du siecle d'Orianne. Plût à Dieu qu'en changeant le langage de ces tems-là, nous en eussions retenu les mœurs ! qu'il y eût encore de loyaux amans, & de loyales amies ! que le Notaire & le Curé ne fussent point venus gâter ces petits clandestins, qui subsistoient à l'ombre du mystere, nourris de plaisirs dérobés ; dont les amantes vieillissoient plûtôt que leur amour, sans avoir jamais senti d'autres maux que l'absence ! On ne connoissoit point alors d'autre défaut que de n'aimer pas, & d'autre crime que de n'aimer plus ; ils ne consultoient que leur cœur pour s'engager ; point de conseil que leur passion ; point d'interêt que leur plaisir ; point de sûreté que leur parole ; point de tems que l'occasion ; point de devoir que celui de se satisfaire. Avoüez la verité, vous n'auriez pas pesté contre les hommes de ce tems-là, comme vous pestez tous les jours contre ceux de celui-ci ; & vous êtes
bien

bien malheureuse que la race en soit perduë.

>Qu'une telle perte est cruelle !
>De cette race si fidelle,
>Il ne reste que vous & moi ;
>Mais pour mon malheur & le vôtre,
>Un autre vit sous vôtre loi,
>Et je vis sous celle d'une autre.

VIII. LETTRE (1) A MADAME PELISSARY,

Sur le voyage de Mademoiselle sa fille en Angleterre.

A Ce que je voi, Madame, le ravissement d'Heléne ne fit jadis plus de bruit que le départ de Mademoiselle vôtre fille ; & nous sommes bien plus considérables que nous ne pensions. Si nous eussions été bien avertis du cas qu'on fait de nous, & de l'interêt que prend le public à ce qui nous regarde, nous n'aurions jamais eu l'inhumanité de troubler le repos de nôtre patrie par

(1) Cette lettre est de Mr. Pavillon.

par nôtre absence, & d'embarrasser Charenton à découvrir les desseins impenétrables d'un voyage qui n'en a point.

  En vain on cherche les raisons
  Du voyage que nous faisons
  Nous n'en avons point, ou je meure ;
S'il en faut toutefois, qu'on nous fasse crédit ;
Ou bien informez-nous de celles que l'on dit,
  Et nous choisirons la meilleure.

Il n'y a rien de si ennuyeux que de mener toûjours la raison avec soi : de sa nature elle est fort contraignante, on n'est pas toûjours sûr de réüssir en sa compagnie ; au lieu que quand on fait les choses sans savoir pourquoi, le succès ne trompe jamais nôtre attente.

  Quand Charenton vous dit de nous,
  Qu'ici nous cherchons un époux,
  Il vous faut répondre à cela,
    Alleluya !
  S'il se présente un bon hymen,
  Nous dirons de bon cœur Amen ;
  Et la pucelle chantera
    Alleluya !
  Par exemple, en cas qu'un Mylord
  S'offrit valant son pesant d'or ;
  Le Mylord la Mylordera ;
    Alleluya !

Voilà justement le tour qu'il faut prendre pour conjurer les raisonneurs qui vous rompent la tête; c'est une espece de démons très-opiniâtres, qu'on ne sauroit chasser qu'en traitant de chansons tout ce qu'ils difent.

Les amis importuns viennent hors de saison,
Si la raison par tout est si fort necessaire,
Quand la chose est permise, & qu'elle a de quoi plaire,
Le plaisir qu'on prend à la faire,
Peut-il pas servir de raison ?

Nous avons de cette sorte de raison tout autant qu'il en faut pour justifier nôtre voyage ; & le défunt païs de cocagne de très-heureuse memoire, ne valoit guéres mieux que celui-ci.

Le Prince (1) qu'en sa Cour peu de monde environne,
Peut être aisément abordé ;
Et n'est presque jamais gardé,
Que par le seul respect qu'on a pour sa personne:
On le voit aussi-tôt qu'on vous a presenté,
Malgré l'éclat de sa Couronne ;
Celui que sa grandeur étonne
Est rassuré par sa bonté.
Ses sujets sont dans l'opulence ;
Ses champs produisent à souhait ;
Et vous ne sentez sa puissance,
Que par les biens qu'elle vous fait.
La terre sans impôts, & le ciel sans colere,
Nous laisse en repos joüir de nôtre bien.

Le

(1) Charles II.

MESLE'ES.

Le Roi ne leve presque rien,
Et Jupiter n'y tonne guere.
Tout vôtre sexe à cheveux blonds,
A teint de lys ; à beau corsage,
Magnifique en habits ; en train ; en équipage,
Fait marcher devant son visage,
Une infinité de tettons.
Enfin dans ce climat on voit que tout abonde ;
Et sans exagerer, pour tout dire à la fois,
Quiconque a le malheur de n'être pas François,
Est ici beaucoup mieux qu'en aucun lieu du monde.

C'est même un plaisir que d'y être malade. Si-tôt qu'on l'est, ou qu'on croit l'être, on vous envoye aux eaux de Tunbridge. Tunbridge est la plus charmante medecine qu'on puisse prendre ; c'est une fontaine qui est au bout d'une foire aussi magnifique que celle de Saint-Germain. Il faut avoir la complaisance de croire que ceux qui y vont boire des eaux, son malades, & qu'ils en ont besoin :

Ce qui m'en fait douter c'est que ceux qui les prennent,
Sont à joüer assidument,
Caquettent sans cesser, ou toûjours se promenent,
Et ne pissent que rarement.
Mille fraîches beautés parent la promenade ;
Et l'on trouve en ce lieu
Plus mal-aisément un malade,
Qu'un homme sain à l'Hôtel-Dieu.

Comme j'étois surpris de voir ces prétendus

dus malades en si bonne santé, je demandois avec empressement de quel mal cette fontaine guérissoit. Pour toute réponse, les uns haussoient les épaules, les autres me rioient au nez, & je n'en aurois rien appris sans un honnête-homme, qui me connoissant étranger, me tira à part, & me dit; « Vous avez
» raison, Monsieur, de vous étonner de ce
» que vous voyez : ceci est un mystere dont
» vous ferez vôtre profit, si vous pouvez
» quand je vous l'aurai révelé. Vous voyez
» dans ce lieu, poursuivit-il, un reste de ces
» enchantemens jadis si communs en ce
» pays; c'est en cet endroit délicieux où
» Amadis & Orianne consommerent autre-
» fois leur mariage, & pour conserver une
» memoire éternelle des plaisirs qu'ils y pri-
» rent, l'enchanteur qui se mêloit de leurs
» affaires, a donné à ces eaux une vertu
» miraculeuse.

„ Ces eaux portent aux cœurs de si douces va-
„   peurs,
„ Qu'une belle en bûvant, presque sans qu'elle y
„   pense,
„ Guérit en un moment de toutes ses rigueurs,
„ Et le galant, de sa souffrance.

Vous jugez bien, Madame, que le sachant, nous n'avions garde de souffrir que Mademoiselle vôtre fille en bût sans vôtre ordonnance;

nance, n'y ayant encore ici personne qui lui put faire raison dans les formes ; c'est pourquoi nous la tirâmes de-là au plutôt ; car à vous dire vrai, outre le charme de ces eaux dont on m'avoit averti, nous vîmes même,

> A cent petites bagatelles
> Qu'on ne peut dire, & qu'on voit mieux ;
> Que l'air qu'on respire en ces lieux
> Est fort mal-sain pour les pucelles.

Nous la menerons au premier jour à Windsor ; c'est un lieu charmant où le bon Roi Stuart tient maintenant Cour pleniere ; elle prétend lui demander un don, qui est la réformation des tettons dans toute l'étenduë de son Royaume, suivant le modele qu'elle lui en présentera elle-même. Vous saurez, Madame, qu'en tous ces quartiers, la plûpart des tettons, sous prétexte qu'ils sont blancs comme neige, n'ont point honte d'aller tout nuds par les ruës, &, qui plus est, de se baiser hardiment à la vûë de tout le monde, sans crainte de Dieu & des hommes. Les gens du pays tiennent que cette réforme sera facile à établir, parce que les tettons de ce territoire étant de leur nature fort dociles, on peut aisément les réduire à en faire tout ce qu'on voudra : mais en cas qu'elle ne réüssisse pas dans son dessein si glorieux pour elle, & si agréable au public ;
elle

elle aura au moins le plaisir de voir un Château fait & embelli par les Fées, pour le séjour ordinaire des graces, & la retraite des plus tendres amans. Je ne vous dirai rien des dehors, ils sont faits comme il plaît à Dieu, qui en sait bien plus que Madame le Nautre.

La nature en ce lieu de mille attraits pourvûë,
 Pour se faire mieux admirer,
 Semble tout exprès se parer,
 En s'exposant à nôtre vûë.
 Presqu'en tout tems le ciel y rit
 A la terre qu'il embellit,
D'un verd qui peint les prez, les côteaux, les
  bocages;
 Tout vous enchante, & l'art humain
 Respectant de si beaux ouvrages
 N'ose pas y mettre la main.

Madame de St. Christopstle ne le croira peut-être pas, entêtée comme elle est de ses anciennes chroniques; dans tout le chemin que nous avons fait, nous n'avons pas encore trouvé une seule Barriere défenduë, pas le moindre petit Géant à combattre; & hors quelques Damoiselles en palefrois qu'on rencontre de tems en tems, je n'aurois jamais crû être dans la Royaume de la Grande Bretagne, tant on trouve ici tout changé: depuis le regne du Roi Artus, on n'entend plus parler d'Infantes enlevées.

Ce

Ce n'est pas qu'à l'amour moins de gens s'abandonnent,
Mais je ne sai si c'est que l'on craint plus ses loix,
Ou si c'est qu'à présent les Demoiselles donnent
Ce qu'on leur voloit autrefois.

Quoi qu'il en soit, nul ne se plaint, & je trouve cela mille fois plus honnête que ces brailliardes du tems passé qui crioient comme des perduës, & attiroient des quatre coins du monde, des chevaliers errans pour se vanger des gens qui bien souvent leur avoient fait plus d'honneur qu'elles ne méritoient. Enfin, Madame, le pays est si beau & si bon, que si par hazard quelque Magicien, selon l'ancienne coûtume, me tient ici enchanté durant deux ou trois mille ans, je vous prie de ne me plaindre point, & d'attendre patiemment mon retour.

Cette Ville est pour moi, toute pleine d'appas:
Je n'y vois ni procès, ni moine, ni misere;
On n'y travaille guére;
Et l'on y fait de bons repas.

IX. DE LA VRAYE
ET
DE LA FAUSSE BEAUTÉ
DES
OUVRAGES D'ESPRIT (1).

CHAPITRE PREMIER.

SI l'idée que tous les hommes ont naturellement de la vraye beauté des ouvrages d'esprit, n'étoit effacée par un grand nombre de faux jugemens, il n'y auroit pas de si differentes opinions sur leur mérite : car cette idée seroit une regle certaine que l'on seroit obligé de suivre, à moins que de vouloir s'exposer à la condamnation universelle des lecteurs, qui découvriroient aisément combien on s'en seroit écarté.

Je ne remarquerai point ici les causes qui ont formé dans la plûpart des esprits, l'habitude si commune de porter tant de jugemens déraisonnables. Il y en a de générales,
qui

―――――――――――
(1) Cette Piece a été composée en 1690 par | Mr. de la Valterie

qui ont tellement éteint la lumiere de l'ame sur tous les objets qui ne sont pas exposés aux sens, qu'il y a des erreurs infinies dans toutes les sciences, & même jusques dans le discernement du bien & du mal.

Il y a quelques autres causes particulieres qui pourroient empêcher par elles-mêmes, de connoître la vraye ou la fausse beauté des ouvrages d'esprit, quand la raison seroit d'ailleurs juste, exacte, & éclairée.

Celle qui est la plus ordinaire, est la précipitation. Car on se hâte de juger, ou par orgüeil, pour ne paroître pas ignorant ; ou par affection, ou par haine, selon que l'on est engagé dans quelque parti ; ou par imitation, ne jugeant ni pour ni contre que selon que l'on a oüi parler dans le monde ; ou enfin par caprice, par hazard, par emportement & saillie d'humeur, comme il arrive souvent aux personnes de qualité, qui prétendent que leur rang seul leur donne toutes les lumieres nécessaires pour se connoître aux prix & à la valeur des dons de l'esprit.

Mais quoi qu'il en soit de ces causes générales ou particulieres, la varieté des sentimens est trop évidente pour douter qu'assurément on ne juge pas sur la même idée, ou sur la même regle, bien qu'il soit certain qu'il y en a une.

C'est à la former dans les esprits que l'on employe la rhétorique, la poëtique, & l'art d'écrire l'histoire. Mais plus on a donné de regles, plus il paroît qu'on les a negligées; & c'est une merveille que les plus habiles maîtres du monde, Aristote, Ciceron, Horace, Quintilien, ayent eu si peu de parfaits disciples.

Il semble donc qu'il faut s'écarter de la voye des préceptes, & chercher ailleurs des vûës certaines & invariables; ou pour bien écrire; ou pour bien juger du mérite des Auteurs.

Ainsi, pour se donner un discernement juste & exact, il me semble premierement, qu'il seroit à propos d'examiner un ouvrage sur la comparaison que l'on en feroit avec quelqu'autre qui seroit dans une estime universelle.

Malherbe a excellé sous le regne précedent dans la beauté des ôdes; & elles ont encore aujourd'hui les mêmes charmes pour les lecteurs habiles & judicieux. C'est pourquoi lorsque vous lirez une ôde à la gloire du Roi, faites comparaison de son stile avec celui-là; & selon que vous verrez qu'il est conforme; ou qu'il y est conforme seulement jusques à un certain degré de perfection, vous pourrez décider.

Mais il faut que la piéce de comparaison ait une réputation universelle, & que même on prévoye que cette réputation durera. Il y a eu des auteurs qui ont eu de fort grands applaudissemens, mais qui n'ont pas subsisté au de-là de peu d'années, pendant lesquelles l'entêtement des lecteurs & les suffrages de leurs amis les faisoient valoir.

Il y a très-peu de vrais modéles. Voiture même ne l'est pas, & beaucoup moins Balzac. Les gentillesses de voiture, & les hauteurs de Balzac ont une affectation qui déplaît naturellement. L'un veut être agréable, & faire rire, de quelque humeur que l'on soit. L'autre veut être admirable, & se faire estimer par le nombre de ses paroles, & l'excès de ses amplifications. Les deux Lettres écrites à Mr. de Vivonne (1), en imitant les manieres & de l'un & de l'autre, font une fine satyre de leur stile, & découvrent facilement le ridicule de ces deux auteurs si celebres il y a quelques années.

Il est aisé de prévoir que telle sera la destinée de certain auteur qui ne compose ses ouvrages que sur des mémoires des ruelles, & des conversations galantes; qui croit que toute la beauté d'un livre, quand
le

(1) Par Mr. Despreaux. Elles se trouvent dans le second Tome de ses œuvres.

le sujet en seroit la vie d'un saint, consiste à y amener quelque terme nouveau, quelque jolie maniere ; & qui est très-content de lui, lorsque la periode, qui n'a ni profondeur ni solidité, roule agréablement jusqu'au point (1).

Mais, sans faire ici des prédictions offensantes, on sait que Sénéque n'écrivoit autrefois qu'en semant tous ses ouvrages de pointes, d'antitheses & de paradoxes. Il surprit son siecle par le faste de ses décisions ; & il y en a encore qui le prennent pour un modele d'éloquence. Mais on écriroit fort mal, si on écrivoit comme lui ; & on seroit assuré d'ennuyer ceux qui ont quelque goût & quelque délicatesse.

Ce n'est point avec ces figures extraordinaires que la nature s'explique. Tout ce qui demande une attention continuelle, déplaît, parce que la plûpart des hommes n'en sont pas capables. Il y a de la force & de la foiblesse dans quelque esprit que ce soit. Ce temperamment bizarre nous fait trouver naturellement desagréables les ouvrages où il faut une intelligence trop appliquée pour les concevoir, ou bien ce qui est trop au-dessous de

---

(1) On pourroit croire que l'auteur a en vûë le P. Bouhours, qui a écrit les Vies de saint Ignace & de saint François Xavier.

de nous, & qui ne mérite pas assez que l'on y ait égard.

Cependant il y a peu d'ouvrages d'esprit où quelqu'un n'ait assez excellé, pour y pouvoir servir de regle. On a Homere & Virgile pour la poësie héroïque. Horace est un parfait original de satyres, d'épitres & de discours familiers. Je ne dis pas la même chose de ses ôdes, & je m'en expliquerois plus au long, si la grande beauté de quelques-unes, ne m'obligeoit de garder un respectueux silence pour beaucoup d'autres. Si l'auteur des longs commentaires (1) désaprouve mon sentiment, j'ajoûterai (ce qui l'appaisera peut-être) que celles d'Anacréon sont plus naïves, plus douces, plus insinuantes; par consequent plus parfaites.

Revenons aux auteurs de nôtre langue. Corneille & Racine sont admirables en tragédies. Il auroit été néanmoins à desirer, que la netteté des expressions de Corneille pût être unie avec la varieté & l'abondante fertilité de ses pensées. Peu d'auteurs parviendront à representer autant de caracteres differens; à inventer autant d'intrigues; à faire raisonner les personnages avec autant de

---

(1) Mr. Dacier admirateur outré des anciens, qui a fait des remarques extrêmement longues sur Horace.

de suite & de solidité. On assiste encore à l'action qu'il ne fait que représenter. On passe tout d'un coup de la figure à la réalité. C'est Auguste que l'on entend parler dans Cinna. C'est le Cid que l'on void dans le premier ouvrage, qui fit tant de bruit à la Cour & à la Ville (1) ; & qui fut comme le signal de la course où il devoit remporter tant de prix. Ce n'est que la plenitude de son sujet, qu'il pénétroit toûjours dans toute son étenduë, son imagination vaste, son génie inépuisable, qui a laissé dans ses expressions trop de confusion, comme s'il étoit impossible d'être si profond & si solide, & assez clair en même tems. Mais de tels défauts n'empêchent pas que des auteurs de cette réputation ne passent pour d'excellens modéles. Si j'étois obligé de dire précisément lequel des deux il seroit plus à propos de prendre pour modele, quand on écrit pour le théatre, je répondrois qu'il est plus difficile de suivre celui-ci, & qu'il est plus sûr d'imiter celui-là.

En voilà assez, ce me semble, & je ne crois pas qu'il soit necessaire de s'arrêter davantage sur cette premiere vûë.

J'ajoûte donc présentement, qu'au lieu de se demander à soi-même, *Virgile écrivoit-*

_____
(1) La Tragi-Comedie du Cid.

il de cette maniere? Ou bien, Malherbe chantoit-il ses belles ôdes sur ce ton? Ou, si vous le voulez; Est-ce ainsi que Corneille ou Moliere attiroient à leur théatre toute la Cour & tout le Royaume? Demandez-vous, Y a-t-il une disposition plus confuse que celle de cet ouvrage? Y a-t-il un dessein moins ingénieux? Les expressions en peuvent-elles être plus imparfaites? Y a-t-il une imitation basse & servile plus visible que celle de cet ouvrage!

C'est un défaut bien commun que celui-ci, & il arrive souvent que l'on devient un fort mauvais copiste d'un très-bon original. Il faut bien se donner de garde de tomber dans le dessein burlesque de ce peintre qui fit un portrait extravagant d'une Helene qu'il vouloit représenter parfaitement belle; & qui s'avisa de lui donner ce qu'il avoit oüi loüer dans les plus belles personnes. En effet, en changeant ses lévres en corail, ses joües en roses, & ses yeux en soleils; & assemblant mal toutes ces choses, il fit une figure semblable à celle que décrit Horace dans son Epître aux Pisons. Il est vrai qu'il vouloit rire: mais les auteurs sont gens serieux: Ils sont attentifs de bonne foi: Ils copient avec gravité.

Mais enfin, quelque bonne opinion qu'ils ayent d'eux-mêmes, on arrête quelquefois les saillies d'admiration qu'ils ne peuvent s'empêcher de montrer à leurs amis, en les priant de faire plus mal sur le même sujet. Mais il faut être sincere au-delà de nos mœurs pour s'expliquer avec tant de netteté contre le ridicule entêtement d'un auteur, toûjours présomptueux, qui n'écrit que pour attirer vôtre suffrage, & non vôtre critique, quelque raisonnable & juste qu'elle soit.

Cependant on doit craindre de prendre quelquefois pour bassesse cette admirable simplicité, la perfection de tout ouvrage, & l'embellissement, si j'ose ainsi parler, de la beauté même. Horace nous a donné cet avis, lorsqu'il veut que la maniere de s'expliquer paroisse si naturelle, que d'abord on juge qu'il seroit fort aisé d'entrer dans le même tour, & qu'il n'y ait que la refléxion sur ce qu'il a de fin & de délicat, qui découvre la difficulté de s'exprimer avec le même bonheur.

La verité n'a rien de changeant. Le mensonge imite la verité par toutes sortes de moyens. On le trouve toûjours quand on va à elle ; & l'on en est surpris, si l'on n'est pas assez attentif à le reconnoître. Mais lorsque l'on suit avec fermeté la raison, & que l'on arrive à penser juste, & à exprimer au vrai sa pensée, il est impossible que le lecteur ne

soit

soit pas touché; parce qu'il y a dans tous les hommes un penchant naturel pour tout ce qui est vrai: enforte que le faux ne peut plaire qu'autant de tems que l'on est ébloüi de l'apparence du vrai, sous laquelle il se montre.

C'est pourquoi, si l'expression est basse, il s'en présentera sans peine à vôtre esprit, un grand nombre de semblables: mais, si elle est simple, faites les efforts qu'il vous plaira, vous n'en trouverez point de plus belle, si ce n'est que vous soyïez d'un esprit beaucoup supérieur, ou d'une expérience dans l'art d'écrire bien plus avancée que celle de l'auteur. Car cette simplicité a de differens degrés de perfection, comme tous les objets qui se présentent à nous.

Mais si nous voulons mettre à profit les deux vûës que nous avons proposées jusques-ici, il faut necessairement avoir quelque connoissance des défauts que l'on trouve dans les auteurs les plus parfaits. Car on n'écrit point ici pour instruire des personnes du commun, & l'on ne veut donner que des remarques un peu curieuses.

La premiere est; Que l'on ne doit pas se servir trop souvent, ni trop long-tems de Métaphores. On s'en est beaucoup corrigé en ce siecle; & à mesure que l'on y a pris le goût de la vraïe éloquence, tout cet
amas

amas pompeux de fauſſetés éclatantes a diſparu. Les ſavans du ſiécle paſſé, qui s'en étoient remplis dans la lecture de quelques anciens, crurent que leur ſtile en ſeroit embelli. Mais il y avoit alors pour le moins, un auſſi étrange caprice ſur l'éloquence, que ſur les opinions.

Au ſortir des tenebres profondes où les ſiécles précedens avoient été comme aſſoupis, on ſe réveilla tout d'un coup, & alors on ne ſut pas encore aſſez diſtinctement quel étoit le meilleur parti.

L'uſage des expreſſions figurées & métaphoriques a été le premier aboli, dès le moment que l'on a commencé de voir plus clair à ce que l'on devoit dire.

Le génie françois, qui eſt vif, naturel, & ſincere, ne put ſupporter ces diſcours languiſſans, artificiels, & embarraſſés. Il nous eſt reſté néanmoins quelques métaphores, & il ne nous déplaît pas de voir des feux à la colere & à l'amour. Mais ces expreſſions ſont devenuës propres & litterales, & elles ne peuvent tromper perſonne.

La ſeconde remarque eſt; Que ce ſeroit une faute inexcuſable de paſſer d'une métaphore par laquelle on auroit commencé, à une nouvelle; & d'allier ainſi des images qui n'ont nul rapport entre elles. Quand on est attentif à bien écrire, on sait continuer & soûtenir la même idée. Je le plains, a dit l'auteur des Caracteres (1); Je le tient échoüé; il s'égare, & est hors de route. Ce n'est pas ainsi que l'on prend le vent, & que l'on arrive au délicieux port de la fortune.

Vous voyez qu'il a eu soin de ne mêler rien d'étranger à la premiere image qu'il a donnée pour exprimer ce que le riche pense quelquefois de la conduite du philosophe. Celui-ci est représenté comme sur la mer. Le riche prévoit qu'il y échoüera. Il le voit hors de route. Il juge que ce n'est pas ainsi que l'on prend le vent, & qu'il n'arrivera pas au port de la fortune. Il n'y a pas là un seul terme qui ne soit allié l'un de l'autre.

Il auroit fait naufrage au port, si après toutes ces expressions tirées de la navigation, il lui étoit arrivé de dire; Ce n'est pas ainsi que l'on prend le vent, & que l'on bâtit sa fortune. Cette nouvelle image de bâtiment, jointe à celle de marine qui précedent, auroit produit un effet desagréable; au lieu que tout étant bien uni, le discours en devient clair & aisé.

La troisiéme remarque ressemble à celle-ci,

_____
(1) La Bruyere.

ci, & consiste à avertir; Que l'on ne doit jamais passer d'une personne à une autre dans la même période. Ce que l'on peut dire aussi des nombres, & de ce que les Grammairiens nomment les modes & les tems des verbes.

Je veux bien donner un exemple de cette faute, tirée d'un auteur extraordinairement régulier pour son sujet & pour son stile. Tout ce qui est ici bas, dit cet Auteur si exact, n'a point de consistence. Il falloit en demeurer là: mais on veut faire une période. C'est pourquoi on ajoûte: Et ce mouvement perpetuel des créatures, (Vous remarquez déja que l'on passe d'un sujet indéfini); *tout ce qui est ici bas*, à un qui est déterminé, *& ce mouvement perpetuel des créatures*, qui n'ont qu'une liaison apparente par la conjonction, & qui n'en ont point dans le sens. On continuë: *qui prennent la place les unes des autres*; (ce qui ajoûte une image tout-à-fait inutile, puisqu'elle étoit assez marquée par le défaut de consistence, & par le mouvement perpetuel) *rend comme un hommage continuel à l'immutabilité de Dieu, qui est seul toûjours lui-même.* Je dis que ces queuës de périodes les rendent embarrassées, confuses, superfluës, & que c'est-là veritablement un stile de déclamateur.

On pourroit dire la même chose de cette

maniere:

maniere : *Tout ce qui est ici bas n'a point de consistence, & rend comme un continuel hommage à l'immutabilité de Dieu.* Et même il y a des gens assez exacts pour ne permettre pas que l'on joigne de si près une proposition affirmative avec une negative.

Je ne dis rien de cet hommage que le mouvement rend à l'immutabilité. C'est une pointe qui ne fait rien à mon sujet.

Pour y revenir. Si des auteurs de l'exactitude la plus accomplie tombent dans ces sortes de fautes, que sera-ce des auteurs vulgaires ? Ces remarques leur paroîtront trop severes, parce qu'ils sentiront peut-être qu'ils ne sont pas en état de les pratiquer.

Tout ce que je puis faire présentement en leur faveur, c'est de ne leur en pas proposer un plus grand nombre. On ne parle que d'observations sur la langue : mais on ne passe pas plus loin que d'examiner si un terme est du bel usage, & depuis quand on s'en sert. Dites-moi, je vous prie, vôtre discussion ne peut-elle avancer plus loin ? Un ouvrage sera-t-il parfait quand il ne sera composé que de mots fort choisis ? Si c'est vôtre pensée, vous êtes aisé à contenter : mais il y a beaucoup de gens plus difficiles, parce qu'ils sont plus délicats.

CHAPITRE SECOND.

De l'honnêteté des expressions.

J'Etois autrefois trop indulgent, & je suis peut-être devenu trop austere. Dans le feu de l'âge, en ces premieres embrasemens des passions, on ne sait ce que c'est que cette sage froideur d'une vie un peu plus avancée. On voit avec plaisir que des auteurs admirés chez les anciens & les modernes, ont aimé les mêmes folies où le penchant nous entraîne.

Le libertinage & les débauches du stile de Pétrone n'ont rien alors qui redoute. C'est avec la derniere impudence que l'on en représente encore les déreglemens ; & comme si ce n'étoit pas assez de toutes les hardiesses que l'on a dans ses fragmens, on regrette la perte de ce qui y manque, de même que si l'on avoit perdu ce qui peut conserver l'honnêteté parmi les hommes (1).

Je m'avise peut-être trop tard de faire ces reflexions : mais c'est ordinairement lorsque l'on

---

(1) Mr. Nodet a défendu Pétrone contre ces sortes de censures. Voyés la Préface qu'il a mise au devant de sa Traduction de Pétrone.

l'on est arrivé où l'on vouloit aller, & que l'on parle du chemin que l'on a fait, & de la route que l'on a tenuë, que l'on s'apperçoit de ses égaremens.

C'en est un, & je ne sai s'il y en a quelque autre plus extrême, que de s'adresser à tous les hommes de son tems, & à tous ceux qui viendront dans la suite des siecles, sans avoir rien que de malhonnête à leur dire.

C'est ne savoir pas qu'il y a un orgüeil secret au fond de l'ame, qui nous oblige de nous offenser de ces manieres trop libres, comme d'un manquement de respect. Cet orgüeil fait retentit bien haut les noms magnifiques de la gloire, de la bienséance & de l'honnêteté publique.

Que si l'orgüeil se taisoit, & que l'on eut l'art de lui imposer silence ; (ce qui est bien difficile ;) la vertu ne se tairoit pas. Elle n'a pas encore abandonné tellement le genre humain, qu'elle ne lui ait laissé beaucoup d'amour & d'admiration pour elle. La pudeur de tout un sexe s'armera toûjours pour sa défense, & la plûpart des hommes ne sont occupés que pour elle.

Le plaisir même, je dis le plaisir permis & indifferent, deshonore quiconque le cherche avec affectation ; ou qui le procure à autrui. Ainsi je ne sache pas de satyre, renfermée en un seul mot, plus offençante que celle

celle d'être nommé l'Intendant des plaisirs de Néron.

Si je me déclare si franchement contre moi-même par le désaveu des loüanges que j'ai données à Pétrone, il faut s'attendre que je n'épargnerai pas la plaisanterie de Ciceron dans son Oraison pour Cœlius.

Je demeure d'accord qu'il étoit nourri dans le monde & dans les affaires : qu'il s'éleva par son merite beaucoup au-dessus de sa naissance : qu'il fut égal en dignité à Pompée & à César.

Mais, certainement il s'oublia lui-même, lorsque se laissant aller au penchant de la raillerie, il reprocha, en plein Senat, à Clodia, qu'elle avoit fait coucher avec elle son jeune frere ; *propter nocturnos quosdam metus*. On entendit fort bien l'équivoque ; & je suis étrangement surpris qu'un si grand homme reprochât avec un seul trait d'ironie, un si grand crime à Cœlius, s'il le croyoit veritable ; ou qu'il se donnât la liberté de l'en accuser, s'il ne le croyoit pas.

Il seroit à desirer que ce qui a été ordonné à l'orateur, le fut à tous les auteurs, & même aux poëtes : *Virum bonum Oratorem esse oportet.*

On avoit extrémement oublié ce précepte dans nôtre langue. Nos anciens poëtes françois étoient presque tous dans le défaut

d'écrire

d'écrire fort impurement. Desportes est un de ceux qui y sont tombés avec le plus d'affectation & d'effronterie.

Mais depuis que Voiture, qui voyoit le monde le plus poli, eut évité cette basse maniere avec assez d'exactitude, le théatre même n'a plus souffert que ses auteurs ayent écrit aucune parole trop libre. Ainsi toute cette licence n'est plus supporté, même dans les conversations les plus familieres; & si nôtre siecle n'est pas plus chaste que les précedens, du moins il fait sauver les apparences, & se parer des dehors de la vertu.

Nôtre délicatesse va plus loin, & on n'aimeroit pas aujourd'hui la description d'un objet rebutant. C'est tout ce que l'on peut permettre à une personne malade de conter son mal. On la soulage en l'écoutant avec un peu d'attention. Mais cette complaisance que l'on a pour son infirmité, n'est pas une excuse pour elle, principalement si elle fait un trop grand détail.

Mais, excepté cette occasion, il n'est pas possible de faire une description supportable de choses pour lesquelles on a naturellement de l'aversion. Cependant ç'a été un défaut de beaucoup d'auteurs Buchanan a décrit une vieille avec toutes les figures de sa rhétorique. Saint-Amant a fait une chambre de débauchés avec toute la naïveté de son stile. C'est de la rhétorique & de la naïveté perduës mal-à-propos.

Nous voici encore à Ciceron. Ce Consul devoit-il, parlant contre Pison, en presence du Sénat, se servir de termes qui representent le plus fortement les plus sales circonstances de l'yvrognerie ? Sa description est chargée d'un détail qui ne peut être que fort rebutant & très-desagréable.

Catulle pouvoit aussi donner aux Annales de Volusius un autre terme que celui de *cacata carta* (1). Ce poëte qui prétendoit à la finesse du stile, devoit s'abstenir d'une épithéte si grossiere & si libre.

Martial a cherché un détour pour loüer la netteté de sa chienne : mais en le cherchant, il est tombé dans une expression fort mal propre : *Gutta pallia nec fefellit ulla* (2). Il étoit plus à propos de n'en point parler.

Sans doute que ces auteurs étoient gâtez par leur mauvaise morale. Il y avoit en ces tems, quelques beaux qu'on nous les fasse, de si grandes obscurités sur ce que c'est que la vraie bienséance, qu'ils n'ont pas eu un auteur qui l'ait observée exactement.

Mais en voulant éviter ce défaut, prenez garde de ne pas tomber dans une faute fort
commune

---

(1) Catul. Carm. XXXVI. | (2) Mart. Lib. 1. Epigr. 110.

commune en nos jours. On nous fait de si belles peintures des passions & des vices, jusques dans la chaire, que l'on ne s'apperçoit presque point de ce qu'ils ont de plus difforme. On fait cacher ce qu'il y a d'impie ou d'extravagant dans les mœurs les plus pernicieuses, pour ne laisser voir que ce qu'il y a de conforme à la foiblesse & à la fragilité du cœur.

On seroit trop effrayé d'en connoître l'impieté. Personne ne veut s'attirer la vengeance du ciel. On seroit humilié d'en pénetrer l'extravagance. On ne veut point être ridicule. Mais d'être foible, d'être fragile, ce n'est qu'être né homme; & personne ne pense à avoir honte de sa naissance, ni de sa destinée.

J'aimerois donc mieux encore un portrait qui representeroit fidelement les choses, que ces portraits flateurs qui fortifient les hommes dans leurs fausses opinions, ou dans leurs désordres ordinaires.

N'allez pas néanmoins sur les traces de Juvenal, présenter les traits les plus grossiers des plus grands déréglemens. En vain un auteur si libre & si impudent me veut faire haïr les excès de Messaline. Je les hai encore plus qu'elle, & les débauches de son esprit marquées dans la hardiesse de son stile, me scandalisent plus que celles des femmes les plus emportées par la fureur de leurs passions.

J'aime mieux son traducteur (1) que lui. Il a eu grand soin de conserver l'honnêteté de son stile en une si mauvaise compagnie. Il n'a ôté aux satyres de son auteur, que ce qui pouvoit empêcher de les lire sûrement. La belle indignation contre les vices de Rome ; le feu du poëte ; sa vivacité, jusques au ton de déclamateur, qui étoit le vrai caractére de Juvenal, il l'a laissé tout entier. Et qu'on ne me dise pas que la satyre dépoüillée de ces emportemens en seroit moins agréable : car il est constant que le sel de la fine raillerie en fait seul tout l'agrément ; & qu'au contraire, la grossiereté d'un déchaînement sans mesure, ne peut manquer de déplaire aux esprits qui ont quelque délicatesse. Ce qui est aisé à justifier par l'exemple de Mr. Despreaux : car y a-t-il quelque ancien qu'on lise avec plus de plaisir ? Cependant peut-on porter plus loin que lui la discretion & la retenuë ?

Sa muse, toûjours honnête, a sû poursuivre le vice, & le condamner comme la vertu le condamne elle-même, par sa lumiere, par son

---

(1) Le P. Tarteron qui a traduit Juvenal avec beaucoup d'agrément & de politesse ; mais d'une maniere peu fidele, & peu exacte.

son éclat. Car ce seroit outrer les choses, & les pousser jusqu'à la derniere rigueur, que de remarquer qu'il pouvoit bien ne donner aucun rang à la Neveu dans ses ouvrages (1). Ce qu'il en dit est si bref, qu'il merite d'être excusé, si c'est une faute; & si ce n'en est pas, il faut avoüer qu'il a appris que l'on peut quelquefois parler d'une telle personne, mais avec tous les temperamens dont il se sert à propos, en un ou deux mots, & encore fort honnêtement.

Ce n'est pas ainsi que Lucrece en a usé sur la fin d'un de ses livres. Il falloit avoir les veines allumées d'un flambeau de l'amour, un bucher tout entier embrasé dans le fond de l'ame; ou, sans me servir de ces grandes expressions, il falloit être fou, comme en effet il l'étoit, pour nous peindre fort au long, & avec des circonstances extravagantes & sales, les songes & les illusions d'un jeune-homme.

Plus j'y fais d'attention, & moins je trouve les causes pour lesquelles on s'entête d'un auteur si emporté. Quand il veut faire le sérieux & le discoureur, d'abord c'est un homme perdu, qui ne sait ce qu'il dit. Témoin

___

(1) Et combien la Neveu avant son mariage,
A de fois au public vendu son pucelage.
   SAT. VI.

moin ce vers que j'ai oüi citer souvent si mal-à-propos ?

Primus in orbe Deos fecit timor (1).

» La crainte a fait accroire aux hommes » qu'il y avoit des dieux. » Car si on lui demandoit qui est-ce qui a fait naître cette crainte ? Ne seroit-il pas obligé de répondre, que c'est l'idée naturelle que les hommes ont de la divinité ? Car la crainte & les autres passions ne sont en nous que par les objets qui les excitent par le moyen de l'imagination ou de la pensée.

Que si je trouve en moi l'idée de la divinité, avant que j'y trouve la crainte que je dois avoir pour elle, c'est donc cette crainte qui est l'effet, & non pas la cause de la pensée que j'en ai. Ne faut-il pas avoir bien peu de pénétration, & d'étenduë d'esprit, pour n'aller pas jusques-là ?

S'il veut descendre de cet état qui ne lui convient pas, pourquoi faut-il qu'il aille perdre d'assez belles expressions, pour représenter

(1) L'Auteur se trompe : cet Hémistiche n'est point dans Lucrece. On le trouve dans Stace, (Theb. Lib. III. v. 661.) & parmi les fragmens de Pétrone. Il ne faut qu'une attention médiocre pour reconnoître que Stace l'a pris de Pétrone, quoi qu'en dise le savant Adrien de Valois ; (Valesiana, p. 185.)

présenter des choses impertinentes ; pour s'y arrêter long-tems, & pour ne laisser point, sans l'épuiser, un aussi ridicule sujet que celui des songes d'un âge qui n'a rien, même pendant le jour, qui merite un peu d'attention ?

Si c'est là de la beauté, de la délicatesse, de l'erudition, j'applaudis à la grossiereté de nos jours, qui ne supporteroit pas certainement une licence si déreglée, en quelque auteur que ce fût.

Je voudrois bien pouvoir excuser Ausone, cet illustre Consul gaulois (1) : mais la suite de cette remarque me porte, malgré que j'en aye, à parler de lui, & à en parler mal. Qu'y avoit-il de plus beau que son action de graces à l'Empereur sur le sujet de son Consulat ? Pline second lui auroit envié cet ouvrage. Qu'y avoit-il de plus ingénieux que le supplice de Cupidon aux champs Elysiens ; & que ces peines & ces reproches que lui firent souffrir les héroïnes, qui avoient toutes quelque sujet de se plaindre de lui ?

Il a fallu pour le malheur de sa réputation, qu'il se soit amusé à l'occupation du monde la plus indigne d'un honnête-homme.

---

(1) Voyez le Dictionaire de Bayle. Ce qu'il dit sur Ausone.

ine. Jugez quelle perte de tems il a faite en s'amusant à rassembler tantôt un commencement de vers de Virgile, tantôt une fin ; à lier toutes ces parties si differentes les unes des autres, pour en composer un ouvrage tissu de textes ?

Que dirai-je de ces expressions de Virgile, où il ne fait entrer que tout ce que l'imagination la plus déreglée peut se représenter de plus mal-honnête ?

A dire vrai, voilà une peinture étrange de l'homme. Celui qui est auteur d'un ouvrage sérieux qu'il adresse à un grand Empereur, qui a de l'esprit & de l'érudition, comme on le voit assez en beaucoup d'autres endroits de ses livres, est le même néanmoins qui prostituë ses muses, & qui forme un ouvrage infame avec des morceaux d'une poësie fort honnête en elle-même.

Ce n'est point être trop farouche, que de condamner toutes ces insolences. Ce le seroit être au gré de beaucoup de gens, que de condamner Virgile lui-même sur l'entrevûë d'Enée & de Didon dans cette caverne du IV. de l'Eneïde :

Speluncam Dido, Dux & Trojanus eamdem Deveniunt.

Ce seroit ne l'être pas moins, que de condamner Homere sur ce qui se passa entre

Junon

Junon & Jupiter sur le Mont Olympe.

Ces deux grands & illustres auteurs ont évité mille occasions où tout autre se seroit perdu. Si Pâris & Helene se parlent dans l'Iliade, ce n'est que pour se faire des reproches. Calypso; Circé; les Syrènes de l'Odysée, n'ont rien qui allarme la pudeur. Ulysse n'abuse point des bontés de la Princesse Nausicaa.

Quand on a l'ame grande; élevée; noble; que le génie est vaste; que l'imagination est nette & bien arrangée; on ne descend point aux bassesses que je condamne ici.

CHAPITRE TROISIE'ME.

De la justesse du raisonnement.

LEs qualitez par lesquelles on prétend se faire valoir, sont ordinairement celles que l'on n'a pas. Loüer une perfection qui vaut son prix par elle-même, n'est point un titre sur lequel on ait droit d'en avoir la proprieté. L'orgüeil se forme à lui-même ce titre spécieux. Mais il y aura toûjours beaucoup de difference entre estimer ce qui merite de l'être, & le posseder effectivement.

Les exemples n'autorisent point un défaut; & je ne veux point y tomber, quoi qu'il soit aisé de voir que les auteurs du monde les plus estimés, & qui ont les premiers fait éclater si haut la gloire du bon-sens, n'ont pas laissé de s'en éloigner toutes les fois qu'il y a eu occasion de faire valoir les opinions dont ils s'étoient déclarés protecteurs.

L'entêtement, qui est une disposition d'esprit la plus contraire à la raison, étoit néanmoins leur bon-sens; & il n'y avoit pas de terme plus équivoque & plus embarrassant que celui-là dans leurs discours.

Le Cartesien regarde comme l'effet d'une lumiere nouvellement descenduë dans les esprits, tout ce qu'il médite sur le different arrangement des parties; & il se représente le systême ancien comme un amas confus de tenebres.

Cependant, au même tems qu'il s'applaudit de la découverte de la matiere subtile, & des effets qu'il lui attribuë; le Philosophe ancien le regarde en pitié, & dit en lui-même, que tout ce qu'il avance n'a rien de plus évident que les qualités occultes d'Aristote.

Ce qui m'a fait penser plus d'une fois, que l'on ne peut se flater d'être parvenu à une assez grande justesse de raisonnement,

jusqu'à

jusqu'à ce que l'on se voye délivré du joug des opinions d'autrui, & de la dépendance servile d'un style attaché au caractere, ou au parti de certaines gens.

Il y a quelques années qu'il y eut dans la langue françoise une espece d'inondation générale de certaines manieres de parler. On n'osoit plus se servir de la premiere personne; & un Medecin qui demandoit des nouvelles à un malade, n'avoit point d'autre réponse, sinon que l'on avoit passé mal la nuit; que l'on avoit senti de grandes douleurs; que l'on étoit dans une extrême foiblesse. Et comme l'interêt du Medecin l'obligeoit à avoir de la complaisance pour ce jargon, il ne manquoit pas de répondre: On vous ordonne: on vous conseille: on vous prie; &c. En un mot, tout se traitoit par cette maniere, non seulement dans les entretiens, mais encore dans les livres.

C'étoit de la modestie & de l'humilité toute pure que de parler ainsi. Pour moi, je dis que c'étoit de l'hypocrisie & de l'affectation dans ceux du premier ordre, & de la plus basse & de la plus servile imitation dans les subalternes.

Il y a une difference considerable entre les sentimens d'autrui & les miens; & je suis obligé d'exprimer cette difference. Si j'ai à parler d'une disposition qui soit dans l'esprit & dans le cœur de tous les hommes alors je puis dire, en parlant, par exemple, de l'estime que tous les hommes font de la vertu; On a tant de penchant pour revenir au premier état où l'on avoit été destiné par le Créateur, que toutes les fois que l'on fait attention à la beauté de la vertu, on ne peut s'empêcher de l'estimer & de l'aimer. C'est à représenter ces dispositions générales de l'ame, que cette maniere est parfaitement bien employée. Mais lors qu'il s'agit d'un sentiment particulier de mon opinion, de mon goût, je soûtiens que ç'a été une faute de bon-sens de s'expliquer indéfiniment, & de n'oser dire quand on a reçû un bienfait : Je vous remercie; & au lieu de cela d'aller chercher : On vous est extrémement obligé (1).

Cependant je hai beaucoup le livre d'un auteur nouveau (2) pour la liberté qu'il s'est donné de se mêler mal-à-propos dans tous les sujets qu'il a traité. Un livre est une conversation

---

(1) Mr. Pascal disoit que la pieté chrétienne anéantit le MOI humain, & que la civilité humaine le cache & le supprime. Voyez l'Art de penser, III Part. chap. 20.

(2) Je ne sai si l'auteur n'auroit pas en vûë un livre imprimé à Paris (en 1689.) sous le titre de Réflexions & maximes sur divers sujets de morale, de religion, & de politique.

conversation générale que l'on se propose d'avoir avec un grand nombre de lecteurs.

Je ne puis souffrir que vous tiriez vos preuves d'une infinité de petites historiettes dont vous me cachez toutes les circonstances, & dont vous déclarez même dans la préface que vous supposez les noms.

D'ailleurs vous en contez de toutes sortes, de sérieuses, de plaisantes, de conscience : vous connoissez la Cour, la campagne ; sur tout les Communautez & les Prédicateurs. Enfin vous avez supprimé vôtre nom : mais il n'y a point de lecteur habile qui n'ait reconnu vôtre profession.

Cette liberté que je reprens en ce livre, est sans comparaison plus excusable dans les Essais de Montagne. Il est vrai qu'il dit un peu trop naïvement ses pensées & ses inclinations, & que lorsqu'il a fait quelques digressions, il en revient toûjours à lui-même, qui est le sujet de son ouvrage. Mais en ramenant son lecteur chez lui, il a toûjours de quoi lui plaire & le réjoüir. Ce n'est point un hôte importun. Quand la conversation lui manque, il a des amis qui la soûtiennent, jusqu'à ce qu'il ait un peu respiré. On y entend avec plaisir les anciens & même quelques modernes ; & il se fait par ce mélange une varieté qui plaît toûjours.

Il.

Il y a eu beaucoup d'affectation à blâmer cet auteur ; & on a vû peu de certains livres où il ne soit extrêmement maltraité (1). Cependant ces auteurs l'ont lû eux-mêmes, & on le lira toûjours. Je ne veux pas entreprendre ici son apologie. Qui est l'auteur qui n'a point eu ses défauts ? Celui de parler franchement de soi-même n'est peut-être pas plus grand que celui d'affecter de n'en parler jamais, lors même que la suite du discours y oblige.

Au lieu donc d'entrer dans une discussion plus étenduë, j'aime mieux avancer présentement, que la source & l'origine de la justesse du raisonnement, soit pour les pensées, soit pour les expressions, consiste dans l'indépendance & la liberté de l'ame.

Il y a assez d'idées naturelles de la verité; assez de manieres naturelles de l'exprimer, si on vouloit avoir plus d'attention sur soi-même, que sur autrui. C'est justement les regards sur autrui qui gâtent tout, jusques à la raison & au bon-sens.

Comme chacun a un certain ton de voix qui lui convient, & qu'il seroit ridicule à un autre de suivre servilement ; de même
chacun

(1) Messieurs de Port-Royal & le Pere Malebranche ont décrié Montagne.

chacun à une certaine maniere d'entendre & de parler.

Quiconque ne parlera que selon ce qu'il pense, ne dit pas toûjours des choses merveilleuses, mais il n'en dira point qui lui attirent une censure raisonnable.

Personne n'est obligé de penser au-delà de ses lumieres ; & on ne sort jamais du bon sens parce que l'on veut aller plus loin.

Je ne donne point ici des excuses à la paresse ou à la stupidité : car quand on sait se servir de ce que l'on a reçû de la nature, il ne laisse pas de croître avec le tems ; & ce Docteur si vanté dans les écoles (1), dont il est devenu le chef, paroissoit stupide dans les premieres années de ses études.

Son bonheur fut de n'avoir qu'à suivre une route qui étoit déja tracée. Dans le tems grossier où il parut, il n'y avoit nulle connoissance des langues, ni des belles-lettres. C'étoit assez d'arranger à des clercs & à des moines chaque preuve, de proposition en proposition. On ne pensoit alors qu'à remedier à l'ignorance la plus épaisse.

Pour exceller dans ce genre de science,
un

(1) Saint Thomas.

un peu de maturité d'esprit servoit pour le moins autant que plus de vivacité. Le Docteur subtil (1), qui suivit de près, pensa perdre tout par trop de finesse ; & je ne sai ce que cet esprit n'auroit point entrepris, s'il ne s'étoit trouvé borné par la methode de son siécle, qui consistoit à ne s'éloigner point des formules de Pierre Lombard, maître de toutes les questions scholastiques, dont on a fait dans la suite si peu de cas.

Il est vrai qu'il y a des révolutions dans la république des lettres comme dans tous les états ; & que les affaires, les goûts, & les inclinations ont leur durée.

Il est du bon-sens de s'accommoder au tems où l'on se trouve. Tous les sages l'ont fait. Je ne parle que de la maniere extérieure. On se prête par-là à la societé des hommes ; mais on n'y engage jamais jusques à la liberté de son raisonnement.

Car, si l'on mesure bien le ton de sa voix à l'oreille de ses auditeurs ; & si ce seroit être ridicule que de crier en présence d'un petit nombre de gens, aussi haut que devant une nombreuse assemblée d'auditeurs ; de même, la mesure des choses, ou des manieres de les proposer, doit être prise de la differente disposition des tems où l'on parle. Je

(1) Duns Scotus.

Je ne saurois rendre l'homme toûjours constant. Il y a trop de choses qui contribuent à son inconstance. Le même mouvement qui fait succeder les siécles en la place les uns des autres, leur apporte de nouvelles manieres.

Il faut ceder à cette impression puissante, si ce n'est que l'on soit né dans un rang assez considerable ; ou que l'on se trouve dans une place assez illustre ; ou que l'on sente en soi-même assez de force de génie pour faire changer quelquefois le goût de son siécle.

On a vû des Rois qui ont fait disparoître de leur Cour, la raillerie, les amusemens, & tous les autres plaisirs badins, par la profonde sagesse qu'ils faisoient paroître dans toutes leurs actions. On a vû la vigilance & l'activité des ministres réveiller la paresse des courtisans les plus oisifs, & les appliquer, par émulation, aux travaux sérieux & utiles de l'Etat. On a vû enfin la solide éloquence des grands orateurs de nôtre tems, bannir des discours publics, les pointes, les jeux de mots, & les faux-brillans, dont le goût avoit tant regné dans le siécle passé.

Mais il faut être veritablement grand pour changer ainsi tant de goûts differens, & pour les réünir. C'est une espece de conquête

quête qui vaut son prix ; & la seule pensée de ne suivre que soi-même, & d'obliger les autres à nous suivre, est déja héroïque.

Celle de ne soûmettre son raisonnement à personne, en approche de bien près. Il faut de la hardiesse pour aller seul, principalement aujourd'hui que l'on ne parle dans les livres de morale, que des défauts du genre humain & de ses égaremens. Il semble que la voye de la verité est fermée, & que l'on ne trouve de tous côtés que des erreurs inévitables.

Mais que peuvent les erreurs contre un esprit un peu ferme, lequel desocupé de tous les embarras des cabales qui partagent le monde, ne consulte, pour juger d'une chose, que ce qu'elle est en elle-même.

Quel plaisir ne goûte-t-il pas à découvrir la verité, qui est enfermée dans l'idée que la nature nous donne de chaque choses ?

Ce qui fait que tant de discours, ou prononcés, ou écrits, ne persuadent point, c'est qu'il y a peu de gens qui les établissent sur les principes dont tous les hommes ont en eux-mêmes une conviction intérieure.

Tout le secret de la persuasion consiste à les appliquer à ces premieres verités. Il n'y a que l'homme qui puisse se convaincre lui-même. Les convictions de docilité ne durent pas, & ne font nul effet. Mais depuis que vous avez mis la lumiere d'autrui dans vos interêts, & que vous avez découvert à l'homme que c'est lui-même qui pense & qui juge de cette maniere, attendez tout de sa confiance & de l'execution de ses desseins.

Mais évitez avec un grand soin la faute d'un auteur de la premiere réputation (1), qui veut que tous les hommes conçoivent les choses comme il les a conçûës lui-même. Je ne sai si dans quelques autres occasions je n'en parlerai point; & je me suis déja étonné qu'une societé puissante, qu'il n'a pas épargné, ait eu toûjours de fort grands égards pour lui. Mais il y a lieu de penser que cette puissante societé le craignoit.

Ce que j'ajoûterai est que je ne puis le croire, lorsqu'il dit que les hommes n'errent jamais en tirant d'un principe ou d'une définition, les consequence qui y sont renfermées. Car c'est-là, si l'on veut y faire attention, que la fausseté d'esprit paroît davantage.

Ainsi au lieu d'être de son sentiment, & d'enseigner que l'on erre aux principes, & non aux consequences, je soûtiens que c'est aux consequences que l'on se trompe, principalement lorsqu'elles ne sont pas immédiates, & non aux principes.

Mais il étoit de l'interêt de son ouvrage de

_____
(1) L'Auteur de l'Art de penser.

de décréditer les regles de la logique d'Aristote. Pour moi qui n'ai nul interêt de les loüer, je ne laisse pas de voir fort distinctement qu'elles peuvent servir beaucoup pour faire sentir aux esprits faux qu'ils ne raisonnent pas consequemment. Mais qui est-ce qui ne le voit aussi-bien que moi ? N'est-ce pas la même chose que pensoit autrefois Horace, en nous donnant pour le premier & le plus important précepte de l'art poëtique, d'où l'on peut tirer des regles pour tous les ouvrages d'esprit, qu'il falloit avec un grand soin conserver l'unité dans tout ce que l'on avoit à faire, *Sit simplex quodvis dumtaxat & unum.* Cette unité si cherie des anciens est-elle autre chose que la justesse du raisonnement ?

Que si vous voulez en être plus persuadé, considerez un moment ce qu'il dit de l'image qu'il met à la tête de cette admirable épitre. Y trouve-t-il un plus grand défaut que celui de la disproportion qui est entre les differentes parties qui la composent ?

En effet, si Descartes a merité des loüanges en ce siécles, peut-on loüer son systême par un plus bel endroit, que par la suite & l'arrangement de ses parties ?

J'ai un livre de Meditations chrétiennes sur les veritez de la foi. L'auteur étoit un saint homme, je le veux croire sur sa réputation.

putation. Mais comme il l'avoit écrit en latin, parce qu'il parloit trop mal françois, un de ses confreres eut ordre de le traduire, & il y réüssit assez bien.

Comme il se fait entre un traducteur & son auteur une espece de familiarité fort particuliere, on est plus en état d'en sentir les imperfections. Celui-là s'apperçut bientôt qu'il n'y avoit pas un seul raisonnement attaché directement à son principe. Toutes conclusions indirectes, obliques, qui ne tiroient point leur verité du principe dont on les faisoit venir. Rectifier ce défaut n'est plus traduire, c'est faire un nouvel ouvrage.

On n'entend dans la chaire autre chose que l'apologie du dessein du sermon, & de la division, ou de la methode que l'on prétend y suivre. Mais cette apologie passée, le Prédicateur est le premier à l'oublier : il s'écarte, il fait des digressions, & il arrive à la vie éternelle, sans qu'il ait encore commencé de suivre l'arrangement qu'il avoit promis.

C'est le défaut de ceux qui se sont entêtés de ne parler que poliment, & d'avoir la derniere négligence pour la justesse du raisonnement.

Il n'y eut peut-être jamais, sans en excepter le tems d'Auguste, une plus florissante

élegance

élegance de latinité, que vers le siecle dernier. Mais il auroit été à souhaiter que les auteurs, qui n'étoient en cela que des grammairiens, ou tout au plus d'agréables déclamateurs, ne se fussent pas mêlés de dogmatiser sur la religion.

Appliqués à l'étude des langues savantes, ils ne purent raisonner avec assez de justesse sur des matieres élevées, dont ils n'avoient qu'une connoissance fort superficielle. Il falloit, s'ils avoient été plus sages, borner leur jurisdiction aux auteurs profanes. Le Févre de Saumur l'a fait de nos jours avec succès, & l'auteur des Remarques sur Horace ira jusqu'au douziéme volume impunément. Les Antiquitez de Rosin y seront lûës avec moins d'ennui, parce que la lecture du poëte viendra au secours du lecteur. C'est un pays libre que celui de ces antiquités romaines ou greques. Il est permis de perdre du tems à les écrire, ou à les lire, sans être obligé d'en rendre compte qu'à soi-même.

Mais de se mêller des Saints Livres, & n'avoir que de l'érudition puisée dans les profanes (1), c'est sortir de son caractere. Le bon-sens veut que l'on se mesure avec son lecteur. Pour peu qu'il y ait de disproportion, n'attendez plus de justesse.

COLO-

---

(1) Mr. Dacier explique plusieurs passages | de l'Ecriture dans ses Remarques sur Horace.

COLOMESIANA.

AVIS
SUR
LE COLOMESIANA.

Mr. Colomie's inséra dans ses Opuscules imprimées en 1668. un petit Recueil de Particularité's litteraires qu'il avoit fait en 1665. Six ans après il publia sur le même sujet un Recüeil des deux tiers plus ample que l'autre, sous le titre de Melanges Historiques. Ces deux petits ouvrages furent très-bien reçûs du public : mais ils étoient devenus si rares qu'on ne les trouvoit presque plus. Cela m'a engagé à les publier de nouveau ; & comme il s'agissoit de leur donner un titre qui convint également à l'un & à l'autre joints ensemble, je n'ai pas cru en pouvoir trouver un plus commode que celui de Colomesiana. On les trouvera ici corrigés & augmentés sur un exemplaire que l'auteur avoit revû lui-même, & que Mr. de Fonvive a eu la bonté de me donner. J'ai mis les additions & les changemens considerables entre deux crochets, pour la satisfaction des curieux. Au reste j'avois dessein de donner une espece de Commentaire sur le Colomesiana ; mais m'étant aperçu que je ferois un ouvrage plus long que le texte, je me suis contenté d'y faire quelques remarques.

COLOMESIANA.

ETant allé voir à Paris Mr. de Valois l'aîné, il me dit entre autres choses, qu'il y avoit quantité de gens qui se mêloient de faire des livres, mais qu'il en connoissoit peu qui écrivissent aussi-bien que M. Daillé. Sur la liberté que je pris de lui demander le catalogue de ses ouvrages, voici ceux qu'il me nomma.

Ammian Marcellin commenté, qu'il esperoit donner à quelque heure beaucoup plus ample.

Des Fragmens de Polybe, Nicolas Damascene, & autres, dont le manuscrit lui avoit été communiqué par Mr. de Peiresc. Mr. Ranchin, Conseiller en la Chambre de l'Edit de Castres, possede aujourd'hui ce MS.

L'Histoire Ecclesiastique d'Eusebe, avec une version latine, & des notes.

Quatre Harangues. La premiere, à la Reine de Suede. La seconde, sur la mort du Pere Sirmond, à l'occasion de laquelle le Car-

Cardinal François Barberin lui écrivit, qu'il avoit excellemment parlé d'un si savant homme; mais qu'il en avoit moins dit qu'il ne meritoit. La troisiéme, sur la mort du Pere Petau. La quatriéme, sur la mort de de Monsieur du Puy l'aîné: elle est à la fin de sa Vie faite par Monsieur Rigault.

M. de Valois a aussi fait imprimer plusieurs Poëmes latins, entre lesquels je ne dois pas taire son Action de graces pour la santé du Roi, dont il me fit present. Parmi ses ouvrages manuscrits, il me dit qu'il avoit des remarques sur l'Apollodore qui a écrit de Diis Gentium, qu'il distingue très-doctement, avec l'excellent Mr. Vossius sur Pomponius Mela, de celui dont nous avons la Bibliotheque. Il garde aussi une harangue sur la mort du Cardinal Mazarin, qui lui a laissé une pension de 500. écus. Il travaille aujourd'hui sur Theodoret, Sozomene, &c. & prouvera quelque jour que plus du quart de la Bibliotheque de Photius, n'est point de ce Patriarche.

¶ J'ai appris du Pere Jacob Religieux Carme & Aumônier du Roi, que Mr. Gaulmin (1) étant prisonnier à la Bastille, se mit

---

(1) Gilbert Gaulmin fut premierement Maître des requêtes; & en- suite Conseiller d'Etat. Le Roi le fit Intendant du Nivernois en 1640.

un soir à faire un Poëme grec sur l'immortalité de l'Ame, & qu'étant déja fort avancé, il songea une nuit, qu'il y avoit dans la Bibliotheque Royale de Suede, un vieux auteur grec qui achevoit son poëme. Ce qui l'obligea à écrire le lendemain à Mr. Grotius, qui étoit alors Ambassadeur de cette Couronne, qui lui confirma le songe qu'il avoit fait. Cependant il protestoit n'avoir jamais oüi dire que cet auteur grec se trouvât en ce lieu-là. Ensuite il changea de dessein, & fit un poëme latin sur le même sujet, qui fut imprimé *in-folio*.

Il étoit excellent critique, bon poëte, & tréshabile dans les langues greque, hébraïque, arabe, turque, & la persane. Il a fait quelques ouvrages dont on trouvera le titre dans les Jugemens des Savans de Mr. Baillet. On croit qu'il mourut en 1667. âgé de plus de 80. ans. Mr. de St. Evremond m'a dit que Gaulmin avoit sur la Religion des idées bien différentes des sentimens ordinaires. V. sa seconde lettre à Mr. Justel, Tom. V. page 59.

¶ M. Vossius m'a dit, que Messieurs Gaulmin, Saumaise & Maussac se rencontrans un jour à la Bibliotheque Royale; le premier dit aux deux autres : » Je pense que nous pour-
» rions bien tous trois tenir tête à tous les sa-
» vans de l'Europe. A quoi Mr. de Saumaise
répondit

répondit : « Joignez à tout ce qu'il y a de Savans au monde, & vous & Mr. de Maulsac, je vous tiendrai tête moi seul. »

¶ J'ai ouï dire à Mr. Daillé que Mr. Blondel avoit laissé une continuation de la Primauté en l'Eglise, presque aussi grosse que celle qui est imprimée. Elle est entre les mains d'un Ministre, qui se tient auprès de Leyde, nommé Courcelles, fils de ce celebre Courcelles, de qui nous avons un si beau systême de Théologie. Mr. Blondel a aussi fait des notes sur les Annales de Baronius, qui sont aujourd'hui gardées dans la Bibliothéque publique d'Amsterdam.

¶ J'ai appris de Mr. Vossius que Féderic Morel travaillant sur Libanius, quelqu'un lui vint dire, que sa femme étoit fort malade ; à quoi il répondit : Je n'ai plus que deux ou trois périodes à traduire, après cela je l'irai voir. Quelqu'un retournant lui dire qu'elle s'en alloit : Je n'ai plus que deux mots, dit-il, j'y serai aussi-tôt que vous. Enfin comme on lui vint annoncer que sa femme étoit morte : J'en suis bien marri, répondit-il froidement ; c'étoit une bonne femme.

¶ Le docte Mr. Gevatius, Historiographe de l'Empereur & du Roi d'Espagne, me donnant à dîner chez lui à Anvers, me fit remarquer sur son bassin à laver, ce vers retrograde, tiré de l'ANTHOLOGIE:

Νίψον ἀνομήματα μὴ μόναν ὄψιν.

Ce qui me fit souvenir de ce que m'avoit dit autrefois mon pere, Qu'il avoit oüi à Paris un prédicateur qui commença son sermon ainsi : Nous lisons autour du Benoîtier de l'Eglise de sainte Sophie à Constantinople, ce vers grec Νίψον, &c. Ce que confirme le medecin Vertunian écrivant à Scaliger, de Poitiers le 13 Avril 1607. Mr. Rapin, dit-il, m'a appris ce vers grec ἀντιστρεφοντα trouvé autour d'un Benoîtier à Constantinople Νίψον, &c. (Touchant ce vers retrograde voyez le Pere Rosweydus Jesuite dans ses Notes sur St. Paulin). Mr. Gevartius me fit aussi monter dans sa Bibliothéque, qui est médiocre, mais bien choisie, où il me montra ses Commentaires sur Manile, & sur la vie de l'Empereur Antonin, qu'il donnera bien-tôt au public. Il me fit present de son Hymenæus Pacifer, qui est une piece fort galante, faite sur le mariage du Roi avec l'Infante d'Espagne. Je vis aussi son cabinet de médailles, qui est très-curieux.

¶ J'ai connu quelques savans en Hollande, qui m'ont parlé de Scrivérius comme d'un homme extrémement amoureux. Mr. Vossius entre les autres me contoit un jour, que Barthius étant venu d'Allemagne à Harlem,

lem, pour voir Scriverius, il amena avec lui une Dame parfaitement belle; & que Scriverius ne l'eut pas plûtôt vûë qu'il trouva moyen de faire enyvrer Barthius, afin d'entretenir cette Dame avec plus de liberté, ce qui lui réüssit fort heureusement. Il ne pût pourtant si-bien faire que Barthius revenant de son yvresse, n'eût quelque soupçon de ce qui s'étoit passé, qui s'augmenta tellement que il r'ammena sa Dame, fort en colere, & la laissa noyer sur le Rhein. A cet exemple, j'en ajoûte un autre qui ne vaut peut-être pas moins. Scriverius aimant depuis plusieurs années une belle femme de Harlem, trouva un jour à sa porte un des magistrats de la ville. Comme les amans sont toûjours jaloux, & que suivant le dire de Mr. de l'Etoille,

Qui se trouve sans défiance
Ne peut avoir beaucoup d'amour.

Scriverius qui n'en manquoit pas pour cette femme, soupçonna aussi-tôt que ce Magistrat avoit dessein de la visiter. Cependant feignant de n'en rien savoir, il lui demanda ce qu'il faisoit-là. L'autre lui ayant répondu qu'il alloit rendre visite à une Dame, Scriverius lui dit qu'il se retirât, & qu'il se donnât bien garde d'y retourner. Le magistrat se voyant choqué, se jette sur Scriverius, qui étant un des plus forts homme de la Hollande,

lande, ne tarda pas à avoir le dessus. Ainsi le pauvre magistrat se retira tout honteux chez soi, & Scriverius plein de gloire chez sa maîtresse.

¶ Etant au College de Clermont avec Mr. Vossius, je me souviens qu'entre autres manuscrits que nous montra le P. Cossart Bibliothécaire, il y avoit un Lexicon Grec in-folio, sans nom d'auteur, fort bien écrit, où je lûs quelques Fragmens très-considerables d'auteurs que nous n'avons point. Si quelqu'un vient à avoir assez de credit sur l'esprit des Jesuites, pour les obliger à le publier, j'ose me persuader que les doctes n'en tireront pas moins de profit, qu'ils font tous les jours de Pollux, d'Hesychius, & de Suidas.

¶ Mr. Hardy Conseiller au Châtelet me fit voir à Paris sa Bibliothéque, qui est remplie d'un grand nombre de livres latins, grecs, hébreux, & arabes. Il me montra des Heures à l'usage de la Princesse de Guimené, hébaïques & françoises; & m'apprit qu'Henri-Louis Chastaigner de la Roche-Pozay, Evêque de Poitiers, avoit fait un livre DE SCRIPTIS CARDINALIUM, pour tâcher d'être de leur nombre, ce qui ne lui réüssit pas. Quelques jours après, me trouvant chez le P. Jacob, à l'Hôtel de Mr. le Procureur General, il me mit en main

le

le livre de cet Evêque, qui est imprimé sans nom d'auteur.

¶ J'ai oüi dire à Mr. Chapelain qu'un de ses amis, homme de lettres, avoit joüé à la longue paume avec un battoir, sur lequel se voyoient des Fragmens de quelques Décades de Tite-Live (1.) que nous n'avons point : & que ces fragmens venoient d'un apoticaire, qui ayant eu en don des religieuses de Fontevraut, plusieurs volumes en parchemin du même auteur, les avoit vendus par ignorance à un faiseur de battoirs. La destinée de ces Décades est assez plaisante, & me fait souvenir de celle de quelques autres manuscits, qui n'auroient pas été mieux traités sans le secours des gens de lettres. Ainsi lisons-nous de Quintilien, qu'il

___

(1) Ceux qui voudront savoir plus particulierement l'histoire des fragmens de Tite-live, qu'on avoit trouvés dans l'Abbaye de Fontevraut, peuvent consulter la lettre que Chapelain écrivit la-dessus à Mr. Colomiés, & que celui-ci a inserée dans la seconde édition de sa Bibliotheque choisie, page 31. Le Chevalier Robert Cotton étant allé chez un tailleur, trouva qu'il alloit faire des mesures de la Grand Chartre d'Angleterre en original avec les seings & tous les sceaux. Il eût pour quatre sols cette rare piece, qu'on avoit crû si long-tems perduë, & qu'on n'esperoit pas de pouvoir jamais retrouver.

qu'il fut trouvé par Pogge au Concile de Constance chez un Chaircuitier: d'Agobard, que sans l'aide de Papire Masson, un relieur étoit sur le point de s'en servir à endosser ses livres: Des Lettres du Chancelier de l'Hôpital, que sans le docte Pierre Pithou, un Passementier s'en servoit à envelopper ses Passemens. Ajoûtez à cela la rencontre du Pere Sirmond, qui, passant par la Lorraine, tira pour cinquante écus des mains d'un relieur quantité de bon manuscrits, qu'il envoya ensuite au College de Clermont où je les ai vûs.

¶ J'apprens que Mr. Moteau medecin de l'Hôtel-Dieu, garde l'Ecole de Salerne de Jean de Milan, commentée par Mr. son pere, beaucoup plus ample que nous ne l'avons. Il seroit fort à souhaiter qu'il en voulut obliger le public.

¶ Parmi les divers manuscrits de la Bibliothéque Royale, que me montra l'obligeant Mr. de Cassagnes, je me souviens d'avoir vû un Oppian avec d'admirables figures, & un Dioscoride en lettres capitales, que Mr. Vossius jugeoit de mille ou douze cens ans. A propos de quoi il me semble avoir lû dans un Voyage d'Allemagne manuscrit de Jacques Esprinchard rochelois, qu'étant à Vienne en Autriche l'an 1598. Hugues Blotius, Bibliothécaire de l'Empe-

MESLE'ES.

‑reur, lui fit voir, dans la Bibliothèque de son maître, un Dioscoride de 1300. ans. C'est apparemment celui dont parle Auger de Busbeque dans ses lettres, écrivant à Nicolas Micaut, en ces termes. (1) *Unum reliqui Constantinopoli decrepitæ vetustatis, totum descriptum literâ majusculâ, Dioscoridem, cum depictis plantarum figuris, in quo sunt paucula quædam, ni fallor, Crateva & libellus de avibus. Is est penes Judæum Hamonis, dum viveret, Suleimanni Medici Filium, quem ego emptum cupivissem, sed me deterruit*

---

(1) Le Pere Dom Bernard de Montfaucon, dans son Diarium Italicum Cap. XXI. p. 309. dit qu'il a vû à Naples dans la Bibliothèque de St. Jean de Carbonaria appartenante aux Augustins, un Dioscoride beaucoup plus ancien & plus beau que celui de la Bibliothèque Royale: mais il semble avoir ignoré qu'il y en avoit un encore plus ancien que ce dernier dans la Bibliothèque de l'Empereur. Quoi qu'il en soit voici ses termes. *Codex Dioscoridis eleganter descriptus, membranaceus, caracteribus uncialibus quadris sine accentibus, adpositis plantarum, florumque figuris, minio depictis à peritâ manu. Hujus auctoris nullum puto pari vetustate & elegantiâ exemplar exstare: nam Regium quod antiquitatis causâ suspicitur, huic multùm concedit ætate & pulchritudine. Initio mutilum his verbis incipit.* ΑΜΒΡΟΣΙΑ ΟΙΔΕ ΒΟΤΡΥΣ. ΟΙΔΕ ΒΟΤΡΥΣ. *estque V. ut puto Sæculi.*

Tome VI.

ruit pretium. Nam centum ducatis indicabatur, summa Cæsarei non mei marsupii. Ego instare non desinam, donec Cæsarem impulero, ut tam præclarum auctorem ex illa servitute redimat. Est vetustatis injuria pessimè habitus, ita extrinsecus à vermibus corrosus, ut in viâ repertum vix aliquis curet tollere. Le docte Lambecius dans le Catalogue des manuscrits de la Bibliothéque de l'Empereur parle fort au long de ce Dioscoride.

¶ Mr. Vossius m'a dit, que Jean Rhodius, auteur du traité DE ACIA, disoit hautement à Padouë, qu'il avoit fait les Eloges des Hommes illustres, que Thomasinus a publiés sous son nom : & que si celui-ci étoit devenu Evêque, il lui en avoit toute l'obligation.

¶ Le même m'a dit qu'il avoit possedé un Anacreon, où Scaliger avoit marqué de sa main, qu'Henri-Etienne n'étoit pas l'auteur de la version latine des Odes de ce poëte, mais Jean Dorat.

¶ J'ai appris de Mr. Patin, que Mr. de Meziriac avoit été Jesuite à l'âge de vingt ans, & qu'il avoit fait la premiere classe à Milan, où étant tombé malade, il se fit derechef séculier. Mr. Pelisson n'a pas sû cela faisant la vie de ce grand homme dans son Histoire de l'Academie Françoise.

¶ Etant allé voir à Dordrecht Mr Colvius,

Théologien fort savant, il me fit monter dans sa Bibliothéque, qui est assez belle, où il me montra quantité de lettres manuscrites du Pere Paul; du Pere Fulgence; de Scaliger; Casaubon; Marnix; Junius; & autres. J'y vis aussi Hadriani Junii Adversa, avec des additions de sa propre main. Il me dit qu'il possedoit un ouvrage du Pere Paul, intitulé Arcana Papatus, qui n'étoit pas achevé. Il a traduit en latin le Traité de l'Inquisition de ce même Théologien, avec sa Confession de Foi. Le livre est imprimé à Rotterdam in decimo sexto. Il a fait plusieurs livres, mais qui ne verront le jour qu'après sa mort.

¶ M. Vossius m'ayant dit qu'il se souvenoit d'avoir lû dans les Histoires Tragiques du Bandel, un éloge donné à Luther par le Pape Leon X. j'allai aussi-tôt dans sa Bibliothéque, où feüilletant les histoires de cet auteur, voici ce que je trouvai dans la préface sur la vingt-cinquiéme Nouvelle de la troisiéme partie : *Nel principio che la Setta Lutherana cominciò à germigliare, essendo di brigata molti gentilhuomini, ne l'hora del meriggio in casa del nostro virtuoso Signor L. Scipione Attellano, e di varie cose raggionandosi, furono alcuni che non poco biasimarono Leone X. Pontefice, che ne i principii non ci mettesse remedio, à l'hora che Frate* Silvestro Prietio, *Maestro del Sacro Palazzo, gli mostrò alcuni Punti d'Heresia che Frà* Martino Lutero *haveva sparso per l'Opera, la quale* DE LE INDULGENTIE *haveva intitolata; percioche imprudentemente rispose, che Frà Martino haveva un bellissimo ingegno, e che coteste erano invidie Fratesche.* Paroles que *Sleydan* n'auroit pas manqué de mettre à la tête de son histoire, s'il les avoit süës.

¶ J'ai appris de Mr. Ménage, que l'histoire qui a pour titre, PRINCESSE DE MONTPENSIER, étoit de la charmante Mademoiselle de la Vergne, qui est aujourd'hui l'illustre Comtesse de la Faïette. Le même m'a montré ses observations sur les poësies de Malherbe, dont il corrigeoit les dernieres épreuves. Il m'a aussi fait voir une ébauche du dessein qu'il a d'écrire la vie des medecins de l'antiquité (1), & d'encherir sur Castellanus. Mais le principal ouvrage auquel il travaille, est un Traité des Dialectes, où il explique quantité de mots étrangers qui se rencontrent dans les vieux auteurs, comme des mots égyptiens, libiques,

(1) Ces deux derniers livres de Ménage n'ont point encore paru. V. le catalogue de ses ouvrages tant imprimés que manuscrits, à la tête du premier Tome du MENAGIANA.

libiques, persans, macedoniens, &c. Mr. Vossius m'a dit, que Monsieur Guyet avoit eu le même dessein.

¶ Le Pere le Cointre, Bibliothécaire des Peres de l'Oratoire de Paris, me montra dans leur Bibliothéque plus de cent cinquante volumes hébreux, dont la plûpart manuscrits, reliés en maroquin de levant; que Mr. de Sancy, depuis Evêque de Saint Malo, apporta de Constantinople revenant de son Ambassade.

¶ J'ai oüi dire à Mr. Vossius, que la Reine de Suede ayant écouté une harangue dont la longueur l'avoit ennuyée, comme il vint à la supplier de témoigner sa liberalité à celui qui l'avoit faite ; cela est trop juste, dit-elle, quand ce ne seroit qu'à cause qu'il vient de finir.

¶ Je ne saurois passer sous silence les civilités que j'ai reçuës de Mr. Seguin, Doyen de St. Germain de l'Auxerrois, l'allant voir de la part de Mr. Gevartius son ami intime. Après s'être enquis de mes études, & m'avoir parlé de la maniere du monde la plus engageante, il eut la bonté de m'ouvrir son cabinet de Médailles, qui est sans contredit le plus beau de la Ville. J'y en vis quantité de gottiques qui étoient d'or, & une entr'autres qui avoit des deux côtés le nom de VOCARAN. Il a fait imprimer depuis peu avec un Commentaire très-doctes plusieurs Médailles de son cabinet qui n'avoient point encore été expliquées. Les plus fameux antiquaires de Paris le vont consulter tous les Mécredis comme leur oracle, & n'en retournent jamais sans ravissement.

¶ Mr. Vossius m'a fait voir un exemplaire des Voyages de Monsieur Polo, Venitien, in-octavo, d'ancienne édition, contenant plusieurs particularitez, qui ne se trouvent point dans ceux que Ramnusio a mis dans son Recüeil.

¶ J'ai vû dans la Bibliothéque de Mr. Vossius, plusieurs Volumes in-folio de Plantes naturelles extrémement rares, que Leonard Rawolf d'Ausbourg dont nous avons l'Itineraire en Allemand avoit apportées du Levant, & qu'il avoit lui-même adroitement collées sur du papier, afin de les mieux conserver. Le nom de chaque Plante est marqué au haut de la feüille en quatre ou cinq langues. Charles de l'Escluse dans ses Notes sur les Singularités de Belon, & le Jesuite Gretser dans son Traité des Pelerinages, apportent quelques fragmens du Voyage de Rawolf, traduits en latin.

¶ J'ai connu à la Haye le Savant Monsieur Junius, fils de ce celebre François

Junius,

Junius, qui a été professeur en theologie à Leyde. C'est un vieillard qui a près de quatre-vingts ans, mais qui est encore fort vigoureux. Il étudie tous les jours treize ou quatorze heures, & a publié depuis peu les quatre Evangiles en langue Gottique avec un Glossaire fort travaillé. Il m'a fait present de ce bel ouvrage, & m'a dit qu'il feroit bien-tôt r'imprimer son livre de Pictura Veterum, avec les noms & les ouvrages de tous les peintres de l'antiquité. Il sera dédié au Comte d'Arundel d'aujourd'hui, qui a été son disciple, lorsqu'il étoit en Angleterre Bibliothécaire de son pere. Je ne dois pas oublier, pour la gloire de Mr. Junius, que Grotius louë fort son livre de la Peinture dans une lettre que voici.

OEUVRES

Viro doctissimo FRANCISCO JUNIO in familia Illustrissimi Comitis *Arundeliæ* (1).

MAGNAS tibi gratias ago, Juni doctissime, pro donato mihi libro tuo DE PICTURA VETERUM (2) qui ipse vivam habet ingenii, eruditionisque tuæ picturam. Miror diffusam lectionem, judicium, ordinem, & quæ ex cunctis Artibus ad hanc Artem ornandam attulisti. Planè simile mihi videtur hoc opus tuum illis imaginibus, quæ è lapillis diversicoloribus compaginatis fiunt, qualis illa Satiri Epigrammate Græco celebrata (3) & Theuderichi Gothorum Regis memorata Procopio (4) delectat varietas, multóque magis ex ista varietate consurgens pulchra species. Rogo te ut multa nobis des similia: ut verò Pictorum veterum nobis des nomina, operáque etiam ex promisso te convenio. Quo magis videns legisse me libri tui omnia, quæro quæ sint apud Claudianum vela Judaïca. Scis Judais impermissum ullam exhibere animantis effigiem vel

in

---

(1) Ex autographo.

(2) Il y a dix ans que la seconde édition du livre DE PICTURA VETERUM est imprimée. Mr. Grævius a composé la Vie de l'auteur, & l'a mise à la tête de cette impression. Je remarquerois ici les fautes qu'il y a faites, si je ne les avois pas déja communiquées à Mr. Bayle, qui en fera apparemment usage dans le SUPPLEMENT de son DICTIONAIRE.

(3) A Nilo Scholastico lib. 4 Anthologiæ.

(4) Similem D. Hieronimi imaginem Riceliaci vidimus A 1660.

in velis. Cogita an legendum, Lydiacis qua pin-
gitur India velis : aut si quid habes melius ad nos
scribe. Ita etiam parte me levabis sollicitudinis,
qua me movet ut quotiescunque aliquem ex Anglia
video, ex eo de te tuisque rebus inquiram. Quod si
pateris & hoc adjici, meo ut nomine comiter salutes
Viros egregios, Seldenum, Patricium ὁ μώνυμον
tuum, Pettaum, & siqui his similes sunt alii ; ad
multa merita tua quibus obstrictum me habes, novum
hoc adjeceris : Lutetia 31. Maii 1638.

Tuus toto animo H. GROTIUS.

Selden parle de cette lettre dans son commentaire *de Jure naturali & Gentium*, lib. II. cap. 9. à l'occasion du passage de Claudien.

¶ J'ai appris de Mr. Vossius que l'auteur du petit commentaire sur les Médailles, que Mr. Gevartius donna au public l'an 1654. étoit Albert Rubens, fils de Pierre, qui étoit grand peintre & grand antiquaire, dont Mr. Gassendi parle avec éloge dans la Vie de Mr. de Peiresc. Philippe Rubens dont nous avons ELECTA, la version de quelques HOMELIES d'Asterius, & les POESIES, étoit frere de ce fameux peintre.

¶ Mr. Patin me prêta à Paris un livre fort rare, intitulé, JUGEMENT DE TOUT CE QUI A ESTÉ IMPRIMÉ CONTRE MR. LE CARDINAL MAZARIN. L'ouvrage est de Gabriel Naudé (1) son Bibliothécaire. Des deux éditions qui s'en sont faites, la seconde, qui est la plus ample, est de 717. pages. À quoi il fait bon prendre garde, n'y ayant pas moyen de les distinguer d'une autre façon.

(1) On trouvera à la fin du Naudæana, impression de Hollande, une liste exacte de tous les ouvrages de Naudé.

¶ Mr. Vossius m'a dit, qu'il avoit appris de Mr. du Puy l'aîné, qu'Henry Lindenbrod étant à Paris, & allant souvent à la Bibliothéque de St. Victor, sous prétexte d'y étudier, y déroboit toûjours quelques manuscrits; & que quelqu'un s'étant apperçû de ses larcins, on alla le prendre un matin en bonnet de nuit & en pantoufles, & qu'on le mena ainsi en prison; d'où il sortit quelques jours après par le credit de Mr. du Puy.

¶ Mr. Vossius m'a dit, qu'un Italien nommé Palavicini (2) étoit auteur du Divorce Celeste, & du Courrier Devalisé. C'est aussi de lui que j'ai su que Mr. Chevreau avois fait le Genie de Christine.

¶ Le

(2) Il est trés-sûr que Ferrante Palavicini est l'auteur du Divortio Celeste, & du Correrio Sualiggiato. Voyez le premier tome des Melanges d'Histoire et de Litterature de Vigneul-Marville, où vous trouverez plusieurs particularités curieuses de la Vie de Palavicin.

¶ Le P. Jacob possede une HARANGUE Imprimée, sur la mort de Mr. Naudé, faite par Mr. Charpentier Medecin, dans laquelle il s'emporte fort contre les Benedictins, au sujet du livre de l'IMITATION DE JESUS-CHRIST, qui court sous le nom de Thomas à Kempis. Cette Harangue est fort rare.

¶ J'ai appris de Mr. Vossius qu'il avoit trouvé quelques passages de l'HISTOIRE d'Herodote, qui ne se lisent point dans celle que nous avons. Après quoi il ne faut plus s'étonner de ce que nous n'y trouvons point celui qu'allegue Aristote au 18. Chapitre du 8. livre de son HISTOIRE DES ANIMAUX. Lisez sur ce passage le docte & laborieux Vossius le pere, dans son TRAITE' DE L'IDOLATRIE, pag. 1221. & dans ses HISTORIENS GRECS, pag. 16. de la derniere édition. Voyez aussi Thomas Gataker à la page 266. de la premiere partie de ses admirables MELANGES.

¶ Mr. Cotelier m'a dit, que Mr. Bigot publieroit dans quelque tems la VIE de St. Chrysostome (1), écrite en grec par Palladius. Si le Chevalier Savill étoit vivant, il

---

(1) Mr. Bigot, l'a publiée en 1680. sous ce titre : Palladii Episcopi Helenopolitani DE VITA S. Chrysostomi DIALOGUS.

il en auroit sans doute beaucoup de joye, d'autant plus que faisant imprimer les OEUVRES de St. Chrysostome, il fit chercher cette VIE en France, en Espagne, en Italie, & dans l'Orient même, sans la pouvoir jamais rencontrer.

¶ J'ai oüi dire à Mr. Vossius, que Boxhornius avoit corrigé & commenté une satyre DE LITE, qu'il croyoit ancienne ; qui est du Chancelier de l'Hospital. Ce que j'ai verifié depuis avec grand plaisir. Pricæus, critique Anglois, fait la même faute sur l'APOLOGIE d'Apulée page 54. & avant Pricæus & Boxhornius, Barthius dans ses ADVERSARIA.

¶ J'ai appris du Pere Jacob que le livre intitulé CONSIDERATIONS POLITIQUES SUR LES COUPS D'ETAT, imprimé l'an 1639. in-quarto, étoit de Gabriel Naudé, qui le fit par le commandement de Mr. d'Emery Sur-intendant des Finances, & non pas par celui du Cardinal de Bagny qui étoit mort ; à qui il parle néanmoins de tems en tems dans l'ouvrage pour se mieux cacher. Il faut aussi remarquer qu'au lieu que dans la préface au lecteur, il est dit qu'il n'y a qu'une douzaine d'exemplaires de ce livre, il y en a eu plus d'une centaine.

¶ J'ai oüi dire à Mr. Patin qu'il avoit appris du bon-homme Laurent Bochel qui

a fait

MESLE'ES. 205

a fait imprimer les DECRETS DE L'EGLISE GALLICANE, &c. qu'Amiot avoit traduit les VIES de Plutarque sur une vieille version italienne de la Bibliothéque du Roi, & qu'elle étoit cause des fautes qu'il avoit faites. Je ne sai si cette version n'est point celle que fit sur le latin l'an 1482. Baptiste-Alexandre Jaconel de Riete, qui est dans la même Bibliothéque.

¶ Mr. Vossius m'a dit, que Moret fameux Imprimeur d'Anvers, reprochant à Erycius Puteanus, successeur de Lipse, qu'il ne faisoit que de petits livres : celui-ci lui répondit, que Plutarque & plusieurs autres auteurs de l'antiquité en avoient aussi-bien fait que lui. Alors Moret lui repliqua, croyez-vous que vos livres que je ne puis débiter, soient aussi bons que ceux de Plutarque? Ce qui mit Puteanus en colere, & le fit sortir de la boutique de Moret.

¶ Mr. Junius m'a assuré, que Selden qu'il connoissoit particulierement, faisoit lire plusieurs personnes pour lui, comme on l'a dit autrefois du Cardinal du Perron, de l'Avocat General Servin, & de Monsieur du Plessis. Sa Bibliothéque qui étoit fort belle, fait aujourd'hui partie de celle d'Oxford.

¶ J'ai oüi dire à Mr. Vossius qu'il se souvenoit d'avoir lû dans une chronique fla-
mande,

mande, que Philippe Duc de Bourgogne, surnommé le Bon, avoit institué l'ordre de la Toison d'or, sur la rencontre qu'il avoit faite d'un poil de sa maîtresse, qui étoit de couleur jaune. Ce que j'ai trouvé confirmé par André Favin, au commencement du second volume de son THEATRE D'HONNEUR; D'autres, dit-il, disent que Philippe Duc de Bourgogne, gouvernant avec beaucoup de privauté une Dame de Bruges, doüée d'une exquise beauté, & entrant du matin en sa chambre, trouva sur sa toilette de la toison de son pays d'en bas, dont cette Dame mal soigneuse donna sujet de rire aux Gentils-hommes suivans dudit Duc, qui pour couvrir ce mystere fit serment, que telle s'étoit moqué de telle toison, qui n'auroit pas l'honneur de porter un collier d'un ordre de la toison qu'il désignoit d'établir pour l'amour de sa Dame.

¶ Mr. Gudius, savant homme de la Duché de Holstein, m'a montré un livre DE LIBERTATE ECCLESIASTICA, imprimé l'an 1607. in-octavo, qui est de Casaubon, comme l'avoit marqué de sa main Josias Mercerus, beau-pere de Mr. de Saumaise. Cet ouvrage ayant été entrepris par l'ordre de personnes de qualité, est demeuré imparfait par le commandement d'Henry IV. Ce qui a fait mettre à Mercerus à la pag. 264. qui est la dernière, *Cætera rebus mutatis non sunt edita*. Paroles que Jacques Cappel explique en ces termes dans son ASSERTION DE BONNE FOY contre le Jesuite Rosweidus; *In Ecclesiastica Antiquitate quam non esset tyro Casaubonus, docuit A. D.* 1607. *libro singulari* DE LIBRTATE ECCLESIASTICA, *cujus jam pagina* 264, *typis erant edita, cum Rex Henricus IV. augustâ memoriâ, compositis jam Venetorum cum Pontifice Romano controversiis, vetuit ultra progredi, & hoc ipsum quod fuerat inchoatum, supprimi voluit, ut ejus pauca nunc exstent exemplaria.* Casaubon parle couvertement du même livre en deux ou trois endroits de ses lettres (1), & Scaliger une seule fois dans les siennes (2). Mechior Goldast a inseré ce traité dans son premier tome de la MONARCHIE DE L'EMPIRE ROMAIN.

(1) Page 628. 632. & 647. Edit. Hag. (2) Pag. 345. Ed. 1627.

¶ Mr. Vossius m'a dit, que l'on pouvoit connoître aisément le stile d'Heinsius, le pere au pronom *Qui, quæ, quod*, dont il se servoit plus qu'aucun autre. Ce que j'ai verifié avec plaisir. J'ai appris du même, que Pettæus, Chapelain du Comte d'Arundel, ayant fait plusieurs voyages en Grece & en Italie, pour en apporter à son maître quantité de raretez, il en fut si mal récompensé, qu'il mourut de déplaisir.

¶ J'ai oüi dire à Mr. Patin, que le Cardinal de Richelieu parlant un jour du Pere Morin, Prêtre de l'Oratoire, dit que c'étoit un bel esprit, & qu'il le craignoit.

¶ J'ai vû chez Mr. Vossius un medaillon d'Erasme en cuivre, assez bien fait, qui avoit d'un côté l'Image de ce grand homme, & de l'autre celle du dieu Terminus, avec ces mots: *Concedo nulli Terminus*; ce qui s'accorde parfaitement avec l'anneau qu'il portoit, sur lequel il avoit fait graver la même devise. D'où un Cordelier Espagnol, nommé Carvajal, prend occasion de lui reprocher qu'il prétendoit par-là, ne ceder à qui que ce soit dans la république des lettres. A quoi Erasme répond adroitement à son ordinaire, qu'il expliquoit fort mal sa pensée; & qu'il ne s'étoit servi de cette devise, que pour songer souvent à la mort.

¶ Mr. Daillé m'a dit, qu'il avoit appris que l'auteur du livre intitulé: Vindiciæ contra Tyrannos, sous le nom de *Stephanus Junius Brutus*, est Hubert Languet, savant homme & grand politique. Ce qui m'a été depuis confirmé par Mr. Le Goust de Dijon; qui ajoûta que Mr. de la Mare, Conseiller de la même Ville, avoit remarqué

qué cela faisoit l'éloge d'Hubert Languet. D'autres attribuent ce livre à Mr. du Plessis, à qui je le donnerois aussi volontiers sur ce témoignage de d'Aubigné (1). Il paroissoit un autre livre qui s'appelloit JUNIUS BRUTUS *ou* DEFENSE CONTRE LES TYRANS, *fait par un des doctes Gentil-hommes du Royaume, renommé pour plusieurs excellens livres, & vivant encore aujourd'hui avec autorité.* Dans un autre endroit de son HISTOIRE, d'Aubigné dit, que ce Gentil-homme lui a avoüé qu'il en étoit l'auteur.

(1) Il est vrai que d'Aubigné parloit ainsi lorsqu'il publia la premiere édition de son HISTOIRE en 1616, mais il se retracta dans la seconde, faite en 1626. & déclara qu'Hubert Languet étoit le veritable auteur de ce livre; & que du Plessis-Mornai n'avoit fait que lui donner le jour à Mr. Bayle a traité cette matiere à fonds dans une DISSERTATION qu'il a mise à la fin de son DICTIONAIRE.

¶ Mr. Vossius m'a conté, que Sambuc plus celebre par la publication de plusieurs manuscrits, que par son savoir, étant venu exprès de Hollande pour voir Hadrianus Junius, il apprit à son logis qu'il buvoit avec des Voermans, c'est-à-dire, des Charretiers : ce qui lui donna tant de mépris pour ce grand critique, qu'il s'en retourna sans le voir. Le départ de Sambuc étant rapporté à Junius, il s'excusa fort, disant qu'il ne s'étoit trouvé avec ces Voermans, que pour apprendre d'eux quelques termes de leur métier, qu'il vouloit mettre dans son Nomenclator qu'il faisoit alors.

¶ La passion que j'avois de connoître Mr. de Launoi, Théologien de Paris, fit que me trouvant un jour chez Mr. Ménage, je pris la liberté de le saluër. Ensuite à l'occasion de la statuë de la Papesse dont on parloit, je lui dis devant Mr. de Racan, Mr. l'Abbé Marucelli Résident du Duc de Toscane, Mr. Ménage & plusieurs autres, que j'avois été surpris de voir dans un de ses derniers livres (1), que cette statuë étoit encore debout ; le Cardinal Baronius remerciant Florimond de Reymond dès l'an 1600. de ce qu'elle avoit été renversée. La lettre n'est ni trop longue ni trop commune pour n'être pas rapportée ici.

Tardiùs scribo ut opportuniùs scriberem, rémque ex sententiâ gestam significarem: cujus testes litteras Serenissimi Magni Ducis Hettruriæ bis junxi. Egi apud Sanctissimum. Egi cum Collega ornatissimo ac illustrissimo Cardinali Senensi, & ipse apud Magnum Ducem. Omnes paratissimi inventi sunt, se
excusantes

_____
(1) In Dissertat. de AUCTORITATE ARGU- | MENTI NEGANTIS, pag. 274.

excusantes non sine rubore, rescisse quod ultra Montes adeò vulgatum innotuit. Nullo obice res quàm felicissimè confecta est. Subdubitabam ne auctoritas S. Antonini Archiepiscopi Florentini, Florentinum Principem retardasset. Sed Dei benignitate patenti veritati cessere omnia. Deo sit gloria, de imagine vanâ prostratâ. Tibi tamen debentur trophæa atque triumphus, triumphalisque Statua nobili inscriptione notanda, Vindici Veritatis. Vale.

A cela Mr. de Launoy répondit, qu'étant à Sienne en 1634. il avoit vû de ses propres yeux dans l'Eglise Cathédrale, la statuë de la Papesse au rang des Papes, sans apparence d'aucun changement; & qu'ainsi il ne doutoit point, que ceux de Sienne n'en eussent fait accroire à Baronius. Après quoi je m'étonne fort que le Pere Alexandre Jacobin, ait osé dire dans son HISTOIRE ECCLESIASTIQUE, parlant de la Papesse, que sa statuë ne subsistoit plus.

¶ J'ai appris de Mr. Vossius, que Mr. de Saumaise parlant au commencement de son livre contre Grotius, d'un de ses amis qui avoit changé de religion, entendoit Lucas Holstenius de Hambourg, qui est mort Bibliothécaire du Pape. Leo Allatius, grec de nation, est aujourd'hui en sa place.

¶ J'ai vû dans la Bibliothéque de Mr.

Vossius, la Vie des Medecins de l'Antiquité, faite par Pierre Castellanus, avec des additions marginales de Denis Vossius son frere. Jean-Henri Meibon avoit aussi écrit sur le même sujet; mais étant venu à mourir, son travail est demeuré imparfait. J'apprens que Mr. Reinesius medecin, qui est mort depuis quelques années, avoit ébauché la même matiere.

¶ J'ai oüi dire à Mr. Vossius, qu'il avoit lû au Vatican dans un Anastase, que du tems du Pape Sergius, les Sarasins avoient emporté de Rome les corps des Apôtres S. Pierre & S. Paul. Le même m'a dit qu'il avoit appris en Angleterre, que Selden avoit laissé un Commentaire sur les Marbres d'Arundel, une fois aussi ample que celui que nous avons. Si la chose est veritable, nous pouvons esperer d'avoir à quelque heure ces Marbres en fort bon état; surtout après la publication du travail d'un docte gentilhomme de Normandie, nommé Mr. de Grentemesnil, que j'ai eu l'avantage de voir à Caën avec une extréme satisfaction.

¶ Des divers manuscrits qui sont dans la Bibliothéque de M. Vossius, voici les plus considerables dont je me souviens.

MSS.

MESLE'ES.

MSS. GRECS.

Un Achmet des Songes, beaucoup plus entier que celui de Mr. Rigault.

Des notes de Porphyre, & de plusieurs autres sur Homere, qui viennent de le Bibliothéque de Mr. de Peiresc.

Un gros volume de Libanius, où se trouvent quantité de lettres qui n'ont jamais vû le jour.

Des fragmens de Pollux, qui corrigent & augmentent en plusieurs endroits celui de Seberus.

Des fragmens du Stephanus de Urbibus, dont nous n'avons que l'Epitome; copiés sur un manuscrit de la Bibliothéque de Mr. Seguier.

Un Etymologicum beaucoup plus ample que celui de Sylburgius.

Des notes d'Holobolus Rhetor ad Aras Dosiadæ, dont Fortunius Licetius n'a fait imprimer qu'une partie. Mr. de Saumaise les a copiés sans en avertir ses lecteurs, dans les notes qu'il publia l'an 1619. sur ces mêmes poëmes. Cet Holobolus m'est peu connu; je ne sache pour lui que deux témoignages; l'un dans les FRAGMENS de Pachymeres, publiés par le Pere Petau, avec L'ABBREGE' HISTORIQUE de Nicephore l'an 1616. l'autre dans la préface de Gyraldus,

Gyraldus, sur son Traité des Enigmes.

Un Recüeil d'Epigrames grecques, qui ne sont point dans l'Anthologie, copié par Gruterus sur un manuscrit de la Bibliothéque Palatine dont il étoit garde.

Un Xiphilin sur saint Matthieu, dont Henri-Etienne apporte quelques fragmens dans sa préface sur l'épitome de Dion Cassius.

Des notes sur Lucien. D'autres sur quelques Comédies d'Aristophane.

La lettre d'Origéne à Africanus.

MSS. Latins.

Un gros Volume in-folio, qui vient de la Bibliothéque de feu Mr. Petau, contenant la conférence d'Eude Evêque de Cambray & d'un Juif du pays, avec cinquante autres Traités. Thevet au II. Tome de sa Cosmographie page. 682. parle de cette conférence.

Un Servius sur Virgile, plus ample que celui de Daniel.

L'Anthologie toute traduite en vers par Grotius, avec les épigrammes qui n'avoient point été publiées, aussi traduites.

D'anciennes Epigrammes, tirées des marbres d'Italie.

La Vie des Savans qui ont été parmi les Arabes, de Jean Leon l'Africain, copié
sur

sur un manuscrit de la Bibliothéque du Duc de Florence. Jean Leon cite cet ouvrage au 3. Livre de sa DESCRIPTION DE L'AFRIQUE, & Mr. Vossius le pere en produit deux ou trois fragmens dans son traité DE PHILOSOPHIA, pages 111. & 115.

Une lettre de Gyllius, contenant la relation de son voyage en Asie, &c. (1).

(1). Ortelius apporte quelques fragmens de cette lettre dans son DICTIONAIRE DE GEOGRAPHIE aux mots D'ASCUTA, NICOMEDIENSES, & ailleurs.

Un Lexicon Hebreu & latin, de François Junius le Théologien, qui ne vient que jusqu'à la lettre ח.

Des Notes de Gerard Vossius le fils, sur Valerius Flaccus. C'est celui qui fit imprimer un Velleius Paterculus avec des notes, l'an 1639. in-douze.

Des remarques sur les Commentaires de César, de Denis Vossius son frere, dont nous avons la traduction du *Conciliator* de Menasseh, *Ramban de Idolatria*, & quelques autres pieces.

MSS FRANÇOIS.

Les Funerailles d'Anne de Brétagne, femme de Louis XII, avec d'assez belles miniatures.

Scaligeriana

Scaligeriana : c'est un recüeil de choses remarquables, dittes par Scaliger.

Perroniana : c'est aussi un recüeil de choses particulieres, que Dom du Puy le Chartreux, frere aîné de Messieurs du Puy, avoit oüi dire au Cardinal du Perron.

¶ Si Mr. Vossius nous tient sa parole, nous devons attendre de lui une Bible des Septante ; une Grammaire de Denis de Trace, promise par le Président Maussac ; un Callimaque ; le Voyage de Hanno, Carthaginois ; Aristée ; une Histoire des Plantes ; un Aristophane ; une Aaratus ; une dissertation sur les lettres, & sur la prononciation de la langue grecque ; la seconde edition du Géographe, qu'il fit imprimer fort jeune sous le nom de Scylax, un Martial, & quelques ouvrages de Mathématiques.

¶ Le Bon-homme Jacques le Févre d'Estaples (1) en Picardie, qui étoit un des plus savans hommes de son siecle, se voyant cruellement persecuté à Paris par les Sorbonistes, se retira à Nerac auprès de Marguerite Reine de Navarre, sœur du Roi François I. Cette Princesse, qui aimoit les lettres, reçut ce bon vieillard avec joye, & s'entretenoit souvent avec lui de plusieurs choses graves & relevées. Un jour ayant fait des-

___
(1) Faber Stapulensis.

sein de dîner chez lui, elle y attira quantité de personnes doctes. Durant le repas ce bonhomme parut fort triste, & versoit même parfois des larmes. La Reine s'en étant apperçue, lui en demanda le sujet, le raillant de marquer de la tristesse, au lieu de contribuer à son divertissement. « Helas, Madame ! lui répondit ce bon vieillard, comment pourrois-je avoir de la joye, ou contribuer à celle des autres, étant le plus méchant homme qui soit sur la terre ? Quel si grand peché pouvez-vous avoir commis, repliqua la Reine, vous qui semblez avoir mené dès vôtre bas âge une vie si sainte & si innocente ? Madame, dit-il, je me vois en l'âge de cent un an, sans avoir touché de femme, & je ne me souviens point d'avoir fait aucune faute dont ma conscience puisse être chargée en laissant le monde, sinon une seule, que je crois qui ne se peut expier. La Reine l'ayant pressé de la lui découvrir ; Madame, dit ce bon-homme en pleurant, comment pourrai-je subsister devant le Tribunal de Dieu, moi qui ayant enseigné en toute pureté l'Evangile de son Fils à tant de personnes, qui ont souffert la mort pour cela, l'ai cependant toûjours évitée, dans un âge même où bienloin de la devoir craindre, je la devois plutôt desirer ? La Reine qui étoit naturellement éloquente, & qui n'ignoroit pas l'Ecriture Sainte, lui fit là-dessus un fort beau discours, lui montrant par divers exemples »que la même chose étoit arrivée à » plusieurs bons & saints personnages qui » regnoient avec Dieu dans le ciel, & ajoû- » tant que quelque grand pecheur que l'on » se trouvât, il ne falloit jamais désesperer » de la misericorde & de la bonté de Dieu. Ceux qui étoient à table joignirent leurs consolations à celle de cette Princesse ; de quoi ce bon vieillard étant fortifié ; » Il ne » me reste donc plus, dit-il, après avoir fait » mon Testament, que de m'en aller à Dieu, » car je sens qu'il m'appelle ; ainsi je ne dois » pas differer. Ensuite jettant les yeux sur la » Reine, Madame, dit-il, je vous fais mon » heritiere. Je donne mes livres à Mr. Girard le Roux (1), c'étoit son Prédicateur ordinaire, qu'elle fit depuis Evêque d'Oleron. Je donne mes habits & ce que je possede aux Pauvres. Je recommande le reste à Dieu. La » Reine soûriant alors, » que me reviendrat-il "

(1) Ou, Rousseau. Il avoit été Jacobin. La Reine Marguerite le défroqua, comme plusieurs autres. Mrs. de Sainte Marthe ont fait sa vie dans leur FRANCE CHRÉTIENNE, & Erasme parle de lui dans une de ses lettres à Jaques le Févre.

t-il, lui dit-elle, de l'héredité?» Mada- « me, répondit ce bon-homme, le soin de « distribuer ce que j'ai, aux Pauvres. Je le « veux, repliqua la Reine, & je vous jure « que j'ai plus de joye de cela, que si le « Roi mon frere m'avoit fait son heritiere. « Ce bon vieillard paroissant alors plus joyeux qu'il n'avoit encore fait; Madame, dit-il, j'ai besoin de quelque repos, & à ceux qui étoient à table, Adieu, Messieurs. Ensuite il s'alla mettre sur un lit, & lors qu'on s'imaginoit qu'il dormoit, il passa de cette vie à une meilleure, sans avoir donné aucunes marques d'indisposition. Etant mort, la Reine le fit enterrer magnifiquement, voulant même qu'il fut couvert du marbre qu'elle avoit fait tailler pour elle. Telle fut la fin de ce grand personnage, dont cette Princesse entretenoit à Paris Fréderic II. Electeur Palatin, lorsqu'il y tomba malade au retour de son voyage d'Espagne vers Charles-Quint. L'Histoire de ce voyage a été écrite en latin, par un des Conseillers de cet Electeur, nommé Hubert-Thomas, de Liege, à qui je dois tout ce que je viens de dire de la mort de Jaques le Févre.

¶ Mr. Boüillaud, qui se nomme en latin *Bullialdus*, savant homme & grand mathématicien, publia à Paris l'an 1657. une dissertation latine touchant le St. Benin de Dijon,

Dijon, qu'il avoit faite plusieurs années auparavant : *Sed ea de re sibi meditata, edere tunc veritus est*, dit Mr. Sarrau dans une de ses Lettres page 199. Ce Mr. Bouillaud étant en Pologne, comme on le traitoit souvent D'EXCELLENCE, vint à s'en fâcher, disant qu'il ne meritoit pas ce nom-là. Quelqu'un alors lui repliqua qu'il ne devoit pas s'en fâcher ; qu'en Pologne on le donnoit à tout le monde.

¶ Dans le premier volume des MEMOIRES sous Charles IX. imprimez l'an 1576. page 32. se lit une harangue faite au Roi au nom de plusieurs Princes d'Allemagne, le 23. Decembre 1570. que je conjecture être d'un gentil-homme Bourguignon, nommé Hubert Languet. Voici comme il parle, écrivant à son héros Philippe Sydné, de Vienne le 1. Janvier 1574. *Exemplum epistolæ de Electione Polonica, quam tibi ostenderam, non puto me habere, sed si ejusmodi ineptiis delectaris, dabo operam ut habeas orationem, quam nomine aliquot Principum Germanicorum habuimus ad Regem Galliæ ante triennium: in qua sunt quædam ita liberè dicta, ut in tumultu Parisiensi valdè metuerim, ne ea res esset mihi exitio.* Mr. de Thou au 47. livre de son HISTOIRE, rapporte cette harangue en abregé, mais il n'en marque point l'auteur.

¶ J'ai appris de Mr. Vossius, que Mr. de Saumaise étant à Paris, évitoit autant qu'il pouvoit de se rencontrer en visite avec Mr. Blondel, parce que celui-ci étoit un grand causeur, *& omnia innumerato habebat, etiam locos integros Auctorum*: au lieu que l'autre, quoi qu'il eût prodigieuse mémoire, *sæpe silebat*.

¶ A la fin du JUGEMENT de Mélanchthon touchant l'Eucharistie, envoyé à l'Electeur Palatin, & imprimé l'an 1560. se trouve une lettre du même Mélanchthon écrite J. C. D. M. Vr. c'est-à-dire, comme je crois, *Joanni Cratoni Doctori Medico Vratislaviensi*. Ce jugement & cette lettre ont donné lieu aux disciples de Mélanchthon de le déchirer après sa mort.

¶ Quelqu'un disant un jour à Mr. Vossius le pere, qu'il ne pensoit pas qu'il y eut rien dans la Republique des lettres qu'il ignorât: Vous vous trompez fort, lui répondit-il, je ne sai pas le quart des choses qu'un jeune Ministre croit savoir.

¶ L'auteur de la préface des LETTRES de Grotius ad Gallos, est Mr. Sarrau, comme il le découvre dans une lettre françoise à Mr. de Saumaise, qui n'a jamais vû le jour, que Mr. Gudius me communiqua à la Haye. J'ai raporté un beau fragment de cette lettre dans ma FRANCE ORIENTALE, pag. 238.

¶ J'ai toûjours crû que le grand Casaubon n'avoit pas moins de pieté que de doctrine; & j'ai été marri de voir le contraire dans un des ouvrages de Mr. Claude. Qui est-ce en effet qui viendra à lire avec quelque soin & sans préjugé, les EXERCITATIONS contre Baronius de cet excellent homme, sa lettre au pere Fronton du Duc Jesuite ; & celle qu'il écrivit au Cardinal du Perron par le commandement du Roi Jacques, sans admirer en même tems, le zele & la pieté qu'il y fait paroître? J'avouë qu'il n'est pas de ces écrivains de feu, à qui l'emportement tient lieu de raison, & qu'il garde dans ses écrits une moderation particuliere. Mais cette modération, loin de le flétrir, comme on le prétend, fait toute sa gloire, puis qu'elle le rend disciple de Jesus-Christ. Je devois ces deux mots d'apologie, à la memoire d'un homme, dont j'ai lû & lis encore aujourd'hui les livres, avec une extrême utilité. Je parle de lui & de ses écrits plus amplement dans sa VIE, d'où je ne saurois m'empêcher de tirer un témoignage d'un celebre Catholique Romain, Conseiller de la Garnd'Chambre, nommé Jacques Gillot, pour en faire part au lecteur. Voici donc ce que ce grave Sénateur dit de Casaubon, écrivant à Scaliger, de Paris le 7. Juillet 1592. C'est à ce coup que Mr. Casaubon

bon est tout à nous, & fort resolu de vivre & mourir à Paris. Mr. le Premier President, qui l'aime comme sa vertu le merite, l'a logé bravement, & assez près de nous. Le Roi avant-hier lui fit grand'chere, lui reprochant qu'il avoit eu volonté de le laisser, mais qu'il ne trouveroit jamais un si bon Maître, & qui l'aimât comme lui. Qu'il vouloit qu'il fût en sa Librairie : que celui qui l'avoit, ne pouvoit plus vivre qu'un an. Qu'il verroit ses beaux livres, & lui diroit ce qui étoit dedans où il n'entendoit rien. Bref il lui fit bien de la faveur & de l'honneur. Il soupa hier avec moi qui l'ai fort confirmé, & sommes encore ici assez de gens admirateurs de lui, & honorans sa vertu, pour l'assurer qu'il ne manquera de rien. Je suis certain qu'il se contentera de nous. Quoi que nous puissions faire, nous ne le meritons pas, ni ne le meriterons jamais ; & je ne sai si la France est digne d'un tel homme, soit que l'on regarde sa doctrine, soit ses mœurs. J'aurai l'honneur & le bien de le voir souvent, & profiterai en sa compagnie. Jamais je ne me separe d'avec lui que je n'en vaille mieux.

¶ Selden étoit prodigieusement savant, mais il écrivoit d'une maniere un peu dégoûtante. C'est le plus grand homme que l'Angleterre ait jamais eu pour les belles-lettres.

lettres. Il mourut l'an 1654. âgé de 70. ans. Voici de beaux vers qui se lisent sous son portrait : (1).

Talem se ore tulit, quem Gens non barbara quævis
Quantovis pretio mallet habere suum
Qualis at Ingenio, vel quantus ab Arte, loquentur
DI que ipsi & LAPIDES, si taceant homines.

Le sens du dernier distique est, que si les hommes viennent à se taire de Selden, les dieux (c'est-à-dire son traité des dieux des Syriens) & les pierres, c'est-à-dire, les marbres d'Arundel, qu'il a suppléés & expliqués parleront à jamais de lui. Les vers que je viens de rapporter sont de Gerard Langbaine, docte Commentateur de Longin, comme me l'a appris le celebre Mr.

(1) Mr. Colomiés auroit pû trouver cette particularité avec plusieurs autres, dans le livre latin de M. Wood, imprimé en 1674 & intitulé HISTORIA ET ANTIQUITATES UNIVERSITATIS OXONIENSIS. Le même M. Wood a publié en 1691. un autre livre en anglois sous le titre d'ATHENÆ OXONIENSES, *an exact History of all the Writers and Bishops Who have had their Education in the University* of Oxford, *from the Year* 1500. *to the Year* 1690. L'article de Selden est si défectueux dans MORERI, que je profite agréablement de cette occasion, pour faire un peu mieux connoître ce grand homme. Le dernier livre de Mr. Wood me fournira presque tout ce que j'en dirai.

Mr. Smith, Docteur du College de la Magdelaine à Oxford.

JEAN SELDEN naquit le 16 de Decembre 1584. dans un petit village du Comté de Sussex, appellé Salvinton. Son pere, qui étoit un païsan assez riche, l'envoya d'abord à Chichester, où il commença ses études; & ensuite en 1600. à Oxford, où il étudia la philosophie pendant trois ans qu'il y demeura. Il se retira après cela au Temple pour y étudier les loix d'Angleterre, & il y fit de si grands progrès, aussi-bien qu'en toute sorte de science & d'érudition, qu'on le regardoit comme un prodige. Il s'attacha même à la poësie, dans la vûë de rendre son stile plus doux & plus poli. Il publia en 1618. son HISTOIRE DES DIXMES en anglois, qui fit beaucoup de bruit, & qui lui attira bien-tôt la haine du Clergé. Il fut cité devant la Haute Commission, & obligé de se retracter; ce qui le mortifia cruellement. On le choisit membre de tous les Parlemens qui s'assemblerent depuis 1623. jusqu'à la mort de Charles I. mais s'étant servi de quelques expressions trop libres contre la Cour dans le Parlement de 1628. il fut mis en prison, & il y demeura plusieurs mois. Cette nouvelle mortification, jointe à celle qu'il avoit déja reçûë, lui fit supprimer son MARE CLAUSUM qu'il avoit

composé

composé contre le MARE LIBERUM de Grotius. La Cour en ayant été informée, sentit la faute qu'on avoit faite de le ménager si peu, & résolut de n'oublier rien pour le gagner: l'Archevêque Laud se chargea de le ramener, & y réüssit enfin. Le livre fut imprimé en 1635. & le Roi ordonna qu'il fut porté aux Barons de l'Echiquier, afin qu'ils le missent parmi les Registres de l'Etat. Selden étoit alors si bien à la Cour, qu'il ne tint qu'à lui de s'élever aux premiers emplois : mais il leur préféra le plaisir de pouvoir se donner tout entier à l'étude. Cependant la guerre civile s'étant allumée, il se déclara pour le parlement, & devint la maîtresse roüe du parti. Il fut un des laïques que le Parlement choisit en 1643. pour assister à l'Assemblée des Théologiens, qui établit le presbyterianisme sur les ruines de l'Episcopat. Deux ans après le Parlement le fit garde des registres de la Tour, & un des commissaires de l'Amirauté ; & l'année suivante il ordonna qu'on lui donneroit 5000 livres sterlin, pour le dédommager de ce qu'il avoit souffert en 1528. (1). Au milieu de toutes ces distractions

---

(1) Il y a des auteurs qui disent qu'il reçût cette somme, mais d'autres soûtiennent qu'il la refusa genereusement.

tions, il ne laissa pas de continuer ses études jusqu'à sa mort, qui arriva le dernier de Novembre 1654. On l'enterra dans l'Eglise du Temple avec toute la pompe & la magnificence possible. Voici les titres de ses ouvrages latins, selon l'ordre qu'ils ont été publiés.

Jani Anglorum facies altera. Lond. 1610. in 8.

Ἀναλέκτων Angl-Britannicῶν &c. Lib. II. Francof. 1615. in 4.

De Diis Syris Syntagmata duo. Lond. 1617. in 8. L'édition revûë par *Andr. Beyer*, est la meilleure.

Spicilegium in Edmeari VI. Libros Historiarum. Lond. 1623. in fol.

Marmora Arundelliana cum aliquot inscriptionibus veteris Latii. Lond. 1628. in 4. Le Dr. *Humph. Prideaux* a inseré cet ouvrage dans son *Marmora Oxoniensia.*

De Successionibus in Bona defuncti secundùm Leges Hebræorum. Lond. 1631. in 8. imprimé avec :

De Successione in Pontificatum Hebræorum, Lib. II.

De Jure naturali & gentium juxta Disciplinam Hebræorum, Lib. VII. Lond. 1640. in fol.

Versio & Comment. ad Eutychii Ecclesiæ Alexandrinæ Origines. Lond. 1642. in 4.

On

On y a joint les ANNALES d'*Eutychius* avec les notes de *Pocock*.

De Anno Civili & Calendario Judaïco. Lond. 1644. in 4.

Uxor Hebraïca, sive de Nuptiis ac Divortiis, Lib. III. Lond. 1646. in 4.

Fleta, seu Comment. Juris Anglicani sic nuncupatus. Lond. 1647. in 4. imprimé avec les deux suivans :

Tractatus Gallicanus Fet assavoir *dictus, de agendi excipiendique Formulis.*

Dissertatio Historica ad Fletam.

Præfatio ad Historiæ Anglicanæ Scriptores decem. Lond. 1652. in fol.

De Synedriis & Præfecturis Veterum Hebræorum, Lib. III. Lond. 1650. in 4. L'Edition d'Amsterdam 1679. est plus correcte que celle de Londres.

Vindici secundùm integritatem existimationis sua per convitium de Scriptione Maris clausi. Lond. 1653. in 4. Il y a plusieurs particularités de la vie de Selden dans cet ouvrage.

De Nummis, &c.
Bibl. nummaria } Lond. 1675. in 4.

La Bibliothéque de SELDEN fait partie de celle de l'Université d'Oxford. Voici l'épitaphe qu'il se fit lui-même, & qu'on a gravée sur un marbre attaché à la muraille au-dessus de son tombeau :

JOANNES

MESLE'ES.   229

Joannes Seldenus heic juxta situs, natus est XVI. *Decembris* MDLXXXIV. *Salvintoniæ, qui viculus est* Terring *occidentalis in* Suffexiæ *maritimis; Parentibus honestis* Joanne Seldeno Thomæ *filio, è quinis secundo,* An. MDXLI. *nato; &* Margaretha *filia & Hærede unica* Thomæ Bakeri *de* Rushington, *ex Equestri* Bakeriorum *in* Cantico *familia, filius è cunis superstitum unicus, ætatis ferè* LXX. *Annorum. Denatus est ultimo die* Novembris, *An. Salutis reparatæ* MDCLIV. *per quam expectat heic Resurrectionem fœlicem.*

¶ Mr. Patin m'a assuré que le Pere Petau lui avoit dit au lit de la mort, que s'il eût vû, avant que d'écrire contre Scaliger, ses divines EPITRES (ce sont les termes du Jesuite) il ne l'auroit jamais attaqué.

¶ Parlant un jour à Mr. Vossius de Sleiden, & lui loüant cet historien comme fort fidele; il me dit, que l'Empereur Charles-Quint l'accusoit d'avoir dit beaucoup de faussetés en faisant mention de lui (1). Sur quoi repliquant à Mr. Vossius » que nous ne « savions cela que sur le rapport du Jesuite «

Pontanus

_____

(1) L'auteur de l'APO-THEOSE de Ruard Tapter, Chancelier de l'Université de Louvain p. 87. de l'édition de Franeker, dit que Charles V. rendoit un témoignage tout contraire à Sleidan

Pontanus dans ses notes sur Cantacuzéne, page 900. Cela est vrai, me répondit-il, & je pensois être le seul qui eusse trouvé cette rareté.

* Mademoiselle de Schurman avoit pris pour sa devise ces belles paroles de saint Ignace, Martyr, dans son Epître aux Romains : Mon Amour est crucifié. Le Chancelier de l'Hospital, *Si fractus illabatur orbis, impavidum ferient ruinæ* Jean Whitgift, Archevêque de Cantorbery, *Vincet qui patitur.* M. du Plessis, *Arte & Marte.* George Cassander, *Quando tandem?* Jean Calvin, *Promtè & sincerè.* Jacques Arminius, *Bona conscientia Paradisus.* Pierre Scriverius, *Legendo & scribendo.* Daniel Heinsius, *Quantum est quod nescimus!* Hugues Grotius, *Ruit hora.* Jean Meursius, *Æternitatem cogita.* Juste Lipse, *Moribus Antiquis.* Jean Douza le Pere, *Dulces ante omnia Musæ.*

* Dans la Bibliothéque du Roi se voit un INSTRUMENTUM SECURITATIS, du temps de l'Empereur Justinien, écrit sur de l'écorce d'arbre. Le Président Brisson, dans son livre DE FORMULIS page 646. produit une Copie de cette piece, qui lui avoit été communiquée par Gosselin le Bibliothécaire. Ce qu'a ignoré Gabriel Naudé, qui en

publia

publia une autre à Rome (1) l'an 1630. croyant qu'elle n'eût jamais paru. Ayant conferé à Paris ces deux copies, je trouve que celle du Président Brisson est un peu meilleure que l'autre, qui vient pourtant du même lieu, mais qui n'a pas été faite avec tant de soin, bien que ç'ait été par l'ordre du Cardinal de Bagny. Usserius, Archevêque d'Armach, a aussi fait imprimer deux poëmes d'Hildeberd de Lavardin, Evêque du Mans, à la fin de sa Dissertation DE SYMBOLIS, qu'il croyoit n'avoir point été imprimés. Cependant ces deux poëmes se trouvent au 25. livre du MIROIR HISTORIAL de Vincent de Beauvais; mais un peu moins corrects qu'Usserius ne les a donnés.)

(1) Mr. Colomiés se trompe, lorsqu'il dit, que l'INSTRUMENTUM PLENARIÆ SECURITATIS, &c. fut publié à Rome par les soins de Mr. Naudé en 1630. Ce ne fut qu'en 1641. V. les Additions au NAUDÆANA, page 254.

¶ Mr. Vossius m'a dit, que Mr. de Saumaise lui avoit dédié un de ses livres sans le nommer. C'est celui de Annulis. Au devant de la dédicace se lisent ces mots: *Amicus Leydensis Amico Amstelodamensi*; c'est-à-dire, *Claudius Salmasius, Isaaco Vossio*.

¶ C'étoit une assez plaisante coûtume

que celle qui s'obſervoit autrefois dans le Bearn. Lorsqu'une femme étoit accouchée, elle ſe levoit, & ſon mari ſe mettoit au lit faiſant la commere. Je crois que les Bearnois avoient tiré cette coûtume des Eſpagnols, de qui Strabon dit la même choſe au 3. livre de ſa GEOGRAPHIE. La même coûtume ſe pratiquoit chez les Tibaréniens, au rapport de Nymphodore dans l'excellent Scholiaſte d'Apollonius le Rhodien liv. 2. & chez les Tattares, ſuivant le témoignage de Marc-Paul, Venitien au ch. 41. du 2. livre de ſes voyages; qui ne paſſent plus pour fabuleux, depuis que de nouvelles relations ont confirmé ce qu'ils nous apprennent.

¶ Le fameux pere Marſenne, Religieux Minime, apprit à mon pere, l'étant venu voir, que Jean du Verger d'Hauranne, Abbé de S. Cyran, avoit fait un livre ſous le nom d'Alexandre de l'Excluſſe, intitulé SOMME DES FAUTES ET FAUSSETEZ DE LA SOMME THEOLOGIQUE DE GARASSE, imprimé à Paris l'an 1626. *in-quarto*.

¶ L'antiquité tenoit pour la plus heureuſe de toutes les femmes, une lacedémonienne nommée Lampito, parce qu'elle avoit été fille de Roi, femme de Roi, & mere de Roi. Le bonheur d'Anne Mauricette d'Autriche, de glorieuſe memoire, a

été

été plus grand; car elle étoit fille de Philippe III. Roi d'Espagne, sœur de Philippe IV. femme de Loüis XIII. & mere de Loüis XIV.

¶ L'auteur de la traduction latine de l'HISTOIRE DU CONCILE DE TRENTE de Fra-Paolo, est Adam Newton, Ecossois, Précepteur du Serenissime Henri, Prince de Galles, à qui le Roi Jacques adresse son PRESENT ROYAL, & non pas à Charles I. comme l'écrit le docte & poli Sarasin dans sa dissertation du JEU DES ECHECS. (La plus belle Traduction de l'HISTOIRE DU CONCILE DE TRENTE du Pere Paul, est celle que nous a donné en François Mr. Amelot de la Houssaye, sous le nom de la Mothe Josseval, qui est son Anagrame. Dieu soit loüé, que dans, un tems où les Protestans sont si maltraités, il se soit trouvé un Catholique Romain, qui ait osé publier leur Apologie. J'appelle ainsi l'HISTOIRE du Pere Paul.)

¶ Beaucoup de gens parlent du livre DE TRIBUS IMPOSTORIBUS, *Mose, Christo, & Muhammede*; mais il n'y a personne que je sache qui dise l'avoir vû. A propos de quoi je remarquerai que Grotius s'est trompé, écrivant dans l'APPENDICE de son traité DE L'ANTECHRIST, que les ennemis de l'Empereur Frédéric Barberousse lui attri-

cet ouvrage. Car ce ne fut pas Frédéric Barberousse que l'on faisoit auteur de ce livre-là, mais Frédéric II. comme il paroît par les EPITRES de Pierre des Vignes page 221. son Secretaire & son Chancelier, & comme l'écrit Grotius dans ses OBSERVATIONS sur la troisième partie de la PHILOSOPHIE RE'ELLE de Frere Thomas Clochette, dit en latin *Campanella* (1).

(1) Le Président Fauchet se trompe aussi dans son traité de l'Origine des Chevaliers, à Paris 1600. p. 26. attribuant un couplet de chanson à Frederic II. qui est de Frederic I. surnommé Barberousse.

¶ De tous les sonnets de Malherbe, voici celui qui lui plaisoit davantage :

Beaux & grands bâtimens d'éternelle structure,
Superbes de matiere, & d'ouvrage divers,
Où le plus digne Roi qui soit en l'Univers
Aux miracles de l'art fait ceder la nature.

Beau parc & beaux jardins, qui dans cette clôture
Avez toujours des fleurs & des ombrages verds,
Non sans quelque démon, qui défend aux hyvers
D'en effacer jamais l'agréable peinture.

Lieux, qui donnez aux cœurs tant d'aimables desirs,
Bois, fontaines, canaux, si parmi vos plaisirs
Mon humeur est chagrine & mon visage triste :

Ce n'est pas qu'en effet vous n'ayez des appas ;
Mais, quoique vous ayez, vous n'avez point Caliste :
Et moi, je ne voi rien quand je ne la voi pas.

¶ Marin le Roi, Sieur de Gomberville, a imité les deux tercets de ce sonnet dans celui-ci :

Effroyables deserts, pleins d'ombre & de silence,
Où la peur & l'hyver sont éternellement,
Rochers affreux & nuds, où l'on voit seulement
Le tonnerre & les vents montrer leur insolence.

En quelque part des cieux que le Soleil s'élance
Vous êtes toûjours pleins d'un froid aveuglement :
Et vos petits ruisseaux, malgré leur élement,
Font montrer jusqu'aux airs leur foible violence.

Lieux, où jamais l'amour ne vint tendre ses rets ;
Torrens, cavernes, troncs si parmi ces forêts,
Je me tiens si content, & je vous aime encore :

Ce n'est pas qu'en effet vous ayiez des appas,
Mais puisque vous avez la beauté que j'adore ;
Puis-je avoir ce bonheur, & ne vous aimer pas ?

¶ Nous disons tous les jours en commun proverbe, que les honneurs changent les mœurs. En voici un exemple assez rare. Baudoin, qui de simple moine étoit devenu Archevêque de Cantorbery, venant à changer de condition, changea aussi de façons de faire. Ce qui obligea le Pape Urbain II. à lui envoyer une lettre dont la suscription étoit

étoit telle : *Balduino, Monacho ferventissimo, Abbati calido, Episcopo tepido, Archiepiscopo remisso* (1).

(1) Voyez Gyraldus Barrius, autrement Cambrensis, dans son ITINERAIRE, liv. 2. ch. 14.

¶ Les Portugais prétendent qu'un Vascius Lobera soit le premier auteur du Roman d'AMADIS, qui a été mis en françois par le Seigneur des Essars. Je ne sai pourquoi Lipse dans une de ses lettres blâme si fort ce Roman. Voyez le savant Mr. Huet dans son TRAITÉ DE L'ORIGINE DES ROMANS.

¶ Mr. Vossius m'a dit que son pere étoit auteur d'un livre intitulé, CONSILIUM GREGORIO XV. EXHIBITUM CUM PREFATIONE ET CENSURA G. J. V. c'est-à-dire, Gerardi Joannis Vossii, imprimé à Leyde l'an 1623. *in-quarto.* Ce livre est rare.

¶ De tous les critiques de nôtre tems, sans excepter Mr. de Saumaise, je n'en voi aucun de qui les conjectures soient si certaines que celles de Josias le Mercier (1), ou Mercerus, comme il se nomme en Latin. J'ai trouvé dans son nom, *Carior es Musis*:
Anagramme

(1) Il étoit fils de Jean le Mercier; si celebre dans l'autre siecle pour la connoissance de la langue hébraïque. J'ai ramassé ses éloges dans ma FRANCE ORIENTALE.

Anagramme qui lui convient fort. C'est dommage qu'il ait si peu écrit, & qu'ayant tant de genie pour les lettres, il ait donné le meilleur de son tems aux grandes affaires où il étoit employé. Son principal ouvrage est Nonius Marcellus, qu'il a divinement corrigé. Ses autres pieces sont des notes sur Aristenete, Tacite, Dictys de Créte, & sur le livre d'Apulée DE DEO SOCRATIS. Il a aussi fait l'éloge de Pierre Pithou; & il y a des lettres de lui dans le Recüeil de Goldast. Mr. de Saumaise, qui étoit son gendre, promettoit sa vie. Mais la mort l'a empêché de nous tenir sa parole.

¶ Naudé dans le Jugement qu'il fait de Cardan & de ses ouvrages, dit que Gauricus avoit prédit au Roi Henri II. qu'il mourroit en bonne vieillesse, & de maladie fort douce. En quoi il n'est pas d'accord avec les historiens, qui déposent que ce devin avoit prédit au Roi qu'il mourroit dans un combat singulier. Ce qui ne se trouva que trop veritable; le brave Gabriel de Lorge, Comte de Mongommery, ayant eu le malheur de blesser à mort son Prince, après s'être long-tems excusé de joûter contre lui. Dans le RECUEIL DE LETTRES AUX PRINCES, fait par Ruselli, & traduit d'Italien en françois par Belleforest, il y en a une fort belle pour la justification du Comte de Mongommery,

mery, écrire à Corneille Muis, Evêque de Bitonte, par l'Evêque de Troyes en Champagne, qui étoit alors le docte Jean-Antoine Caracciole, fils du Prince de Melfe qui se fit ensuite Protestant. Le Comte de Mongommery ayant pris les armes plusieurs années après pour la défense de ceux de son parti, fut appréhendé à Damfront, & eut la tête tranchée à Paris, à la sollicitation de la Reine-Mere. Comme on le conduisoit au supplice, un Cordelier voulant le faire changer de religion, commença à lui dire qu'il avoit été abusé ; Mongommery le regardant alors fermement ; « Comment abusé? lui répondit-il: » si je l'ai été, ç'a été par ceux de vôtre Ordre; » car le premier qui me bailla jamais une Bi- » ble en françois, & qui me la fit lire, ce fut » un Cordelier comme vous, & là dedans j'ai » appris la religion que je tiens, qui seule est » la vraye, & en laquelle ayant depuis vécu, » je veux par la grace de Dieu y mourir au- » jourd'hui. Etant venu sur l'échaffaut dans la place de Gréve, il pria le peuple de prier Dieu pour lui ; recita tout haut le Symbole, en la confession duquel il protesta de mourir; & ayant recommandé son ame à Dieu, le Bourreau lui trancha la tête.

¶ Il y a peu de livres dont la destinée ait été plus avantageuse que celle du TRAITÉ DE LA VERITÉ DE LA RELIGION CHRE-TIENNE,

TIENNE, (1) composé par Hugues Grotius. Outre les deux versions françoises qui s'en sont faites, il a été mis en grec, en arabe, en anglois, en allemand. C'est un admirable livre, qui devroit être le Vade-mecum de tous les Chrétiens. Je l'ai lû plusieurs fois, mais toûjours avec un nouveau plaisir. Le Traité du Marquis de Pianese est fort au dessous de celui de Grotius; & sans la belle traduction françoise qu'en a fait le Pere Bouhours Jesuite, il seroit lû de peu de personnes.

(1) Mr. Le Jeune a publié en 1691. une nouvelle traduction françoise du traité de Grotius, de la VERITÉ DE LA RELIGION CHRÉTIENNE.

¶ L'Amiral de Châtillon avoit écrit une histoire des choses les plus mémorables de son tems. On l'apporta après sa mort à Charles IX. Ceux qui étoient auprés de lui la trouverent fort bien faite, & très-digne d'être imprimée; & sans Albert de Gondy, Maréchal de Retz, qui en détourna le Roi, & qui la jetta dans le feu, le public auroit possedé cet ouvrage.

¶ C'est avec grande raison que Mr. Bignon, dans ses notes sur les Formules de Marculfe, page 251. appelle le Président SAVARON, *Arvernorum decus.* Il l'étoit en effet,

&

& il n'y avoit point de son tems de gens dans l'Auvergne si doctes que lui, sur tout dans les auteurs latins du bas siecle. Il nous a donné des traités du DUEL, des CONFRAIRIES, de la SAINTETÉ DE CLOVIS, & de la SOUVERAINETÉ DE NOS ROIS. Il a aussi écrit contre les masques, & fait des notes sur Cornelius Nepos, & sur une homelie de Saint Augustin, DE CALENDIS JANUARIIS. Ses deux principaux ouvrages sont les ANTIQUITÉS D'AUVERGNE, & un COMMENTAIRE sur Sidonius. Dans ce dernier, il se plaint de quelques personnes qui le vouloient déferer comme criminel de leze-sainteté (si j'ose ainsi dire,) pour avoir donné le nom de Pape à François de la Guesle, Archevêque de Tours. En quoi je ne trouve pas qu'il y eût grand mal. Car bien que par l'arrêté de Gregoire VII. il soit défendu de donner le nom de Pape à d'autres qu'à l'Evêque de Rome, cet arrêté ne fut pourtant pas ensuite universellement suivi. De vrai ne lisons-nous pas qu'Urbain II. qui est venu depuis Gregoire VII. donnant le pallium à Anselme, Archevêque de Cantorbery, l'appella Papam alterius Orbis, nonobstant le decret de son prédécesseur? C'est ce qui se trouve dans un manuscrit, qui a pour titre Imaginatio, dont l'auteur est un moine Benedictin, nommé Gervais de Melxelaya,

autre.

autrement Gervais de Cantorbery. De plus, Savaron donnant le nom de Pape à l'Archevêque de Tours, ne le fit, comme il dit lui-même, qu'à l'imitation de son Sidonius, du tems de qui l'on appelloit Papes tous les Evêques.

¶ Le Roi Henri IV. avant que de haranguer son Parlement le 8. Janvier 1599. lui tint ce discours. « Devant que parler de ce pourquoi je vous ai mandez, je vous veux dire une histoire, que je viens de ramente-voir au Maréchal de la Châtre. Incontinent après la St. Barthelemy, quatre qui joüions aux dez sur une table, vîmes paroître des goutes de sang, & voyant qu'étant essuyées par deux fois, elles revenoient pour la troisiéme, je dis que je ne joüerois plus, & que c'étoit un augure contre ceux qui l'avoient répandu. Mr. de Guise étoit de la troupe. »

Ce prodige parut l'an 1574. à Avignon, au logis d'un nommé Grillon, comme le remarque Louis Videl dans l'HISTOIRE DU CONNETABLE de LESDIGUIERES, l. I. ch. II. Voici ses termes: Un jour que Lesdiguieres avoit dépêché à Avignon au Roi de Navarre un gentilhomme exprès, pour recevoir quelques avis; celui-ci ne pouvant l'aborder à cause que ce Prince étoit éclairé de toutes parts, & particulierement de Henry de Lorraine, Duc de Guise, qui pour mieux découvrit son cœur, s'étoit fait son compagnon de table & de lit ; il avint que joüant aux dez l'un contre l'autre, au logis de Grillon, sur une table de marbre, il y jaillit du sang qui leur couvrit les mains, sans qu'on sut d'où il venoit, personne des assistans n'ayant été blessé, de quoi l'on fit tout à l'heure une exacte recherche : Et comme ce prodige fut interpreté des uns à un reproche que le Ciel faisoit au Duc de Guise du sang qu'il avoit fait répandre à la St. Barthelemy, & des autres à un présage de celui qui se répandroit à cause de la querelle de ces deux Princes ; ayant là-dessus quitté le jeu, le Gentilhomme de Lesdiguieres s'approcha du Roi de Navarre, & communiqua avec lui sans témoin.

¶ Madame Renée, de France, veuve & doüairiere de Ferrare, Princesse fort zelée pour la religion protestante, voyant un jour le Roi Charles IX. triste & pensif, elle le pria, pour l'obliger à se réjoüir, de vouloir chanter quelque nouvel air de Cour. A quoi le Roi repartit tout en colere, » Ma » tante, je n'en sais qu'un que vous m'avez » appris :

Dès ma jeunesse ils m'ont fait mille maux,
Et si n'ont pû me vaincre ni détruire :

Qui est la version du second verset du Pseaume

me 129. Réponse piquante à quoi la Duchesse ne repliqua point. Je tiens cette histoire de Favin dans celle qu'il a écrite du Royaume de Naples.

¶ Barleus, fameux poëte de la Hollande, dit dans une de ses lettres qu'il avoit appris de son pere, que l'Empereur Charles-Quint faisant son entrée dans Anvers, salüa fort civilement les Magistrats de la Ville; mais que Philippe II. son fils, qui étoit alors âgé de dix à douze ans, ne se découvrit point du tout. Ce que l'Empereur ayant remarqué, il s'emporta si fort contre lui, qu'en presence des Magistrats & du peuple, il lui donna un soufflet, enjoûtant ensuite ces paroles: Est-celà ce que vous avez avez appris de Vivés?

¶ Nos Théologiens ont fait trop de méptis d'une version que les Apôtres ont estimée. J'entens la VERSION DES SEPTANTE; par le moyen de laquelle on peut corriger un très-grand nombre de passages dans la version françoise de nos Bibles. Mr. Vossius étant allé voir à Paris Mr. de Marca; ce Prélat, qui étoit alors malade, après avoir loüé l'APOLOGIE pour les Septante, que Mr. Vossius venoit de publier, l'assura qu'il étoit entierement de son opinion, & que si Dieu lui redonnoit la santé, il écriroit sur cette matiere. Mr. de Marca mourut peu de jours

jours après, en réputation du plus savant Evêque de France.

¶ J'ai remarqué dans l'histoire, que les trois Seigneurs qui avoient le plus d'aversion pour les Huguenots, ont eu tous trois des femmes huguenotes. Loüis de Bourbon Duc de Montpensier, épousa Jaquette de Longui, de l'ancienne Maison de Givry, qui instruisit dans sa religion Charlotte de Montpensier sa fille, mariée à Guillaume de Nassau Prince d'Orange. François de Lorraine, Duc de Guise, épousa Anne d'Est, qui étoit fille de sa mere (1); c'est-à-dire, de cette sage & Chrétienne Princesse Renée de France, Duchesse de Ferrare, fille de Loüis XII. Jacques d'Albon avoit pour femme Marguerite de Lustrac, qui épousa en secondes nôces Godefroi de Caumont, qui avoit été Abbé de Clérac; mais qui depuis la mort de son frere aîné quitta la robe & prit l'épée.

(1) Voyez les Lettres d'une savante Italienne, nommée Olympia Fulvia morata, pag. 148. & Mr. de Thou au 24. liv. de son HISTOIRE.

¶ Il y a eu deux Jerômes de Prague, tous deux fort versés dans les saintes lettres, & tous deux très-éloquens. Le premier a été celui qui fut brûlé à Constance par un décret du Concile, nonobstant le sauf-conduit de l'Empereur, le 30. May 1416. & dont la mort a été si également décrite par Pogge Florentin dans une lettre à son ami Leonard Brunus d'Arezzo, qui se trouve au livre intitulé FASCICULUS RERUM EXPETENDARUM. L'autre a été un hermite, qui après avoir demeuré vingt ans dans la Solitude de Camaldoli au mont Apennin, s'en alla dans la Lithuanie, où il convertit quantité de gens au Christianisme. Enéas Sylvius Piccolhomini, qui fut Pape sous le nom de Pie II. parle avec éloge de ces deux Jerômes; du premier dans l'HISTOIRE DE BOHE'ME, & de l'autre, qui vivoit l'an 1450. dans la DESCRIPTION DE L'EUROPE.

Auteurs déguisés, découverts.

A*Bydenus Corallus*: Ulric Hutten. *Alexins à Massalia*: Claude Saumaise. *Amandus Flavianus*: David Blondel. *Aretius Felinus*: Martin Bucer. *Aristoteles de Benedictis*: Pierre-Antoine Spinelli. *Benedictus Passavantius*: Théodore de Bezé. *Bonini de Boninis*: Pierre-Paul Vergerio. *Caius Tilebomenus*: Jacques Mentel. *David Leidhresserus*: Didier Héraud. *Didymus Faventinus*: Philippe Mélanchthon. *Dominicus Lopez*: Fauste Socin. *Elias Philyra*: Jean du Tillet. *Eutychius Myon*: Wolphgang

gang Muscule. *Felix Turpio Urbevetanus:* Fauste Socin. *Firmianus Chlorus :* Pierre Viret. *Gaspar Caballinus :* Charles du Moulin. *Georgius Erhardus :* Michel Gaspar Lundorpius. *Gregorius Velleius :* George Reveau. *Gulielmus Singleton :* Leonard Lessius. *Gustavus Selenus :* Auguste Duc de Lunebourg. *Helias Pandochæus :* Guillaume Postel. *Hieronymus Marius :* Cœlius Secundus Curio. *Hippolytus Fronto Caraccota :* Pierre du Moulin. *Hippophilus Melangæus :* Philippe Melanchthon. *Honorius Reggius :* George Hornius. *Horatius Grassius :* Lothaire Sarsius. *Janus Nicius Erithræus :* Giovanni Vittorio Rossi. *J. Pacidius :* Jacques Godefroi. (*Jerôme à Costa :* Richard Simond) *Joannes Rolegravius :* Jean Graverol. *Irenæus Philadelphus :* Loüis du Moulin. *Irenæus :* Cœlius Secundus Curio. *Julianus Rosbecius :* Dominique Baudius. *Latinus Pacatus :* Dominique Baudius. (*Licentius Evangelus :* Beatus Renanus.) *Ludiomæus Colvinus :* Loüis du Moulin. *Lysimachus Nicanor :* Jean Leslius. *M. Antonius Constantius :* Etienne Gardiner. *Martinus Bellius :* Sebastien Castalio. *Matthæus Tortus :* Robert Bellarmin. *Merlinus Coccaius :* Théophile Folengi. *Moderata Fonte :* Modesta Pozzo. *Nadabus Agmonius :* François du Jon. *Nathanaël Nezekius :* Théodore de Béze. *Pascasius*

casius Grosippus: Gaspar Scioppius. *Petrus Bellocirius*: Pierre Danés *Prosper Dysidæus*: Fauste Socin. *Renatus Verdæus*: André Rivet. *Stephanus Junius Brutus*: Hubert Languet. *Simplicius Verinus*: Claude Saumaise. *Thalassius Basilides*: Marin le Roi. *Veranius Modestus Pacimontanus*: George Cassander. *Wallo Messallinus*: Claude Saumaise. *Zacharias Furnesterus*: Hugues Doneau.

¶ Mr. de Béze se pouvoit passer de tourner en vers François les cent Pseaumes qui n'avoient pas été traduits par Marot, puisque dès l'an 1551. Jean Poitevin, Chantre de Sainte Radegonde de Poitiers, les avoit tournés d'une maniere aussi fidele qu'édifiante, & les avoit fait imprimer la même année avec le Privilege d'Henry II. Sept ans après Philebert, Jambe-de-fer, Lyonnois, les mit en musique (1), au rapport de la

(1) Voici le titre de ces Pseaumes, de l'édition de Paris 1558. chez N. du Chemin ; sans Privilege ; Les cent Pseaumes de David qui restoient à traduire en rithme françoise avec les XXII. Octonaires du Pseaume CXIX ; & les Lamentations de Jeremie ; traduits par Mr. Jean Poitevin, & autres. Mis en musique par Philebert, Jambe-de-Fer, Lyonnois. Cet ouvrage est dédié au Cardinal de Lorraine. Considerant, Monseigneur, lui dit Poitevin, en quelle faveur ont été reçus les cinquante Pseaumes de

la Croix du Maine dans sa Bibliothéque. Ce Traducteur suit principalement les Septante.

David, traduits en nôtre vulgaire par Clement Marot : J'ai bien voulu parachever le reste du Psaultier : Non pour me mesurer à poëte si excellent, mais afin que continuant l'entreprise, laquelle prévenu de mort, il n'avoit entierement executée, je pusse faire quelque fruit, au contentement des amateurs de l'Ecriture Ste : Et en cela, me défiant du peu de mon jugement, j'ai suivi les anciens Interpretes, Hébreux, Grecs, & Latins, de saine & aprouvée opinion. Monseigneur, je dédie & consacre ce mien labeur à V. R. S. Et ores que le present soit petit, &c. Les vers de cet auteur sont assez doux & naturels. Il y a à la fin de mon édition les cinquante Pseaumes de Marot, imprimés à part sous ce titre : Cinquante Pseaumes de David, traduits par Clement Marot, avec plusieurs cantiques, oraisons, prieres & autres œuvres adjoûtées de nouveau, tant de la composition dudit auteur, que d'autres.... Le tout mis en musique douce & harmonieuse, selon le chant vulgaire ja usité. A Paris, de l'Imprimerie de Nicolas du Chemin 1566. Le chant de ces Pseaumes est à peu près le même dont on se sert encore à present : toute la difference qu'il y a varie plûtôt l'air qu'elle ne le change. Les termes de Chant vulgaire ja usité, semblent insinuer que Guillaume Franc n'en est pas le premier auteur. Peut-être n'y fit-il que quelques changemens. Voyez dans le Dictionaire de Bayle l'Article Marot, avec les additions & corrections.

J'ai

¶ J'ai découvert que l'auteur d'un livre qui a pour titre : Pense'es d'un Gentilhomme, qui a passé la plus grande partie de sa vie dans la Cour & dans la guerre, étoit Monsieur de Bourdonné, parisien, Gouverneur de la Bassée, & ensuite de Moyenvic.

¶ Mr. Blondel avoit un frere nommé Moyse Blondel, qui a fait un petit livre intitulé, Rome au secours de Geneve. Il en avoit aussi un autre à Londres, à qui il écrit le 20 d'Août 1645. en ces termes : J'ai appris dès l'an 1640. que Marc Velser, l'un des principaux Magistrats d'Ausbourg, ayant envoyé l'an 1601. aux Jesuites de Mayence un manuscrit d'Anastase, pour le faire mettre sous la presse, ils prierent Marquard Freher, Conseiller de son Altesse Electorale à Heidelberg, de les aider en ce sujet ; sous la promesse qu'ils faisoient de donner au public de bonne foi ce qui leur seroit communiqué : Il leur envoya deux manuscrits d'Anastase, où la vie de la prétenduë Papesse se trouvoit : mais se contentans de faire tirer deux exemplaires de cette sorte, ils supprimerent dans le reste de l'édition ce qui leur avoit été fourni, tellement qu'il n'a point paru ; & Mr. Freher a été contraint de se plaindre par une espece de Manifeste imprimé, du tour qui lui avoit été joüé.

Mr. Blondel tenoit cette histoire de Mr. de Saumaise, qui étoit à Paris l'an 1640. & qui l'avoit aussi contée à Mr. Rivet de Hollande, comme celui-ci nous l'assure dans son CRITICUS SACER, liv. 3. chap. 14. imprimé l'an 1642. Outre ces Anastases d'Allemagne qui avoient la vie de la Papesse; je vois que Mr. Sarrau, écrivant à Mr. de Saumaise, lui envoye cette même vie qu'il avoit extraite d'un Anastase MS. de la Bibliothéque du Roi; & écrivant à Rome à Mr. Nicolas Heinsius, il le prie de voir les Anastases du Vatican, sur ce qu'un de ses amis, à qui il avoit fait autrefois la même priere, lui avoit mandé que les Anastases qu'il y avoit feüilletés, étoient tous défectueux dans l'endroit où devoit être la vie de la Papesse; & qu'il en avoit vû un à Milan dans la Bibliothéque Ambrosienne, où cette vie se rencontroit; mais qu'il n'avoit pû en avoir la copie. De tous ces divers manuscrits d'Anastase, je recüeille que la Papesse Jeanne a été, quelques raisons qu'allégue Mr. Blondel, qui s'est fort trompé; croyant que la vie de cette femme, telle qu'elle est dans l'Anastase de la Bibliothéque du Roi, soit tissuë des propres paroles de Martinus Polonus. Car comment cela peut-il être ? vû que Gervasius Tilberiensis, auteur plus ancien de cent ans que Mar-

tinus

tinus Polonus, dans un ouvrage intitulé, OTIA IMPERIALIA, fait pour le divertissement de l'Empereur Othon IV. que j'ai lû MS. chez Mr. Vossius (& que Mr. Maderus a depuis fait imprimer ;) raporte la vie de la Papesse en mêmes termes que l'Anastase de la Bibliothéque du Roi ; ajoûtant seulement que cette Papesse se trouvoit en peu de Chroniques, *Et in paucis Chronicis*, dit-il, *invenitur*. Si Mr. Blondel eut vû cet auteur, peut-être auroit-il retenu sa plume ; mais il ne lui a pas été plus connu qu'Amalricus Augerii, qui vivoit l'an 1362. & qui a fait une Chronique des Papes, dédiée à Urbain V. où il parle de la Papesse en ces termes : *Joannes dictus Anglicus, natione magnanimus* (je crois qu'il faut lire *Moguntius*) *post Dominum Leonem Papam in Romanum Pontificatum fuit assumptus ; & post B. Petrum Apostolum ponitur Papa centesimus decimus*. Le docte Scriverius avoit cet Historien manuscrit. Je remarquerai pour la fin, que Bernard Camucci dans ses ANTIQUITE'S DE ROME, de l'édition de Thomas Porcacchi, page 58. semble parler (suivant la conjecture de mon Pere) du tombeau de la Papesse, quand il dit : *Nella Chiesa in Pallara è la sepoltura di Papa Giovanni Ottavo senza alcuno artificio o architettura ; ed in somma molto differente*

da

da quelle di molti altri Ponteficii che sono in Roma.

Feu Mr. Spanheim a fait une Dissertation latine, pour prouver qu'il y a eu une Papesse Jeanne: & cet ouvrage a été traduit en françois par Mr. Lenfant. Mais Bayle qui a examiné à fonds & sans préjugés cette matiere, promet de nous faire voir dans son Supplément; que tout ce qu'on a débité là-dessus est imaginaire, & qu'il n'y eût jamais de Papesse Jeanne. V. la continuation des pensées diverses sur les Cometes. *Tom. I. page* 15.

¶ L'on ne sait pas au vrai qui est l'auteur du livre intitulé, FORTALITIUM FIDEI. Quelques-uns croyent que ce soit Guillaume Totanus: D'autres, Barthelemi de Spina, Dominicain. Grotius dans une lettre manuscrite, que j'ai lûë chez Vossius, l'appelle Thomas Barbariensis. Le Jesuite Mariana dans son HISTOIRE D'ESPAGNE, liv. 22. chap. 13. dit que c'est un Cordelier nommé Alfonse Spina, qui assista à la mort de ce grand Capitaine Alvare de Lune. Ce livre est fait contre les Juifs.

¶ Le Pere Vavasseur dans ses EPIGRAMMES:

Has Matho mendicis fecit justissimus ædes:
Hos & mendicos fecerat ante Matho.

Ce savant Jesuite, faisant cette epigramme, semble avoir pensé au trait que donna Loüis XI. au Chancelier Rolin, que Mr. de Couvrelles raporte en ces termes dans ses voyages manuscrits. « Beaune est une ville fort renommée pour le bel Hôpital qu'y a fait bâtir Messire Nicolas Rolin, Chancelier de Bourgogne, qui est si beau, que je ne pense pas qu'il s'en trouve un semblable en toute la Chrétienté, principalement pour la netteté; cette maison ressentant plûtôt un Hôtel de Prince qu'un Hôpital. Je ne saurois oublier à ce propos l'aiguë réponse que fit le Roi Loüis XI. à un qui lui faisant voir ledit Hôpital, lui loüoit la charité de Mr. Rolin; car il lui dit qu'il étoit bien raisonnable, qu'avant fait tant de pauvres en sa vie, il fit faire devant mourir une maison pour les loger. »

¶ Le Baptême des petits enfans n'est pas d'Institution divine, & n'a eu lieu dans l'Eglise que vers la fin du second siecle. Auparavant l'on ne baptisoit que ceux qui pouvoient rendre raison de leur foi. C'est ce qu'a reconnu, parmi les anciens, Walafridus Strabo, au 26. ch. de son Traité des CHOSES ECCLESIASTIQUES; & parmi les modernes, Loüis Vivés, écrivant sur le 27. ch. du 1. liv. de la CITE' DE DIEU de saint Augustin; Erasme, dans le fragment d'une lettre.

lettre, qui se trouve parmi celles que Paul Merula publia l'an 1607. Hugues Grotius écrivant à Mr. de Cordes le 30. d'Octobre 1634. & Mr. de Saumaise dans son traité DE LA TRANSUBSTANTIATION, pag. 494. & suiv. Aussi les Albigeois qui faisoient profession de tenir leur religion de Jesus-Christ & de ses Apôtres n'approuvoient-ils point le Baptême des petits enfans. Ecoutons ce que dit Jean Chassanion, Ministre, au 6. ch. du 1. livre de l'Histoire de ces gens-là : Ce qui me fait croire, dit-il, que les Albigeois n'approuvoient point le Baptême des petits enfans, c'est qu'en l'Histoire de la ville de Triéves, il est dit qu'à Yvoy, du du diocése de Triéves, aucuns nioient le Sacrement du Baptême profiter à salut aux enfans. En outre, une Catherine Saube, qui fut brûlée à Montpellier l'an 1417. pour ne croire les Traditions de l'Eglise Romaine, avoit cette opinion du Baptême des petits enfans, selon qu'il est écrit au livre de la Maison de la-dite ville de Montpellier.

Mr. Colomiés avoit retranché cet article, en corrigeant ce petit ouvrage : mais comme les raisons qu'il pouvoit avoir de l'ôter ne subsistent plus, j'ai crû devoir le laisser.

¶ J'ai vû à la Haye, dans la Bibliothéque de Mr. de Beuning, les OEUVRES de
Théodore

Théodore Volcard Kornhert(1), en flamand. C'étoit un enthousiaste qui avoit l'esprit fort aisé. Il apprit de lui-même à l'âge de 40. ans le grec & le latin, & fit de si grands progrès dans ces deux langues, qu'il tournoit en flamand quel auteur il vouloit. Il composa plusieurs traités de Théologie; dont quelques-uns ont été refutés par Calvin & par Daneau. Il écrivit même contre Lipse, qui lui répondit dans son livre DE UNA RELIGIONE. Les Hollandois en parlent comme d'un miracle. Il mourut l'an 1590. âgé de 68. ans. On tient que les Etats de Hollande, à la sollicitation des Ministres, firent supprimer ses ouvrages; parce qu'il nioit le Peché originel, & désapprouvoit toutes les Assemblées des Chrétiens.

(1) Vous trouverez dans le DICTIONAIRE de Bayle un Abregé exact de la vie de Kornhert.

¶ Pline traduisant Démocrite, dit, liv. 28. ch. 8. que le Chaméleon est fait comme le Crocodile, & qu'il est aussi gros que lui. En quoi il s'est lourdement trompé; car le mot CROCODEILOS, dont s'est servi Démocrite, suivant le langage des Ioniens, ne signifie pas un Crocodile, mais un Lesard, comme nous l'apprend Herodote, & après lui de Saumaise dans ses EXERCITATIONS sur Solin.

Solin, pag. 873. Ainsi c'est à tort que deux Maronites du Mont Liban ; je veux dire Gabriel de Sion & Jean Esronite, dans leur Traité des COUTUMES DES ORIENTAUX, chap. 9. blâment Démocrite sur le témoignage de Pline, d'avoir écrit que le Chameléon étoit de la grandeur du Crocodile.

¶ Gerard Vossius, pere de Vossius, chez qui j'étois en Hollande; & Gerard Vossius de Tungren, qui a donné au public les ouvrages de quelques Peres de l'Eglise, étoient proches parens. Leur nom est Vos, qui en Flamand signifie la même chose que FUCHS en Allemand ; c'est-à-dire, Renard. Aussi étoient-ils parens de Leonard Fuchsius, savant medecin & botaniste, qui mourut à Tubinge l'an 1566. Lorsque Gerard Vossius pere écrivoit certaines lettres où il ne vouloit pas que son nom parût, au lieu de Vossius, il signoit ALOPEKIOS, comme je le puis justifier par une que je garde, écrite à un théologien de Brême, nommé Matthias Martinius. Dès l'an 1415. je trouve un Conradt de Vos au catalogue des Bourguemestres de la ville de Groningue.

¶ Je lisois il y a quelques jours avec étonnement, dans un docte & éloquent plaidoyé pour le droit de nos Rois, & pour l'indépendance de leur couronne, fait par Jacques de la Guesle, Procureur General, frere de
l'Archevêque

l'Archevêque de Tours dont j'ai parlé ci-dessus, & inséré par Laurent Bouchel dans le corps des décrets de l'Eglise Gallicane; que depuis Boniface VIII. jusques en l'an 1561. personne n'avoit soûtenu en France, que le Pape étoit au-dessus du Roi pour le temporel. Est-il possible que M. de la Guesle ignorât ce qui arriva sous Loüis XII. très-justement appellé le PERE DU PEUPLE? Un frere Jean de Bonnecourcy, Cordelier du Couvent de Lucques en Italie, ayant mis cette assertion en ses Theses de tentative, fut par Arrest de la Cour de Parlement, condamné à être dépoüillé de son habit de Cordelier par le bourreau, & revêtu par le même d'un habit seculier, mi-parti de jaune & de verd; puis étant conduit devant l'Image de la Vierge du portail de la Sainte-Chapelle basse, tenant en sa main une torche ardente de deux livres de cire, bigarée de ces deux couleurs, à faire amande honorable, & à déclarer à genoux, la corde au cou, qu'*impieusement, & contre les Commandemens de Dieu, & les maximes orthodoxes, il avoit tenu de pernicieuses erreurs dont il se repentoit, en crioit merci à Dieu, & en demandoit pardon au Roi, à la Justice, & au Public.* Cette execution faite, il fut conduit par le Bourreau en ce même état jusques à Ville-Juifve, où son habit de Cordelier lui fut rendu, & où on lui fournit trente livres pour se retirer où il voudroit, avec défenses de retourner jamais dans le Royaume, à peine d'y être pendu & étranglé. Cet exemple est d'autant plus remarquable que ceux qui ont depuis soûtenu la même proposition, comme Jean Tanquerel, Bachelier en Théologie, sous Charles IX. & Frere Florentin Jacob, Augustin, sous Henry le Grand, n'ont pas été traités si sevèrement.

¶ Le Pere Schottus, Jesuite, écrivoit souvent à nos gens. Voici la copie d'une lettre, dont je garde l'original, qu'il écrivoit à Mr. Vossius le pere, où il n'a osé se nommer.

MESLE'ES

Doctissimo Viro
GERARDO JOANNI VOSSIO
S. P.

Lug. Bat.

INcidi nuper, doctissime VOSSI, dum Officinas identidem per transeo, in Opus tuum DE HISTORICIS GRÆCIS, eruditum sanè & ad meum gustum Coëmi, dumque investigo qua in limine Cunæus J. C. ait de Arte Historia à te præmissa esse, non hic repperi, negantque sibi visa. Si exiit annis prioribus, jube ut Elzevirii mihi curent. Narro tibi apud me collecta esse, veluti naufragii scalmos, Veterum Historicorum Græcorum Fragmenta, ut Latinorum edidit & Fulvius Ursinus, ab Ant. Augustino collecta, ut nosti, & Ant. Ricobonus. Si putas istic tuâ opera vulgari posse, non meo apposito nomine, (hâc lege) mittam ad te per Tabellarium, cui tantum portandi persolves laborem, præterea nihil. Rhetores adhuc antiquos collectos habeo, & nonnihil illustratos; qui & tuam implorant opem, quia Rhetorica tam excellenter semel iterumque edenda curasti, ut & de PRISCIS RHETORIBUS Libellum, quem legi libenter, ut antea Tragicorum Veterum Latinorum à te digestas Reliquias. Macte porro; & Græcos, Latinosque Scriptores, ut cœpisti, illustrare, ac compingere perge. FELICITER Vale. Salutat te tenebrio, qui PHOTIUM dedit latinè. Antuerpiæ 24. Maii 1624.

Le Pere Schottus mourut l'an 1636. âgé de 84. ans, après avoir donné au public plusieurs ouvrages. Mr. Vossius garde dans sa Bibliothéque, les Lyriques Grecs de Fulvius Ursinus, apostilés de la main de ce Jesuite & de la mienne.

¶ Maynard dans ses POESIES :

Je ne dois pas encore attendre
Que tu sois un de mes lecteurs :
Tu n'approuves que les auteurs,
Dont la tombe garde la cendre.
Ton puissant esprit m'a charmé,
Et l'honneur d'en être estimé
Est le plus grand que je demande :
Mais GUYET *pour me l'acquerir,*
Ma vanité n'est pas si grande
Que je me hâte de mourir.

¶ Martial dit la même chose dans cette Epigramme :

Miraris Veteres, Vacerra, solos,
Nec laudas nisi mortuos Poetas.
Ignoscas petimus, Vacerra; tanti
Non est ut placeam tibi, perire.

¶ Je ne vois proprement que six théologiens Protestans, (je parle de ceux qui ont écrit), qui ayent été d'une grande litterature ; Rainold (1), Usserius, & Cataker en Angleterre ;

(1) Le Rainold dont parle ici Mr. Colomiés, s'appelloit Jean. Il avoit un frere, nommé Guillaume, qui se rendit fameux, aussi-bien que lui par son erudition & par ses ouvrages de contro-

Angleterre, Blondel, Petit, & Bochard en France. Mais comme il n'y a point de si beau visage qui n'ait ses taches, ces grands hommes ne sont pas aussi sans défauts. Rainold est un peu trop zélé pour le calvinisme : Usserius n'a pas le discernement fort fin : Gataker a un stile trop affecté : Blondel parle fort mal, & fait très-souvent des fautes : Petit conjecture peu heureusement ; & Bochard s'étend trop à prouver des choses communes.

verse. Ils furent élevés l'un & l'autre dans les principes de la réformation ; mais Jean ayant passé en France, y changea de religion, & se fit Prêtre. Guillaume en fut si touché, qu'il resolut de l'aller voir, pour tâcher de le ramener à l'Eglise Anglicane. Ils disputerent avec tant de chaleur, & pousserent si loin les difficultés de part & d'autre, que chacun se trouvant accablé sous le poids de celle de son adversaire, les reduisit en preuves directes, & passa dans son sentiment. Jean quitta le papisme, & revint en Angleterre, où il a été un des plus zelés défenseurs de la réformation ; & Guillaume demeura de-là la mer, où il a écrit contre les réformés avec tout l'emportement & toute l'aigreur imaginable. Un évenement si extraordinaire donna occasion au Docteur Alabaster de faire l'épigramme suivante :

Bella inter geminos plusquam civilia fratres,
Traxerat ambiguus Religionis apex :

Ille

Ille Reformata Fidei pro partibus instat :
Iste reformandam denegat esse Fidem.
Propositis causa rationibus alterutrinque,
Concurrere, pares & cecidere pares.
Quod fuit in votis, Fratrem capit alteruterque ;
Quod fuit in fatis, perdit uterque Fidem.
Captivi gemini sine captivante fuerunt,
Et victor victi transfuga Castra petit.
Quod genus hoc pugnae est ubi victus gaudet uterque,
Et tamen alteruter se superasse dolet ?

Voilà le fait, tel qu'il est raporté par Pierre Heylyn dans sa COSMOGRAPHIE, & par plusieurs autres auteurs. Cependant Mr. Wood prétend que la chose ne se passa pas de cette maniere. Il dit seulement que le Comte de Leicester étant allé en 1584. visiter l'Université d'Oxford, dont il étoit Chancelier, voulut bien assister le matin aux leçons publiques, & l'après-dîné à une dispute de Théologie, qui fut remarquable par la chaleur avec laquelle disputerent Jean & Edmund Rainolds Freres : le premier défendant l'Eglise Anglicane, & l'autre soûtenant le Papisme. Il ajoûte que cet Edmund, qui étoit cadet de Jean, mourut dans la Communion Romaine, après avoir vécu d'une maniere fort obscure.

J'aurois souhaité que Mr. Wood se fut donné la peine de refuter l'histoire du Dr. Heylyn, & de répondre à quelques difficultés qui naissent de la sienne : mais il se contente de dire en general que tous ceux qui l'ont crue se trompent. En attendant que quelqu'un traite à fonds cette matiere, je prefererai le Narré du Dr. Heylyn à celui de Mr. Wood. Car 1°. on ne sauroit appliquer les vers du Dr. Alabaster

Alabaster, qui vivoit actuellement dans ce tems-là, à l'hypothése de Mr. Vvood. Ils disent positivement que chaque frere changea de sentiment, & passa dans le parti de son adversaire: au lieu que Mr. Vvood soûtient, qu'on ne pouvoit pas dire qu'ils eussent eu aucun avantage l'un sur l'autre. *De his perperam fertur, Antagonistam in sententiam suam utrumque pertraxisse; velitationibus enim iis, quantum ad eruditionem spectat, ita sunt perfuncti, ut neuter alteri palmam videatur præripuisse.* 2°. Tout ce qu'il dit là-dessus n'est fondé que sur je ne sai quel manuscrit inconnu; & sur le témoignage du Jesuite Person, dont l'autorité ne sauroit être d'un plus grand poids que celle d'Alabaster, d'Heylyn, & de tous les auteurs qui ont parlé de ce fait. 3°. Mr. Vvood lui-même varie dans ses narrés: il rapporte ce fait dans un autre endroit, à peu près de la même maniere que l'a écrit le docteur Heylyn. 4°. Enfin, quoique les deux livres de M. Vvood soient très-curieux, & très-dignes d'être lûs, il faut pourtant se souvenir que cet auteur ne passe pas pour fort judicieux; qu'il n'a pas examiné avec assez de discernement les memoires qu'on lui a fournis; qu'il fait perpetuellement le panegyrique des auteurs Catholiques Romains, & qu'il se déchaîne violemment contre les Puritains & les Non-conformistes: il n'a même pas épargné plusieurs personnes illustres de l'Eglise Anglicane.

¶ Pierre Galés, Espagnol (1), merite que l'on tire son nom de l'oubli. C'étoit un savant

---

(1) Florimond de Rémond le fait Italien, au chap. 18. de son traité DE L'ANTE-CHRIST; mais il se trompe.

savant personnage, qui ayant été mis à la gêne dans Rome, pour avoir été soupçonné de la religion, y perdit un œil. Depuis, étant venu à Genéve, il y enseigna la philosophie, & fut quelque tems après Recteur du College de Guyenne à Bourdeaux. D'où étant sorti, à cause de l'envie qu'on lui portoit, il laissa la France pour aller en Flandre ; où ayant été découvert de la religion, & mis entre les mains des espagnols ses compatriotes, le plus doux traitement qu'il en reçût, fut d'être brûlé par un decret de l'Inquisition. Le Pere Schottus, qui étoit flamand, & qui pour l'honneur de son pays, a peut-être voulu dissimuler cette triste mort, en conte l'histoire autrement dans sa Bibliothéque Espagnole, pag. 612. Voici ses termes : *Petrus Galesius Philosophiæ, Græcarum litterarum ac jurisprudentiæ studio Romæ & in Gallia claruit, Burdigalamque ut Aquitanico Gymnasio præesset, salario publico accitus, quâ tempestate bello civili fœderato Gallia flagrabat, militari manu cum conjuge raptus in pyrenais exspirasse fertur, amissâ insigni græcorum exemplarium Bibliotheca.* Ce Galés avoit de bons livres, & même comme vient de dire le Pere Schottus, plusieurs manuscrits. Casaubon, qui l'avoit connu à Genéve,

Genéve, parle dans ses ouvrages de quelques-uns qui lui avoient été communiqués, & loüe même ses conjectures. Cujas dans ses OBSERVATIONS, liv. 10. ch. 11. l'appelle *doctissimum & acutissimum virum*, à l'occasion d'un privilege de l'Empereur Justinien qu'il lui avoit fourni ; & le Pere Labbe, dans sa BIBLIOTHEQUE DE MANUSCRISTS, cite, page 6. *Orientii Monita in Bibliotheca Galesiana reperta.*

¶ J'ai vû dans la Bibliothéque de Vossius un manuscrit latin in-folio, fort gros, qui contenoit tout ce qu'avoit fait chaque jour Leon X. durant le tems de son Pontificat. Vossius faisoit grand cas de ce manuscrit, à cause des choses très particulieres qui s'y lisoient, & que l'on ne trouvoit point ailleurs. Je crois que le celebre Mr. de Peiresc possedoit un pareil livre ; au moins me souviens-je d'avoir vû dans le catalogue de ses manuscrits, *Diarium Pontificatûs Leonis X.*

¶ Golius, que je vis à Leyde, où il étoit Professeur en Arabe, en la place d'Erpénius, étoit fort intelligent dans les langues & dans les Mathématiques ; mais il avoit encore plus de génie que d'érudition. Il acquit beaucoup d'honneur au voyage qu'il fit dans l'Orient l'an 1622. & sur tout à Maroc, avec un Ambassadeur des

Etats, & un Ecuyer du Prince d'Orange. Comme ils furent arrivés dans cette Ville, ils allerent faire la revérence au Roi, qui se nommoit Mouley Zidam, & qui les reçût avec leurs présens fort obligeamment. Il témoigna particulierement être fort content du présent que lui avoit envoyé Erpénius, qui étoit un grand ATLAS & un NOUVEAU TESTAMENT Arabe, dans lequel il lisoit ensuite souvent. L'Ambassadeur des Etats venant à s'ennuyer de ce qu'on ne lui donnoit point son expédition, fut conseillé de présenter au Roi une Requête, que Golius fit en écriture & en langue Arabesque, & en stile Chrétien, extraordinaire en ce pays-là. Le Roi demeura étonné de cette Requête, soit pour l'écriture, soit pour le langage, soit pour le stile ; & ayant mandé les Talips ou écrivains, il leur montra cette Requête, qu'ils admirerent. Il fit aussi-tôt venir l'Ambassadeur, à qui il demanda qui avoit dressé cette Requête. L'Ambassadeur lui ayant dit que c'étoit Mr. Golius, disciple & Envoyé de Mr. Erpénius ; il le voulut voir, & lui parla en Arabe. Mr. Golius lui répondit en Espagnol, qu'il entendoit fort bien ce qu'il lui disoit, mais qu'il ne pouvoit lui répondre en Arabe, parce que la gorge ne lui aidoit point. Le Roy, qui entendoit l'Espagnol, reçût son excuse, &

ayant

ayant accordé à l'Ambassadeur les fins de sa Requête, le fit promptement expédier. Je dois toutes ces particularités à la relation de feu le Gendre Marchand de Roüen, qui se trouva alors à Maroc. Briot en garde une copie, qu'il me communiqua à Paris. Ajoûtons encore un mot au sujet de Golius. Il étoit frere de Pierre Golius, très-savant aussi dans les langues orientales, qui a tourné de latin en arabe le livre de l'IMITATION DE JESUS-CHRIST de Thomas à Kempis, & qui s'étant fait de l'Ordre des Carmes déchaussés, prit le nom de St. Lidwine. Ces deux dignes freres étoient neveux d'un Chanoine d'Anvers, nommé Hémelar, qui a fait un beau livre de Médailles, qui ne se trouve pas aisément.

¶ Jean Leon d'Afrique est un excellent historien. Il écrivit premierement son HISTOIRE en sa langue. L'original s'est vû dans la riche Bibliotéque du Seigneur Vincent Pinelli, le pere des muses de l'Italie. Depuis, s'étant fait Chrétien, il la mit à Rome en langue italienne; d'où elle fut traduite en latin par Jean Fleurian, mais peu fidellement; & en françois par Jean Temporal. J'ai remarqué que Marmol la copie presque par tout, sans nommer l'auteur une seul fois. Jean Leon a encore écrit un petit traité latin DES SÇAVANS QUI ONT ESTÉ PARMI LES ARABES, qu'Hottinger fit imprimer à Zurich l'an 1664. dans son BIBLIOTHEQUAIRE, fut une copie que Cavalcantes lui avoit envoyée de Florence. Il avoit aussi composé une GRAMMAIRE ARABE, que possedoit un medecin Juif nommé Jacob Mantin, au rapport de Ramusio. Dans son HISTOIRE, il parle de quelques autres ouvrages de sa façon, que nous n'avons jamais vûs. C'est dommage qu'il soit retourné au Mahométisme. Je ne sache que Widmanstadius qui marque cette particularité, dans sa belle épître à l'Empereur Ferdinand sur le N. T. Syriaque, imprimé à Vienne l'an 1555. Voici ses termes : *Ægidium Viterbiensem Senatorem doctissimum Arabicæ linguæ præceptis ad hoc diligenter compositis Romæ Leo Eliberitanus instituit. Sed postquam hic Catholicâ Fide cum Punica commutata Tunnetem migrasset, Arabicarum litterarum dignitatem inter Christianos Ægidius propè solus tuetur.*

¶ Mr. de Saumaise a fait deux bévûës assez considerables : l'une dans son traité DE LA TRANSUBSTANTIATION, page 301. où il dit que les Catholiques Romains ne mêlent point d'eau avec le vin dans la célébration de l'Eucharistie ; vû que leur

partique

pratique fait voir le contraire. L'autre dans un endroit de ses notes sur l'HISTOIRE AUGUSTE, (c'est à la page 396.) où il dit qu'un moine de Rheims, nommé Azelin, mit en vers il y a quelques siécles, le petit traité DE LA CE'NE DU SEIGNEUR, attribué à Saint Cyprien. Cependant il n'est rien de plus faux que cela; puisque Mr. de Saumaise nous apprend lui-même par quelques fragmens qu'il apperte du poëme d'Azelin, en d'autres endroits de ces mêmes notes, que la paraphrase que fit ce moine étoit d'un autre livre aussi attribué à saint Cyprien, intitulé CŒNA, qui se trouve à la fin des OEUVRES de ce saint Martyr de l'édition de Morel & de Pamélius. *Habebat hoc Vir illud incomparabilis*, dit fort bien Gronovius dans son livre des SESTERCES, page 46. *ut uberrimo ingenio nulla sufficeret manus, & ubi instituerat scribere nec rerum nec verborum modum nosset. Sic factum est, ut multa illi exciderint, quæ norat ipse melius, & rectiùs alio die tradiderat tradebatque: quæ, si paululùm modo attendisset animum facilè vitasset.*

¶ Erasme a écrit sa vie. François Junius, la sienne. Louis le Roi, dit en latin Regius, celle de GUILLAUME BUDE'. Julien Brodeau, celle de CHARLES DU MOULIN. Le Cardinal Polus, celle de CHRISTOPHLE DE
Z 3 LON-

LONGUEIL. Guy Patin, celle de PIETRE, inserée dans les ELOGES DES HOMMES ILLUSTRES de Papire Masson. Le Casa, celle des Cardinaux BEMBE, & CONTAREN. Laurent Humphrede, celle de JEAN IWEL. Béze & Drelincourt, celle de CALVIN. Joachim Camératius, celle de MELANCHTHON. Les Théologiens de Strasbourg, celle de BUCER, & de PAUL FAGIUS. Joseph Scaliger, celle de JULE CE'SAR SCALIGER son pere. Samuel Przipcovius Chevalier polonois, celle de FAUSTE SOCIN. George Pflugerus, celle d'ERASME, de CAPNION, & de FRICHLIN. Rittershusius, celle de PIRKEYMERUS. Un Ministre de Genéve, nommé la Faye, celle de BE'ZE. Josias Simler, celles de PIERRE MARTYR, de CONRARD GESNER, & d'HENRY BULLINGER. Jean Sturne, celle de BEATUS RHENANUS. Nicolas Gerbélius, celle CUSPINIEN. Paul Gualdo, celle de VINCENT PINELLI. Jacques Fuligatti, celle de BELLARMIN. Antoine Florebellus, celle de SADOLET. Meric Casaubon, celle de son pere, dans le livre intitulé PIETAS. René Moreau, celle de JACQUES DU BOIS, dit en latin SIVIUS, & celle de PERDULCIS. Aubert Mire, celle de LIPSE. Nicolas Rigault, celle de PIERRE DU PUY. Le Pere Fulgence, celle du P. PAUL. Pierre Gassendi, celles de TYCHO BRAHE' de
COPERNIC,

COPERNIC, & de Mr. de PEIRESC. Antoine Clement, celle de Mr. de SAUMAISE. Charles Pascal, celle de Mr. de PYBRAC. Gerard Vossius, celle de THOMAS ERPENIUS. Joachim Pastorius ab Hirtensberg, qui de Socinien se fit Catholique, celle de CRELLIUS. Mr. Baluze, celle du TASSE. Moyse Amyrault, celle de Mr. de LA NOUE. Mr. de Liques, celle de Mr. DU PLESSIS. Daniel Toussain, celle de BUXTORFE le pere. Luc Gernier, celle de BUXTORFE le fils. Everard Vorstius, celle de CHARLES DE L'ESCLUSE, dit en latin CLUSIUS. Abraham Heidanus, celle de FREDERIC SPANHEIM. Adolphe Vorstius, celle de PIERRE CUNÆUS. Zacharie Schæfferus, celle de GUILLAUME SCHICKARD. Isaac Wake, celle de JEAN RAINOLD. Henri de Valois, celle du P. PETAU. CARDAN, & Mr. DE THOU, la leur. Mr. DE MAROLLES, la sienne. Claude Binet, celle de RONSARD. François le Begue, celle de NIC. LE FE'VRE. Le P. Jacob, celle de NAUDE'. Papire Masson, celle de CUJAS. Mr. Borel, celle de DESCARTES. Daillé, celle de son pere. Le Pere Fronteau, celle de Mr. BIGNON. Le P. l'Allemand, celle du P. FRONTEAU. Mr. Arnoldus, celle de VELSER. Mr. de Valois, celle de HENRI DE VALOIS son frere. Mr. Motin, celle de Mr. PAULMIER DE GRENTEMESNIL.

272 OEUVRES

TEMESNIL. Gabriel Michel de la Roche-Maillet, celle de SCEVOLE DE SAINTE MARTHE. Jean-François Pic, celle de JEAN PIC, Comte de la MIRANDOLE son oncle, & celle de SAVONAROLA. Leo Allatius, celle de JULES-CESAR LAGALLA. Pierre Gallandius, celle de PIERRE CASTELLANUS. André Dudithius, celle du Cardinal POLUS. Et moi, celle du P. SIRMOND.

¶ Mr. Ménage dans ses POESIES Françoises, dit :

Ce Portrait ressemble à la belle ;
Il est insensible comme elle.

Le divertissant Colletet, à la page 24. de son DISCOURS DE L'EPIGRAMME, loüe celle-ci comme étant de l'invention de Mr. Ménage(1). Pour moi, j'ai de la peine à croire qu'il n'ait pas pensé en la faisant à ce sizain de Mr. l'Estoile :

Pour Cloris on fit ce portrait,
Mais on n'y peut voir aucun trait

___

(1) Les amis de Mr. Ménage prétendent que cette pensée peut naturellement se présenter à plus d'une personne, & ils ont sans doute raison. Mais à quoi bon ce détour, puis qu'ils font convenir Mr. Ménage lui-même de la remarque de Mr. Colomiés ? Voyez le I. Tome du MENAGIANA, p. 323. de la seconde édition de Hollande.

De ceux qui la rendent si belle:
Il lui ressemble seulement
Pour être insensible comme elle
Aux passions de son amant.

¶ Celui à qui la Reine Marguerite adresse ses MEMOIRES, n'est pas Messire Charles de Vivone, Baron de la Chastaigneraye, comme prétend Auger de Mauléon, sieur de Granier, qui les a donnés au public; mais Messire Pierre de Bourdeille, Seigneur de Brantôme, l'un des plus dignes hommes de son tems; qui a fait un discours sur la vie de la Reine Marguerite, inseré dans ses FEMMES ILLUSTRES, où il parle assez au long de Pau, du voyage de la Reine en France, du Maréchal de Biron, d'Agen, & de la sortie du Marquis de Canillac du Château d'Usson en Auvergne. Si l'on se donne la peine de comparer tous ces endroits avec ce que dit la Reine Marguerite dès le commencement & dans la suite de ses MEMOIRES, j'ose me persuader qu'il y aura peu de personnes qui n'approuvent ma conjecture. Il paroît en effet par les MEMOIRES de cette Princesse, qu'elle y refute indirectement quelques endroits du discours de Mr. de Brantôme. Et plût à Dieu que nous eussions ces MEMOIRES un peu plus entiers qu'on ne les a publiés! Nous y verrions, suivant la promesse de cette Reine, de quelle

façon

façon elle détruit ce que dit si galamment Mr. de Brantôme, de la sortie du Marquis de Canillac du Château d'Usson en Auvergne. Mais pour autoriser davantage ma conjecture, le lecteur remarquera que cette Princesse appelle dans ses MEMOIRES Madame de Dampierre, Tante de celui à qui elle parle; Madame de Retz, sa cousine; & Mr. d'Ardelay, son brave frere. Ce qui convient précisément à Mr. de Brantôme, qui nomme souvent dans ses MEMOIRES Madame de Dampierre (1), sa tante; Madame de Retz, dans la vie du Maréchal de Biron, sa cousine; & Mr. d'Ardelay (2), au discours des Colonels, son frere; qui fut tué, comme il dit, dans Chartres, en le défendant très-vaillamment. Après cela je ne dirai point, que Mr. de Brantôme étoit particulierement connu de cette Princesse, qu'il recevoit de tems en tems de ses lettres, & qu'il lui a dédié par reconnoissance, ses HOMMES ILLUSTRES E'TRANGERS. J'ajoûterai seulement, que je ne saurois m'empêcher de croire, que c'est de ce même

---

(1) Diane de Vivonne, Mere de Madame de Retz, qui se nommoit Claude Catherine de Clermont, & qui épousa en secondes nôces Albert de Gondy, Maréchal de Retz.

(2) Jean de Bourdeille.

me Seigneur, dont veut parler cette grande Reine, dans ces belles & magnifiques paroles: *Mon histoire seroit digne d'être écrite par un Cavalier d'honneur, vrai françois, né d'illustre maison, nourri des Rois mes pere & mere, parent & familier ami des plus galantes & honnêtes femmes de nôtre tems, de la Compagnie desquelles j'ai eu ce bonheur d'être.*

Produisons ici, avant que de finir, un fragment des MEMOIRES de cette Princesse, qui ne se trouve point dans les imprimés, tiré des COMMENTAIRES de Théveneau, sur les PRECEPTES de saint Loüis à Philippe III. son fils: La Reine Marguerite, dit-il, (page 421.) a laissé par histoire de la Cour écrite à la main, & qui est tombé entre les miennes, que sur toutes choses la Reine Catherine sa mere, avoit pris garde que ses enfans ne fussent abreuvez des dogmes de Calvin; & qu'un jour elle tira des pochettes de Henry II. les PSEAUMES de la Version de Marot, & chassa ceux qui étoient près de lui, & qui s'efforçoient de lui faire goûter le breuvage d'une nouvelle doctrine.

¶ Scipion Tetti, Napolitain, a fort peu écrit. Nous n'avons de lui qu'une Dissertation DE APOLLODORIS, qui est au devant de la BIBLIOTHEQUE, D'APOLLORE de Benedictus Æglus, & un CATALOGUE DE MANUSCRITS des meilleures Bibliothéques

ques d'Italie, que le Pere Labbe a fait imprimer dans sa Bibliothéque de manuscrits, page 166. Mr. de Thou étant à Rome apprit de Muret, que ce Tetti avoit été envoyé aux galeres pour avoir mal parlé de la Divinité. Il est loüé par Alde Manuce, fils de Paul, dans son traité de l'ORTHOGRAPHE, page 50.

¶ Le nom de COLOMIE'S est assez ancien dans l'histoire. Dès l'an 1209. je trouve un Guidon de Colomiés dans l'HISTOIRE DE MELUN de Roüillard, pag. 375. & l'an 1297. un Edme de Colomiés entre les Prevôts Royaux de Melun, page 470. L'an 1229. vivoit un Pierre de Colomiés, dit en latin Petrus de Collomedio, (que les uns font françois, les autres italien,) dont parlent les Historiens de France de du Chesne, & la CHRONOLOGIE HISTORIALE des Archevêques de Roüen, écrite par Jean Dadré. Il fut d'abord au service de Pandolfe, Evêque de Norwic en Angleterre; Ensuite Prevôt de l'Eglise de Saint Omer en Artois; depuis Archevêque de Roüen (1), & enfin Cardinal du Titre d'Albane, à cause de quoi

___

(1) Dans l'onziéme tome du Recueil de Dom Luc d'Achery, moine Benedictin, se trouve un accord de l'an 1237. entre cet Archevêque & les Chanoines de Saint Mellon de Pontoise-

de quoi il est nommé Petrus Albanensis dans la Bulle (1) d'Innocent IV. pour la déposition de l'Empereur Fréderic II. Il mourut l'an 1153. une marche de degré par où il passoit s'étant affaissée, & l'ayant accablé sous ses ruines. Son éloge se voit dans les vers suivans :

Hanc Sedem (2) Petrus medio de colle subivit
In quo Jus, Pietas, Ratio, Lex, Gratia fulsit,
Ortu Campanus, Sensu Cato, Dogmate canus,
Cujus larga manus, ad summa negotia Janus,
Inclytus Athleta Fidei, propria nece spreta,
Sulcans classe freta, fuit hosti præda quieta,
Mors rapax pardi, tulit hunc Urbs & sibi
Cardinalem fecit eum, vidua rapiens Elisæum.

LES ANNALES DE HAINAUT de Jacques de Guise, font mention d'un Guy de Colomiés, Evêque de Cambray, que Messieurs de S. Marthe & Ughelli font italien.

DANS la Gascogne du côté de Toulouse, j'apprens qu'il y a eu & y a encore aujourd'hui, plusieurs familles assez considérables du nom de Colomiés. Le Président Gramond

dans

---

(1) Cette Bulle est differemment rapportée par Matthieu Paris dans son Histoire, & par Schardius au commencement des Epîtres de Pierre des Vignes.

(2) Rothomagensem scilicet.

dans son HISTOIRE DE FRANCE, page 448. parle avec éloge d'un Mr. de Colomiés qui commandoit pour le Roi au siege de Montauban.

Dans le Bearn, le plus ancien que je trouve qui ait porté le nom de Colomiés, est un Juge d'Oleron, loüé par Olhagaray dans son HISTOIRE DE NAVARRE, page 552.

La Maison de Colomiés en Bearn (d'où je suis sorti) porte de gueules, au château sommé de trois tours d'argent.

¶ Les juifs modernes, au rapport de Buxtorfe le fils dans sa SYNAGOGUE de la derniere édition, ch. 45. disent que pour chasser la fiévre quarte, il ne faut que prononcer le mot ABRACALAN, en diminuant toûjours d'une lettre. Julius Africanus dans son grand ouvrage intitulé KESTOI, qui se trouve manuscrit dans la Bibliothéque du Roi d'Espagne, & Serenus Samonicus dans son poëme DE MEDICINA, attribuent le même effet au mot ABRACADABRA, ainsi prononcé. Il se peut faire que les juifs ayent tiré leur recette de l'un de ces deux auteurs.

¶ Erasme est un des plus grands théologiens qui ait vécu depuis les Apôtres. Ses PARAPHRASES SUR LE NOUVEAU TESTAMENT sont si belles, que peu s'en faut que je ne les tienne divinement inspirées.

Elles

Elles valent tous nos Commentaires (1), sans excepter ceux de Calvin, qui les a suivies en plusieurs endroits fort utilement ; mais qui s'en éloigne en d'autres, aussi-bien que Béze, sans grande raison. Son stile n'est pas moins doux ni moins agréable que son raisonnement est touchant. Ses ADAGES marquent un grand savoir, & ses EPITRES un rare génie. Sa piété brille dans tous ses écrits ; mais particulierement dans ses COMMENTAIRES sur quelques Pseaumes, & dans son Traité intitulé LE PREDICATEUR. Ses ennemis furent en grand nombre ; mais il en sut triompher avec tant d'adresse, qu'il ravit même quelques-uns d'eux en admiration. Enfin Erasme fut l'ornement de son siecle, & le seroit sans doute encore du nôtre, si nous lisions ses ouvrages avec un esprit moins préoccupé.

(1) Scaliger dans les seconds SCALIGERANA, p. 73. Jamais Papiste, Luthérien, ni Calviniste n'a fait un meilleur Livre, ni plus élegant qu'est la PARAPHRASE d'Erasme sur le N. T.

XI. MEMOIRES
DE MADAME LA DUCHESSE
MAZARIN

Par Mr. l'Abbé de S. Real.

A M***

Puisque les obligations que je vous ai sont d'une nature à ne devoir rien ménager pour vous témoigner ma reconnoissance, je veux bien vous faire le recit de ma vie que vous demandez. Ce n'est pas que je ne sache bien la difficulté qu'il y a à parler sagement de soi-même, & vous n'ignorez pas non plus, la répugnance naturelle que j'ai à m'expliquer sur les choses qui me regardent ; mais il est encore plus naturel de se défendre contre la médisance, du moins auprès de ceux qui nous ont rendu de grands services. Ils meritent bien qu'on leur fasse connoître qu'on n'est pas tout-à-fait indigne de les avoir reçûs. En tout cas, je ne saurois user plus innocemment du loisir de ma retraite. Que si les choses que j'ai à vous raconter, vous semblent tenir beaucoup du roman, accusez-en ma mauvaise destinée plûtôt que mon inclination. Je sçai que la gloire d'une femme consiste à ne faire point parler d'elle, & ceux qui me connoissent, sçavent assez que toutes les choses d'éclat ne me plaisent point : mais on ne choisit pas toûjours le genre de vie qu'on voudroit mener, & il y a de la fatalité dans les choses mêmes qui semblent dépendre le plus de la conduite.

Je ne vous parlerois point de ma naissance, quelque avantageuse qu'elle soit, si les envieux de mon oncle ne s'étoient point efforcez d'en ternir l'éclat ; mais puisque leur rage s'est étenduë à tout ce qui lui appartenoit, il m'est bien permis de vous dire, que je suis d'une des plus anciennes familles de Rome, & que mes ayeuls depuis plus de trois cens ans, y tiennent un rang assez considerable, pour me faire passer mes jours heureusement, quand je n'aurois pas été heritiere d'un premier Ministre de France. L'Académie des beaux esprits de ce païs-là, qui commença aux nôces d'un Gentilhomme de ma Maison, fait assez voir la consideration où cette Maison étoit dès-lors : & pour surcroît de bonheur, j'ai l'avantage d'être née d'un pere, que sa vertu & ses lumieres extraordinaires élevoient au-dessus des plus honnêtes gens de nos ayeuls.

Je fus amenée en France à l'âge de six ans, & peu d'années après M. Mazarin refusa ma sœur la Connétable, & conçut une inclination si violente pour moi, qu'il dit une fois à Madame d'Eguillon, que pourvû qu'il m'épousât, il ne se soucioit pas de mourir trois mois après. Le succès a passé ses souhaits, il m'a épousée, & n'est pas mort, Dieu merci. Aux premieres nouvelles que Monsieur le Cardinal apprit de cette passion, il parut si éloigné de l'approuver, & si outré du refus que M. Mazarin avoit fait de ma sœur, qu'il dit plusieurs fois, qu'il me donneroit plûtôt à un valet.

Ce ne fut pas la seule personne à qui j'eus le malheur de plaire. Un eunuque italien, musicien de Monsieur le Cardinal, homme de beaucoup d'esprit, fut accusé de la même chose ; mais il est vrai que c'étoit également pour mes sœurs & pour moi. On lui faisoit même la guerre qu'il étoit encore amoureux des belles statuës du Palais Mazarin ; & il faut bien que l'amour de cet homme portât malheur, puisque ces pauvres statuës en ont été punies si cruellement aussi-bien que moi, quoi qu'elles ne fussent pas plus criminelles.

Il ne tenoit pas à ma sœur la Connétable que je n'aimasse quelque chose de même que j'étois aimée. Comme elle avoit un attachement sincere pour le Roi, elle auroit bien souhaité de me voir quelque foiblesse semblable. Mais mon extrême jeunesse ne me permettoit pas de m'attacher à rien, & tout ce que je pouvois faire pour l'obliger, c'étoit de témoigner quelque complaisance particuliere pour ceux des jeunes gens que nous voyons, qui me divertissoient davantage, dans les jeux d'enfant qui m'occupoient alors. La présence du Roi qui ne bougeoit du logis les troubloit souvent. Quoi qu'il vécut parmi nous avec une bonté merveilleuse, il a toûjours eu quelque chose de si serieux & de si solide, pour ne pas dire de si majestueux, dans toutes ses manieres, qu'il ne laissoit pas de nous imprimer le respect, même contre son intention. Il n'y avoit que ma sœur la Connétable qu'il ne gênoit pas; & vous comprenez aisément que son assiduité avoit des agrémens pour ceux qui en étoient cause, qu'elle n'avoit pas pour les autres.

Comme les choses que la passion fait faire, paroissent ridicules à ceux qui n'en ont jamais senti; celle de ma sœur l'exposoit souvent à nos railleries. Une fois entr'autres nous lui fîmes la guerre, de ce qu'appercevant de loin un Gentilhomme de la maison qui étoit de la taille du Roi, & qu'elle ne voyoit que par derriere, elle avoit couru à lui les bras ouverts, en criant, *ha! mon pauvre Sire.* Un autre chose qui nous fit fort rire en ce tems-là, fut une plaisanterie que Monsieur le Cardinal fit à Madame de Boüillon qui pouvoit avoir six ans. La Cour étoit pour lors à la Fére.

Un jour qu'il la railloit sur quelque galant qu'elle devoit avoir, il s'avisa à la fin de lui reprocher qu'elle étoit grosse. Le ressentiment qu'elle en témoigna le divertit si fort, qu'on résolut de continuer à le lui dire. On lui étrecissoit ses habits de tems en tems, & on lui faisoit accroire que c'étoit elle qui avoit grossi. Cela dura autant qu'il falloit pour lui faire paroître la chose vrai-semblable; mais elle n'en voulut jamais rien croire, & s'en défendit toûjours avec beaucoup d'aigreur, jusqu'à ce que le tems de l'accouchement étant arrivé, elle trouva un matin entre ses draps un enfant qui venoit de naître. Vous ne sauriez comprendre quel fut son étonnement & sa désolation à cette vûë. *Il n'y a donc,* disoit-elle, *que la Vierge & moi à qui cela soit arrivé, car je n'ai du tout point eu de mal.* La Reine la vint consoler, & voulut être marraine, beaucoup de gens vinrent se réjoüir avec

l'acl'accouchée, & ce qui avoit été d'abord un passe-tems domestique, devint à la fin un divertissement public pour toute la Cour. On la pressa fort de déclarer le pere de l'enfant ; mais tout ce qu'on en put tirer fut, *que ce ne pouvoit être que le Roi ou le Comte de Guiche, parce qu'il n'y avoit que ces deux hommes-là qui l'eussent baisée.* Pour moi qui avoit trois ans plus qu'elle, j'étois toute glorieuse de savoir la verité de la chose, & je ne pouvois me lasser d'en rire pour faire bien voir que je la sçavois.

Vous aurez sans doute peine à croire, que dans cet âge où l'on ne songe d'ordinaire à rien moins qu'à raisonner, je fisse des refléxions aussi sérieuses que j'en faisois sur toutes les choses de la vie. Cependant il est vrai que mon plus grand plaisir en ce tems-là étoit de m'enfermer seule pour écrire tout ce qui me venoit dans la pensée. Il n'y a pas long-tems que quelques unes de ces écritures me tomberent encore sous la main, & je vous avouë que je fus étrangement surprise d'y trouver des choses si éloignées de la capacité d'une petite fille. Ce n'étoient que doutes & questions que je me proposois à moi-même sur toutes les choses qui me faisoient peine à comprendre. Je ne les décidois jamais assez bien à mon gré ; je cherchois pourtant avec obstination ce que je ne

sçavois

sçavois pas trouver; & si ma conduite n'a pas marqué depuis beaucoup de jugement, j'ai du moins cette consolation que j'avois grande envie d'en avoir.

Il me souvient encore, qu'environ ce même tems, voulant écrire à une de mes amies que j'aimois fort, je me lassai à la fin de mettre tant de fois : je vous aime; dans une même lettre, & je l'avertis que je ne ferois plus qu'une Croix pour signifier ces trois mots-là. Suivant cette belle invention, il m'arrivoit quelquefois d'écrire des lettres à cette personne, où il n'y avoit autre chose que des lignes toutes de Croix l'une après l'autre. Une de ces lettres tomba depuis entre les mains de gens qui avoient interêt d'en pénetrer le mystere; mais ils ne sçurent jamais rien comprendre dans un chiffre si devot.

Mon enfance s'étant passée parmi ces divers amusemens, on parla de me marier. La fortune qui vouloit me rendre la plus malheureuse personne de mon sexe, commença en faisant semblant de me vouloir faire Reine, (& il n'a pas tenu à elle qu'elle ne m'ait rendu odieux le parti qu'elle me destinoit, par la comparaison de ceux dont elle me flatta d'abord.) Cependant je puis me rendre ce témoignage, que ces illustres partis ne m'éblouïrent pas ; & Mr. Mazarin

n'oseroit

n'oseroit dire qu'il ait jamais remarqué en moi de vanité qui fut au-dessus de ma condition.

Tout le monde sçait les propositions qui furent faites à diverses reprises, de me marier avec le Roi d'Angleterre; & pour le Duc de Savoye, vous sçavez ce qui s'en dit au voyage de Lyon, & que l'affaire ne se rompit que par le refus, où Monsieur le Cardinal s'obstina d'abandonner Genéve en considération de ce mariage. Nous logions en belle-cour, & les fenêtres de nos chambres qui répondoient sur la place, étoient assez basses pour y monter aisément. Madame de Venelle, nôtre gouvernante, étoit si accoûtumée à faire son métier de surveillante, qu'elle se levoit même en dormant pour venir voir ce que nous faisions. Une nuit entr'autres que ma sœur dormoit la bouche ouverte, Madame de Venelle la venant tâtonner à son ordinaire, en dormant aussi, lui mit le doit dedans si avant, que ma sœur s'en réveilla en sursaut, en la mordant bien serré. Jugez quel fut leur étonnement de se trouver toutes deux dans cet état, quand elles furent tout-à-fait éveillées; ma sœur se mit en une colere étrange; on en fit le conte au Roi le lendemain, & toute la Cour en eut le divertissement.

Soit modestie, soit dissimulation, Monsieur

sieur le Cardinal parut toûjours aussi contraire que la Reine, à l'attachement que le Roi avoit pour ma sœur. Aussi-tôt que le mariage d'Espagne fut conclu, il n'eut rien de plus pressé que de l'éloigner, de peur qu'elle n'y apportât de l'obstacle. Il nous envoya, quelque tems après le retour de Lyon, l'attendre à Fontainebleau. De-là il nous mena à Poitiers, où il lui donna le choix de se retirer où il lui plairoit. Elle choisit la Rochelle; & Mr. le Cardinal qui vouloit la dépaïser encore davantage, lui fit enfin proposer à Broüage, par Monsieur de Fréjus, d'épouser Monsieur le Connétable; mais elle le refusa, n'étant pas encore attirée en Italie, par ce qui l'y attira depuis.

Il avoit résolu de mener Madame de Boüillon & moi au mariage du Roi : mais ma sœur la Connétable s'étant obstinée à ne nous laisser pas aller quand il nous envoya querir, si elle n'y alloit aussi ; il aima mieux se priver du plaisir de nous y voir, que de la laisser venir avec nous. Au retour de la frontiere on nous fit venir à Fontainebleau où la Cour étoit. Le Roi traita ma sœur assez froidement, & son changement commença de la résoudre à se marier en Italie. Elle me prioit souvent de lui en dire le plus de mal que je pourrois. Mais outre qu'il qu'il étoit assez difficile d'en trouver à dire d'un Prince fait comme lui, & qui vivoit parmi nous avec une familiarité & une douceur charmante. L'âge de dix ans où j'étois alors, ne me permettoit pas de bien comprendre ce qu'elle souhaitoit de moi; & tout ce que je pouvois faire pour son service, la voyant fort désolée, & l'aimant tendrement, c'étoit de pleurer avec elle son malheur, en attendant qu'elle m'aidât à pleurer les miens.

Le chagrin que Monsieur le Cardinal avoit de sa liaison avec le Roi, lui avoit donné une grande aversion pour elle; & comme cette intrigue avoit commencé d'abord qu'elle parut dans le monde, on peut presque dire qu'il ne l'avoit jamais aimée. L'humeur de mon frere ne lui plaisoit guére davantage, & sa conduite encore moins; surtout depuis qu'on l'accusa d'avoir été de la débauche de Roissi: car une des choses sur lesquelles il étoit le plus mécontent de nous, c'étoit la devotion. Vous ne sçauriez croire combien le peu que nous en avions, le touchoit. Il n'est point de raisons qu'il n'employât pour nous en inspirer. Une fois entr'autres se plaignant de ce que nous n'entendions pas la Messe tous les jours, il nous reprocha que nous n'avions ni pieté, ni honneur. Au moins, disoit-il, si vous ne l'entendez pas pour Dieu, entendez-la pour le monde.

Quoique j'eusse autant de part que les autres à ses remontrances ; néanmoins, soit que comme la plus jeune, il me jugeât la moins blâmable ; soit qu'il y eut quelque chose dans mon humeur qui lui revînt davantage, il eut long-tems autant de tendresse pour moi, que d'aversion pour eux. C'est ce qui l'obligea à me choisir pour laisser son bien & son nom au mari qu'il me donneroit ; ce fut encore ce qui le rendit plus soigneux de ma conduite que de celle des autres ; & à la fin aussi plus mécontent quand il crut avoir sujet de s'en plaindre. Il craignoit fort que je m'engageasse d'inclination. Madame de Venelle qui avoit ordre de m'épier, me parloit incessamment de tous les gens qui me frequentoient, & que je pouvois aimer, afin de découvrir par mes discours, mes sentimens pour chacun d'eux. Mais comme je n'avois rien dans le cœur, elle n'y pouvoit rien connoître, & elle seroit encore en cette peine, si l'indiscretion de ma sœur n'eût pas donné lieu à croire ce que je n'y avois pas.

Je vous ai dit qu'elle vouloit toûjours que j'aimasse quelque chose. Elle me pressa durant plusieurs années avec tant d'instance de lui dire, s'il n'y avoit point d'homme à la Cour qui me plût plus que les autres ;

mais

mais vaincuë par son importunité, je lui avoüai à la fin : Que je voyois quelquefois « au logis un jeune garçon qui me revenoit « assez ; mais que je serois bien fâchée qu'il « me plût autant que le Roi lui plaisoit à elle. « Ravie de m'avoir tiré cet aveu de la bouche, elle m'en demanda le nom. Mais je ne le sçavois pas ; & quelque peine qu'elle se donnât pour m'obliger à le dépeindre, elle fut plus de deux mois à m'en faire la guerre sans le connoître. Elle sçut à la fin que c'étoit un Gentilhomme Italien, nouvellement sorti de Page de la Chambre, qui n'étoit encore que Sous-Lieutenant aux Gardes, & & qui fut tué il y a quelques années en Flandres dans une charge beaucoup plus élevée. Elle me dit son nom, & le dit aussi au Roi à qui elle fit fête de ma prétenduë inclination, & pour qui elle n'avoit rien de secret. Monsieur le Cardinal le sçut bien-tôt après ; & croyant que ce fut toute autre chose que ce n'étoit, il m'en parla avec un emportement étrange. C'étoit justement le vrai moyen de faire quelque chose de rien ; & si j'avois été capable de m'engager par dépit, les reproches qu'il me fit, m'auroient fait résoudre à les meriter.

Comme le Cavalier étoit familier dans la maison, le bruit que Monsieur le Cardinal avoit fait, alla jusqu'à lui, & lui fit peut-être

être venir une pensée qu'il n'avoit pas. Quoi qu'il en soit, il trouva moyen de me la faire connoître, & il ne tint pas à ma sœur que je ne répondisse à sa passion au lieu de la mépriser.

Cependant Monsieur le Cardinal empiroit à vûë d'œil. Le désir d'éterniser son nom l'emporta sur l'indignation qu'il avoit conçûë contre moi, il s'en ouvrit à l'Evêque de Frejus, & lui demanda son avis sur plusieurs partis qu'il avoit dans l'esprit. L'Evêque gagné par Mr. Mazarin moïennant une promesse de cinquante mille écus, n'oublia rien pour les meriter. Il ne les a pourtant jamais touchés. Il rendit le billet qu'on lui en avoit fait d'abord, en laissant entendre, qu'il aimeroit mieux l'Evêché d'Evreux, s'il se pouvoit ; mais le Roi en ayant disposé ailleurs, après deux mois d'importunité de M. Mazarin. Mr. de Frejus redemanda les cinquante mille écus, & Mr. Mazarin ne se trouva plus en état de les donner.

Aussi-tôt que le mariage fut conclu, il m'envoya un grand cabinet, où entr'autres nippes, il y avoit dix mille pistoles en or. J'en fis bonne part à mon frere & à mes sœurs, pour les consoler de mon opulence, qu'elles ne pouvoient voir sans envie, quelque mine qu'elles fissent. Elles n'avoient pas même besoin de m'en demander. La clef demeura toûjours où elle étoit, quand on l'apporta; en prit qui voulut, & un jour entr'autres que nous n'avions pas de meilleur passetems, nous jettâmes plus de trois cens loüis par les fenêtres du Palais Mazarin pour avoir le plaisir de faire battre un peuple de valets qui étoit dans la cour. Cette profusion étant venuë à la connoissance de Monsieur le Cardinal, il en eut tant de déplaisir qu'on crut qu'elle avoit hâté sa fin. Quoi qu'il en soit il mourut huit jours après, & me laissa la plus riche heritiere, & la plus malheureuse femme de la Chrétienté.

A la première nouvelle que nous en cûmes, mon frere & ma sœur, pour tout regret, se dirent l'un à l'autre, Dieu merci il est crevé. A dire vrai, je n'en fus guére plus affligée, & c'est une chose remarquable qu'un homme de ce merite, après avoir travaillé toute sa vie pour élever & enrichir sa famille, n'en ait reçû que des marques d'aversion, même après sa mort. Si vous sçaviez avec quelle rigueur il nous traitoit en toutes choses, vous en seriez moins surpris. Jamais personne n'eut les manieres si douces en public, & si rudes dans le domestique; & toutes nos humeurs, & nos inclinations étoient contraires aux siennes. Ajoûtez à cela la sujection incroïable où il nous tenoit, nôtre extrême jeunesse, & l'insensibilité

bilité pour toutes choses ; où le trop d'abondance & de prosperité jette d'ordinaire les personnes de cet âge, quelque bon naturel qu'elles ayent.

Pour mon particulier, la fortune a pris soin de punir mon ingratitude par les malheurs dont ma vie a été une suite continuelle depuis cette mort. Je ne sçai quel pressentiment ma sœur en avoit ; mais dans les premiers chagrins qui suivirent mon mariage, elle me disoit pour toute consolation, *Crepa, Crepa*, tu seras encore plus malheureuse que moi.

Monsieur de Lorraine qui l'aimoit passionnément, la pressoit depuis long-temps de l'épouser, & continua dans cette poursuite même après la mort de Monsieur le Cardinal. La Reine-Mere qui ne vouloit point en toute maniere qu'elle restât en France, chargea Madame de Venelle de rompre cette intrigue à quelque prix que ce fût ; mais tous leurs efforts auroient été inutiles, si des raisons ignorées de tout le monde ne les eussent secondés. Et quoique le Roi eut la generosité de lui donner à choisir qui elle vouloit épouser en France, si Monsieur de Lorraine ne lui plaisoit pas ; & qu'il témoignât un sensible déplaisir de son départ, sa mauvaise étoile l'entraîna en Italie contre toute sorte de raisons.

Mon-

Monsieur le Connétable, qui ne croyoit pas qu'il pût y avoir de l'innocence dans les amours des Rois, fut si ravi de trouver le contraire dans la personne de ma sœur, qu'il conta pour rien de n'avoir pas été le premier maître de son cœur. Il en perdit la mauvaise opinion qu'il avoit, comme tous les Italiens, de la liberté que les femmes ont en France, & il voulut qu'elle joüit de cette même liberté à Rome, puisqu'elle en sçavoit si bien user.

Cependant l'Eunuque son confident, qui demeuroit sans credit par son absence, & par la mort de Monsieur le Cardinal, entreprit de se rendre necessaire auprès de moi ; mais outre que mon inclination m'éloignoit fort de toute sorte d'intrigues, Mr. Mazarin me faisoit observer trop soigneusement. Enragé de cet obstacle, il resolut de s'en venger sur Mr. Mazarin même.

Cet homme avoit conservé un accés assez libre auprès du Roi depuis le tems qu'il étoit confident de ma sœur. Il lui alla faire de grandes plaintes de la rigueur avec laquelle M. Mazarin me traitoit; » qu'il étoit « obligé de s'y interesser comme créature de « Mr. le Cardinal, & mon serviteur particu- « lier ; que Mr. Mazarin étoit jaloux de tout « le monde, & sur tout de S. M. & qu'il me « faisoit observer avec un soin tout particu- «
"lier

» lier dans tous les lieux où le Roi, qui ne
» songeoit pas à moi, pouvoit me voir.
» Qu'au reste, il tranchoit du grand Mi-
» nistre, & qu'il avoit menacé de faire sortir
» tous les Italiens de Paris. » A tout cela
» le Roi ne lui répondit autre chose, sinon
» que si tout ce qu'il disoit étoit vrai, le
» Duc Mazarin étoit fou, & qu'il n'avoit
» pas herité de la puissance de Monsieur le
» Cardinal, comme de son bien. » Ce qu'il
y avoit de veritable dans ce rapport, est
que Monsieur Mazarin ayant appris quelque
chose des intrigues de l'Eunuque, avoit menacé de le chasser du Palais Mazarin où il
logeoit.

Non content de ce qu'il avoit fait, il fut
assez mal avisé de s'en vanter en presence
d'une femme de qualité de Provence, nommée Madame de Ruz, qui connoissoit je ne
sçai comment Monsieur Mazarin. Elle l'a-
vertit du mauvais office qu'on lui avoit
rendu : il vouloit mettre près de moi quelque Dame, qui sans avoir le nom de gouvernante, en fit toute la fonction ; & trouvant cette Madame de Ruz fort propre à
faire ce personnage, il jetta les yeux sur
elle, en reconnoissance de l'avis qu'elle lui
donnoit. Il lui dit de trouver le moyen de
se faire présenter à moi, sans que je sçusse
qu'il la connoissoit : Monsieur de Frejus
m'en

m'en parla comme de lui-même quelque tems après, & me l'amena par un escalier dérobé, un jour que Monsieur Mazarin étoit à la chasse. J'en fus fort satisfaite; & comme je croyois, que si on sçavoit qu'elle me plût, on ne me la donneroit pas, je ne voulois pas que personne du logis la connut, avant qu'elle y fut établie.

Un jour que j'étois seule avec elle, Madame de Venelle entrant brusquement, fit sauter un buscq que nous avions mis derriere la porte pour la fermer. Aussi-tôt Madame de Ruz, par une presence d'esprit merveilleuse, se mit à rouler les yeux dans la tête, pleurer, & crier d'un vrai ton de gueuse, qu'elle étoit une pauvre Demoiselle de Lorraine, & qu'elle me prioit d'avoir pitié de sa misere. Comme elle avoit l'air du visage extrémement vif & ardent, ainsi que la plûpart des provençaux, sa grimace lui réüssit si bien, & la défigura tellement que j'avois peine moi-même à la reconnoître. Madame de Venelle en eut grand peur: elle s'en éloigna bien vîte le plus qu'elle put, & fut depuis dire par tout, qu'elle avoit trouvé le diable dans ma chambre.

La conduite artificieuse de Mr. Mazarin dans le choix de cette Dame, en un tems qu'il ne pouvoit encore avoir aucun sujet de se plaindre de moi, suffit pour vous
faire

faire connoître sa défiance naturelle, & dans quelle disposition d'esprit il m'avoit épousée. Comme il craignoit pour moi le séjour de Paris, il me promenoit incessamment par ses terres & ses Gouvernemens.

Pendant les trois ou quatre premieres années de nôtre mariage, je fis trois voyages en Alsace ; autant en Bretagne, sans parler de plusieurs autres à Nevers ; au Maine ; à Bourbon ; Sedan, & ailleurs. N'ayant point de plus sensible joye à Paris que celle de le voir, il ne m'étoit pas si dur qu'il auroit été à une autre personne de mon âge d'être privée des plaisirs de la Cour. Peut-être ne me serois-je jamais lassée de cette vie vagabonde, s'il n'eût point trop abusé de ma complaisance. Il m'a fait plusieurs fois faire deux cens lieuës étant grosse, & même fort près d'accoucher.

Mes parens & mes amis qui étoient sensibles pour moi aux dangers où il exposoit ma santé, me les représentoient quand je venois à Paris, le plus fortement qu'il leur étoit possible, mais ce fut long-tems inutilement. Qu'eussent-ils dit ? s'ils eussent sû que je ne pouvois parler à un domestique qu'il ne fût chassé le lendemain. Que je ne recevois pas deux visites de suite d'un même homme, qu'on ne lui fît défendre la maison. Que si je témoignois quelque inclination

pour

pour l'une de mes filles, plus que pour les autres, on me l'ôtoit aussi-tôt. Si je demandois mon carrosse, & qu'il ne jugeât pas à propos de me laisser sortir, il défendoit en riant qu'on y mit les chevaux, & plaisantoit avec moi sur cette défense, jusqu'à ce que l'heure d'aller où je devois aller fut passée. Il auroit voulu que je n'eusse vû que lui seul dans le monde; sur tout il ne pouvoit souffrir que je visse ses parens, ni les miens. Les miens, parce qu'ils entroient alors dans mes interêts. Les siens, parce qu'ils n'approuvoient non plus sa conduite que les miens.

J'ai été long-tems logée à l'Arsenal avec Madame d'Oradous sa cousine, sans qu'il me fut permis de la voir. L'innocence de mes divertissemens, capable de rassurer un autre homme de son humeur qui auroit conservé quelque égard pour mon âge, lui faisoit autant de peine, que s'ils eussent été fort criminels. Tantôt c'étoit peché de joüer à Colin-Maillard avec mes gens; tantôt de se coucher trop tard. Il ne put jamais alleguer que ces deux sujets de plainte, une fois que Monsieur Colbert voulut savoir tous ceux qu'il avoit. Souvent on ne pouvoit pas aller au Cours en conscience, à plus forte raison à la Comedie; une autre fois, je ne priois pas Dieu assez long-temps; enfin son chagrin

sur

sur mon chapitre étoit si puissant, que si on lui eut demandé comment il vouloit que je vécusse, je croi qu'il n'auroit pas pû en convenir avec lui-même.

Il a dû dire depuis ; » Que ce qu'il en fai- » soit étoit à cause qu'il connoissoit ce que je » valois, & que le commerce du monde étant » si contagieux, quelque raillerie que l'on fit » de lui, il vouloit empêcher qu'on ne me gâ- » tât, parce qu'il m'aimoit encore plus que sa » propre réputation. » Mais si c'est son amour pour moi, qui l'obligeoit à me traiter d'une maniere si bizarre, il auroit presque été à souhaiter pour tous deux, qu'il m'eût un peu honorée de son indifference. Aussi-tôt qu'il savoit que je me plaisois en un lieu, il m'en faisoit partir, quelque raison qu'il y eut de m'y laisser. Nous étions au Maine quand la nouvelle vint du voyage de Marsal. Il eut ordre d'en être, & m'envoya en Bretagne tenir compagnie à son pere qui étoit aux Etats.

Pendant qu'il disposoit son départ à Paris, il apprit par les espions dont il m'environnoit toûjours, que je me divertissois fort ; il en tomba malade de chagrin, & me manda en diligence. Son pere, qui apprit en même tems que les medecins l'envoyoient à Bourbon, ne voulut pas me laisser partir, disant qu'il ne falloit point avoir de femme pendant qu'on qu'on beuvoit les eaux. Il tomba évanoüi de douleur en recevant cette réponse; & après plusieurs couriers, son pere m'ayant à la fin laissé partir, je fus le mener à Bourbon, où je demeurai un mois enfermée avec lui dans une chambre à lui voir rendre ses eaux, sans visiter seulement Madame la Princesse qui y étoit; & à qui il a l'honneur d'appartenir.

Il n'avoit pû croire d'abord que ce fût son pere qui m'eut arrêtée en Bretagne, & quelque assurance qu'il en eut depuis, il soûtint toûjours, que j'avois mieux aimé m'y divertir, que de le venir consoler dans son mal. Il m'auroit été aisé de m'en justifier, s'il eut voulu m'entendre; mais c'étoit ce qu'il fuyoit le plus, parce que tout le tort se trouvoit de son côté dans les éclaircissemens, & il ne vouloit jamais avoüer de s'être trompé. Rien ne m'a plus affligée de lui que cette aversion qu'il avoit pour s'éclaircir, parce qu'il en prenoit droit de me traiter toûjours comme coupable.

Quelque tems après, ayant été obligé pour le service du Roy, d'aller en Bretagne, il se mit si fortement en tête de m'avoir près de lui, & écrivit des choses si étranges sur ce sujet à l'Abbé d'Effiat son proche parent, que je fus obligée de partir de Paris trois semaines après être accouchée. Peu de
femmes

femmes de ma qualité en auroient fait autant, mais que ne fait-on point pour joüir d'un bien aussi précieux que la paix ? Pour achever de me remettre, il me fit demeurer dans un des plus chetifs villages de tout le païs, & dans une maison si vilaine, qu'on étoit contraint de se tenir tout le jour dans les prez. Il choisissoit toûjours ces sortes de lieux, afin que je ne visse point de compagnie. Aussi, bien loin d'en avoir dans le village même, ceux que la civilité, ou les affaires obligeoient à l'y venir voir, étoient contraints de camper faute de cabaret ; & pour peu qu'ils lui déplussent, il les renvoyoit bien-tôt, sous prétextes de diverses affaires, dont il les chargeoit, & qui dépendoient de lui dans la Province. Cependant nous passâmes six mois dans cet agréable séjour l'année 1666.

Une autre fois qu'il étoit seul à Bourbon ; & qu'il m'avoit envoyée en Bretagne, il eut encore avis par ses espions que je m'y divertissois assez avec Madame de Coaquin ; & qu'il se passoit peu de jours que nous ne fissions quelque partie de promenade par terre ou sur mer. Son inquiétude le prend. Il me mande que je l'aille joindre à Nevers où il y avoit, disoit-il, de fort bons Comédiens entr'autres divertissemens. Je commençois à me lasser de faire de semblables

corvées ;

corvées. J'écrivis à Monsieur Colbert pour m'en plaindre ; mais m'ayant conseillé de partir, je fus bien surprise de trouver Mr. Mazarin à dix lieuës de Nevers, qui s'en venoit à Paris avec mon frere qui revenoit d'Italie. Il ne me rendit jamais aucune raison d'un procedé si extraordinaire, & nous fûmes sans autre éclaircissement, nous confiner à nôtre Cassine près de Sedan, où mon frere me voyant fort triste, eut la complaisance de venir avec nous.

Ce fut-là pour la premiere fois, que Mr. Mazarin, qui n'étoit pas bien-aise d'avoir un semblable témoin de sa conduite domestique, ne sachant comment s'en défaire autrement, s'avisa de faire semblant d'en être jaloux. Jugez du ressentiment que je dûs avoir pour une si grande méchanceté. Que si tous ces outrages paroissent durs à souffrir, en les entendant raconter, la maniere de les faire étoit encore quelque chose de plus cruel. Vous en jugerez par cet échantillon.

Un soir que j'étois chez la Reine, je le vis venir à moi tout gay, & avec un rire contraint & affecté, pour me faire tout haut ce compliment. « J'ai une bonne nouvelle à « vous donner, Madame, le Roi vient de me « commander d'aller en Alsace. Mr. de Roquelaure qui se trouva present, indigné comme me le reste de la compagnie de cette affectation, mais plus franc que les autres, ne put se tenir de lui dire : « Que c'étoit-là une belle » nouvelle à venir donner avec tant de joye » à une femme comme moi ; » mais Mr. Mazarin sans daigner répondre, sortit tranquillement de la chambre, tout fier de sa galanterie. Le Roi à qui on la conta en eut pitié. Il prit la peine de me dire lui-même, que mon voyage ne seroit que de trois mois, & me tint parole comme il a toûjours fait.

Si je n'avois peur de vous ennuyer, je pourrois vous dire mille malices semblables qu'il me faisoit sans aucune necessité, & pour le seul plaisir de me tourmenter. Imaginez-vous donc des oppositions continuelles à mes plus innocentes fantaisies : une haine implacable pour tous les gens qui m'aimoient, & que j'aimois : un soin curieux de presenter à ma vûë tous ceux que je ne pouvois souffrir ; & de corrompre ceux en qui je me fiois le plus, pour sçavoir mes secrets, si j'en eusse eu : une application infatigagble à me décrier par tout, & donner un tour criminel à toutes mes actions ; enfin tout ce que la malignité de la cabale bigotte peut inventer & mettre en œuvre dans une maison où elle domine avec tyrannie, contre une jeune femme simple, sans égard, & dont le procedé peu circonspect donnoit tous
les

les jours de nouvelles matieres de triomphe à ses ennemis.

Je me sers hardiment du mot de cabale bigotte; car je ne croi pas que les plus rigoureuses loix de la Charité chrétienne m'obligent de présumer, que les dévots par qui Mr. Mazarin s'est gouverné, soient du nombre des veritables, après avoir dissipé tant de millions. Et c'est ici l'article fatal qui a poussé ma patience à bout, & qui est la veritable origine de tous mes malheurs. Si Mr. Mazarin s'étoit contenté de m'accabler de tristesse & de douleur; d'exposer ma santé & ma vie à ses caprices les plus déraisonnables, & de me faire enfin passer mes plus beaux jours dans une servitude sans exemple; puisque le ciel me l'avoit donné pour maître, je me serois contentée de gémir, & de m'en plaindre à mes amis. Mais quand je vis que par ses dissipations incroyables, mon fils, qui devoit être le plus riche Gentilhomme de France, couroit risque de se trouver le plus pauvre, il fallut ceder à la force du sang, & l'amour maternel l'emporta sur toute la modération que je m'étois proposée de garder.

Je voyois tous les jours disparoître des sommes immenses; des meubles hors de prix; des charges; des Gouvernemens, & tous les autres débris de la fortune de mes oncle, le fruit de ses travaux, & la récompense de ses services. J'en vis vendre pour plus de trois millions avant que d'éclater; & il ne me restoit presque plus pour tout bien assuré que mes pierreries, lorsque Mr. Mazarin s'avisa de me les ôter.

Il prit son tems un soir que je me retirai fort tard de la Ville pour s'en saisir. Ayant voulu en sçavoir la raison avant que de me coucher, il me dit, » Qu'il craignoit que je » n'en donnasse, liberale comme j'étois, & » qu'il ne les avoit prises que pour les aug- » menter. Je lui répondis, » Qu'il seroit à » souhaiter que sa liberalité fut aussi-bien re- » glée que la mienne, que je me contentois de » ce que j'en avois, & que je ne me couche- » rois point qu'il ne me les eut renduës; » & voyant que quoique je disse, il ne me répondoit que par de mauvaises plaisanteries, dites avec un rire malicieux, & d'un air tranquille en apparence, mais très-aigre en effet, je sortis de la chambre de désespoir, & m'en allai au quartier de mon frere toute éplurée, ne sachant que devenir. Madame de Boüillon que nous envoyâmes d'abord querir, ayant appris le nouveau sujet de plainte que j'avois, me dit que je le meritois bien, puisque j'avois souffert tous les autres sans rien dire. Je voulois m'en aller avec elle sur l'heure même, si Madame Bellinzani

que

que nous envoyâmes aussi prendre, ne m'en eut empêchée, en me priant d'attendre qu'elle eut parlé à Mr. Mazarin.

Il avoit donné ordre qu'on ne laissât entrer personne, mais Madame Bellinzani s'étant obstinée à lui parler, il ne lui laissa jamais le tems de rien dire; elle n'en pût tirer autre chose, sinon; « Qu'elle ne pou- « voit point avoir d'affaire assez pressée avec « lui pour le venir trouver à une heure si in- « due, & que si elle avoit à lui parler, il alloit « le lendemain matin à S. Germain, & qu'il « lui donnoit rendez-vous à la Croix de Nan- « terre. » Madame Bellinzani étant revenuë aussi indignée que nous d'une raillerie si hors de saison, il fut conclu que j'irois coucher chez Madame de Bouillon.

Le lendemain toute la famille s'y étant assemblée pour mon affaire, Madame la Comtesse fut chargée d'en parler au Roi. Il la reçût le mieux du monde, & Madame la Princesse de Carignan eut ordre de me venir prendre pour m'emmener à l'hôtel de Soissons. J'y fus environ deux mois, au bout desquels je fus obligée de retourner avec Mr. Mazarin, sans qu'il me rendît même mes pierreries, & sans autre avantage pour moi, que de pouvoir chasser quelques femmes qu'il m'avoit données, & que je n'agréois pas. Ce fut la seule faveur que je

pûs obtenir. Quand je voulus m'obstiner aux pierreries, Madame la Comtesse fut la premiere à me dire que je faisois une vilainie. J'eus toûjours la Cour contre moi depuis ce tems-là. On sçait ce que cela emporte en toute sorte d'affaires; & je dis au Roi à ce propos; « Que je me consolerois de voir
» Monsieur Mazarin si favorisé contre moi,
» s'il l'étoit également en tout, & si le peu
» de support qu'il trouvoit dans ses autres in-
» terêts, ne faisoit pas voir qu'il n'avoit
» d'autres amis que mes ennemis.

Comme cette paix étoit plûtôt un triomphe pour lui, qu'un accommodement, elle le rendit trop fier pour être de durée. Une heure avant que d'aller au Palais Mazarin, j'y envoyai un valet de chambre que Madame la Comtesse m'avoit donné depuis que j'en étois sortie, & qui portoit mes hardes. Mr. Mazarin qui le connoissoit comme moi, luy ayant demandé ce qu'il vouloit, & à qui il étoit, le congédia sans attendre seulement que je fusse arrivée. Ce valet me rencontra à deux cens pas du logis ; & quoique Madame la Comtesse qui me conduisoit, vît bien que c'étoit une nouvelle occasion de broüillerie ; elle se contenta de m'exhorter à passer outre, me laissa au bas de l'escalier, & ne voulut point voir Monsieur Mazarin, parce qu'il avoit fait tous ses

efforts

efforts pour me faire mettre à l'hôtel de Conti, comme si je n'eusse pas été aussi-bien à l'hôtel de Soissons.

Je demandai d'abord grace pour le valet chassé, & la necessité où je me voyois reduite par l'autorité des puissances, me fit faire des soûmissions que je n'aurois jamais esperées de la fierté de mon naturel; mais ce fut inutilement. J'avois affaire à un homme qui vouloit profiter de la conjoncture; & voyant qu'il ne me payoit que de mauvaises excuses, & de plus mauvaises plaisanteries, je me mis en devoir de le quitter pour me retirer chez mon frere une seconde fois.

Monsieur Mazarin qui, comme vous verrez, avoit pris ses mesures pour m'empêcher de sortir quand il me plairoit, & me faire une prison de son palais, se jetta au devant de moi, & me poussa fort rudement pour me fermer le passage; mais la douleur me donnant des forces extraordinaires, je passai malgré qu'il en eut; & quoi qu'il se tuât de crier par la fenêtre, qu'on fermât toutes les portes, & sur tout celle de la Cour, personne, me voyant toute en pleurs, n'osa lui obéïr. Je fis le tour de la ruë, où il y avoit grand monde, dans ce triste état, seule, à pied, & en plein midy, pour me rendre à mon azile ordinaire. Ce scandale

fut

fut l'effet de la prévoyance qu'il avoit euë de faire murer les portes qui communiquoient du palais de mon frere au nôtre, & par où je m'étois sauvée l'autre fois; mais cette précaution fit juger à ceux qui la sçurent, qu'il n'avoit pas dessein, si je retournois avec lui, de me traiter mieux que par le passé, quand il prenoit ainsi ses suretez pour l'avenir.

D'abord que je fus chez mon frere, j'écrivis au Roi pour lui rendre raison de ma conduite; & Madame la Comtesse m'emmena à l'hôtel de Soissons; mais au bout de cinq ou six jours, Monsieur de Louvois m'étant venu proposer de la part du Roy d'entrer dans quelque Convent, elle ne le voulut pas; & elle negotia si bien, qu'on obligea Mr. Mazarin à me venir prendre, à condition qu'elle se raccommoderoit avec lui. Mon frere s'en alla d'abord après en Italie, en partie pour faire voir qu'il ne tiendroit pas à lui que je ne demeurasse en bonne intelligence avec mon mari; mais elle ne fut jamais qu'apparente; & pendant trois ou quatre mois que nous fûmes ensemble, il ne se passa jour que je ne fusse obligée de quereller, quelque besoin & quelque envie que j'eusse de vivre en paix.

Au bout de ce tems, il voulut aller en
Alsace,

Alsace, & au lieu de m'accorder toutes choses pour m'obliger à l'y suivre, comme j'y étois resoluë, il fut assez mal conseillé pour s'obstiner à me faire garder une femme que je ne voulois plus. Cette difficulté de bagatelle me fit ouvrir les yeux, & me donna le tems de penser mieux à ce que je faisois. Mes amis eurent la charité de me faire comprendre le peu de sûreté qu'il y avoit à m'aller mettre à la discretion d'un homme de ce caractere d'esprit, dans un pays si éloigné, & où il avoit une autorité absoluë. « Qu'après les choses qui s'étoient « passées, il falloit que je fusse folle pour « esperer d'en revenir ; Qu'il avoit déja « fait partir mes pierreries par avance, & « que ce ne pouvoit être que pour se retirer « tout-à-fait dans ce Gouvernement, où sa « conduite ne seroit pas éclairée comme « elle étoit à Paris ; & où mes amis, quel- « que besoin que j'eusse d'eux, ne pour- « roient plus faire pour moi que des vœux « inutiles.

Ces considérations qui n'étoient que trop bien fondées, me firent refugier chez Madame la Comtesse, la veille du départ de Mr. Mazarin, de peur qu'il ne m'emmenât par force avec lui. J'étois si troublée de me voir reduite de nouveau à cette necessité, que j'oubliai même d'emporter mes
petites

petites pierreries, qui m'étoient toûjours demeurées pour mon usage, & qui pouvoient bien valoir cinquante mille écus. Comme s'étoit le seul bien du monde que j'avois à ma disposition, Madame la Comtesse eut la prévoyance de me les demander d'abord qu'elle me vit ; & cela fut cause que je pus les envoyer querir assez à tems pour les avoir.

Il vint le lendemain demander ce que je voulois. On lui dit deux choses : ne point aller en Alsace ; & qu'il me rendît mes grosses pierreries qui étoient déja parties, & qui avoient été la premiere cause de nos differens. Pour l'Alsace, il m'en auroit aisément dispensée, parce qu'il n'esperoit plus de m'y pouvoir mener ; mais pour les pierreries, il ne rendoit point de réponse précise ; & comme cependant elles marchoient toûjours, aussi-tôt qu'il nous eut quitté, madame la Princesse de Bade me mena chez Monsieur Colbert, pour le prier de s'en saisir. Il ne crut pas pouvoir me refuser cette grace ; il fallut les faire revenir, & elles sont toûjours demeurées depuis entre ses mains.

Il ne fut plus question que de sçavoir ce que je deviendrois. Mr. Mazarin me donna le choix de demeurer à l'hôtel de Conti ; ou à l'Abbaye de Chelles, les deux lieux du monde qu'il sçavoit que je haïssois le plus, & pour les plus justes raisons. L'accablement d'esprit où j'étois ne me permit jamais de me déterminer entre deux propositions également odieuses ; il fallut que d'autres choisissent pour moi ; & les raisons contre l'hôtel de Conti étoient si fortes, que Chelles fut préferé.

Ce fut en cette solitude, que faisant refléxion sur l'obligation où mes parens me représentoient que j'étois, de me separer de biens, pour sauver le reste, des dissipations de Mr. Mazarin, en faveur de mes pauvres enfans ; je m'y resolus à la fin. Mais quelque persuadée que je fusse de le devoir faire, les raisons particulieres que j'avois de déferer toutes choses aux sentimens de Mr. Colbert m'arrêterent tout court, lorsque l'ayant fait pressentir sur ce dessein, j'appris qu'il n'en étoit pas d'avis.

Au bout de six mois, Mr. Mazarin revenant d'Alsace, me vint voir en passant, & voulut m'obliger à chasser deux filles que Madame la Comtesse m'avoit données depuis son départ. Comme il n'avoit point d'autre raison pour exiger de moi cette déference que son animosité contre elle, je ne crûs pas qu'il fût de mon devoir de le satisfaire. Le ressentiment qu'il en eut l'obligea à prier le Roi de me faire changer de Couvent, sous je ne sai quel prétexte, mais en effet, parce que l'Abbesse de Chelles, qui étoit sa tante, en usoit honnêtement avec moi, & que j'en étois satisfaite. Il obtint tout ce qu'il voulut ; & quoique cette Abbesse s'en tînt aussi offensée qu'elle le devoit, & qu'elle rendît les plus favorables témoignages de ma conduite qu'il pouvoit désirer, Monsieur le Premier me vint dire, « que je ferois plaisir au Roi d'aller à Ste Marie de la Bastille ; » & Madame de Toussi me vint prendre avec six Gardes du Corps pour m'escorter.

Peu de tems après Mr. Mazarin partant pour Bretagne m'y vint voir. Il ne me pouvoit souffrir avec des mouches ; il se trouva par hazard que j'en avois mis ce jour-là, & il me dit d'abord, qu'il ne parleroit point que je ne les ôtasse. Jamais homme ne demanda les choses avec une hauteur plus propre à les faire refuser, sur tout quand il croyoit que la conscience y étoit interessée comme en cette occasion ; & ce fut aussi ce qui me fit obstiner à demeurer comme j'étois, pour lui faire voir que ce n'étoit ni mon intention, ni ma croyance d'offenser Dieu par cette parure. Il contesta une grosse heure sur ce sujet ; mais voyant que c'étoit inutilement, il s'expliqua à la fin nonobstant mes mouches, & me pressa non moins

inuti-

inutilement d'aller en Bretagne avec lui.

Je songeois à le plaider, & non pas à le suivre. J'obtins d'en aller parler au Roi. Madame la Princesse de Bade m'y conduisit; & Sa Majesté eut la bonté de me le permettre; mais Monsieur Colbert qui avoit peine à y consentir pour des raisons qui ne souffroient point de replique en toute autre conjoncture, tira les choses en longueur, jusqu'à ce que Madame de Courcelles ayant été mise avec moi dans le Convent, j'obtins enfin la permission de commencer mon procès par la faveur des amis qu'elle avoit à la Cour.

Comme elle étoit fort aimable de sa personne, & fort réjoüissante, j'eus la complaisance pour elle d'entrer dans quelques plaisanteries qu'elle fit aux Religieuses. On en fit cent contes ridicules au Roi ; que nous mettions de l'ancre dans le benitier pour faire barboüiller ces bonnes Dames ; que nous allions courir par le dortoir pendant leur premier somme, avec beaucoup de petits chiens, en criant Tayaut; & plusieurs autres choses semblables, ou absolument inventées, ou exagerées avec excès.

Par exemple, ayant demandé à nous laver les pieds, les Religieuses s'aviserent de le trouver mauvais, & de nous refuser ce qu'il falloit; comme si nous eussions été là pour observer

observer leur Regle. Il est vrai que nous remplîmes d'eau deux grands coffres qui étoient sur le dortoir ; & parce qu'ils ne la tenoient pas, & que les ais du plancher joignoient fort mal, nous ne prîmes pas garde, que ce qui répandit, perçant ce mauvais plancher, alla moüiller les lits de ces bonnes sœurs. Si vous étiez alors à la Cour, il vous souviendra qu'on y conta cet accident comme un franc tour de Page.

Il est encore vrai, que sous prétexte de nous tenir compagnie, on nous gardoit à vûë. On choisissoit pour cet office les plus âgées des Religieuses, comme les plus difficiles à suborner ; mais ne faisant autre chose que nous promener tout le jour, nous les eûmes bien-tôt mises toutes sur les dents l'une après l'autre ; jusques-là, que deux ou trois se démirent le pied pour avoir voulu s'obstiner à courir avec nous. Je ne vous conterois pas ces petites choses, si les partisans de Mr. Mazarin ne les avoient pas publiées ; mais puis qu'ils m'en ont fait autant de crimes, je suis bien aise que vous en sachiez toute l'énormité.

Après avoir été trois mois dans ce Convent, nous eûmes permission d'aller à Chelles, où je savois que nous serions traitées plus raisonnablement, quoique nous ne pussions pas y avoir tant de visites ; & Monsieur

sieur Mazarin arriva de Bretagne le même jour que nous y fûmes transferées. Ce fut à quelques jours delà qu'il y vint avec soixante chevaux, & permission de Monsieur de Paris pour entrer dans le Convent, & m'enlever de force; mais l'Abbesse sa tante ne se contentant pas de lui refuser l'entrée, me remit toutes les clefs entre les mains, pour m'ôter jusqu'au soupçon du mal qu'elle me pouvoit faire, à condition seulement que je parlerois à Mr. Mazarin. Je lui demandai fort ce qu'il vouloit, mais il me répondit toûjours, que je n'étois pas l'Abbesse, & lui ayant repliqué que j'étois Abbesse pour lui ce jour-là, puisque j'avois toutes les clefs de la maison, & qu'il n'y pouvoit entrer que par ma faveur, il me tourna le dos, & s'en alla. Un Gentilhomme qui m'étoit venu visiter de la part de Madame la Comtesse, s'en fut tout rapporter à Paris; ajoûtant que le bruit étoit à Chelles, que Mr. Mazarin n'étoit pas retiré tout-à-fait, & qu'il reviendroit la nuit suivante.

Vous avez sû sans doute comment Madame de Boüillon, Mr. le Comte, Mr. de Boüillon, & tout ce qu'il y avoit de plus honnêtes gens qualifiez à la Cour, monterent à cheval sur ce rapport pour venir à mon secours. Au bruit qu'ils firent en arrivant, Madame de Courcelles & moi les prîmes pour mes ennemis ; mais la frayeur ne nous troubla point si fort, que nous ne nous avisassions d'un excellent expédient pour nous cacher. Il y avoit à la grille de nôtre parloir un trou assez grand pour faire entrer un grand plat, par où nous n'avions jamais songé jusqu'alors qu'une personne pût passer. Nous y passâmes pourtant toutes deux ; mais ce fut avec tant de peine, que Mr. Mazarin même, s'il eut été dans le Convent, ne s'en seroit jamais défié, & nous auroit plûtôt cherchées par tout que dans ce parloir.

Nous connûmes bien-tôt que nous avions pris l'alarme à faux, & la honte que nous en eûmes nous fit résoudre à rentrer par où nous étions sorties, sans en avertir personne. Madame de Courcelles repassa la premiere aisément ; pour moi je demeurai plus d'un quart d'heure comme évanoüie entre deux fers, qui me serroient par les côtez, sans pouvoir avancer ni reculer. Mais quoique je souffrisse étrangement dans cet état, je m'obstinai à n'appeller personne à nôtre aide, & Madame de Courcelles me tira tant qu'elle m'eut. Je fus remercier tous ces Messieurs, & ils s'en retournerent après avoir plaisanté quelque temps sur l'équipée que Monsieur Mazarin avoit fait pour ne rien prendre.

Cependant j'eus un Arrest comme je voulois

lois à la troisiéme des Enquêtes. Cette Chambre étoit presque toute de jeunes gens fort raisonnables, & il n'y en eut pas un qui ne se piquât de me servir. Il fut dit: Que j'irois demeurer au Palais Mazarin, & Mr. Mazarin à l'Arsenal; qu'il me donneroit vingt mille francs de provision, & ce qui étoit plus important; Qu'il produiroit les pieces par lesquelles je prétendois verifier la dissipation qu'il avoit faite. Madame la Princesse de Carignan me vint querir pour m'aller installer chez moi; j'y trouvai tous les Officiers qu'il me falloit, choisis par Monsieur Mazarin; mais je les remerciai fort civilement de leur bonne volonté.

Madame la Comtesse, qui me piquoit toûjours de generosité mal à propos, me persuada encore: Qu'il seroit vilain d'éxiger la provision que le Parlement m'avoit accordée. Mr. Mazarin n'étoit pas homme à me la donner de bon gré. Cependant il falloit subsister. Elle me demandoit bien si j'avois besoin d'argent, mais elle n'en pouvoit pas douter, & sans mes petites pierreries, & mon frere, j'étois assez mal dans mes affaires. Il revint d'Italie dix jours aprés mon Arrest; & quoi qu'il fût fort faché du procès, par les mêmes raisons qui l'avoient fait désapprouver à Monsieur Colbert, & qu'il m'eût toûjours prédit que Madame la Comtesse m'abandonneroit après m'avoir embarquée, je trouvois tous les matins sur ma toilette plus d'argent qu'il ne m'en falloit, sans que je pûsse jamais verifier d'où il venoit.

Cependant Mr. Mazarin avoit porté nôtre affaire à la grand' Chambre pour la faire juger au fonds ; mais on fit ensorte que le Roi s'entremit de nouveau pour nous accommoder. Nous signâmes un écrit entre ses mains, qui portoit « Que Mr. Maza-
» rin reviendroit loger au Palais Mazarin,
» mais que j'aurois la liberté de choisir tous
» mes gens comme il me plairoit, excepté
» un Ecuyer qui me seroit donné par Mon-
» sieur Colbert : que nous demeurerions cha-
» cun dans nôtre appartement : que je ne se-
» rois pas obligée à le suivre dans quelque
» voyage que ce fût ; & que pour la sépa-
» ration de biens que je demandois, Mes-
» sieurs les Ministres en seroient Arbitres ;
» & que nous nous tiendrions inviolable-
» ment à ce qu'ils en diroient. » Le même jour que je signai cet écrit, je rencontrai Madame de Brissac à la foire, qui me dit en riant : Vous voilà donc replâtrée, Madame, pour le troisiéme fois. Aussi n'étions-nous point veritablement raccommodez. Mr Mazarin prenoit à tâche de me fâcher en tout. Je pourrois vous en dire plusieurs

particularitez, mais je me contenterai de vous en rapporter une des plus éclatantes.

J'avois fait élever un théatre dans mon appartement pour y donner la Comedie à quelques personnes de la Cour. Deux heures avant qu'on s'en dût servir, Monsieur Mazarin, sans m'en avertir, s'avisa de le faire abbatre, parce, disoit-il, que c'étoit jour de fête, & que la Comedie étoit un divertissement profane. Tout cela n'empêchoit pas que nous ne nous vissions fort civilement les après-dînées : car nous ne mangions, ni ne couchions ensemble. Mr. Mazarin ne l'entendoit pas de la sorte ; mais outre que nôtre écrit n'en disoit rien, je ne voyois pas d'apparence que les choses pûssent demeurer comme elles étoient ; & si par hazard nous en revenions au Parlement, je ne voulois pas m'exposer à solliciter étant grosse. Ma prévoyance ne fut pas vaine. Il se repentit bien-tôt de ce qu'il avoit fait : Il pria le Roi de déchirer l'écrit, & de rendre les paroles ; je n'y consentis qu'à condition que le Roi ne se mêleroit jamais de nos affaires, ni pour, ni contre. Sa Majesté eut la bonté de me le promettre, & me l'a toûjours tenu depuis.

Nous voilà de retour à la grand' Chambre, & les choses plus aigries que jamais. Mr. Mazarin & ses partisans n'oublierent rien

rien depuis ce tems-là pour noircir ma réputation dans le monde, & sur tout dans l'esprit du Roi. L'extravagance de Courcelles leur en fournit entr'autres un moyen admirable. J'avois oublié de vous dire que lorsque je sortis de Chelles, je fis tant que j'obtins que sa femme viendroit demeurer avec moi. Quand elle y fut, ceux qui l'avoient tirée autrefois d'auprès de son mari, étant bien aises de la lui rendre, le firent introduire je ne sai comment dans le Palais Mazarin pendant que j'étois en ville, en telle sorte qu'il se raccommoda avec elle, & la ramena chez lui.

Un jour que je l'allois voir, elle fut assez imprudente pour me faire dire qu'elle n'y étoit pas, quoique le carrosse de Cavoy fût à sa porte. Dans le premier chagrin que j'eus de son incivilité, je rencontrai malheureusement son mari en mon chemin, à qui je ne pûs m'empêcher d'en témoigner quelque chose. Ce maître fou hésitoit depuis quelque temps à faire tirer l'épée à Cavoy, par la seule raison qu'il lui fâchoit de faire voir qu'il étoit jaloux du meilleur de ses amis; il vouloit qu'on crût qu'il se battoit pour un autre sujet; il n'en trouva point de plus plausible que de faire l'amoureux de moi par le monde; de feindre
» que sa femme avoit eu entre les mains
des «

des lettres de conséquence, que je devois « avoir écrites à un homme de la Cour ; « qu'elle les avoit données à Cavoy ; que « Cavoy les montroit ; qu'il vouloit se battre « contre lui pour les retirer, & qu'il me « l'avoit promis. »

Quelque ridicule & mal inventée que toute cette histoire paroisse d'abord, il se trouva des gens assez sots pour y ajoûter foi, & la publier sur sa parole. Il fit bien pis. Il eut l'impudence de me la faire à moi-même dans la cour du Palais Mazarin. Je lui dis « que sachant mieux que personne « que tout ce qu'il disoit ne pouvoit pas « être, je ne pouvois croire autre chose, « sinon qu'il vouloit railler ; & que si je « savois qu'il eût la moindre pensée de se « battre sur cet impertinent prétexte, j'en « avertirois sur l'heure Monsieur le Comte « qui étoit à deux pas de nous, & qui en- « tendoit une partie de ce que nous disions. « Courcelles voyant bien à l'air dont je lui parlois, que je n'entendois pas raillerie, me fit signe de la tête que c'étoit pour rire ; n'osant pas me le dire à cause de Monsieur le Comte qui nous joignit en même tems.

Jugez de mon étonnement, quand j'appris le lendemain, non seulement qu'il s'étoit battu, mais que dans l'accommodement qu'ils avoient fait ensemble sur le champ, il avoit eu l'effronterie de soûtenir sa fiction jusqu'au bout, & d'excepter une femme du secret qu'ils se promirent l'un à l'autre. Il étoit si satisfait de lui-même, qu'il ne pût s'empêcher de se vanter de l'exception qu'il avoit faite, à des gens qu'il n'avoit pas excepté. Ce fut ce qui divulgua la chose, & qui les fit envoyer tous deux à la Conciergerie, faire penitence de la sotise d'un seul. On ne manqua point à la Cour de me traiter de broüillonne, & de m'accuser de brutalité sur ce digne sujet ; disant qu'il ne tiendroit pas à moi que je n'en fisse égorger bien d'autres ; & un valet de chambre que j'avois, ayant été blessé dangereusement environ ce même tems, par des bretteurs de sa connoissance, on eut encore la charité de faire entendre au Roi ; Que ce garçon étoit entierement dans ma confidence, & qu'en ayant abusé, j'avois trouvé à propos de le faire assassiner.

L'insolence avec laquelle on debitoit ces calomnies, m'obligea d'en parler au Roi ; Madame la Comtesse avec qui j'y fus, lui dit d'abord en entrant, qu'elle lui amenoit cette criminelle, cette méchante femme dont on disoit tant de maux. Le Roi eut la bonté de me dire, qu'il n'en avoit jamais rien cru ; mais ce fut si succinctement, & d'une maniere si éloignée de l'honnêteté avec laquelle

il

il avoit coutume de me traiter, que tout autre que moi en auroit pris sujet de douter s'il disoit vrai.

Vous savez que la Cour est un païs de grande contradiction. La pitié qu'on avoit peut-être pour moi, quand on me savoit enfermée dans un Convent, s'étoit changée en envie, quand on m'avoit vû paroître chez la Reine, & y faire beaucoup meilleure figure que je ne voulois. Je n'avois pourtant autre prétention que de faire quelque accommodement supportable avec Mr. Mazarin ; mais ceux par qui je me conduisois, & qui avoient, à ce qu'on a crû, d'autres desseins, joüerent à me perdre pour essayer de les faire réüssir. Abusant de ma simplicité, & de la déference aveugle que j'avois pour leurs sentimens, ils me faisoient faire tous les jours des démarches dont je ne savois ni la conséquence, ni les motifs.

Parmi ces broüilleries nôtre procès avançoit toûjours. Mr. Mazarin trouva la même faveur auprès des vieux que j'avois trouvée auprès des jeunes. J'eus avis au bout de trois mois " qu'il étoit maître de la grand'Cham- " bre ; que sa cabale y étoit toute-puissante ; " qu'il auroit tel Arrest qu'il voudroit ; que " quand même on m'accorderoit la sépara- " tion de biens que je demandois, on ne me " laisseroit pas dans celle de corps dont je "
joüi.. "

» joüissois, & que je ne demandois pas alors :
» Qu'enfin les Juges ne pouvoient pas dans
» les formes, se dispenser de m'ordonner de
» retourner avec mon mari, quand ils me se-
» roient aussi favorables qu'ils m'étoient con-
» traires. » Si cet avis m'étoit venu de moins
bonne part, j'aurois la liberté de vous en
nommer les auteurs ; mais comme ils faisoient un pas fort délicat en me le donnant,
ils exigerent de moi un secret que je leur
garderai éternellement. Jugez quel traitement je pouvois esperer de Mr. Mazarin,
si je retournois avec lui par Arrest, ayant
le Parlement contre moi, & après les sujets
de ressentimens qu'il croyoit avoir.

Voilà quels furent les motifs de la resolution si étrange, & tant blâmée, que je
pris de me retirer en Italie auprès de mes
parens, voyant qu'il n'y avoit plus d'azile ni
de sûreté pour moi en France. Mon frere
qui étoit tout ensemble le plus proche, le
plus cher, & le plus éclairé, fut aussi le
premier à l'approuver, & à m'offrir tout ce
qui dépendoit de lui pour la favoriser. Le
Chevalier de Rohan son ami particulier &
le mien, en ayant eu le vent, je ne sai comment, nous en parla d'une maniere si claire,
qu'il y auroit eu de l'impudence à lui en
faire un mystere, & si obligeante que nous
ne pouvions pas sans quelque sorte d'ingratitude refuser son secours. Mon

Mon dessein n'étoit pas pour lors de me retirer tout-à-fait à Rome, mais seulement de voir ma sœur la Connétable à Milan, où je lui mandois de me venir attendre, & de me rendre ensuite à Bruxelles, pour negocier de plus près, quelque accommodement plus stable & plus avantageux avec Monsieur Mazarin, que les précedens. Mr. de Rohan nous pria de trouver bon qu'il m'y vînt joindre avec mon frere, quand j'y serois ; & nous ne pûmes pas honnêtement le refuser. J'avois mes raisons pour croire que Monsieur Mazarin ne me verroit pas plûtôt hors de France, qu'il accepteroit toute sorte de conditions pour m'y faire revenir, & la frayeur où je l'avois vû toutes les fois que je l'avois menacé de m'en aller, ne me permettoit pas d'en douter. Le désespoir où il me jettoit, m'avoit souvent porté à lui dire, que si j'étois une fois loin, il me courroit long-tems après, avant que de me rattraper ; mais pour mon malheur, il n'a jamais crû que j'eusse ce courage, que quand il l'a vû.

Depuis que j'eus pris ma resolution, je negligeai si fort mon procès, que je me suis cent fois étonnée, comment ceux qui y prenoient interêt, ne la devinerent pas. Madame la Comtesse, à l'égard de qui j'étois plus en garde que d'aucun autre, fut la seule qui en eut quelque soupçon ; mais elle ne la crut pas. Elle venoit de tems en tems chez mon frere, où nous ne songions en apparence qu'à nous réjouir pour mieux tromper le monde, & elle se tuoit d'y crier ; que nous ne sollicitions point, & que c'étoit une honte. Huit jours avant que je partisse, elle s'y trouva, quand un Gentilhomme de mon frere, nommé Parmillac, vint prendre congé de nous, pour aller, disoit-il, trouver son pere qui commandoit quelque Cavalerie en Lorraine ; mais en effet, pour aller disposer mes relais sur cette route, que j'avois choisie, comme celle dont on se défieroit le moins.

La vûë de cet homme, qui alloit commencer mon entreprise, me troubla si fort, que je ne comprens pas encore comment Madame la Comtesse ne le remarqua pas. Elle étoit toute occupée à gloser sur la nonchalance où je vivois parmi des affaires si importantes ; » que ce n'étoit pas le tems » de demeurer tout le jour deshabillée par » ma chambre à jouer de ma guitarre, & » que cette effroïable negligence lui faisoit » quasi croire ce qu'on disoit, que je vou- » lois m'enfuir en Italie. » Son inutile remontrance finit en m'exhortant d'aller à S. Germain avec elle pour faire du moins ma Cour ; mais comme je ne manquois pas d'affaires, je la priai de m'excuser. Il étoit absolument necessaire pour mon dessein, qu'elle y fût quand je partirois: car si elle eût été à Paris, dans l'inquiétude qu'elle avoit de ma conduite, il eût été difficile qu'elle n'eût pas pressenti quelque chose.

Enfin, le Mercredy treiziéme Juin, mil six cens soixante-huit, jour destiné pour mon départ, étant venu, dans le tems que je disposois mes petites affaires pour le soir, elle m'envoya querir pour aller dîner à S. Germain avec elle. Je voulus refuser d'abord; on me pressa si fortement de sa part, que je crûs presque être découverte; mais comme il faut toûjours présumer qu'on ne l'est pas dans ces sortes d'affaires, quelque apparence qu'on voye de l'être, je trouvai à propos de promettre d'aller, de peur qu'elle ne me vînt querir elle-même. Quand l'heure du dîner fut passée sans que je parusse, elle m'envoya conjurer une seconde fois de ne pas faillir d'y aller avant le soir; je m'excusai le mieux que je pûs d'avoir manqué de parole, je promis encore plus positivement cette fois que l'autre; mais voyant dix heures du soir passées sans avoir de mes nouvelles, elle monta en carrosse, & s'en vint droit à Paris. Elle avoit fait plus de la moitié du chemin quand elle rencontra mon frere. Il en étoit parti en même tems, que moi, pour aller faire part à Monsieur de Louvois de mon voyage. Elle lui demanda fort brusquement, où j'étois; mais il lui demanda à elle-même, si elle ne m'avoit pas rencontrée; & comme elle lui dit que non: il faut donc, lui répondit-il froidement, qu'elle ait pris par l'autre chemin, car je l'ai vû partir devant moi.

A trois heures aprés minuit Mr. Mazarin fut éveiller le Roi pour le prier de faire courir aprés moi; mais le Roi eut la generosité de lui répondre ɔɔ qu'il vouloit garɔɔ der la parole qu'il avoit donnée de ne se ɔɔ mêler plus de nos affaires, quand il avoit ɔɔ déchiré l'écrit que nous avions fait entre ɔɔ ses mains; & qu'il n'y avoit pas apparence ɔɔ de m'attraper avec l'avance que j'avois, ɔɔ & ayant pris mes mesures à loisir comme ɔɔ j'avois fait. ɔɔ On tourna autrement cette réponse dans le monde, & vous avez bien peut-être oüi dire les vers qu'on fit dessus, qui commencent,

Mazarin triste, pâle, & le cœur interdit,

& qui finissent par cette plaisanterie sur la revélation qu'il avoit euë pendant la grande maladie de la Reine, touchant le Roi & Madame de la Valiere,

Ma pauvre femme, helas ! qu'est elle devenuë ?
La chose, dit le Roi, vous est-elle inconnuë ?
L'Ange qui vous dit tout, ne vous l'a-t-il
   pas dit ?

Monsieur Mazarin voyant qu'il ne pouvoit rien obtenir du Roi, s'en fut trouver Monsieur Colbert, qui lui conseilla d'envoyer en diligence après moi quelque personne de créance, m'offrir tout ce que je voudrois pour revenir. Ce fut un Lieutenant d'Artillerie, nommé la Louviere ; & vous jugerez par le lieu où il me joignit, que le Roi avoit eu raison de dire qu'il n'étoit plus tems de me suivre.

Pendant que ces choses se passoient à la Cour, je courois une étrange carriere, & je vous avoüe que si j'en avois prévû toutes les suites, j'aurois plûtôt choisi de passer ma vie entre quatre murailles, & de la finir par le fer, ou par le poison, que d'exposer ma réputation aux médisances inévitables à toute femme de mon âge, & de ma qualité, qui est éloignée de son mari. Quoique je n'eusse pas assez d'expérience pour en prévoir les consequences, ni ceux qui étoient de mon secret aussi, je ne laissai pas de rendre de grands combats contre moi-même avant que de me déterminer ; & la peine que j'eus à le faire, si vous la pouviez savoir, vous seroit beaucoup mieux comprendre que toutes les choses que je vous ai contées, combien pressante étoit la necessité de prendre le funeste parti que je pris.

Je puis bien vous assurer que mes divertissemens ne furent qu'apparens depuis que j'eus formé ma resolution; & que Madame la Comtesse avoit grand tort de me reprocher ma tranquillité. Je ne dormois, ne buvois, ni ne mangeois presque plus, huit jours auparavant; & je fus si troublée en partant, qu'il fallut revenir de la porte saint Antoine prendre la cassette de mon argent, & de mes pierreries que j'avois oubliée. Il est vrai que je ne songeois pas seulement que l'argent pût jamais manquer, mais l'experience m'a appris que c'est la premiere chose qui manque, sur tout aux gens qui pour en avoir toûjours eu de reste, n'ont jamais connu l'importance & la necessité de le ménager. J'avois pourtant laissé les clefs de mon appartement à mon frere pour se saisir de ma vaisselle d'argent, & de plusieurs autres meubles & nippes de prix; mais il usa de si grande negligence, que Monsieur Mazarin le prévint, à telles enseignes qu'il en vendit quelque tems après à Madame de la Valliere pour cent mille francs.

Pour toute campagnie, j'avois une de mes filles nommée Nanon, qui n'étoit à moi que depuis six mois, habillée en homme
comme

comme moi, un des gens de mon frere nommé Narcisse, que je ne connoissois gueres, & un Gentilhomme de M. de Rohan, nommé Courbeville, que je n'avois jamais vû. Mon frere ayant prié Mr. de Rohan de ne me point quitter que je ne fusse hors la Ville, il me dit adieu à la porte S. Antoine, & je continuai ma route en carrosse à six chevaux, jusqu'à une maison de la Princesse de Guimené sa mere, qui est à dix lieuës de Paris. Je fis ensuite cinq ou six lieuës en chaise roulante; mais ces voitures n'allant pas assez vîte au gré de mes frayeurs, je montai à cheval, & j'arrivai le Vendredy à midy à Bar.

Delà, me voyant hors de France, je me contentai d'aller coucher à Nanci. Mr. de Lorraine ayant demandé à me voir, il eût l'honnêteté de ne s'y pas obstiner, quand il sut que j'y avois de la repugnance. Le Resident de France près de lui fit des instances inutiles pour me faire arrêter, & pour comble de generosité il me donna vingt de ses Gardes & un Lieutenant pour m'accompagner jusqu'en Suisse.

Nous avions été presque par tout reconnuës pour femmes. Il échapoit toûjours à Nanon de m'appeller, Madame; & soit par cette raison, ou que mon visage donnât quelque soupçon de ce que j'étois, on nous
observoit

observoit par le trou de la serrure après que nous étions enfermées, & on voyoit tomber nos longs cheveux que nous déployions d'abord que nous étions en liberté, parce qu'ils nous incommodoient beaucoup dans nôtre coëffure d'homme. Nanon etoit extrèmement petite, & si peu propre à être habillée de cette sorte, que je ne pouvois la regarder sans rire.

Le soir que je couchai à Nanci, où nous reprimes nos habits de femmes, la joye que j'avois de me voir en lieu de sûreté me laissant la liberté de me divertir à mes jeux ordinaires, comme je courois après elle pour m'en mocquer, je tombai sur le genoüil fort rudement. Je ne m'en sentis pourtant point d'abord ; mais quelques jours après, ayant fait tendre un lit dans un méchant village de Franche-Comté pour me reposer, en attendant le dîner, il me prit tout d'un coup des douleurs si horribles à ce genoüil, que je ne pûs plus me lever. Il fallut pourtant passer outre ; je ne laissai pas de partir en brancart, après avoir été saignée par une femme, faute d'autre Chirurgien, & j'arrivai à Neufchatel, où l'on se mit en tête que j'étois Madame de Longueville.

Vous ne sauriez croire la joye que ce peuple me témoigna ; n'étant pas accoûtumez à voir passer par leur pays des femmes de qualité de France, ils ne pouvoient comprendre qu'autre que Madame de Longueville y eût affaire. Je connois des gens qui auroient profité de l'occasion pour goûter de la souveraineté. A tout prendre, la méprise m'étoit avantageuse ; je gagnois bien à la qualité ce que je perdois à l'âge ; mais l'établissement me parut trop honnête pour une fugitive ; j'y fus si mal pansée, & mon mal en augmenta si fort, que je me mis en d'libération de retourner à Paris ; & il n'y eut que l'esperance de l'être bien-tôt mieux à Milan, qui me fit poursuivre mon voyage.

Peu de jours après passant par un village de Suisse, où il y avoit quelque garnison, nous faillîmes d'être tous assommez, faute d'entendre la langue ; & pour comble de bonne fortune, nous apprîmes en arrivant à Altauph, qu'il falloit y faire quarantaine avant que d'entrer dans l'Etat de Milan. Ce fut alors que la patience commença à m'abandonner. Je me voyois dans un pays barbare, très dangereusement malade, avec de grandes douleurs ; & pour du secours, vous jugerez par ce qui arriva à Narcisse, si j'en pouvois trouver dans ce miserable lieu. Il demanda un Chirurgien pour se faire tirer du sang, à cause de quelque mal qu'il avoit ; on lui amena un Maréchal, qui s'étant mis en devoir de le faigner avec une flammette, le manqua ; Narcisse le menaçant de le tuer, cet homme lui répondit toûjours froidement, que ce n'étoit rien, & qu'il n'avoit point fâché l'artere.

Mais ce qui acheva de me défesperer, fut que la division s'étoit mise entre mes gens. Narcisse ne pouvoit souffrir que Courbeville, qui ne me connoissoit que depuis huit jours, se mêlât de mes affaires sans en être prié ; par la même raison Nanon ne pouvoit souffrir ni Narcisse, ni Courbeville : elle prétendoit qu'ils ne devoient agir tous deux que par ses ordres ; mais pendant que Narcisse & elle s'amusoient à quereller de cette sorte, ils ne me servoient gueres bien, & ils ne s'y appliquoient presque plus que par boutade. Courbeville au contraire ne songeoit uniquement qu'à me soulager ; je suis encore persuadée qu'il m'auroit fallu couper la jambe sans lui ; & comme le pitoyable état où j'étois, me rendoit fort reconnoissante, la consideration que je témoignois pour lui, acheva d'aigrir les autres, & ils m'abandonnerent bien-tôt entierement à ses soins.

Ce fut à cette quarantaine que la Louviere me joignit. Je remis à me resoudre sur ce qu'il me proposa, quand je serois à Milan. J'y arrivai peu de jours après par la faveur

du

du Duc de Sefte qui en étoit Gouverneur, & beaufrere de Monsieur le Connétable; il sût comment j'étois arrêtée à Altauph, & me fit grace de dix-huit jours. Ma sœur & Monsieur le Connétable me vinrent joindre dans une maison à quatre journées de Milan où nous fûmes quelques jours; & delà à Milan même, où nous reçûmes neuf courriers de Paris dans six semaines que nous y demeurâmes. J'appris qu'aussi-tôt après ma fuite tout s'étoit declaré pour moi contre Mr. Mazarin; que Mr. de Turenne même avoit parlé au Roi en ma faveur, & que ma resolution avoit donné tout ensemble de l'admiration & de la pitié à tout le monde raisonnable; mais que les choses avoient bien changé dans la suite, puisque tous mes parens s'étoient joints peu de jours après au procès que Mr. Mazarin avoit intenté contre mon frere & Mr. de Rohan, pour les accuser de m'avoir enlevée. Je sçus encore qu'il avoit envoyé un commissaire après moi, informer de gîte en gîte de tout ce que j'avois fait; & c'est peut-être la seule obligation que je lui aye, puisque le procès verbal de cet homme, qui est enregistré au Parlement, est un témoignage éternel de l'innocence de ma conduite pendant ce voyage, contre tout ce que mes ennemis en ont publié.

Mais ce n'étoit pas encore la meilleure piece de son sac. J'avois écrit à mon frere & à Mr. de Rohan, en partant de Neufchatel; à mon frere, pour lui donner de mes nouvelles, & à Mr. de Rohan, pour le remercier des services qu'il m'avoit rendus dans mon départ. J'avois chargé Narcisse d'envoyer ces deux lettres; mais soit que sa haine pour Courbeville passât jusqu'à celui qui me l'avoit donné, ou que ce fût par pure negligence, il avoüa à Milan d'avoir oublié celle de Mr. de Rohan sur la cheminée du maître de la poste de Neufchatel, à qui il l'avoit recommandée. La Louviere qui l'y avoit trouvée, chemin faisant, n'en avoit pas fait de même. M. Mazarin s'en servit avec tant de bonheur, qu'elle mit tout le monde contre moi; & c'est sur cette lettre qu'il eut depuis la temerité de presenter requeste pour me faire décheoir de tous mes droits, ce qui ne se fait que contre des femmes convaincuës de la derniere turpitude.

Je vous ai dit que Mr. de Rohan avoit fait consentir mon frere, qu'ils me viendroient joindre ensemble à Bruxelles, quand j'y serois. Le besoin que nous avions de lui, ayant fait resoudre la chose ainsi, il étoit assez naturel que je lui parlasse de ce projet, dans une lettre qui n'étoit faite que

pour

pour lui témoigner ma reconnoissance. Ce fut assez à Mr. Mazarin pour prouver nôtre complot, & que le chevalier étoit amoureux de moi. Mais, outre qu'il l'étoit pour lors ailleurs à la vûë de toute la Cour, & en lieu si élevé, qu'il en fut exilé, son procedé ne s'y accordoit pas. C'étoit bien la conduite d'un veritable ami, de me donner les moyens de m'éloigner de lui, & de me confier à des valets fideles : mais ce n'étoit pas trop celle d'un amant, & il n'y en a guéres qui étant favorisez d'une confidence de cette nature, eussent pû se resoudre à perdre des yeux leur maîtresse, dans une occasion si extraordinaire. Cependant tout le monde crut ce que Mr. Mazarin voulut faire croire ; & pour mon frere, il y avoit long-tems, comme vous avez vû, qu'il s'étoit avisé d'en faire le jaloux, pour le rendre suspect en toutes mes affaires, & me priver par ce moyen de son appui.

Il n'est rien de si innocent qu'on n'empoisonnât pour soûtenir une accusation si détestable ; on produisit jusqu'à des lettres en vers faute de meilleures pieces. La posterité aura peine à croire, si nos affaires vont jusqu'à elle, qu'un homme de la qualité de mon frere, ait été interrogé en justice sur des bagatelles de cette nature ; qu'elles lui ayent été representées serieusement par des juges ; qu'on ait pû faire un usage si odieux d'un commerce d'esprit & de sentimens, entre des personnes si proches : Qu'enfin l'estime & l'amitié pour un frere d'un merite aussi connu que le sien, & qui m'aimoit plus que sa vie, ayent pû servir de prétexte à la plus injuste, & à la plus cruelle de toutes les diffamations. On trouvera peu d'exemples plus étranges du malheur des personnes de mon sexe & de mon âge. Les liaisons les plus saintes, où la nature & la raison les engagent, si-tôt qu'il plaît à la jalousie & à l'envie, deviennent le plus grand des crimes ; mais il n'est rien d'impossible à un dévot de profession ; & plûtôt qu'ils ayent tort, il faut que les plus honnêtes gens de la terre soient les plus abominables de tous les hommes.

Je m'emporte peut-être, & le souvenir de ce cruel outrage me fait jetter dans des digressions dont vous n'avez que faire ; mais il est bien difficile de faire de sang froid un recit si funeste. Il étoit mal-aisé de se défier, qu'on dût jamais me faire d'affaire sur une chose aussi connuë, que l'union de mon frere avec ma sœur la Connétable & moi. Presque toute la Cour a vû une lettre qu'il écrivit de Rome, quelque tems après nos mariages, dans laquelle représentant à un de ses amis le bonheur qu'il avoit, d'avoir

deux

deux sœurs, qu'il aimoit extrémement, dans les deux plus belles Villes du monde, il finissoit par ces deux vers,

Avec la belle Hortence, ou la sage Marie;
Ainsi de sœur en sœur je vais passant ma vie.

Il y a apparence que Mr. Mazarin auroit employé cette écriture dans son procès, si ma sœur qu'il vouloit ménager, afin de la mettre contre moi, n'y eût point été interessée ; car elle est bien pour le moins aussi criminelle que l'autre lettre dont il se servit. Mon frere m'avoit écrit cette autre lettre à S. Germain où j'étois, quelques jours après que Mr. Mazarin eut fait abbattre le theatre, que je vous ai dit que j'avois fait faire dans mon appartement. Elle commence ainsi.

Vous de tout l'univers unique en vôtre espece,
Plus belle que Venus, plus chaste que Lucrece,
&c.

Ensuite il continuë par des remercimens de ce que je lui avois écrit, & par des nouvelles de sa santé qui ne veulent rien dire, après quoi il poursuit de cette sorte.

Vous saurez cependant, que vôtre cher époux
S'informe à tout le monde incessamment de vous.
Il me vint voir un soir d'un air acariâtre,
Et se moqua de moi me parlant du théatre.

> Le beau Duc de Navaille, au teint hâve & plombé,
> Par son raisonnement m'avoit presque absorbé.
> Près d'une heure avec moi, tous deux ils demeurèrent,
> Et vous fûtes toûjours le sujet qu'ils traitèrent :
> Monsieur de Mazarin poursuit de vous braver,
> Et fait courir le bruit qu'il veut vous enlever.
> Il dit qu'il n'est ni Roi, Reine, Empereur, ni Pape,
> Qui puisse l'empêcher qu'un jour il ne vous happe.
> Pelastron s'est offert à l'execution
> D'une si temeraire & perfide action :
> Pour moi je vous conseille en ce besoin extrême,
> D'implorer de Loüis l'autorité suprême :
> Qu'il serve de bouclier à ce noir attentat,
> Qu'a formé contre vous un époux trop ingrat ;
> &c.

Le reste n'est rien. Comme je montrois cette lettre à quelques amies, le Comte de Grammont qui survint, me l'arracha, & la porta au Roi ; elle fut lûë tout haut en sa presence, & il n'y eut de toute la Cour qu'un de ses chirurgiens, nommé Eliam, qui s'en scandalisa. Cet homme, qui apparemment étoit fort zelé pour ses malades, entendant lire

> Le beau Duc de Navaille, au teint hâve & plombé,

ne pût s'empêcher d'interrompre, disant que

que cela n'étoit rien, & qu'on le purgeroit bien-tôt.

Ce fut pourtant sur des pieces si convaincantes, que le Parlement donna un arrest, par lequel il fut permis à Mr. Mazarin de me faire arrêter quelque part que je fusse. Tous mes parens signerent en même tems un écrit entre ses mains, pour prier conjointement Mr. le Connétable, qui s'en moqua, de ne me pas recevoir. On avoit pourtant joint les lettres scandaleuses à cet écrit, & je reçûs en même temps un courier particulier, qui venoit m'en faire des excuses de la part de Madame la Comtesse, mais de bouche seulement: j'avoüe que ma constance ne fut pas à l'épreuve d'un si rude coup. Je tombai dans une mélancolie extraordinaire; & des démarches si violentes ne me laissant aucune esperance d'accommodement, je ne songeai plus à aller à Bruxelles.

Mon frere arriva sur ces entrefaites; mais au lieu de me consoler, il commença bien-tôt une autre persecution contre moi, d'autant plus cruelle, qu'elle avoit un fondement fort specieux. Je devois renvoyer Courbeville quand je serois à Milan; mais ayant appris la procedure criminelle, qu'on avoit faite à Paris, & dans laquelle il étoit enveloppé, il se jetta à mes genoux, & me représenta

présenta, « Qu'il ne pouvoit retourner près
» de son maître, sans porter sa tête sur un
» échafaut; & que n'ayant pas dequoi subsis-
» ter ailleurs, il étoit reduit à la derniere ne-
» cessité, si je le congediois. Ce Gentilhomme
m'avoit servi si utilement, que je ne crus
pas pouvoir l'abandonner sans une extrême
ingratitude. Je lui donnai ma parole de le
garder tant qu'il voudroit; & les cruels déplaisirs qui m'arriverent depuis pour l'avoir
tenuë, ne m'ont point encore persuadé, que
je ne fusse pas obligée de la donner.

Nanon & Narcisse enragez de ce que
le gardois, l'accuserent d'avoir parlé fort
insolemment de mon frere. Les choses qu'ils
lui faisoient dire étoient vrai-semblables;
mon frere les crut, & voulut que je le chas-
sasse; mais comme je savois qu'ils lui avoient
prêté cette charité, je ne les crus pas, &
m'obstinai à le garder. Ma resolution ayant
jetté Nanon & Narcisse dans le désespoir,
ils ne trouverent point de meilleur expedient
pour me forcer à ce qu'ils vouloient, que
de faire courre le bruit qu'il m'aimoit. Mon
frere qui vouloit ignorer les obligations que
j'avois à cet homme, & la parole que je lui
avois donnée, parce qu'il croyoit en avoir
été offensé, & qu'il étoit accoûtumé à la
complaisance aveugle que j'avois toûjours
euë pour lui, craignit qu'il n'y eût quelque
chose

chose d'extraordinaire dans mon obstination. Mais il n'en douta plus, lorsque m'ayant representé avec beaucoup de hauteur le bruit qui couroit, il vit que je ne m'y rendois pas. Une calomnie si ridicule m'irrita au lieu de m'ébranler; & je fus si touchée de voir qu'il y ajoûtoit foi, que je ne pouvois plus le souffrir. Mr. le Connétable & ma sœur furent d'abord pour moi contre lui; mais ils changerent dans la suite.

Ce ne fut bien-tôt qu'éclaircissemens continuels entre nous quatre, dans lesquels j'avois toûjours le tort, & les autres se justifioient à mes dépens; & cette étrange vie, pleine d'aigreur & de ressentiment contre un frere & une sœur, que j'aimois si fort, & de qui j'avois crû que la compagnie suffisoit toute seule pour me rendre heureuse, me fit à la fin comprendre, mais trop tard, qu'il ne faut jamais rien souhaiter. Nous allâmes à Venise parmi ces broüilleries, où Mr. le Connétable, qui ne s'y plaisoit pas, peut-être parce que ma sœur s'y plaisoit trop, me promit toutes choses pour m'emmener à Rome; & me dit, qu'il me répondoit du Pape, & qu'il n'y oublieroit rien pour soulager le noir chagrin où j'étois plongée. Me voyant si cruellement broüillée avec mon frere, je crus devoir ménager l'amitié du Connétable par ma complaisance. Nous allâmes tous à Sienne chez le Cardinal Chigi; d'où au bout de trois semaines mon frere s'étant broüillé avec nous, s'en retourna à Venise sans dire adieu, & nous prîmes le chemin de Rome. Les chaleurs y étoient si grandes, que nous fûmes contraints d'en sortir pour aller demeurer six semaines à Marine, maison de plaisance de Monsieur le Connétable.

En même tems que nous en revînmes, mon frere arriva, & avec lui un Gentilhomme de la part de Mr. de Rohan, pour faire, à ce qu'on me dit, assassiner Courbeville. J'appris que s'étant trouvé fort mal à Venise, il avoit crû être empoisonné; que dans ce désespoir il avoit écrit des lettres épouvantables à Paris contre mon frere, & contre Mr. de Rohan qu'il croyoit d'intelligence avec mon frere, pour le faire chasser d'auprès de moi; que ces lettres avoient été surprises par Mr. de Rohan, & qu'il les renvoyoit à mon frere pour en faire la punition qu'elles meritoient. Le peu de conduite de Courbeville, l'éclat desagréable que cette affaire faisoit dans le monde, & le desir du repos me firent à la fin resoudre de m'en défaire, jugeant bien qu'il me rendroit volontiers la parole que je lui avois donnée. Tout ce que je demandai au fils aîné du President de Champlastreux, qui negotioit entre

nous,

nous, fut seulement, que mon frere n'exigeât pas de moi cette déference avec tant de hauteur, & qu'il me fût permis d'aller demeurer chez ma tante Martinozzi.

Une heure avant que Courbeville dût partir, & ma tante étant déja au logis pour m'emmener, ma sœur outrée de ce que je ne voulois plus demeurer chez elle, se mit à le railler en ma presence, & lui demanda, s'il ne me fléchiroit point encore cette fois comme les autres? Cet homme qui étoit au desespoir de s'en aller, lui ayant répondu fort brusquement: Que si je ne le lui ordonnois pas, il ne sortiroit point, & qu'il ne respectoit personne que moi: Elle lui commanda de sortir sur le champ, & lui dit, qu'il trouveroit à qui parler dans la Cour. Il obéït de rage; je ne doutai pas qu'on ne lui voulut faire un mauvais parti; je crus lui devoir sauver la vie; je sortis avec lui, & le conduisis chez mon oncle le Cardinal Mancini.

Je me retirai ensuite chez ma tante, où je demeurai quelque tems enfermée comme dans une prison. Néanmoins, quelque affligée que je fusse, je ne pûs m'empêcher de rire de l'offre qu'elle me fit de danser les matassins au son de ma guitarre, pour me divertir. Je ne sai si le refus que j'en fis l'aigrit contre moi; mais un jour que j'étois à la
fenêtre,

fenêtre, elle me dit fort rudement de m'en ôter, que ce n'étoit pas la coûtume à Rome de s'y mettre; & une autre fois que je m'y remis encore, elle m'envoya son confesseur me dire, qu'on m'en feroit ôter par force. Ce moine s'acquitta si insolemment de sa commission, que les larmes m'en vinrent aux yeux. L'écuyer du Cardinal Chigi, qui travailloit des chevaux devant la maison, m'entendant plaindre, monta pour m'offrir ses services; mais je n'eus plus le courage de rien dire quand je le vis. Il alla pourtant conter à son Maître qu'il y avoit deux jours que je n'avois ni bû, ni mangé. Le Cardinal Chigi en fut touché de pitié; & le Cardinal Mancini lui ayant répondu, que Monsieur Mazarin souhaitoit que je fisse une retraite de quinze jours dans un Convent, où il y avoit une Sœur de Monsieur le Cardinal Mazarin, je le pris au mot.

Mon frere & ma sœur voyant le déplorable état où j'étois, commencerent à faire refléxion sur leur conduite passée, & n'eurent point de repos que je ne leur eusse pardonné. Je ne voulois pourtant point voir mon frere; mais à la fin ils gagnerent encore ce point sur ma resolution; & quoique je visse bien que leurs remords ne reparoient pas l'outrage qu'ils avoient fait à ma reputation,

…tion, la facilité de mon naturel l'emporta encore cette fois sur le plus juste de tous les ressentimens. Je vous avouë que le cœur me serre à ce récit. Je ne connois rien de plus cruel dans la vie, que de voir revenir de bonne foi les gens à nous, après qu'ils nous ont fait des injures mortelles. C'est bien assez de ce qu'on a souffert d'eux, sans partager encore la douleur de leur repentir.

Cette refléxion & plusieurs autres, que j'avois sujet de faire, me firent resoudre à retourner en France à la merci de Mr. Mazarin, & sans aucune condition, plûtôt que de demeurer encore exposée à de nouvelles avantures aussi cruelles que celles qui m'étoient arrivées. J'en fis écrire à la Princesse de Conti par ma tante Martinozzi sa mere, & je me disposai à partir aussi-tôt que la réponse seroit venuë. Peu de jours après, Courbeville trouva, je ne sai comment, le moyen de me faire savoir, qu'après avoir « été gardé quelques jours chez le Cardinal « Mancini, on l'avoit conduit à Civita- « vecchia, où il étoit prisonnier depuis six « semaines, & où il seroit, à ce qu'il man- « doit, bien plus de tems, si je n'avois pas « la generosité de m'employer encore pour « lui. » Quelque sujet que j'eusse de ne me plus mêler de cet homme, néanmoins pour ne pas laisser mon ouvrage imparfait, je demandai sa liberté à Fra-Vincenzo Rospigliosi, neveu du Pape, qui me l'accorda.

Cependant le tems que je devois être dans le Convent étant passé, le Cardinal Mancini répondit aux instances que ma sœur faisoit à mon insçu pour m'en tirer: » Qu'il me conseilloit d'attendre un peu, » parce qu'il seroit avantageux pour moi, » que la réponse qui venoit de France m'y » trouvât. Cette réponse fut, qu'après que » j'y aurois demeuré deux ans, Mr. Maza- » rin verroit ce qu'il auroit à faire. Le Cardinal Mancini vouloit que je me soûmisse à cette condition; & pour moi, dans l'acablement où j'étois de voir la dureté de Mr. Mazarin, j'étois capable de me resoudre à tout; mais ma sœur voulut absolument que je sortisse. Elle fit negotier pour cet effet avec la Reine de Suede, qui donna parole de me recevoir chez elle; & il ne fut plus question que de me faire échaper.

Ma sœur me vint voir une après-dînée. Comme nous étions ensemble dans ma chambre, que je disposois les choses pour m'en aller avec elle, & que Nanon étoit déja toute ronde du grand nombre de hardes qu'elle avoit fourrées de tous côtez sous ses habits, nous fûmes avertis que le conseil de la Reine l'avoit obligée de retirer ret la parole qu'elle avoit donnée en ma faveur. Quelque désagréable que fût cette nouvelle, il fut resolu de passer outre. Ma sœur se mit en devoir de s'en aller, & moi de descendre avec elle sous pretexte de l'accompagner. Ma tante Mazarin fit tout ce qu'elle pût pour me faire demeurer dans ma chambre, parce qu'il y avoit long-tems que je ne me portois pas fort bien; mais je n'avois garde de faire cette faute.

Les enfans de ma sœur qui n'avoient pas permission comme elle d'entrer dans le Convent, & qu'elle avoit exprès amenez ce jour-là, pour amuser ma tante dans le parloir, afin que nous n'en fussions pas embarrassées, l'attendoient à la porte quand l'Abbesse la vint ouvrir. Nanon se jetta d'abord à eux pour les caresser, & moi après elle. Comme on ne se défioit point de nôtre dessein, l'Abbesse n'osa pas m'en empêcher de force, outre que je ne lui donnai pas le temps de déliberer. Me voilà dans le carosse de ma sœur. Elle avoit le privilege de faire entrer avec elle un certain nombre de femmes; ma tante retint par dépit deux Dames qui s'en étoient prévaluës ce jour-là, quoi qu'elles n'eussent rien de commun avec nos affaires; & la pauvre vieille prit si fort à cœur cette avanture, qu'elle en mourut peu de jours après de déplaisir.

Nous

Nous fûmes d'abord chez le Cardinal Chigi que nous ne trouvâmes pas, pour lui demander sa protection. Il vint quelque tems après chez ma sœur, & nous parut assez froid, craignant que le Pape ne me fût contraire ; mais Sa Sainteté répondit aux plaintes du Cardinal Mancini : Que si elle avoit sû que j'eusse été contre mon gré dans le Convent, elle m'en seroit allée tirer elle-même. Ne pouvant encore me resoudre à demeurer chez ma sœur, je fus loger à la ruë du Cours dans notre maison paternelle, où l'Académie de Rome s'est tenuë de tout tems. Le Cardinal Mancini en fit déloger par dépit une de ses sœurs, qui n'auroit fait que m'incommoder ; mais pendant un voyage que je fis à Marine, il s'en empara entierement, & je fus contrainte à mon retour d'en loüer une autre.

Il fallut bien-tôt engager mes pierreries pour subsister. Je n'avois encore pris que trois mille écus dessus, ce qui n'étoit rien en comparaison de leur valeur, quand j'appris que l'homme qui les avoit, n'étoit pas sûr. Je voulus les retirer, mais Madame Martinozzi m'avoit prévenuë ; elle avoit donné l'argent, & ne les vouloit pas rendre. Monsieur le Connétable feignant d'ignorer qu'elle les eût, obligea cet homme par son autorité & par ses menaces, de les ravoir

d'elle

d'elle, puisqu'il ne devoit pas les lui avoir données. On écrivit après à M. Mazarin, pour le prier de les dégager, & il répondit; qu'il falloit les laisser où elles étoient, & m'ôter tout moyen de subsister, afin de me reduire à mon devoir. Je fus contrainte de souffrir que Grillon, qui étoit le meilleur ami de mon frere, & du Connétable, donnât l'argent qu'il falloit pour les avoir : je le lui rendis bien-tôt ; & le déplaisir que j'eus de me voir reduite à la necessité d'avoir obligation à des gens qui pouvoient en abuser, me fit resoudre quelque tems après à faire un voyage en France, pour tâcher d'obtenir une pension de Monsieur Mazarin.

Je partis avec mon frere qui alloit épouser Mademoiselle de Tiange ; & c'est à cette alliance que je suis redevable du bon succés de mon voyage. Nous demeurâmes près de six mois en chemin. Quand nous fûmes sur la frontiere, nous resolûmes qu'il se mettroit devant ; & que j'y attendrois qu'il eût pris les suretez qui m'étoient necessaires pour passer outre. Mais nos amis nous ayant mandé en même tems le désastre des pauvres statuës du Palais Mazarin, & que la conjoncture étoit favorable, nous fûmes ensemble jusqu'à Nevers, où il me laissa pour se rendre à la Cour avec Grillon, qui nous avoit

avoit joint à Milan. Si-tôt que M. Mazarin nous sçut en chemin, il envoya Polastron, son Capitaine des Gardes, sur notre route, informer exactement de la vie que nous menions ; & il fit assembler toutes les Prevôtez des environs du Nivernois, pour prêter main forte au Commissaire de la Grand' Chambre, qui me venoit enlever en vertu de l'arrest du Parlement.

Mon frere en ayant fait plainte au Roi, Sa Majesté me vouloit envoyer querir d'autorité : mais Monsieur Colbert jugeant bien qu'il étoit à propos pour mes interêts de ménager Monsieur Mazarin le plus qu'on pourroit, lui fit dire de signer un arrest d'apointement, comme il fit les larmes aux yeux ; & voyant bien qu'on passeroit outre, s'il ne le faisoit pas. Cet arrest arriva heureusement à Nevers le même jour que Palluau, Conseiller de la Grand'-Chambre, y arriva aussi pour m'arrêter ; je reçus en même tems ordre d'aller au Lys, & mon frere se maria le jour que j'y entrai.

Pendant que j'y fus, Monsieur Mazarin me fit faire plusieurs propositions d'accommodement, mais toutes par de miserables moines, & autres gens de pareille étoffe, & sans me donner aucune sureté. Il avoit dit au Roi que mon frere m'empêchoit d'y entendre, qu'il me gouvernoit avec une autorité

torité tyrannique; & que si je ne le craignois pas, je serois beaucoup plus traitable.

Pour en savoir la verité, le Roi m'envoya querir au bout de trois mois par Madame Bellinzani, & un exempt des Gardes, dans un carosse de Madame Colbert, chez qui mon frere avoit prié le Roi de me faire loger, comme dans un lieu où personne ne me pourroit contraindre de déguiser mes sentimens. Deux ou trois jours après, il me fit aller chez Madame de Montespan pour me parler. Je n'oublierai jamais la bonté avec laquelle il me traita, jusqu'à me prier de considerer, « que s'il n'en avoit pas mieux usé envers moi par le passé, ma conduite lui en avoit ôté les moyens; que je lui disse franchement ce que je voulois; que si j'étois absolument resoluë à retourner en Italie, il me feroit donner une pension de vingt-quatre mille francs, mais qu'il me conseilloit de demeurer; qu'il feroit mon accommodement aussi avantageux que je voudrois: que je ne suivrois M. Mazarin dans aucun voyage: qu'il n'auroit rien à voir sur mes domestiques: que même si ses caresses m'étoient odieuses, je ne serois pas obligée de les souffrir d'abord, & qu'il me donnoit jusqu'au lendemain pour y songer. »

J'aurois bien pû lui répondre sur le champ

ce que je lui répondis le jour suivant : « qu'après m'avoir voulu perdre d'honneur, » comme Monsieur Mazarin avoit fait, & » avoit refusé de me reprendre, lorsque je » le lui avois fait offrir de Rome sans au- » cune condition, & qu'il me savoit dans la » derniere necessité, je ne pouvois me re- » soudre à retourner avec lui ; que quelques » précautions qu'on pût prendre, de l'hu- » meur dont il étoit, il m'arriveroit tous » les jours vingt petites choses cruelles, dont » il ne seroit pas à propos d'aller importu- » ner sa Majesté ; & que j'acceptois avec » une reconnoissance extrême la pension qu'il » lui plaisoit de me donner ». Après des raisons si legitimes, vous serez surpris d'apprendre que tout le monde blâma ma resolution ; mais les jugemens des gens de Cour sont bien differens de ceux des autres hommes.

Madame de Montespan & Madame Colbert entr'autres, firent tout ce qu'elles purent pour me faire demeurer, & Monsieur de Lauzun me demanda ce que je voulois faire avec mes vingt-quatre mille francs ? que je les mangerois au premier cabaret, & que je serois contrainte de revenir après toute honteuse, en demander d'autres qu'on ne me donneroit pas : mais il ne savoit pas que j'avois appris à ménager l'argent. Ce
n'est

n'est pas que je ne visse bien qu'il m'étoit impossible de subsister long-tems honnêtement avec cette somme ; mais outre que je n'en pouvois pas obtenir davantage, & que M. Mazarin ne vouloit pas même me permettre de la manger à Paris sans être avec lui, je faisois mon compte, qu'elle me donneroit du moins le tems de prendre d'autres mesures.

Monsieur Mazarin ne pouvant faire pis, s'avisa de dire au Roi : Que je me faisois faire un juste-au-corps d'homme pour m'en aller habillée de cette sorte ; mais sa Majesté eut encore la bonté de lui dire, qu'elle l'assuroit que cela ne seroit pas. Madame Bellinzani eut ordre de me conduire avec un Exempt jusqu'à Rome, & deux Gardes du Corps avec eux jusqu'à la frontiere. Je reçus tant d'honnêtetez de M. le Duc de Savoye, en passant à Turin, que je resolus dès-lors de ne me point retirer autre part que dans ses Etats, si je quittois jamais Rome.

J'y arrivai enfin, après avoir esté trois mois en chemin, & Grillon y arriva aussi peu de tems après, pour me replonger malgré que j'en eusse, dans de nouveaux embarras. J'avois fait dessein de ne voir personne en France. Grillon qui prétendoit être excepté à cause du service qu'il m'avoit rendu à Rome dans l'affaire de mes pierreries, vint
une

une fois au Lys avec Madame la Comtesse au commencement que j'y fus, mais je ne le voulus plus voir depuis. Le dépit qu'il en eut le transporta à un point incroyable.

Pendant que j'étois à Nevers, attendant le Commissaire tous les jours, l'Intendant de mon frere me faisoit demeurer pour plus grande sureté dans la tour d'un Convent qui tient au Château. Comme il n'avoit pas des gens de reste pour me servir, il mit prés de moi un Garde de mon frere, qui avoit été chassé depuis peu pour quelque sujet assez leger. Ce garçon me servit le mieux qu'il pût, afin que j'obtinsse son pardon, & je lui permis de me suivre au Lys dans cette esperance. Un fripon de cuisinier que j'avois, pour se faire de fête à Grillon qui l'avoit corrompu, s'en va lui dire, que ce miserable se rendoit necessaire auprès de moi, & qu'il entroit quelquefois dans le Convent. Grillon, sans autre examen, va publier cette belle affaire par tout, jusques-là que quand j'arrivai à Paris, Madame Colbert ne voulut pas que l'homme dont étoit question entrât à ma suite chez elle. Jugez de mon étonnement quand j'en sçus le sujet : avec quelle promptitude je chassai ce nouvel Officier : quel ressentiment je dûs avoir de la méchanceté de Grillon ; & si je fus surprise en repassant à Lyon, de le voir oser revenir à moi,

à la

à la faveur d'une lettre de mon frere, qui me prioit de tout oublier. La froideur avec laquelle je le traitai, ne fit que l'animer davantage.

Il apprit en arrivant à Rome, que Monsieur de Marsan me voyoit quelquefois; & après mille extravagances qui se passerent entr'eux, ils eurent à la fin ensemble la ridicule affaire que vous avez sçuë, où sans courir aucun danger, ils se donnerent le plaisir de réjoüir de nouveau le monde à mes dépens.

Ce fut quelque tems après, que ma sœur resolut de se retirer en France, pour divers sujets de plainte qu'elle prétendoit avoir contre Monsieur le Connétable. Il seroit inutile de vous dire les raisons dont je combatis sa résolution; les déplaisirs qu'une pareille équippée m'avoit attiré, me donnerent une éloquence toute extraordinaire: mais la même étoile qui m'avoit conduite en Italie, la poussoit en France. Comme elle étoit fort assurée de moi, elle n'hésita pas à me mettre de la partie; & parce que je ne me soucious de Rome qu'à cause d'elle, & que je croyois soulager les dangers qu'elle devoit courir en les partageant, je n'hésitai pas à la suivre. Je lui représentai seulement, que je serois obligée de la quitter aussi-tôt que nous serions en France. Cette necessité lui fit

plus

plus de peine qu'aucune autre chose, & rien ne me persuada plus la force de ses raisons, que de voir qu'elles la faisoient résoudre à nous séparer.

Le Chevalier de Lorraine lui avoit assez d'obligation pour la servir dans cette rencontre. Elle s'étoit fait des affaires avec tout Rome pour lui & pour son frere. On ne pouvoit les souffrir par tout ailleurs que chez elle, & elle s'étoit déclarée pour eux dans des occasions assez delicates contre le Cardinal Chigi & le Connétable même. Cependant elle n'en reçut autre secours que de grandes promesses de la servir de leur crédit en France, ce qu'ils n'ont pas fait ; & pour ce qui étoit de son dessein, le Chevalier se contenta de lui dire, » que si elle n'a- » voit qu'elle-même pour le conduire, il » s'en mettroit en peine ; mais que puisque » Madame Mazarin en étoit, on pouvoit » bien s'en reposer sur elle, puisqu'elle avoit » plus d'esprit & de résolution qu'il n'en fal- » loit pour des entreprises encore plus dan- » gereuses. » Il ne croyoit pas alors devoir être rappellé en France si-tôt qu'il le fut; s'il eût fait son devoir, nous y aurions été avant lui, & on n'auroit pas pû dire que nous le suivions ; mais ma sœur, qui n'a- voit compté que sur lui, fut contrainte de

differer

differer son départ, quand elle s'en vit abandonnée.

Après qu'il fut allé en France, elle s'ouvrit à un autre homme d'une dignité éminente, & qu'elle croyoit son ami, parce qu'elle l'avoit obligé de l'être; mais il lui dit seulement; « Que le Chevalier de Lorraine devoit bien la secourir dans ce besoin. » Il me demanda ensuite ce que je deviendrois, & si c'étoit de mon conseil que ma sœur entreprenoit ce voyage. Il peut encore rendre témoignage que je lui répondis, que non. Que je savois bien que je ne pouvois pas demeurer en France: que je ne prétendois même y aborder qu'à la faveur d'un passeport que le Roi avoit envoyé à ma sœur, pour elle & ses gens; & que mon dessein étoit de me retirer en Savoye, dès que je la verrois en lieu de sureté.

Enfin après avoir pris toutes les précautions du côté de France, que la prudence humaine peut suggerer, nous envoyâmes une barque nous attendre à Civita-Vecchia; & un beau jour de May, M. le Connétable ayant dit à dîner, qu'il alloit à douze milles de Rome voir un de ses haras, & qu'on ne l'attendît pas le soir, s'il demeuroit trop à revenir, ma sœur voulut absolument partir, quoique nous n'eussions encore rien de prêt. Nous dîmes que nous allions à Frescati, & nous montâmes dans mon carrosse avec une de ses femmes & Nanon, habillées en hommes comme nous, avec nos habits de femmes par dessus.

Nous arrivâmes à Civita-Vecchia à deux heures de nuit, que tout étoit fermé: si bien que nous fûmes contraintes de nous enfoncer dans le plus épais du bois, en attendant qu'on eût trouvé nôtre barque. Mon valet de chambre, qui avoit été le seul de tous nos gens assez resolu pour nous conduire, ayant couru long-tems inutilement pour la chercher, en loüa mille écus une autre qu'il rencontra par hazard. Cependant mon postillon s'impatientant de n'avoir point de nouvelles, monta sur un des chevaux du carrosse, & fut si heureux, qu'à la fin il trouva la nôtre. Il étoit bien nuit quand il en revint; il nous fallut faire cinq milles à pied pour y aller, & nous nous embarquâmes enfin à trois heures sans avoir bû ni mangé depuis Rome. Nôtre plus grand bonheur fut d'être tombées entre les mains d'un patron également habile, & homme de bien. Tout autre nous auroit jettées dans la mer, après nous avoir volées: car il vit bien d'abord que nous n'étions pas des gueuses. Il nous le disoit lui-même; ses bateliers nous demandoient si nous avions tué le Pape. Et pour ce qui est d'être habile, il suffit de vous dire qu'ils firent canal à cent mille de Gênes.

Au bout de huit jours nous debarquâmes à la Cieuta en Provence, à onze heures du soir. Delà, nous fûmes à cheval à Marseille pour cinq heures du matin, où nous trouvâmes les ordres du Roi, & le passe-port chez l'Intendant. Monsieur le Connétable, par le plus grand bonheur du monde, fut trois jours hors de Rome, & ne se défia de la verité que fort tard. Il n'est point de contes si horribles qu'on ne fît de nous; jusqu'à dire que nous étions allées en Turquie; & il fut contraint d'obtenir du Pape une excommunication contre tous ceux qui en parleroient.

Il fit partir quatorze Couriers par autant de routes differentes, dont l'un fit si belle diligence, qu'il arriva à Marseille avant nous. Il y arriva aussi un peu après un homme à lui, de cette sorte de gens qu'on appelle en Italie des Braves. Mon valet de chambre étoit allé, je ne sai où, se préparer à partir pour la Cour, où ma sœur l'envoya, & nous étions nous quatre femmes, toutes seules de nôtre compagnie, dans le cabaret même où cet homme vint loger. Nanon qui l'apperçut la premiere, le reconnut d'abord; elle nous donna l'alarme bien chaude; nous fîmes demander des gardes à l'Intendant ; il nous en envoya sur le champ. Mon valet de chambre revint de la Ville ; & le Brave, après avoir parlé fort honnêtement, pour nous exhorter à retourner à Rome, partit sur le champ pour y retourner lui-même, avec une belle lettre de ma sœur pour son maître. Cette avanture nous fit aller loger chez l'Intendant, & peu de jours après à Aix, où nous demeurâmes un mois, & où Madame de Grignan eut la charité de nous envoyer des chemises, disant ; Que nous voyagions en vrayes heroïnes de roman, avec force pierreries, & point de linge blanc.

Nous fûmes ensuite à Mirabeau ; puis à Montpellier, où ma sœur voulut aller voir Monsieur de Vardes ; & à Monfrein, où j'appris que Polastron étoit en chemin, sous prétexte de venir faire compliment à ma sœur de la part de Monsieur Mazarin ; mais en effet pour me faire arrêter avec son malheureux arrest. Je me retirai seule au Vivier, pour le laisser passer ; il ne s'arrêta point près de ma sœur, quand il ne m'y trouva pas ; il passa outre, croyant m'attrapper, & que j'étois retournée en arriere ; mais il s'éloignoit au lieu de me suivre.

Cependant je me rendis à Arles par le
Rhône,

Rhône; & delà à Martigues par terre, & par la mer à Nice; puis à Turin & à Monmellian, d'où ma sœur me rappella à Grenoble près d'elle, après avoir pris les mesures necessaires pour ma seureté avec Monsieur de Lesdiguiéres. Mon frere nous vint joindre: il y fut huit jours avec nous: nous en partîmes huit jours après lui pour Lyon; & ma sœur ayant pris le chemin de Paris, je pris celui de Chambery, où j'ai enfin trouvé le repos que je cherchois inutilement depuis si long-tems, & où j'ai toûjours demeuré depuis, avec beaucoup plus de tranquillité, qu'une femme aussi malheureuse que moi n'en devroit avoir.

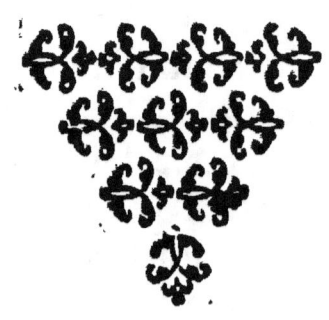

LETTRE

LETTRE

Contenant

LE PORTRAIT,

ET LE CARACTERE

DE MADAME

MAZARIN.

JE vous renvoye par homme exprès, les memoires dont vous m'avez fait part, de peur de tomber par la poste dans le même inconvenient qui les a mis entre vos mains. Si toutes les fois que Messieurs les Ministres font ouvrir les lettres, on trouvoit des choses aussi curieuses, je ne plaindrois guéres la peine des commis.

Vous avez eu raison de croire, qu'après la maniere dont je vous avois parlé de Madame Mazarin, je serois bien aise de voir son histoire. Je l'y reconnois d'un bout à l'autre, & j'y ai remarqué vingt choses, qu'elle seule étoit capable de penser, & de mettre comme elles sont. Puisque vous ne l'avez jamais vûë, je vous dirai pour satisfaire

faire à vôtre priere, que c'est une de ces beautez romaines qui ne ressemblent point à des poupées, comme la plûpart des nôtres de France; & dans qui la nature toute pure triomphe avec majesté de tout l'artifice des coquettes.

La couleur de ses yeux n'a point de nom. Ce n'est ni bleu, ni gris, ni tout-à-fait noir; mais un mélange de tous les trois, qui n'a que ce que chacun a de plus beau; la douceur des bleus; la gayeté des gris; & sur tout le feu des noirs. Mais ce qu'ils ont de plus merveilleux, c'est qu'il n'y en a point au monde de si doux, & de si enjoüez pour l'ordinaire; enfin de si propres à donner de l'amour; & il n'y en a point de si sérieux, de si severes, & de si sensez quand elle est dans quelque application d'esprit. Ils sont si vifs & si rians, que quand elle s'attache à regarder quelqu'un fixement, (ce qui ne lui arrive guéres,) on croit en être éclairé jusqu'au fond de l'ame, & on désespere de pouvoir lui rien cacher. Ils sont grands, bien fendus, & à fleur de tête; pleins de feu & d'esprit; mais avec toutes ces beautez ils n'ont rien de languissant, ni de passionné; comme si elle n'étoit née que pour être aimée, & non pas pour aimer.

Sa bouche n'est ni grande, ni de la derniere petitesse; mais tous les mouvemens en sont pleins de charmes, & les grimaces les plus étranges ont une grace inexprimable quand elle contrefait ceux qui les font. Son rire attendriroit les cœurs les plus durs, & charmeroit les plus cuisans soucis. Il lui change presqu'entierement l'air du visage, qu'elle a naturellement assez froid & fier; & il y répand une certaine teinture de douceur & de bonté, qui rassure les ames que sa fierté a d'abord alarmées, & leur inspire cette joye inquiéte, qui est la plus prochaine disposition à la tendresse. Voilà comment elle a la bouche & les yeux, qui sont comme vous savez les deux parties du visage, du plus important usage en amour, & de la plus grande expression.

Mais les autres ne sont pas moins admirables. Son nez, qui est assurément des mieux faits, & de la plus juste grandeur, donne un certain air fin, noble & élevé à toute sa physionomie qui plaît infiniment. Elle a le son de la voix si touchant, qu'on ne sauroit l'entendre parler sans émotion. Son teint a un éclat si naturel, si vif & si doux, que je ne pense pas que personne se soit jamais avisé, en la regardant, de trouver à redire qu'il ne soit pas de la derniere blancheur. Ses cheveux sont d'un noir luisant, qui n'a rien de rude. A voir le beau tour qu'ils prennent naturellement, & comment ils se

tiennent

tiennent d'eux-mêmes quand elle les a tout-à-fait abbattus ; pour peu qu'on eût l'ame poëtique, on diroit qu'ils se joüent à plaisir, tout enflez & glorieux de couvrir une tête si belle.

C'est le plus beau tour de visage que la peinture ait jamais imaginé. A force de se negliger, sa taille, quoique la mieux prise, & la mieux formée qu'on puisse voir, n'est plus fine en comparaison de ce qu'elle a été. Je dis, en comparaison ; car beaucoup d'autres seroient déliées de ce qu'elle est grosse. Cela fait qu'elle ne paroît pas si haute qu'elle est, quoi qu'en effet elle soit aussi grande qu'une femme peut l'être sans être ridicule. On la voit quinze jours de suite coëffée d'autant de differentes manieres, sans pouvoir dire laquelle lui va mieux : Celles qui défont toutes les autres femmes, la parent ; & celles qui ne conviennent jamais à une même tête, sont également bien sur la sienne.

Il en est de ses habillemens comme de sa coëffure : il faut la voir enveloppée dans une robbe de chambre pour en juger ; & c'est en cette seule personne qu'on peut dire veritablement, que l'art le plus delicat, & le mieux caché ne sauroit égaler la nature. Une grande marque que la propreté, qui coûte tant de soins aux autres femmes, lui est

est naturelle, c'est qu'elle ne porte jamais d'odeurs, quoi qu'elle les aime beaucoup.

J'avois oublié de vous parler de sa gorge, de ses bras, & de ses mains ; mais qu'il vous suffise que tout cela paroît fait pour le visage ; & si l'on peut juger par ce qu'on voit de ce qu'on ne voit pas, son mari est assurément le plus malheureux de tous les hommes après avoir été le plus heureux. Voilà comment elle est faite pour le corps: & pour le reste, vous en jugerez par ce que je m'en vais vous conter.

Il y a quelque tems qu'étant à Rome, il m'arriva de parler d'elle ainsi que j'en avois oüi parler à Paris, comme d'une belle & jeune femme, étourdie & emportée jusqu'à l'extravagance, & bonne jusqu'à la sottise. Un Italien qui l'avoit connuë, entendant la peinture que j'en faisois, me rit au nez d'une maniere qui me surprit, & ne m'en voulut jamais dire autre chose, quelque instance que je lui fisse.

Comme les Italiens approfondissent un peu plus le caractere des gens qu'on ne fait d'ordinaire en France, cela me donna la curiosité de la voir en passant par Chamberi à mon retour. Je ne lui avois jamais parlé à Paris que par occasion, mais mon nom, ni mon visage ne lui étoient pas inconnus. Je fus d'abord surpris de ne lui point voir à mon abord ces épanoüiſſemens de joye, ſi ordinaires à ceux qui ſont éloignez de la Cour, quand ils voyent quelqu'un qui en vient. Elle me reçut avec autant de tranquillité, que la plus indifferente femme du pays auroit pû faire; & au lieu de m'accabler de queſtions ſur les perſonnes & les affaires où elle a interêt, elle ne m'entretint que du ſujet de mon voyage, & d'autres choſes ſemblables qui ne regardoient que moi.

La civilité m'obligea à la mettre ſur le propos de ſes parens, & de ſes amis de Paris & de Rome, puiſqu'elle ne m'y mettoit pas. Il me parut que je lui faiſois plaiſir: Elle écouta avec application & ſenſibilité ce que je lui en dis: Elle me parla honnêtement de tout le monde, & avec reſpect de ſon mari. Mais tout cela ne dura qu'autant de tems que je voulus. Elle ne m'interrogea que lorſque la bienſéance l'y obligeoit en quelque ſorte; & je ne connus en elle ni empreſſement, ni curioſité. Etonné de ſa froideur, je voulus la mettre ſur les matieres que je croyois les plus capables de l'émouvoir. Je lui parlai avec les égards que je devois, de tout ce qui lui eſt arrivé de plus ſenſible touchant ſa gloire & ſa fortune; mais je ne pus jamais en tirer la moindre plainte: il me parut bien quelque triſteſſe telle sur le chapitre de sa réputation ; mais pour tout le reste, il me sembla qu'elle trouvoit la fortune une déesse trop digne de mépris pour être en colere contr'elle.

Plusieurs personnes de qualité, de l'un & de l'autre sexe, y vinrent comme j'y étois, & entr'autres deux ou trois hommes à qui je trouvai bien de l'esprit. D'abord les dames se mirent sur les nouvelles de la ville. Quoique la Duchesse n'y prît aucun interêt, elle en parla avec la même chaleur qu'on lui en parloit ; elle prit parti comme le reste de la compagnie, dans la dispute qui s'éleva sur un differend de deux hommes de qualité qui partageoit tout le pays ; & elle entra dans le détail qu'on lui fit des petits interêts qui les divisoient, & en pesa l'importance avec autant d'application, que si elle n'avoit pas eu en mariage vingt millions.

Les hommes dont j'ai parlé, firent changer la conversation, & la tournerent, malgré qu'elle en eût, sur les affaires d'Etat, comme plus dignes de son attention. Après que tout le monde en eût dit son avis, on l'obligea par complaisance à dire le sien ; ceux qui en avoient un contraire, la pousserent assez vigoureusement : la conversation s'échauffa ; elle ne se défendit jamais que par des raisons, dont elle faisoit toûjours

Juges

Juges ceux qui n'étoient pas déclarez contre elle : & je vous avouë, que je n'ai jamais oüi parler si bien avec tant de soûmission. Voilà ce que je remarquai dans cette premiere visite, & voici ce que j'en appris depuis.

On ne sauroit dire de quelle humeur elle est. A proprement parler elle n'en a point; & chaque personne qui la voit a sujet de croire qu'elle est de la sienne. Elle n'a d'entêtement pour rien, & on est tout étonné qu'elle quitte les occupations qui sembloient la divertir davantage, aussi librement que si elle s'y étoit fort ennuyée. Il suffit de voir qu'elle ne s'addonne à aucune avec emportement, pour juger que cette facilité de mœurs ne lui vient pas de legereté, mais plûtôt d'une indifference profonde pour toutes les fantaisies diverses qui troublent la tranquillité du commun des esprits.

La douceur & l'humanité, si bien-séantes à son sexe, paroissent jusques dans ses divertissemens les plus tumultueux; elle est aussi maîtresse d'elle-même en voyage, & à la chasse, que dans son cabinet ; l'égalité naturelle de son ame est à l'épreuve des occasions qui alterent toutes les autres : elle se joüe des amusemens, où tout le monde s'abandonne : quelques autres femmes ont fait les mêmes choses qu'elle : mais elle les fait autrement.

On vit chez elle avec une familiarité pleine de zele & de respect: mais qui lui seroit fort incommode, si elle étoit moins bonne. Quoique naturellement elle soit fort particuliere, presque toutes les heures de la journée sont des heures publiques pour elle; les plus secrets endroits de sa maison sont aussi ouverts que les plus communs à ceux qui y fréquentent; & il lui arrive souvent d'être relancée jusques dans son cabinet, lors qu'elle s'y attend le moins. Ses domestiques, qui n'y voient venir que des gens aussi dévoüez qu'eux à leur maîtresse, se sont insensiblement accoûtumez à laisser entrer & sortir le monde avec cette liberté. Il faut croire qu'elle le veut bien ainsi, puis qu'ils le font; car elle est l'ame de sa maison; & son esprit, son honnêteté, & ses manieres sont répanduës dans toutes les personnes qui la composent, à proportion de ce que chacune est capable de les imiter.

Il n'est point de Convent où l'on mene une vie si retirée que dans l'appartement de ses filles: un Page n'oseroit en avoir approché sous peine de l'indignation de Madame, qui est quelque chose de bien plus terrible que le foüet: & pour les hommes, ils vivent ensemble avec une paix & une union, aussi loüable qu'elle est rare dans les maisons des grands.

Il n'y a qu'elle au monde qui puisse entrer dans les jeux de ses valets sans se rabaisser: sa présence en bannit la licence sans en ôter la liberté, & l'on ne comprend point comment elle peut leur imprimer tant de respect avec la familiarité qu'elle les traite: mais c'est que jamais femme n'eut l'air, & toutes les manieres si grandes. Il y a des gens qui trouvent étrange qu'elle soit sensible à ces sortes de plaisirs; mais pour peu qu'on l'y observe, il est aisé de connoître qu'ils ne sont pas la joye de son cœur, & que tous ceux qu'elle prend ne sont en effet que des differentes manieres de se distraire des pensées affligeantes, que l'état présent de sa fortune lui doit inspirer.

Il n'y a point de maison de simple Gentilhomme qui soit si reglée que la sienne; comme sa pension est bien peu de chose pour subsister aussi honorablement qu'elle fait, il faut qu'elle entre dans un détail d'œconomie, d'autant plus admirable, que les traits naturels de liberalité & de magnificence qui lui échapent quelquefois, font bien voir que ce n'est que par un effort de raison tout extraordinaire.

Elle n'admire rien dans l'ame, & ne témoigne rien mépriser; il ne lui est jamais arrivé de montrer le moindre dégoût pour le pays, & tout ce qui y est; elle en aime les divertissemens & les ceremonies comme si elle en étoit; une autre y assisteroit avec des marques de complaisance, de contrainte, & de distraction, qui la distingueroient aisément du reste de la compagnie : mais elle y est si naturellement, & avec une presence & une liberté d'esprit si entiere & si agréable, qu'un étranger qui la verroit sans la connoître, estimeroit la Savoye bienheureuse, d'avoir produit une personne si charmante.

Elle évite de parler de sa grandeur & de ses richesses avec le même soin que d'autres le chercheroient : il ne tient pas à son procedé que les gens du pays qui la fréquentent, ne s'estiment tous aussi grands seigneurs qu'elle ; qu'ils ne croyent Chambery aussi beau que Paris & Rome, & la vie qu'elle mene aussi agréable qu'elle en ait menée. Jamais grande dame ne fit moins sentir à ses inferieurs la difference qu'il y a entre eux & elle ; & s'ils ne l'oublient pas, elle les doit assurément bien plus estimer : car elle ne prend guéres de peine à les en faire souvenir.

On passe toûjours l'idée qu'elle a d'elle-même dans les choses les plus sinceres qu'on lui en dit ; & il lui arrive aussi souvent de prendre de veritables loüanges pour des flateries, qu'aux autres femmes de prendre les flateries pour de veritables loüanges.

Une

Une marque que sa modestie est sincere, c'est qu'elle n'est pas outrée. Elle avouë de bonne foi ce qu'elle a de bon & de beau, quand on l'en presse ; & n'est injuste qu'en ce qu'elle ne croit que mediocre & passable, tout ce qu'elle a d'excellent & de merveilleux.

Quoi qu'une triste expérience l'ait convaincuë, qu'il y a peu d'honnêteté dans le monde, & lui ait donné fort mauvaise opinion du genre humain, elle a une si grande bonté de naturel, qu'elle ne sauroit appliquer cette mauvaise opinion à personne en particulier. Elle excepte d'abord de la regle generale tous ceux en qui elle voit quelque apparence de vertu, & elle ne peut encore s'empêcher d'être surprise, quand elle vient à connoître qu'elle n'avoit pas raison de les excepter.

Lors qu'elle est obligée de dire quelque chose qu'elle juge qui peut déplaire, pour en adoucir le sens, elle le fait d'une maniere qu'il semble qu'il lui échappe ; mais on ne lui fera jamais tort de croire qu'elle ne veüille bien dire ; il lui est plus naturel d'être secrette qu'aux autres femmes de ne l'être pas ; enfin elle sait également bien parler & se taire ; quoi qu'il soit vrai de dire, que les gens qui parlent bien ne sa‑ vent guéres se taire, & que ceux qui sa‑

vent se taire ne savent guéres bien parler.

Une personne de grand esprit, qui la connoît depuis long-tems, assure qu'elle n'est pas reconnoissable de ce qu'elle étoit autrefois : mais il est bien difficile de comprendre qu'elle ait pû devenir ce qu'elle est, sans avoir toûjours eu un fond prodigieux du plus beau, du plus riche & du plus précieux naturel du monde ; & si ses malheurs ont contribué quelque chose à son merite, jamais mauvaise cause ne produisit si bon effet. Je suis, &c.

PLAIDOYÉ XIII.

DE M. ERARD,

Pour Monsieur le Duc de Mazarin, demandeur.

Contre Madame la Duchesse de Mazarin, son épouse, défenderesse (1).

Madame la Duchesse de Mazarin s'étoit absentée de la maison de son mari, & étoit sortie hors du Royaume dès l'année 1667.

Après avoir été en plusieurs différens pays, elle avoit établi sa demeure à Londres, & y avoit autorisé son séjour du prétexte de la parenté dont elle avoit l'honneur d'être liée avec la Reine d'Angleterre. Mais leurs Majestez Britanniques ayant été obligées par la défection de leurs peuples, à quitter l'Angleterre,

---

(1). Comme l'équité veut qu'on écoute les deux parties avant que de prononcer, on fera bien, après avoir lû ce plaidoyé, de lire la réponse que Mr. de St. Evremond y a faite, sur les memoires que Madame Mazarin lui avoit fournis. Voyez les Oeuvres de Mr. de St. Evremond, tom. V. page 355. Je me serois fait un plaisir de joindre ici le plaidoyé de M. Sachot; mais je ne l'ai pas pû recouvrer; on m'a même assuré qu'il n'avoit point été imprimé.

l'Angleterre, & à se retirer en France, Monsieur le Duc de Mazarin fit solliciter sa femme de revenir dans le Royaume & dans sa maison, offrant de l'y recevoir, & d'oublier tout le passé.

Elle le refusa opiniâtrement. Il présenta requête, & la fit assigner au Grand Conseil, à ce qu'il fût ordonné, qu'attendu son injuste retraite & son opiniâtreté à demeurer hors de sa maison, & hors du Royaume, elle demeureroit déchûë & privée de sa dot & de ses conventions. *On ajoûta à ces conclusions, en commençant la Cause,* qu'il dépendoit de la prudence du Conseil de donner encore à cette Dame un tems pour revenir en France & dans la maison de son mari, après quoi cette peine demeureroit encouruë par elle en vertu de l'arrest, & sans qu'il en fût besoin d'autre. *Il demandoit aussi*, qu'il lui fût permis de la reprendre en tel lieu qu'il la pourroit trouver, & de la faire conduire en sa maison.

MESSIEURS, Je ne doute pas qu'étant instruits, comme vous l'êtes déjà par la voix publique, des sujets de plainte que Madame de Mazarin a donné depuis vingt-deux années à Monsieur le Duc de Mazarin, de son évasion hors du Royaume, & de sa longue absence, dont je vous expliquerai les circonstances, vous ne soyez également surpris de l'indulgence de Monsieur de Mazarin, qui veut faire revenir dans sa maison une femme dont il a reçu un traitement si indigne, & de l'opiniâtreté de Madame de Mazarin, qui refuse la grace que son

mari

mari lui offre, & qui a plus de peine à oublier les injures qu'elle lui a faites, qu'il n'en a lui-même à les lui pardonner.

Combien peu de maris auroient cette indulgence pour une femme qui les auroit offensés jusqu'où Monsieur de Mazarin l'a été par Madame de Mazarin ? Combien y en a-t'-il qui lui fermeroient les portes ; & qui ayant été privés par son caprice des douceurs de la societé conjugale pendant leurs plus belles années, voudroient au moins joüir des douceurs & de la liberté du celibat, dans l'âge où elles leur conviendroient davantage.

Et combien, d'autre part, y auroit-il de femmes, qui ayant autant offensé un mari, dont elles n'auroient reçu que de l'honnêteté, souhaiteroient passionnément qu'il voulût bien reconnoître encore en elles une qualité si peu meritée, & leur rendre les droits d'un Sacrement dont elles auroient si mal rempli les obligations ? Combien y en a-t-il qui s'estimeroient heureuses après tant d'égaremens & tant de courses suspectes, de trouver dans la maison de leur époux une retraite honorable, & un port assuré, qui les mît à couvert des reproches que leur vie passée pourroit leur attirer ?

Je ne doute pas, MESSIEURS, que Madame de Mazarin n'eût ces mêmes sentimens,

mens ; & qu'elle ne reprît même aisément ceux d'estime & d'affection qu'elle a eus autrefois pour Monsieur de Mazarin, si elle écoutoit sa raison & son interêt, plûtôt que les conseils passionnez d'une personne de sa famille, de qui Monsieur de Mazarin a eu le malheur d'encourir l'aversion sans se l'être attirée.

Ce n'est pas d'aujourd'hui qu'il connoit les traits de cette main ennemie de son repos. Vous verrez, MESSIEURS, par les pieces que j'ai communiquées, que c'est de ce dangereux parent, qui a été l'instigateur de la revolte de Madame de Mazarin, & qui a favorisé son évasion ; & il n'est que trop évident que c'est lui encore qui l'entretient dans cet esprit de divorce, & qui empêche qu'elle ne profite des dispositions favorables où est ma partie pour leur reconciliation.

Aussi Monsieur de Mazarin ne se prend pas tant à Madame sa femme des injures qu'elle lui a faites, de ses froideurs & de ses mépris apparens, qu'à ceux qui lui ont inspiré ces sentimens ; c'est ce qui lui a fait prendre si facilement la resolution de lui pardonner, sans exiger d'elle d'autre satisfaction, que celle de changer de conduite, & de revenir avec lui.

Il veut bien même avoüer, que dans le
tems

tems qu'elle l'outrageoit le plus cruellement, il a toûjours pris soin lui-même de la justifier à ses yeux ; qu'il n'a jamais cessé d'avoir pour elle une tendresse qu'elle s'efforçoit inutilement de lui arracher. Jugez, Messieurs, par-là, combien elle lui seroit chere, si elle vouloit rentrer dans son devoir, reprendre dans sa maison la place qui lui appartient, & la seule qu'elle puisse occuper avec honneur.

Mais puisqu'elle est sourde à la voix de son mari ; puisque par de mauvais conseils elle s'obstine à manquer à ce qu'elle lui doit, & à ce qu'elle se doit à elle-même, il est obligé de s'adresser à vous, Messieurs, qui connoissez mieux qu'elle ce qui lui est avantageux, afin que vôtre prudence supplée au défaut de la sienne, que vous la contraigniez par la crainte des peines qu'elle a meritées, à accepter les avantages qu'il lui offre, & que vous lui fassiez une loi de ce qu'elle souhaiteroit uniquement si elle connoissoit bien son interêt.

Il demande que vous rétablissiez entre sa femme & lui, cette société qui est la principale fin, & qui fait toute la douceur du mariage ; que vous resserriez les deux parties d'un même tout, separées depuis trop long-tems, & qui ne peuvent trouver de veritable repos que dans leur union.

Comme

Comme cette cause est toute serieuse & de la derniere importance, non seulement pour Monsieur de Mazarin, mais pour l'honnêteté publique, je la plaiderai très-serieusement comme elle le merite ; & pour me conformer à l'esprit de Monsieur le Duc de Mazarin, j'éviterai autant que je pourrai de rien dire qui puisse déplaire à Madame de Mazarin, ou donner au public occasion de faire des jugemens défavorables de sa vertu.

Monsieur le Cardinal de Mazarin, ce ministre si éclairé, & en même tems si puissant en biens & en autorité, sentant approcher la fin de ses jours, voulut choisir un homme qu'il pût faire heritier de ses grands biens, aussi-bien que de son nom, & qui fût capable de soutenir dignement la gloire de ce dernier.

Pour cela il jetta les yeux sur les seigneurs de la Cour qui avoient le plus de merite & de qualité ; car il pouvoit choisir entre tous, & il n'y en avoit aucun qui ne se fût trouvé tres-honoré de son choix. Aprés les avoir bien examinés, il s'arrêta à Monsieur de la Meilleraye, & lui offrit Mademoiselle Hortence de Mancini sa niéce, en mariage, avec une grande partie de ses biens, & l'esperance de sa succession.

Il falloit bien que ce ministre, qui ne
man-

manquoit pas de discernement, le regardât d'autres yeux que ceux dont Madame de Mazarin (ou plûtôt les personnes qui se sont renduës maîtresses de son esprit,) veulent qu'on le regarde. Le jugement de ce grand-homme suffit sans doute pour faire l'apologie de ma partie, & pour le défendre de toutes les calomnies que les gens de cette cabale ont répanduës contre lui dans le monde, & qui y ont été reçûës, par le penchant qu'a le commun du peuple à écouter avec plaisir la médisance & la raillerie, sur tout quand elle attaque des personnes qui ont quelque réputation de pieté, & dont la vie paroît plus reglée que celle des autres hommes.

Monsieur le Cardinal fit une chose singuliere dans leur contract de Mariage; il n'y donne pas directement à sa niéce seule, les biens dont il avantage les futurs Epoux, mais il les donne conjointement à Monsieur & à Madame de Mazarin; & pour fonder cette disposition, il exprime dans la clause de ce don, deux motifs, dont l'un regardoit Monsieur le Duc de Mazarin, l'autre regardoit sa niéce. « Et en considération, dit-il, du choix qu'il a fait dudit Seigneur futur époux pour porter son nom & ses armes; & de l'affection qu'il veut témoigner à ladite Demoiselle sa niéce, & en fa-

» veur du present mariage, il donne auſdits » Seigneur & Demoiselle futurs époux ce ac- » ceptans, &c. Ce ſont les termes dans leſquels cette clauſe eſt conçûë.

Cela, MESSIEURS, ne doit pas être ſeulement regardé comme une preuve de l'eſtime particuliere que Monſieur le Cardinal avoit pour Monſieur le Duc de Mazarin, mais encore comme un moyen dont il a voulu ſe ſervir pour attacher plus fortement Madame ſa niéce au mari qu'il lui choiſiſſoit, & pour l'en rendre plus dépendante, connoiſſant apparemment l'inconſtance de l'humeur de cette Dame.

Il avantage même Monſieur de Mazarin plus qu'elle, en un cas; car ayant chargé tous ces mêmes biens d'une ſubſtitution graduelle & perpetuelle, qui leur ôtoit à l'un & à l'autre tout pouvoir d'en diſpoſer, il ordonne qu'en cas que Monſieur de Mazarin la ſurvive, il joüira generalement de tous les biens donnez, encore même qu'il paſſât à de ſecondes nôces; & qu'au contraire, en cas que Madame de Mazarin le ſurvive, elle ne joüira que d'une ſomme de ſix cens mille livres.

Monſieur le Cardinal fut tellement ſatisfait de ſon choix, & la maniere dont Monſieur le Duc de Mazarin ſe conduiſit depuis ce mariage, le confirma ſi fort dans l'eſtime

me qu'il avoit conçûë pour lui, qu'il voulut lui en donner encore de nouvelles marques par son testament. Il l'institua son légataire universel, conjointement avec Madame sa femme, & il y repeta encore la même condition : « Qu'en cas que Madame de Ma- « zarin mourût avant son mari, il conti- « nuëroit la joüissance de tous ses biens ; & « que Madame de Mazarin survivant, n'au- « roit que l'usufruit des six cens mille livres, « à la joüissance desquelles il l'avoit reduite « par son contract de mariage, sans que le « legs universel augmentât aucunement cette « joüissance. »

Monsieur & Madame de Mazarin ont vécu dans une parfaite intelligence, & ont goûté toutes les douceurs d'un heureux mariage pendant près de sept années ; ils ont même eu plusieurs enfans, dont la naissance devoit les unir plus étroitement, vû principalement que le merite & les graces dont tous ces enfans sont pourvûs, étoient des preuves sensibles de la benediction particuliere que le ciel donnoit à leur union.

Cependant après sept années de paix & de felicité, le poison de la discorde s'y est glissé, & voici qu'elle en a été la cause.

Monsieur de Mazarin a eu le malheur de déplaire à Monsieur le Duc de Nevers, sans

K k 2
l'avoir

l'avoir jamais merité : soit que sa haine fût l'effet d'une antipathie naturelle, soit qu'elle ait été causée par le chagrin qu'avoit conçu M. de Nevers, de voir un étranger partager avec lui les dépoüilles de son oncle, & de se le voir même preferé dans le legs universel, & choisi par Monsieur le Cardinal pour le principal appui de son nom & de sa maison.

Monsieur de Mazarin a toûjours regardé M. le Duc de Nevers comme le principal auteur du divorce de Madame de Mazarin avec lui : il a été persuadé que c'étoit lui qui poussé par cette haine, & peut-être aussi par quelque motif d'interêt, fondé sur la substitution à laquelle il étoit appellé en cas que Monsieur & Madame de Mazarin mourussent sans enfans, avoit changé le cœur de sa femme, & lui avoit inspiré les sentimens de mépris que depuis elle a fait si fort éclater : & Monsieur de Mazarin a été confirmé de plus en plus dans cette créance, par la part que M. de Nevers a euë à l'enlevement de Madame de Mazarin, par toutes les démarches qu'il a faites depuis, & par la conduite qu'il tient encore aujourd'hui.

Le premier & le principal but de Madame de Mazarin depuis que son esprit s'est laissé séduire, a toûjours été de se soustraire de la vûë de Monsieur de Mazarin & de sa dépendance. Elle auroit fort souhaité qu'il lui eût donné occasion, par quelque violence ou par quelques menaces, d'intenter une demande en separation d'habitation; mais la moderation de Monsieur de Mazarin, les honnêtetez qu'il a toûjours eûës pour elle, non seulement par un principe d'amitié pour sa personne, mais encore par la consideration qu'il conservera toûjours pour la memoire de son bienfaicteur, ayant ôté à Madame de Mazarin tout prétexte d'intenter cette action, elle se contenta de former en l'année 1666. une demande en separation de biens.

Ce ne fut pas dans l'esperance de la faire réüssir qu'elle l'intenta; la regularité de la conduite de Monsieur de Mazarin, la moderation qu'il a toûjours gardée dans sa dépense, les grands biens dont il joüit encore, le mettoient absolument à couvert de cette action; le seul but de Madame de Mazarin étoit de prendre delà occasion de quitter la maison de son mari, pendant la poursuite de cette instance.

Cela lui réüssit durant quelque tems, elle se retira d'abord dans le Monastere de Ste Marie; mais sa conduite ayant bien-tôt lassé les Religieuses, elle fit en peu de mois trois autres Convens, où elle laissa aussi peu d'édification que dans le premier.

Enfin, Messieurs ses parens ne sachant plus où la loger, proposerent un accommodement. Ils firent signer un compromis par les parties; & ils les firent en même tems convenir que Madame de Mazarin retourneroit au Palais Mazarin; mais que pendant le procès elle habiteroit un appartement séparé.

La premiere chose qu'elle fit, fut de faire ouvrir dans le mur de l'Hôtel de Nevers, une porte de communication avec son appartement, par laquelle elle sortoit à toutes les heures du jour & de la nuit, sans passer par le Palais Mazarin.

Elle fit davantage, car elle enleva par cette ouverture toute l'argenterie & tout ce qu'il y avoit de plus précieux dans son appartement, & il y en avoit pour des sommes tres-considerables.

Lorsqu'elle vit le compromis expiré, & la cause de la separation prête à être plaidée, elle jugea bien qu'il étoit impossible qu'elle la gagnât; Monsieur de Mazarin étoit trop éloigné de ce qui s'appelle *Vergere ad inopiam*, qui est le cas dans lequel les loix permettent la separation des biens. Dans cet état, voici le dernier moyen à quoi elle eut recours : C'est avec douleur que Monsieur de Mazarin renouvelle cette fâ-

fâcheuse histoire; mais comme l'absence de Madame de Mazarin, qui fait le sujet de nôtre demande, est la suite de son enlevement, il entre necessairement dans la matiere de cette cause, & peut faire un puissant motif dans sa décision. D'ailleurs, cette histoire est déja si publique, que le recit que j'en ferai, n'apprendra guéres de choses nouvelles à la plûpart des personnes qui m'entendent.

Madame de Mazarin se vêtit d'un habit d'homme; & suivie d'une seule de ses femmes qui étoit vêtuë d'un pareil habit, elle entra dans l'Hôtel de Nevers par cette même porte qu'elle avoit nouvellement fait ouvrir. Monsieur le Duc de Nevers son frere, qui l'attendoit, la prit aussi-tôt dans son carosse; il la conduisit à un relais qu'il avoit fait préparer, où il la laissa sous la conduite & l'escorte de quelques-uns de ses domestiques, & de ceux d'un autre homme de la premiere qualité, qui mourut il y a quelques années de la plus tragique de toutes les morts, & de qui le Conseil me permettra de taire le nom.

Les chefs de l'escorte, & les principaux conducteurs de Madame de Mazarin furent, un valet de chambre & un gentilhomme de Monsieur de Nevers, l'un appellé Narcisse, & l'autre de Parmillac.

Monsieur le Duc de Nevers avoit encore pris soin de lui faire tenir prêts des relais sur toute la route, afin qu'elle passât avec plus de diligence dans les pays étrangers.

Cet enlevement fut fait la nuit du 13. au 14. de Juin de l'année 1667. Pendant tout le jour suivant, les femmes de Madame de Mazarin feignirent qu'elle étoit incommodée, & qu'elle reposoit ; elles ne laisserent entrer personne dans son appartement, en sorte que Monsieur de Mazarin ne fut averti de son évasion que la nuit suivante.

Jamais douleur ne fut pareille à celle que ressentit Monsieur de Mazarin. Il prit des ordres du Roi adressans à tous les Gouverneurs, pour empêcher qu'elle ne sortît du Royaume, & il la fit suivre avec une extrême diligence : mais Madame de Mazarin ayant plus de 24. heures d'avance, & allant avec beaucoup de vîtesse, rendit la diligence & tous les soins de Monsieur son mari, inutiles.

Monsieur de Mazarin fit informer de cet enlevement contre tous ceux qui en étoient complices: & je vous supplie, Messieurs, d'observer, qu'il eut pour Madame de Mazarin la retenuë & l'honnêteté de ne point faire informer directement, ni demander aucun decret contr'elle ; il ne demanda rien autre chose à son égard, que la permission

de

de la reprendre : Elle lui fut accordée.

Par les informations il se trouva preuve entiere que Monsieur le Duc de Nevers avoit contribué à cet enlevement. Je suis fâché par le respect que j'ai, non seulement pour son éminente dignité, mais encore pour son merite personnel, d'être obligé d'expliquer ces faits ; mais ils sont trop importans à ma cause pour les dissimuler.

Il y eut des decrets de prise-de-corps décernez contre ses domestiques, & un decret d'ajournement personnel contre lui, & contre cet autre homme de qualité. La contumace fut instruite ; lorsqu'elle fut prête à être jugée, Monsieur de Nevers se présenta pour subir l'interrogatoire : toutes ces procedures sont entre les mains de Messieurs les Gens du Roi.

Monsieur de Mazarin voyant que ces poursuites ne pouvoient lui rendre Madame de Mazarin, qui étoit la seule chose qu'il souhaitoit, & pour laquelle il les avoit entreprises ; & qu'au contraire s'il les continuoit, elles ne pourroient servir qu'à aigrir les esprits, & à rendre peut-être quelque jour leur reconciliation plus difficile, abandonna ce procès, & laissa tous les accusez en repos.

Je ne m'arrêterai point à vous faire le recit de tous les voyages qu'a faits Madame
de

de Mazarin, des differens climats qu'elle a visitez, ni des avantures qu'elle a euës : Ce recit ne seroit ni avantageux pour elle, ni agréable pour Monsieur de Mazarin : bien loin d'en vouloir instruire le public, il fait tous ses efforts pour se les cacher à lui-même, & pour les effacer de sa memoire ; & c'est ce que la presence de Madame de Mazarin achevera de faire, lorsqu'ils seront entierement réünis.

Il suffit de vous dire, qu'elle alla d'abord en Italie ; que delà elle revint secretement en France, où elle fut cachée quelque tems : qu'elle alla ensuite en Savoye: que delà après quelques mois, elle passa dans les terres du Roi d'Espagne ; & qu'enfin elle se retira en Angleterre, où elle a fait son plus long sejour.

Pendant les deux premieres années, Monsieur de Mazarin, qui esperoit toûjours qu'elle viendroit à resipiscence, lui fit tenir des sommes d'argent considerables, outre ce qu'elle avoit emporté.

Mais enfin touché vivement de son opiniâtreté à ne vouloir point revenir, & plus encore des mauvais bruits qu'elle donnoit lieu de faire courir d'elle, & ausquels il a néanmoins été assez sage & assez heureux pour ne point ajoûter foi ; sachant d'ailleurs que le Roi d'Angleterre lui donnoit une

pension

pension annuelle de 58000. livres, à cause d'une somme de 300000. écus, qu'il devoit à Monsieur de Mazarin ; il cessa de lui faire tenir de l'argent.

Le Roi d'Angleterre étant decedé, & le Duc d'Yorck son frere, monté sur le Trône, il a eu la bonté de continuer à Madame de Mazarin la même pension, en consideration de ce qu'elle a l'honneur d'appartenir à la Reine son épouse.

Pendant que le Roi & la Reine d'Angleterre sont demeurez paisibles dans la possession de leurs Etats, qu'ils ont fait leur sejour dans la ville de Londres, & que leur presence, leur zele pour la veritable religion, leurs saints Edits en faveur des Catholiques, ont rendu libre dans cette Ville l'exercice de cette religion, Monsieur le Duc de Mazarin s'est contenté de gemir en secret de la dureté du cœur de sa femme & de ses mépris.

Il a suspendu ses droits, & moderé son ressentiment en faveur de la protection que leurs Majestez accordoient à Madame de Mazarin, & de l'attachement qu'elle témoignoit pour leurs personnes sacrées, auprès desquelles les étrangers mêmes, nez dans les climats les plus éloignez, pouvoient sans nulle autre raison, être justement attirez & retenus par la seule admiration de

leurs

leurs vertus heroïques : & quoi qu'il fût bien que Madame de Mazarin n'étoit nullement necessaire à Londres, pour contribuer au rétablissement de la religion, que la manière dont elle y vivoit ne serviroit point à y mettre les Catholiques en réputation de sainteté ; que même elle suivoit fort mal sur cela les sages conseils que le Roi & la Reine lui faisoient l'honneur de lui donner, & qu'elle avoit moins d'attachement pour les personnes, que pour les plaisirs & l'indépendance dont elle joüissoit dans ce pays, il a bien voulu se laisser tromper par un prétexte si beau, & qui avoit des apparences si honnêtes.

Mais la catastrophe qui est arrivée en Angleterre depuis un an, a ôté ce faux prétexte à Madame de Mazarin ; & non seulement elle lui a ôté toute excuse pour demeurer à Londres, mais elle lui a imposé de nouvelles obligations de revenir en France, outre celle qu'elle avoit déja par son état.

Les affaires d'Angleterre sont venuës à un tel point, qu'il n'a plus été permis ni à un François, ni à un catholique, ni presque à un homme de bien, de demeurer dans Londres ; & bien moins encore à une personne comblée des graces du Roi & de la Reine, & qui a l'honneur de leur être alliée.

alliée. Le séjour qu'elle a continué d'y faire depuis ce tems, & qu'il paroît évidemment qu'elle a dessein d'y faire le reste de sa vie, si vous ne la contraignez, MESSIEURS, d'en sortir, a levé ce masque, & découvert les veritables motifs qui l'avoient attirée & retenuë jusqu'ici dans Londres; & il fait voir en même tems combien elle étoit peu digne de la protection dont le Roi & la Reine l'ont honorée.

En effet, si elle avoit eu quelque attachement pour leurs personnes, & quelque reconnoissance de leur bonté; si elle avoit seulement eu les sentimens d'honneur & de religion qu'elle devroit avoir pris auprès d'eux, auroit-elle pû voir sans horreur l'usurpateur de leurs Etats & l'ennemi de nôtre foi, établir sa domination sur les débris de leur trône legitime, & sur les ruines de la veritable Religion? Et bien loin de chercher, comme elle a fait, grace devant ses yeux, pour obtenir de lui la permission de demeurer dans ce lieu qu'elle devoit fuïr, & pour se faire excepter de la loi generale qui en bannissoit tous les Catholiques, ne l'auroit-elle pas prévenuë par un départ volontaire?

Qu'elle n'allegue point que ce sont ses dettes qui l'en ont empêchée, je ferai voir dans son lieu l'illusion de ce moyen, &

même

même de ces prétenduës dettes ; mais que l'on nous dise cependant qui l'a empêchée d'en sortir avec tant de Catholiques, Anglois de naissance, qui ont quitté leur pays pour se refugier en France, & dont il n'est pas possible que la plûpart n'eussent des dettes plus effectives que les siennes ?

Et comment dira-t-on qu'elle n'a pas eu la liberté d'en sortir, dans ces tems où nous savons qu'elle n'avoit presque pas celle d'y demeurer ? N'avons-nous pas appris ici, & toute la terre n'a-t-elle pas été informée par les journaux & par les lettres d'Angleterre, des efforts que la convention a faits pour l'en chasser, des requêtes qu'elle a présentées au Prince d'Orange pour lui faire ordonner d'en sortir ?

Lui imposoit-on quelque condition ? demandoit-on qu'elle fût tenuë avant cela de payer ses dettes ? Point du tout. On ne demandoit pour toute grace que sa sortie : il a fallu que Madame de Mazarin ait reclamé la puissance du Prince d'Orange ; il a fallu un coup d'autorité pour la faire souffrir dans Londres.

Quelle indignité ! que Madame de Mazarin préfere un pays d'où l'on s'efforce de la chasser, à la maison de son mari qui la souhaite ; l'Angleterre en feu, le theatre de la revolte & de l'héresie, à la France
paisible

paisible, florissante & Catholique ; la Cour d'un usurpateur à celle du plus juste & du plus grand Prince de la terre ; & que pour cela elle implore une autorité qui lui devroit être en horreur ; qu'elle recherche l'appui de celui qui vient de détrôner injustement ses bienfaicteurs ?

N'aura-t-on pas bonne grace après cela de venir parler de l'attachement de Madame de Mazarin auprès de la Reine sa parente & sa protectrice, & d'en faire le motif du séjour qu'elle a fait en Angleterre pendant près de vingt années ?

Monsieur de Mazarin après avoir donné à Madame sa femme, depuis la revolte de ces peuples, un tems suffisant pour revenir en France, voyant qu'elle s'opiniâtroit à demeurer à Londres, malgré toutes les raisons qui la rappelloient en ce pays ; touché même du peril auquel son séjour en Angleterre exposoit sa personne & sa religion, comme elle le dit elle-même dans ses défenses, a pris enfin la resolution d'essayer de faire par vôtre autorité, ce que n'ont pû faire les instances de la convention d'Angleterre.

Il a présenté sa requête au Conseil pour la faire déclarer déchûë de ses conventions, attendu son injuste retraite & son opiniâtreté à demeurer hors d'avec lui & hors du Royaume : mais afin que l'on connoisse que son but n'est pas de profiter de son bien, & que c'est sa personne qu'il souhaite, il a demandé en même tems par une autre requête, qu'il lui soit permis de la reprendre en quelque lieu qu'il la puisse trouver, & de la ramener dans sa maison : & comme je sai ses intentions, j'ai ajoûté sans crainte d'être désavoüé, qu'encore que Madame de Mazarin ait suffisamment encouru la peine de la privation de ses conventions, par sa fuite & par sa contumace, Monsieur de Mazarin sera très-content que Madame sa femme l'évite, en revenant avec lui incessamment, ou dans un tems que vous lui prescrirez : mais sous cette condition précise, qu'à faute par elle de revenir avec lui dans le tems que vous aurez fixé, elle demeurera en vertu de vôtre arrest, & sans qu'il en soit besoin d'autre, déchûë & privée de sa dot & de ses conventions.

Voilà, Messieurs, quelle est ma demande ; il faut vous en établir les moyens, & ensuite il ne sera pas difficile de détruire celles que Madame de Mazarin a formées incidemment.

Fin de la premiere audience.

SECONDE AUDIENCE.

MEssieurs, Après vous avoir expliqué tout le fait dans la derniere audience, il me reste à vous établir dans celle-ci les moyens de ma demande; & puisque Maître Sachot souhaite que je la soûtienne dans toute la rigueur des conclusions portées par nôtre requête, & qu'il ne trouve pas bon que j'y apporte aucun temperament, je vais, pour le satisfaire, vous montrer qu'il y a lieu de déclarer dès-à-présent Madame de Mazarin déchûë & privée de sa dot & de ses conventions; & qu'elle n'a déja que trop merité cette privation par sa conduite passée.

Pour cela, j'espere vous montrer, que c'est la peine ordinaire des femmes qui quittent leurs maris sans cause legitime, & qui par pure legereté rompent cette société indissoluble: que cette peine est établie par le droit Romain; qu'elle est conforme à l'esprit du droit François, & autorisée par l'usage de tous les tribunaux.

Il y a deux cas dans lesquels le droit Romain prive de la dot & des conventions, la femme qui fait divorce avec son mari.

Le premier cas, est lorsqu'elle se sepa̧re d'avec son mari, & fait divorce avec lui, sans en avoir une juste cause.

Le second cas, est lorsque la femme fournit à son mari par sa mauvaise conduite une cause juste de faire divorce avec elle. Ces causes sont expliquées par l'Empereur, dans la *Novelle* 22. & dans la *Novelle* 117. & il y met entr'autres celle-ci : *Si mulierem adulteram inveniat* (ce n'est pas là nôtre cas, graces au ciel;) mais il ajoûte, (*aut viro nesciente, vel etiam prohibente, gaudentem conviviis aliorum virorum nihil sibi competentium : vel etiam invito viro citra rationabilem causam foris pernoctantem, nisi forsan apud proprios parentes.*) Je sai bien que cela ne s'entend pas d'une femme à qui il arrive par hazard de manger quelquefois avec d'autres hommes, ou de passer quelques nuits hors de sa maison; mais seulement de celles qui s'en font une habitude.

Dans l'un & dans l'autre de ces cas, les loix décident, que la femme doit être privée de la restitution de sa dot & de tous les avantages qu'elle pouvoit esperer en vertu de son contrat de mariage. La raison pourquoi on lui impose dans ces cas, la même peine que dans le cas de l'adultere, c'est parce que si ces déreglemens ne font pas contr'elle une preuve certaine de débauche,

che, ils en emportent au moins un violent soupçon ; & qu'il ne suffit pas pour l'interêt du mari, que sa femme soit exemte de crime, il faut qu'elle ne donne pas sujet de la croire criminelle.

Tali aliquo facto dat lex hæc licentiam viro abjicere mulierem, si vel unam harum vel solam approbaverit causam, & lucrari quidem dotem, ante nuptialem verò habere donationem.

Et M. Cujas, sur l'une de ces *Novelles*, s'explique en ces termes : *Pœna diffidii sunt eæ, mulier quæ absque probabili causa discedit à marito, vel quæ discedendi causam marito præbet, dotem amittit & lucra nuptialia.*

Je ne croi pas, MESSIEURS, que l'on veüille dire que parmi nous les femmes ne soient pas obligées à avoir autant d'égards & d'attachement pour leurs maris, ni autant de regularité dans leur conduite que les Dames Romaines. J'avoüerai bien qu'elles ont peut-être en France un peu plus de cette liberté qui ne blesse point la bienséance, & que nous ne sommes pas si severes que ces peuples, sur les choses qui sont innocentes par elles-mêmes : mais dans celles qui attaquent les devoirs essentiels du mariage, ou qui donnent un juste sujet de soupçonner une femme de ce crime qui se cache si soigneusement, & dont on ne peut juger que par les apparences, nos mœurs ne sont pas plus relâchées que celles des Romains ; & ce seroit faire tort à la pureté de nôtre siecle, que d'en parler autrement.

On m'a objecté au parquet, que ces peines n'avoient été établies par le droit Romain, que pour le cas du veritable divorce, souffert par les loix de ces tems-là, qui emportoit la dissolution entiere du mariage ; & que l'usage de ce divorce étant aboli parmi nous, les peines établies contre la femme qui y donnoit lieu, ou qui le pratiquoit injustement, ne peuvent y être usitées.

Et moi, je soûtiens au contraire, que si l'on a puni de la sorte ceux qui violoient les droits du mariage, dans un tems où l'on ne connoissoit pas bien encore toute sa dignité, & où il n'étoit presque regardé que comme un contrat civil ; on doit les punir encore plus sevérement aujourd'hui, que la dignité de ce sacrement est mieux connuë, & que ses droits sont devenus plus sacrez. Je soûtiens que si la femme qui quitte son mari, ou qui tombe dans les desordres marquez dans ces loix, ne peut plus être punie par la répudiation, qui n'étoit que l'une des peines que ces loix lui imposoient, elle doit au moins subir les autres peines que

que les mêmes loix joignoient avec celle-là.

Autrement il faudroit dire, ou que les loix Romaines avoient trop pourvû à la vengeance des maris & à l'honneur du mariage, ou que les nôtres n'y ont pas assez pourvû : ces premieres donnoient au mari offensé une double vengeance & une double consolation ; l'une de pouvoir se défaire d'une femme déreglée ; l'autre en se défaisant de sa personne, de profiter encore de sa dot : & de même, lorsque sa femme le quittoit sans cause, si en cela elle lui faisoit injure, elle lui faisoit aussi le plaisir de lui rendre la liberté ; & elle lui laissoit outre cela, sa dot & toutes ses conventions.

Et l'on prétendra que parmi nous, en augmentant la dignité du mariage, on a diminué les droits des maris ? On prétendra que parce qu'il est indissoluble, & qu'une femme est liée plus étroitement à son mari, elle peut impunément se mocquer de lui, manquer à tous ses devoirs ; commettre sans rien craindre, tous les desordres que les loix punissoient & par la répudiation & par la privation de sa dot ? Ne seroit-ce pas juger fort mal de nôtre police, & y auroit-il rien de plus dangereux que cette impunité ?

Appliquons, MESSIEURS, ces maximes

mes à l'espece qui est à juger ; Madame de Mazarin est tombée dans l'un & dans l'autre de ces deux cas, qui donnent lieu de priver une femme de sa dot.

Premierement, elle a donné, & donne encore à Monsieur de Mazarin les sujets de plainte qui mettoient autrefois un mari en droit de repudier sa femme & de retenir sa dot. *Mulierem, viro prohibente, gaudentem conviviis aliorum virorum nihil sibi competentium.* Ne reconnoît-on pas-là Madame de Mazarin ? *Virorum nihil sibi competentium.* Voilà tous ces joüeurs de profession, ces Mylords qui mangent tous les jours chez elle, & qui y passent les jours entiers & une partie des nuits. Cette compagnie lui convient-elle ? Il n'y a pas d'hommes au monde avec qui elle dût avoir moins de societé. *Vel etiam invito viro foris pernoctantem.* Madame de Mazarin n'y a pas seulement passé les nuits & les jours, mais les semaines, les mois & les années. Monsieur de Mazarin seroit donc, suivant ces anciennes loix, en droit de la repudier, & en même tems de retenir sa dot ; il est vrai que nôtre religion ne permet pas le premier, mais c'est par cette raison que la loi est plus obligée de le secourir d'ailleurs, & de lui conserver au moins l'autre moyen, ou pour contraindre sa femme à rentrer dans son devoir,

voir, ou pour le venger de sa désobéissance.

Secondement, Madame de Mazarin est encore coupable de l'autre faute que les loix punissent par cette privation. Elle fait divorce autant qu'elle peut avec Monsieur le Duc de Mazarin, sans en avoir aucune bonne raison. Elle ne fait pas, je l'avouë, un veritable divorce, si l'on prend ce terme dans sa signification étroite, pour une dissolution du mariage, parce que la loi lui en ôte les moyens; mais elle fait au moins un divorce de fait, bien plus fâcheux que l'autre; puis qu'étant sa femme, elle vit comme si elle ne l'étoit pas, & qu'elle le prive de toutes les douceurs de la societé conjugale, sans le délivrer des engagemens du mariage.

Mais si vous voulez bien, MESSIEURS, faire encore refléxion sur les circonstances de cette absence & de ce divorce, vous trouverez qu'il n'y en a aucune qui ne l'aggrave extrémement, & qui ne merite toute la severité des loix.

Premierement : Comment Madame de Mazarin est-elle sortie de la maison de son mari ? La nuit, déguisée, sous un habit d'homme, par une porte qu'elle avoit fait ouvrir dans une maison voisine, après avoir fait enlever toute sa vaisselle d'argent, toute l'argenterie, & tous les meubles précieux

qui

qui étoient dans son appartement, elle s'est ensuite fait enlever elle-même. Mais par qui ? Il est vrai que Monsieur le Duc de Nevers son frere lui prêta d'abord la main, & partit avec elle ; mais il la laissa aussi-tôt entre les mains d'un jeune seigneur des plus galans & des mieux faits de la Cour, qui n'étoit point de ses parens, qui avoit fourni les équipages & les relais necessaires pour la fuite ; & qui après l'avoir accompagné pendant quelques journées, lui donna un de ses gentils-hommes & une partie de ses valets pour la conduire hors du Royaume.

Peut-on nier que toutes les circonstances de cette évasion ne soient extrémement criminelles par elles-mêmes ? Ne seroit-il pas même permis d'y soupçonner quelque autre crime plus grand, & de croire qu'une femme qui s'est livrée de la sorte, a mal gardé un trésor dont elle a paru faire si peu de cas par le danger où elle l'a mis volontairement ?

Pour peu qu'un mari eût de penchant à la jalousie, ne regarderoit-il pas un enlevement de cette qualité comme une entiere conviction ? Les Juges mêmes n'en auroient-ils pas été frappés, si l'on avoit poussé ce procès ? & Madame de Mazarin ne doit-elle pas se sentir fort obligée à Monsieur de Mazarin de la justice qu'il lui rend, & du jugement favorable qu'il a toûjours fait de sa vertu, malgré l'imprudence de sa conduite?

Seconde circonstance; Madame de Mazarin en quittant sa maison, s'est-elle retirée en quelque Monastere, ou dans quelque maison d'honneur de ce Royaume? Point du tout. Elle est sortie de France: elle est allée courir le monde, promener sa honte, & celle de son mari dans tous les climats de l'Europe.

Troisiéme circonstance; combien de tems Madame de Mazarin est-elle demeurée absente du Royaume, & de la maison de son mari? Est-ce un de ces divorces de peu de durée, que les Jurisconsultes appellent du nom de *fribusculum*, qui cessent aussi-tôt que le premier mouvement est calmé? Il y a 22. années entieres qu'elle persevere dans cette revolte contre l'autorité de son mari; dans cet éloignement de ses devoirs; dans cette indifference pour son païs, & pour ses enfans: n'est-il pas tems que les Magistrats interposent leur autorité pour lui faire faire ce que les sentimens de la nature, l'amour de son païs, la consideration de son devoir & de son honneur devroient avoir exigé d'elle il y a long-tems.

Enfin une derniere circonstance. Madame de Mazarin depuis son évasion, a-t-elle vécu dans la modestie & dans la retraite, où la bienséance voudroit au moins que vécut une femme que ses chagrins domestiques auroient forcée, comme on veut faire croire que la partie adverse l'a été, à quitter sa maison, sa famille & son païs? Je ne dirai sur cela que ce qui est public, & que nous tâcherions inutilement de cacher: Madame de Mazarin a quitté la France pour aller établir dans Londres une bassette, pour y faire dans sa maison une academie publique de jeu & de tous les desordres que le jeu entraîne, où ausquels il sert ordinairement de couverture.

Et les Magistrats regarderont ce scandale & ce desordre sans y apporter de remede? Les loix seront impuissantes pour le punir & pour vanger un mari méprisé jusqu'à ce point? Il n'y a rien de si contraire à l'honnêteté publique que cette prétention: mais il n'y a rien aussi de plus opposé à l'esprit de nôtre droit François.

Plusieurs de nos Coûtumes, comme celle de Normandie, art. 376. & celle de Bretagne, art. 430. déclarent expressément, que si le mari vient à mourir pendant que sa femme l'a quitté, & sans qu'elle se soit reconciliée avec lui, elle doit être privée de son doüaire & de ses autres conventions sur la seule plainte des heritiers du mari, sans
qu'il

qu'il ait intenté aucune action de son vivant.

Jugez, Messieurs, à proportion, quelle doit être la peine d'une femme qui s'est fait enlever, comme Madame de Mazarin, qui a été pendant 22. ans absente du Royaume, & qui persevere dans cette absence, malgré les plaintes de son mari.

Nous avons dans le droit Canonique, dont on sait quelle est l'autorité parmi nous en ces matieres de mariage, une décision précise sur ce sujet ; c'est au chapitre, *Plerumque Decretal. de donation. int. vir. & uxor. Si mulier ob causam fornicationis, judicio Ecclesiæ.* Voilà un premier cas ; *Aut propriâ voluntate à viro recesserit.* Voilà le second, *Nec reconciliata postea sit eidem, dotem vel dotalitium repetere non valebit.* Ce chapitre met en même rang la femme condamnée pour adultere, & celle qui a quitté son mari sans cause ; il regarde ces deux injures comme égales, & il les punit toutes deux par la privation de la dot & du doüaire.

En effet, il est évident que cette retraite d'une femme, de quelque maniere qu'on la considere, doit produire cette privation.

Premierement, on ne peut nier que ce ne soit une contravention ouverte aux engagemens qu'elle a pris par son contrat de mariage,

riage, & une infraction entiere des conditions de ce contrat. Or c'est une maxime certaine, que celui qui a contrevenu à la loi d'un contrat, & manqué aux engagemens qu'il y avoit pris, ne peut s'en servir ; il perd tous les droits qui lui étoient acquis par ce contrat : Par consequent la restitution de la dot & les droits de doüaire & de communauté n'étant dûs à la femme que par son contrat de mariage dont elle a violé la loi, elle doit sans difficulté perdre toutes ces actions.

Si les loix ont établi des peines si severes contre la veuve qui se remarie dans l'an du deüil, parce que l'on regarde la précipitation de ce second mariage comme un manquement de respect pour la memoire de son premier mari ; si elles punissent cette faute non seulement par la perte du bien, mais même par l'infamie ; peut-on punir trop sévérement une femme qui marque un si grand mépris pour son mari vivant, & qui y persevere pendant tant d'années ;

Enfin, si le fils qui manque au respect qu'il doit à ses parens, ou qui les quitte, & refuse de se rendre auprès d'eux lorsqu'ils le souhaitent, se rend par-là indigne de leur succession : si la moindre insulte faite par les affranchis à leur patron, se punit par la perte de leur liberté & de leurs

biens ;

biens : si parmi nous le vassal qui fait une injure à son seigneur, ou qui refuse de le reconnoître, confisque son fief : Quand une femme qui est obligée sans contredit d'avoir pour son mari plus d'attachement que pour son pere & sa mere ; plus de respect qu'un affranchi n'en a à son patron ; plus d'honnêteté & de déférence qu'un vassal n'est obligé d'en rendre à son seigneur : quand cette femme, dis-je, viole tous ces devoirs ; qu'elle abandonne son mari ; qu'elle le méconnoît ; qu'elle marque ouvertement son mépris pour lui, peut-on lui imposer une moindre peine que celle de la privation de sa dot, & de tous les droits qui dépendent de son mariage ?

Vous voyez donc, MESSIEURS, par toutes ces raisons, qu'il n'y a que trop de lieu de prononcer dès-à-present cette peine contre Madame de Mazarin.

La seule chose que l'on a allegué au parquet pour excuser sa retraite & sa longue absence, est que la Novelle qui prive de leur dot les femmes qui s'absentent de la maison de leurs maris, ajoûte cette exception, *Nisi forsan apud proprios parentes*. Madame de Mazarin, dit-on, est dans le cas de cette exception, car elle s'est retirée à Londres auprès de la Reine d'Angleterre, de qui elle a l'honneur d'être parente ; on soûtient que non seulement ce nom auguste excuse son absence, mais qu'il justifie sa conduite, & qu'il la met à couvert de toutes sortes de soupçons.

Je ne m'arrêterai point, MESSIEURS, à disputer sur la signification de ces termes, *proprios parentes*, quoi qu'ils ne s'entendent constamment que des ascendans, & non pas des parens collateraux : je veux bien demeurer d'accord qu'un parent, quelque éloigné qu'il soit, quand il est revêtu de la pourpre royale, peut bien tenir lieu de pere, & jouir éminemment des mêmes privileges : & j'avoüerai que s'il est vrai dans un sens, comme on le dit ordinairement, que les Souverains n'ont point de parens, que la gloire qui les environne les separe de ceux avec qui la nature les avoit joints, & les affranchit des devoirs du sang ; il n'est pas moins vrai, qu'ils deviennent à tous leurs peuples ce qu'ils cessent d'être à quelques particuliers, que tout l'Etat devient leur famille, & qu'ils sont les peres communs non seulement de leurs sujets, mais encore de tous ceux qu'ils veulent bien adopter, pour ainsi dire, en les prenant sous leur protection.

Je ne m'arrêterai point non plus à vous dire que cette exception de la Novelle, ne s'applique qu'au cas d'une courte absence

d'une

d'une femme qui auroit passé quelques jours chez ses parens, & que la loi n'a point entendu qu'elle pût aller, même chez un pere ou une mere, des dix, des quinze, ou des vingt années, & quitter pendant cela son mari.

Mais ma grande réponse se tire de la maniere dont Madame de Mazarin a demeuré auprès de la Reine d'Angleterre.

Premierement, la Reine l'a-t-elle appellée à Londres? Est-ce elle qui y a souhaité Madame de Mazarin? Est-ce elle qui l'y a retenuë? Au contraire si Madame de Mazarin avoit suivi ses conseils, elle n'auroit jamais quitté la maison de son mari, ou bien elle y seroit revenuë fort promptement.

C'est le hazard qui l'a conduite à Londres, après avoir visité une infinité d'autres Etats; ou plûtôt elle n'y est allée que par le desir de mettre la mer entr'elle & Monsieur de Mazarin, & de n'être point avec lui dans un même continent. Sa bonne fortune lui a fait trouver dans ce païs la Reine d'Angleterre, qui a bien voulu l'y souffrir, & lui tendre la main charitablement, dans l'esperance que sa présence, ses avis, & la consideration que Madame de Mazarin auroit pour elle, modereroient ses emportemens.

Mais comment la partie adverse a-t-elle profité

profité de cette grace ? & de quelle manière a-t-elle demeuré auprès de cette grande Reine ? Etoit-elle assiduë auprès de sa personne? La suivoit-elle dans ses actions de charité & de pieté ? Imitoit-elle en quelque chose ses exemples ? Jamais rien n'a été si opposé.

La Reine étoit appliquée toute entiere aux affaires du salut & de l'éternité, & aux exercices de nôtre Religion. Madame de Mazarin l'étoit aux folies du siécle, & sembloit n'avoir d'autre desir que de se perdre & de perdre les autres.

La Reine s'occupoit à rassembler dans son palais le troupeau des élûs : elle en faisoit une maison d'oraison & d'édification.

Madame de Mazarin faisoit de sa maison un bureau public de jeu, de plaisirs & de galanterie, une nouvelle Babylone, où des gens de toutes nations, de toutes sectes, parlans toute sorte de langues, marchoient en confusion sous l'étendart de la fortune & de la volupté.

La Reine travailloit à soulager les pauvres, à briser les fers des prisonniers : Madame de Mazarin travailloit à dépoüiller les riches, & à se faire des captifs.

La Reine descendoit de son trône pour s'humilier au pied des autels, & rendre au Dieu vivant le culte & les adorations qui lui sont dûës: Madame de Mazarin idolâtre d'elled'elle-même, cherchoit à se faire des adorateurs, de qui elle exigeoit un culte profane & criminel.

Appellez-vous cela être auprès de la Reine d'Angleterre? Vous en étiez plus éloignée que la terre ne l'est du ciel ; vôtre conduite vous en éloignoit infiniment plus, que vôtre séjour dans Londres ne vous en approchoit ; & c'est même cet honneur que vous avez eu, de la voir & d'être protegée d'elle, qui vous rend plus coupable. Comment vous excuserez-vous d'avoir eu devant vos yeux ces grands exemples, sans avoir essayé de les suivre, au moins de loin & imparfaitement, car peu de gens peuvent en approcher? de n'avoir demeuré dans sa ville capitale que pour élever un autel à Belial, dans le même lieu où cette Princesse en élevoit un au vrai Dieu? d'avoir placé l'idole de Dagon si près de l'arche ; & de ne vous être appliquée qu'à combattre autant que vous pouviez par vôtre conduite, les saintes maximes qu'elle établissoit par la sienne?

Si vous aviez été auprès de cette sage Reine de la maniere dont vous y deviez être, vous n'auriez pas tant de repugnance à revenir auprès de Monsieur de Mazarin : la maniere de vivre de la Reine n'est pas à beaucoup près si éloignée de celle de Monsieur de Mazarin que de la vôtre ; & vous

auriez

auriez au moins appris à ne vous pas faire un monstre de la pieté de vôtre époux, à entrer même dans ses sentimens, & à reverer en lui, outre l'autorité maritale, ce caractere de prédestination, dont vous faites le sujet de vos mépris, & le motif de vôtre éloignement.

Mais enfin, comment prétendra-t-on encore faire servir les noms du Roi & de la Reine d'Angleterre, à excuser l'évasion & l'absence de Madame de Mazarin, après ce que j'ai eu l'honneur de remarquer au Conseil en la derniere audience ? Maintenant qu'elle est aussi tranquille à Londres depuis leur sortie, qu'elle l'étoit pendant qu'ils y regnoient publiquement : maintenant qu'on la voit offrir au Prince d'Orange le même encens qu'elle leur offroit ; mais avec autant de bassesse & d'indignité, qu'il y avoit d'honneur pour elle à les reverer comme elle le devoit.

Quelle excuse à present ? Le Prince d'Orange est-il son parent ? Tous ces joüeurs, ces libertins, ces Presbyteriens, ces Episcopaux, ces Trembleurs ; en un mot, ces gens de toutes religions, hors la bonne, dont sa maison est remplie, sont-ils ses parens ? Qu'elle nous explique ces alliances qui nous sont inconnuës. Mais il n'y en a point ; c'est le seul amour de l'indépendance qui la retient dans ce païs. Je

Je crois donc, MESSIEURS, que vous êtes pleinement convaincus, qu'il n'y a jamais eu de cause où l'on ait eu plus de raison d'user de toute la sevérité des loix, que dans la nôtre : jamais de femme qui ait plus merité d'être déclarée déchûë de sa dot, & de ses conventions que Madame de Mazarin.

Que si néanmoins vôtre indulgence retenoit encore vôtre bras, quelle autre grace pourriez-vous lui faire, sinon de suspendre le coup pendant quelques mois, & de lui donner un tems pour se repentir, & pour rentrer dans son devoir ? Mais si au lieu de profiter de cette grace, dont elle s'est même déja renduë indigne, elle s'obstine encore à ne point revenir ; si elle joint au mépris de l'autorité conjugale, celui de vôtre autorité, pourra-t-on la punir alors trop sevérement ?

Il est donc juste, en cas que vous lui accordiez un délai pour se rendre auprès de Monsieur de Mazarin, d'y ajoûter en même tems la peine qu'elle encourra en ne s'y rendant pas, de la déclarer en ce cas-là privée de sa dot & de ses conventions, *ipso facto*, en vertu de vôtre arrest, sans qu'il en soit besoin d'autre.

Vous jugez même bien, MESSIEURS, que c'est le seul moyen de l'obliger à executer vôtre arrest; que sans cela, quelque commandement que vous lui fissiez de revenir, étant hors de la domination du Roi, dont les bornes sont celles de vôtre Jurisdiction, elle se moqueroit de vos ordres: ainsi ne pouvant pas exercer vôtre autorité sur sa personne, il faut necessairement que vous la punissiez dans ses biens, si vous voulez l'obliger à rendre à vos jugemens l'obéïssance qu'elle leur doit.

C'est la voye dont le Parlement s'est servi dans une affaire où elle étoit bien moins necessaire que dans celle-ci, & contre une femme qui l'avoit moins merité que Madame de Mazarin. C'est dans l'affaire du sieur Comte de Clermont contre la Dame sa femme. Il y avoit bien moins de tems qu'elle étoit absente de chez lui, qu'il n'y en a que Madame de Mazarin s'est retirée de la maison de son mari; elle en étoit sortie d'une maniere honnête & sans enlevement (elle étoit à Paris, & non en Angleterre ; & sa conduite étoit mieux reglée que celle de Madame de Mazarin : elle avoit même un prétexte plausible pour ne pas retourner avec son mari, parce qu'elle plaidoit actuellement contre lui en séparation de biens.

Cependant, parce que l'on vit qu'elle tiroit l'instance en longueur, le sieur Comte
de

de Clermont demanda qu'elle fût tenuë de revenir dans sa maison pendant le procès, sinon qu'elle demeureroit déchûë de ses conventions, & cela fut ordonné de la sorte.

Il y a eu encore un pareil arrest rendu au profit de Torinon, Notaire, contre sa femme, quoi qu'elle fût actuellement separée de biens avec lui, & la séparation jugée & executée.

Vous voyez donc, MESSIEURS, que l'on ne peut en nulle maniere, se dispenser de prononcer cette peine contre Madame de Mazarin, en cas qu'elle s'obstine à ne point revenir avec Monsieur de Mazarin.

Je croi, MESSIEURS, que ma demande est suffisamment établie, il faut presentement défendre aux demandes incidentes de Madame de Mazarin.

Elle n'ose declarer ouvertement qu'elle ne veut pas revenir en France : Elle connoît bien qu'elle ne pourroit le dire honnêtement, & encore moins le soûtenir avec succès. Elle déclare donc qu'elle souhaite même de le faire, mais elle tâche en même tems d'éluder cette offre, par les conditions qu'elle y joint.

Elle dit premierement, qu'elle est retenuë en Angleterre par les dettes qu'elle a été obligée d'y contracter, qui montent à 100000.

100000. livres : Que si Monsieur de Mazarin la veut avoir, il faut qu'il paye cette somme : elle demande même qu'il y soit condamné, afin qu'elle puisse quitter un païs où elle ne peut, dit-elle, demeurer sans peril pour son salut & pour sa vie ; (ce sont ses termes ;) Elle ne parle point de son honneur ni de sa reputation, qu'elle croit apparemment en sureté dans toute sorte de païs.

Vous voyez, MESSIEURS, par cette premiere demande, que Madame de Mazarin veut mettre à prix à Monsieur de Mazarin l'honneur de sa vûë, & qu'elle le lui taxe un peu haut : il est aisé de juger que son intention est de le rebuter par-là de son entreprise, sachant bien que dans l'état present de ses affaires, il ne peut avoir une somme d'argent comptant aussi forte que celle-là ; & qu'on ne lui en prêteroit pas facilement pour un pareil emploi.

En effet, vous allez voir, MESSIEURS, que ces dettes ne sont qu'un faux prétexte ; & qu'il n'y a que sa mauvaise volonté qui le retienne en Angleterre. Pour vous le faire connoître, je vous supplie de faire d'abord quelques refléxions.

La premiere regarde le tems dans lequel Madame de Mazarin s'avise de dire qu'elle veut revenir en France, & de demander que Monsieur de Mazarin soit tenu pour cela de la dégager, & de payer ses dettes. Elle ne s'en est avisée que le dixiéme du mois dernier, dans les défenses qu'elle a fournies contre la demande de Monsieur de Mazarin. Jusques-là elle ne s'étoit point apperçûë ni de ce desir de revenir en France, ni qu'elle fût retenue en Angleterre pour ses dettes; elle étoit demeurée tranquille à Londres, non seulement depuis la sortie du Roi & de la Reine, mais même depuis la demande de Monsieur de Mazarin, qui est du treiziéme d'Avril dernier. Il a fallu encore sept mois depuis cette demande, pour lui faire sentir son indigence & l'impatience qu'elle a de quitter ce païs, où, selon elle-même, son salut & sa vie sont en peril. Il a fallu que son conseil de Paris, qui a dressé les défenses, l'ait fait appercevoir de ce qui se passoit à Londres, devant ses yeux, dans ses affaires, & même dans son propre cœur. Sans cela, & si l'on ne l'avoit point pressée de défendre à la demande de Monsieur de Mazarin par l'obtention d'un défaut qui étoit prêt à être jugé, non seulement elle ne se seroit point apperçûë qu'elle étoit oberée, & que sa vie étoit en peril, mais elle auroit toûjours continué de subsister agréablement & commodément dans ce païs; la France étoit oubliée pour jamais.

Je

Je croi, MESSIEURS, que cette premiere remarque vous fait déja bien connoître, que ni les affaires, ni les intentions de Madame de Mazarin, ne sont pas telles qu'elle les veut faire croire.

La seconde refléxion, plus convaincante encore que la premiere, est qu'il n'a constamment tenu qu'à Madame de Mazarin de sortir d'Angleterre, & de passer en France depuis la sortie du Roi & de la Reine ; & qu'il ne tient encore qu'à elle d'y revenir.

Ne croiroit-on pas en lisant ses défenses, qu'elle seroit prisonniere à Londres, ou qu'il y auroit au moins garnison chez elle ? Cependant il n'y a rien d'approchant de cela; on ne nous a pas même communiqué de saisie faite sur ses meubles ; & quand il y en auroit quelqu'une, elle en seroit quitte pour les abandonner, aussi bien Monsieur de Mazarin n'espere pas qu'elle lui rapporte ceux qu'elle a emportés du Palais Mazarin.

On nous a communiqué, à la verité, un certificat anglois délivré, dit-on, par un sergent & un conseiller de la ville de Londres. Mais ce certificat atteste seulement :
» Que l'usage du païs est, que les créanciers
» d'un étranger peuvent retenir ses biens &
» sa personne, & proceder de telle sorte,
» qu'il ne sera pas permis à cet étranger de
» sortir du Royaume, jusqu'à ce qu'il ait
» payé

payé ses dettes, ou donné caution. Ce sont les termes du certificat : Que suit-il de-là ? Sinon que les créanciers de Madame de Mazarin auroient peut-être la faculté de l'empêcher de sortir, s'ils le vouloient ; mais que pendant qu'ils n'usent pas de cette faculté, comme assurément ils n'en ont point usé jusqu'ici, rien ne l'empêche de sortir d'Angleterre.

Je vous ai même remarqué, MESSIEURS, dans la premiere audience, que bien-loin qu'on l'y ait retenuë, la convention ou l'assemblée des Etats a fait tous ses efforts pour l'en expulser, & qu'elle n'y a été soufferte que par l'autorité du Prince d'Orange.

Qu'est-ce donc qui l'y retient ? Est-ce là délicatesse de sa conscience, qui ne peut souffrir qu'elle mette ses créanciers en danger de perdre leurs dettes, ou la crainte d'être accusée de mauvaise foi, si elle sort sans les payer ? Mais n'auroit-elle pas dequoi se bien justifier, en disant qu'elle est sortie pour faire cesser tout ensemble les plaintes de la convention & celles de Monsieur de Mazarin ?

N'avoüera-t-on pas que cette délicatesse & cette crainte auroient été bien plus de saison, lorsqu'elle prit la resolution de s'évader du Palais Mazarin, qu'elles ne le sont aujourd'hui ? Qui pourra s'imaginer que Madame de Mazarin ait du scrupule de sortir d'Angleterre pour revenir en France, à cause qu'elle doit quelque argent à des Anglois; elle qui n'en a pas eu de sortir furtivement de la maison de son mari; de se dérober à lui, & à ce Royaume à qui elle doit tout, pour passer en Angleterre? Croit-elle que ces prétenduës dettes soient plus sacrées que les devoirs du mariage qu'elle a violés si hautement par sa retraite, & qui la rappellent incessamment?

Mais examinons un peu quelles peuvent être ces prétenduës dettes : vous verrez, MESSIEURS, non seulement qu'elle ne peut en avoir de legitimes, mais même qu'assurement elle n'en a contracté aucunes.

Il n'est pas difficile de prouver, que supposé que Madame de Mazarin ait contracté des dettes, ces dettes sont nulles, & n'obligent ni elle ni Monsieur de Mazarin. Il suffit pour cela d'observer, que c'est une femme en puissance de mari, & par consequent incapable de s'obliger sans son autorité.

Madame de Mazarin a tellement reconnu elle-même cette incapacité où elle est, non seulement de contracter, mais même d'être en jugement sans être autorisée de son mari ou de la Justice, que vous savez, MESSIEURS, qu'elle a presenté exprès sa requête au Conseil dans cette instance, afin
d'être

d'être autorisée pour former contre lui les demandes incidentes qu'elle croiroit necessaires pour sa défense : & le Conseil l'a autorisée expressément à cet effet, jugeant que sans cela elle n'auroit point été capable de s'engager à ces prétenduës dettes.

Ne dites pas que ce moyen seroit bon, s'il s'agissoit des dettes contractées en France ; mais que nos loix qui déclarent les femmes incapables de s'obliger, n'ont point d'autorité dans le Royaume d'Angleterre.

Car premierement, le Conseil sait que pour juger si une personne est capable de contracter, ou si elle ne l'est pas, on suit uniquement la loi de son domicile : que c'est cette loi qui regle l'état de sa personne ; & qu'en quelque lieu qu'elle puisse aller, elle porte par tout les qualités personnelles & le caractere de capacité ou d'incapacité que cette loi lui imprime. Par conséquent Madame de Mazarin étant mariée sous les loix de ce Royaume, & y ayant toûjours son domicile nonobstant ses voyages, elle a porté par tout sa sujetion à l'autorité de son mari ; & devant quelques Juges que ces obligations pûssent être portées, ils ne pourroient se dispenser de les déclarer nulles, suivant la disposition de nos Coûtumes.

Les Anglois ou les autres étrangers qui pourroient avoir contracté avec elle, ont dû connoître

connoître sa condition : Ils ont dû savoir qu'une femme mariée en France, qui a actuellement son mari vivant, n'a pas acquis par sa fuite l'indépendance ni le droit de disposer de son bien, ainsi ils devroient s'imputer de lui avoir prêté de l'argent ; & je suis persuadé que les Juges d'Angleterre lui rendroient en cela la même justice que le Conseil & les autres Tribunaux souverains de ce Royaume, rendent tous les jours aux étrangers, dont les differends sont portez devant eux.

Je ne doute pas même que ces obligations ne soient nulles par les loix particulieres de l'Angleterre, puisque l'on sait que les loix de ce Royaume ont été tirées de celles des Normans, qui de tout tems ont assujetti encore plus étroitement les femmes à la puissance de leurs maris, & les ont mises dans une interdiction plus absoluë de s'obliger, que nos autres Coûtumes. Mais cette discussion est inutile, puisqu'il est indubitable que Madame de Mazarin est toûjours demeurée sujette aux loix de France, & qu'elle a porté par tout sa sujettion & son incapacité de contracter.

Ce n'est pas assez, MESSIEURS, de vous avoir prouvé la nullité de ces prétenduës dettes, il faut encore vous en faire connoître la supposition.

Premierement, quelle apparence y a-t-il que Madame de Mazarin ait eu besoin d'emprunter? Elle a emporté pour plus de cent mille écus de pierreries, de vaisselle d'argent, d'argenterie & de meubles précieux, dont elle auroit commencé par faire de l'argent avant que d'emprunter.

Outre cela, je vous ai remarqué, MESSIEURS, que Monsieur de Mazarin lui a fait tenir plusieurs sommes dans les premieres années de son absence; & qu'enfin depuis le jour qu'elle est entrée en Angleterre, le défunt Roi lui a fait payer chaque année une pension de 58000. livres tous les ans, en consideration d'une somme de 900000. livres qu'il devoit à Monsieur de Mazarin; & que cette pension lui a été continuée par le Roi d'Angleterre regnant à present.

Madame de Mazarin qui n'a jamais eu de chevaux ni d'équipage dans Londres, dira-t-elle qu'elle n'y a pû subsister de cette pension? Sans compter ce profit peu honnête, mais réel, ce tribut qu'on sait trop qu'elle a toûjours tiré de ceux à qui elle donnoit à joüer, & qui monte plus haut que l'on ne peut s'imaginer. Est-il possible qu'avec un revenu si considerable elle ait encore fait des emprunts? N'y auroit-il pas en cela une dissipation qui ne meriteroit point d'excuse, cufe, & dont nous ne la voulons pas foupçonner?

Mais s'il n'y a pas d'apparence que Madame de Mazarin ait eu befoin d'emprunter, il y en a encore moins qu'il fe foit trouvé des gens qui ayent voulu lui prêter une fomme fi confiderable, à moins qu'ils n'ayent bien voulu la perdre, & lui faire un prefent fous l'apparence d'un prêt. Une étrangere, fugitive, en puiffance de mari, qui ne pouvoit difpofer de rien, peut-il y avoir eu un homme affez imprudent pour lui confier fon bien? Qui eft celui de nous qui voudroit prêter de l'argent à une étrangere dans un cas pareil? Ces dettes ne font donc conftamment qu'une pure illufion.

Auffi Madame de Mazarin n'a-t-elle point fait voir jufqu'ici qu'elle foit pourfuivie par aucun créancier, comme je l'ai déja remarqué : elle n'a point communiqué de copies des obligations qu'elle prétend avoir paffées ; elle ne donne pas même d'état de ces prétenduës dettes ; elle n'en nomme feulement pas les créanciers ; auroit-elle manqué de donner ces éclairciffemens, fi ces dettes étoient effectives? Et ne les donnant point, croit-elle que fur fa fimple parole, en difant qu'elle doit 100000. livres, fans que l'on fache ni les caufes de ces prétendus emprunts, ni les noms des créanriers, sans en connoître la verité, on condamnera Monsieur de Mazarin à lui donner 100000. livres, pour en faire peut-être des largesses à ses confidens, & leur payer des services dont M. de Mazarin n'est nullement obligé de les récompenser? Vous avez, Messieurs, trop de lumieres & de sagesse pour vous laisser surprendre à un piege si grossier.

Passons à l'autre demande incidente de Madame de Mazarin. Elle demande, qu'en revenant en France, il lui soit permis de se mettre dans un Convent, & que le Conseil condamne Monsieur de Mazarin à lui payer pour cela 24000. livres de pension par chaque année.

Je n'avancerai rien, Messieurs, qui vous soit nouveau, quand je dirai que la maxime est constante, qu'une femme ne peut avoir la liberté de quitter son mari, & de s'établir une demeure separée de la sienne, s'il ne lui en a donné occasion par les mauvais traitemens qu'il lui a faits. C'est ce que marque Maître Antoine Mornac sur la L. 5. *Cod. de repud. Redire semper cogi potest, nisi doceat de sævitiis mariti.* Quelque tems qu'elle ait été absente d'avec lui, on peut toûjours la contraindre d'y retourner, parce que les droits du mariage ne se préscrivent point.

Cette

Cette maxime a été de tous les tems, de tous les peuples, & de toutes les religions : les Payens mêmes qui ne connoissoient point la sainteté du mariage, l'ont observée par les seules lumieres de la raison naturelle. A plus forte raison doit-elle être inviolable parmi les Chrétiens, qui regardent le mariage comme la figure de l'union inséparable de JESUS-CHRIST avec son Eglise.

Il faut donc que Madame de Mazarin explique les mauvais traitemens qu'elle a reçus de Monsieur de Mazarin, & qui peuvent donner lieu de prononcer cette espece de séparation d'habitation qu'elle vous demande, & de lui rendre son mari tributaire : c'est ce qu'il faut que Maître Sachot nous expose ; & ensuite j'espere que le Conseil m'accordera une heure de replique pour défendre Monsieur de Mazarin de ces accusations que je ne puis prévoir.

Mais cependant je supplie le Conseil de faire par avance sur cela quelques réflexions.

La premiere est, que Madame de Mazarin reconnoît tellement elle-même, qu'elle n'a point de moyens pour demander une séparation d'habitation, qu'elle n'ose en intenter l'action ; mais elle tâche d'obtenir indirectement ce qu'elle sait bien qu'elle ne

peut

peut demander ouvertement. Elle demande que sans prononcer une séparation, à quoi elle n'ose conclure, vous la sépariez en effet, en lui donnant une demeure séparée de celle de son mari.

La seconde refléxion est, qu'il ne peut y avoir ni de mauvais traitemens, ni cause legitime de separation ; j'en ai une preuve incontestable par le fait de la partie adverse même. Lorsqu'elle sortit de la maison de son mari & du Royaume, elle plaidoit actuellement en separation contre lui ; mais quelle separation demandoit-elle ? Ce n'étoit qu'une simple separation de biens. Cette femme qui mettoit en usage tous moyens possibles & impossibles pour se soustraire de la domination & de la vûë de son mari, auroit-elle manqué d'intenter une demande en separation d'habitation, qui en étoit la voye naturelle, si elle avoit crû avoir le moindre prétexte pour la soûtenir ? Auroit-elle pris au lieu de cela, cette étrange résolution de s'abandonner à une fuite honteuse & criminelle, qui, non seulement, faisoit une tache éternelle à sa reputation, mais qui l'auroit même exposée aux peines les plus rudes si elle avoit été arrêtée, & que Monsieur de Mazarin eût voulu la livrer à la rigueur de la justice.

Il est donc certain, & l'on n'en peut jamais avoir

avoir une preuve plus convaincante, que Madame de Mazarin au tems de sa fuite, n'avoit jamais reçu aucun mauvais traitement de Monsieur de Mazarin ; & cela, Messieurs, vous prouve bien en même tems l'extrême moderation de Monsieur de Mazarin : car, en verité, il falloit qu'il en eût eu beaucoup pour souffrir jusques-là sans emportement, tous les sujets de plainte que Madame de Mazarin lui avoit donnez pendant les deux dernieres années qu'ils ont passées ensemble. Je puis dire même que c'est une assurance certaine pour l'avenir, qu'il n'aura jamais d'emportement contre elle, quelque chose qu'elle fasse, puisqu'il est impossible qu'elle lui en donne plus de sujet qu'elle fit dans ces deux dernieres années.

Aussi n'a-t-on rien dit à la communication du parquet contre Monsieur de Mazarin, qui merite que l'on y ait le moindre égard. On ne l'accuse d'aucun mauvais traitement: la seule chose que lui reprochent les partisans de Madame de Mazarin, & sur quoi roulent toutes leurs plaintes, ou pour mieux dire leurs railleries, c'est sa devotion.

Mais qui a jamais oüi dire que la devotion soit une cause de separation ? On a prétendu, que quand un homme se faisoit Juif ou Payen, ou qu'il tomboit dans l'heresie, resié, sa femme pouvoit se separer de lui, & même faire resoudre son mariage : mais qu'elle puisse le quitter quand il devient devot, & qu'il faille qu'il abjure la devotion pour obtenir qu'on lui rende sa femme, c'est une prétention que l'on n'oseroit soûtenir ouvertement.

C'est-là néanmoins tout ce que Madame de Mazarin trouve à reprocher à son mari; elle ne peut nier d'ailleurs qu'il n'ait eu pour elle toutes les honnêtetez possibles, & qu'il ne lui ait toûjours fourni tout ce qui lui étoit necessaire, non seulement pour les commoditez de la vie, mais même pour ses plaisirs, & pour soûtenir sa dignité avec éclat.

Elle ne niera pas aussi que Monsieur de Mazarin n'ait toutes les qualitez qui forment un honnête homme, & qui sont necessaires pour composer un vrai merite ; du courage & de la valeur, il en a donné assez de preuves, lorsqu'il a servi en qualité de Grand-Maître de l'artillerie & de Lieutenant General ; de la fermeté, de la penétration, de la delicatesse d'esprit, une grandeur d'ame qui lui fait méprifer le bien, ou qui fait qu'il ne s'en soucie que pour le répandre à propos : beaucoup de liberalité envers les pauvres : beaucoup de moderation dans ce qui ne regarde que sa personne. Son absence me donne la liberté de dire de lui ce que sa modestie ne souffriroit pas s'il étoit présent.

Madame de Mazarin a reconnu en lui toutes ces grandes qualités, pendant les cinq ou six premieres années de leur mariage, & leur a rendu la justice qu'elles meritoient.

J'avoüe qu'il a le défaut d'être devot, & d'avoir envie de faire son salut ; défaut qui, toutefois, n'en doit pas être un aux yeux d'une femme qui n'a pas celui d'être un peu indevote. J'avoüerai même encore, si vous voulez, qu'il peut y avoir en France & en Angleterre des hommes plus jolis, plus galans, plus éveillez, qui ont enfin des manieres plus tendres que Monsieur de Mazarin, ou plus de sympathie avec les inclinations de Madame de Mazarin ; mais s'ensuit-il que l'on doive pour cela mépriser & quitter un mari tel que Monsieur de Mazarin ?

Une femme qui n'est point maltraitée de son mari, doit croire qu'il n'y a point d'homme mieux fait, plus agréable, ni de meilleure humeur que lui ; & quand elle ne pourroit pas se le persuader, elle doit songer que la providence l'ayant unie avec lui, elle n'est plus en état de choisir ni d'examiner si un autre lui plairoit davantage.

Elle

Elle doit se souvenir de ces textes de l'Ecriture, qui veulent que les femmes soient attachées inséparablement à la personne de leur mari, qui leur ordonnent de lui obéïr & de le servir ; qui disent qu'ils ne doivent tous deux composer qu'une même chair. Avons-nous quelque autre loi, quelque nouvel Evangile qui permette aux femmes de violer tous ces devoirs sous des prétextes frivoles ?

Comment cela s'accorderoit-il encore avec cet autre précepte fait pour tous les chrétiens, & principalement pour les maris & les femmes, parce qu'il doit y avoir entre eux une plus étroite union, qui nous enjoint de supporter les défauts des uns des autres ? La devotion d'un mari est-elle un défaut si insupportable, qu'elle doive être seule exceptée de ce précepte ?

Mais d'ailleurs, Monsieur de Mazarin n'a-t-il rien de son côté à pardonner à Madame de Mazarin ? Croit-elle être sans défauts ? A la verité on ne l'accusera pas de celui-là : mais n'en a-t-elle point de contraires, & qui sont plus fâcheux pour un mari que celui-là ne l'est pour une femme ? Si l'on mettoit dans la balance les défauts de l'une avec ceux de l'autre, croyez-vous, MESSIEURS, que Madame de Mazarin y eût de l'avantage, & que les siens ne l'emportassent

portassent pas par leur nombre & par leur poids ? Cependant Monsieur de Mazarin veut bien les excuser tous ; il oublie tout ; il lui pardonne tout ; il est prêt de la recevoir & de la traiter honnêtement comme il a toûjours fait : Madame de Mazarin ne lui pardonnera-t elle pas ce vice unique de devotion, que tant de femmes raisonnables souhaiteroient de trouver dans leurs maris ?

Enfin, il y a encore une derniere refléxion à faire sur cela. Madame de Mazarin ne refuse donc de retourner avec son mari que parce que sa maison est trop reglée ; parce qu'il ne veut pas que l'on jouë des comedies chez lui, (car il n'empêche pas qu'elle ne les aille voir représenter ailleurs ;) en un mot, parce qu'elle craint de ne s'y pas divertir assez, de n'avoir pas la liberté d'y donner à joüer, & d'y recevoir autant de monde qu'elle souhaiteroit : voilà les seules raisons qui obligent Madame de Mazarin à demander permission de se retirer dans un Convent.

Mais croit-elle que toutes ces choses lui seroient plus permises dans un Convent que dans la maison de son mari ? Et d'ailleurs ne sont-ce pas là de belles dispositions à porter dans une maison religieuse ? Que pourroit-on en attendre, qu'un entier renversement

versement de la discipline dans le Monastere auquel vous feriez ce dangereux present ?

En effet, ce que je dis, MESSIEURS, est confirmé par une expérience réïterée plusieurs fois. Madame de Mazarin avant sa sortie du Royaume avoit déja honoré plusieurs Convens de sa presence : l'Abbaye du Lys; celle de Chelles ; les filles de Sainte Marie, & quelques autres se souviendront à jamais de cet honneur, par les tours d'esprit que Madame de Mazarin y a faits, & dont la memoire se conservera par tradition dans ces maisons durant plusieurs siecles.

Il s'agit donc de savoir lequel est le plus expédient, ou que Madame de Mazarin entre dans un Convent qu'elle déroglera sans aucun doute, ou qu'elle retourne avec Monsieur de Mazarin, qui tâchera, s'il se peut, de la mieux regler. Je ne crois pas, MESSIEURS, que vous balanciez dans le choix de ces deux partis.

Je suis même persuadé que si les deux Princes, aussi grands par leur merite que par leur naissance, qui ont fait jusqu'ici à Madame de Mazarin l'honneur de lui accorder leur protection, avoient été bien informés de l'état de la contestation, ils se seroient bien gardés d'embrasser son parti.

On leur avoit sans doute fait entendre ce

que l'on a répandu dans le monde, que Monsieur de Mazarin vouloit se rendre maître du bien de sa femme, & calomnier pour cela sa conduite : mais étant instruits comme ils le sont par les plaidoiries qu'ils ont honorées de leur presence, que le but de Monsieur de Mazarin n'est que d'obliger Madame sa femme à se réünir avec lui, & à accepter dans sa maison une retraite honorable ; nous sommes bien assurez que loin de la favoriser dans sa revolte, ils lui donneront des conseils dignes d'eux & de leur sagesse.

Quel interêt auroient-ils à faire continuer cette vie vagabonde, par une personne qui a l'honneur d'être leur parente ? ou quel motif de justice les pourroit obliger à vouloir arracher à Monsieur de Mazarin, une femme que toute leur famille & eux-mêmes lui ont donnée solemnellement à la face des autels ?

Quelle apparence enfin, qu'ils voulussent faire servir leurs grands noms & leur autorité, à entretenir la division entre deux personnes que l'Eglise a jointes, & à détruire l'ouvrage de la main de Dieu ; Nous ne craindrons jamais rien de pareil du sang de Charlemagne & de Loüis le Grand ; de ce sang toûjours protecteur des droits des autels & de la discipline de l'Eglise.

Ainsi,

Ainsi, Messieurs, tout vous invite à rendre Madame de Mazarin à son mari : les loix l'ordonnent ; l'honnêteté publique le desire ; Monsieur de Mazarin le demande avec empressement. Madame de Mazarin seule y resiste ; mais elle y resiste non seulement sans raison & sans interêt legitime, comme je l'ai fait voir, mais contre son propre interêt.

Compte-t-elle pour rien de faire cesser par cette réünion tous les mauvais bruits, que depuis son évasion la médisance a crû être en droit de répandre touchant sa conduite ? Ne craint-elle point même de les confirmer par son opiniâtreté à refuser de retourner avec un mari de qui elle n'a jamais reçu aucun mauvais traitement ? N'appréhende-t-elle point que l'on n'attribuë aux remords de sa conscience, & à la honte qu'elle peut avoir de ses propres fautes, plûtôt qu'aux imperfections de son mari, le soin qu'elle prend de fuïr sa presence, & de se cacher à ses yeux ?

Mais laissons-là cette gloire mondaine que Madame de Mazarin méprise peut-être : elle témoigne au moins par ses défenses qu'elle veut songer serieusement à son salut, puisqu'elle dit que c'est pour éviter le peril où il est en Angleterre, qu'elle demande 100000. liv. pour en pouvoir sortir. Ce

sentiment

sentiment est loüable, mais il ne faut pas laisser cette grande œuvre imparfaite; & elle le seroit sans doute, si Madame de Mazarin revenant en France, demeuroit separée de son mari, contre la loi de Dieu.

Puis donc qu'elle veut faire cette premiere démarche de revenir en France pour assurer son salut, il faut, MESSIEURS, que vous lui fassiez faire la seconde, de retourner avec Monsieur de Mazarin: sans cela la premiere seroit inutile, & son salut courroit le même risque en France qu'en Angleterre.

Madame de Mazarin ne sera pas elle-même long-tems sans reconnoître la grace que vous lui aurez faite. En goutant ce calme heureux que nous ne pouvons avoir que quand nous sommes dans l'état où l'ordre du ciel nous a placés, elle benira le coup qui l'aura jettée malgré elle dans le port; elle vous remerciera de la violence obligeante que vous lui aurez faite pour la tirer de son égarement.

Je ne désespere pas même qu'elle ne reprenne avec le tems les sentimens d'estime & d'amitié qu'elle a eus pour Monsieur de Mazarin dans les premieres années de leur mariage; ils ont été trop vifs pour être entierement éteints; & les refléxions qu'elle fera sur la bonté qu'il a euë de faire les premieres

mieres démarches pour leur réünion, de lui tendre genereusement la main, & d'oublier tous les sujets de plainte & de ressentiment qu'elle lui a donnés, redoubleront encore pour lui son respect & son attachement.

Ils se trouveront même beaucoup plus de sympathie qu'ils n'en avoient dans ces premieres années : si la devotion de Monsieur le Duc de Mazarin qui étoit alors dans la ferveur de son commencement, avoit quelque chose de farouche & de trop austere, comme cela arrive ordinairement, Madame de Mazarin trouvera cet excès moderé & par le tems & par l'habitude ; & je ne doute pas aussi que du côté de Madame de Mazarin, la maturité de l'âge, les traverses qu'elle a essuyées, les reflexions qu'elle a faites, n'ayent temperé la passion excessive qu'elle avoit en ce tems-là pour tous les plaisirs.

Mais quand le tems n'auroit produit aucun changement dans son humeur, je suis persuadé que Monsieur de Mazarin, qui a été si rudement puni, par une absence de vingt années, d'avoir pris la liberté de vouloir la corriger, n'entreprendra plus de le faire qu'avec de trés-grandes précautions, & qu'il aura pour elle des complaisances extraordinaires, qui gagneront d'autant plus le cœur de Madame de Mazarin, qu'elle
se

se souviendra d'avoir moins fait pour les meriter.

CONCLUSIONS.

Je conclus donc à ce qu'il plaise au Conseil ordonner, qu'attendu l'injuste retraite de Madame de Mazarin, & son opiniâtreté à demeurer hors de la maison de son mari & hors du Royaume, elle demeurera déchûë & privée de sa dot & de ses conventions. Il dépendra de la prudence du Conseil de lui donner un tems pour revenir en France & dans la maison de Monsieur de Mazarin; aprés lequel tems, faute d'y avoir satisfait, elle encourra cette peine en vertu de vôtre arrest, sans qu'il en soit besoin d'autre; même permettre à Monsieur le Duc de Mazarin de la reprendre en tel lieu qu'il la pourra trouver, & de la faire conduire dans sa maison, & cela sans avoir égard aux demandes incidentes de Madame de Mazarin, dont elle sera deboutée.

REPLIQUE

RÉPLIQUE
AU PLAIDOYÉ,
Fait par Monsieur Sachot dans la même cause.

MEssieurs, Si le mariage étoit une de ces sociétés, qu'une des parties a la liberté de rompre, quand il lui plaît, par une simple dénonciation; si la qualité de mari n'étoit qu'une commission dont il pût être destitué à la volonté de sa femme, ou, si nous étions encore dans ce tems bienheureux sur lequel on a pris tant de plaisir à s'étendre, & que l'on paroît regretter si fort, où les femmes comptoient leurs années par le nombre de leurs maris, & où le seul changement de leur volonté étoit une raison suffisante pour autoriser leur divorce, il pourroit y avoir dans ce qui vous a été plaidé, dequoi fonder la separation que Madame de Mazarin veut faire indirectement ordonner.

On ne peut en effet marquer une plus forte envie que celle que l'on a fait paroître en plaidant pour elle, d'obtenir cette separation : mais de moyens pour la fonder selon nos mœurs, parmi des chrétiens qui regardent les droits du mariage comme sacrés, & cette société comme indissoluble ; de ces mauvais traitemens qu'il faut qu'un mari ait exercés contre sa femme pour donner lieu à une separation, c'est dequoi je n'ai pas trouvé le moindre commencement de preuve dans tout le plaidoyé de la partie adverse.

Je dirai même davantage, que la maniere dont on s'est expliqué confirme ce que j'ai eu l'honneur de vous dire dans la premiere audience, que ce n'est point dans le cœur de Madame de Mazarin qu'est le principe du desir qu'elle témoigne de s'éloigner de Monsieur de Mazarin, & que ce n'est point son esprit qui agit dans cette cause.

Cela, MESSIEURS, paroît assez par les termes durs & outrageans dont on a usé contre Monsieur de Mazarin, & qui ne peuvent sortir de la bouche d'une femme raisonnable contre son mari. Elle doit se plaindre sans insulter, & tâcher d'exciter la commiseration des Juges, & non pas la risée de l'auditoire. Elle doit exposer les outrages qu'elle prétend avoir reçus de son mari, sans affecter de lui en faire. Elle doit enfin reconnoître & respecter toûjours en lui la main de Dieu qui le lui a donné pour maître.

C'est-là le caractere qu'une femme d'esprit

prit conserve perpétuellement dans ces sortes d'actions ; & quand elle auroit d'autres sentimens dans le cœur, la prudence l'empêcheroit de les faire paroître.

Madame de Mazarin auroit sans doute gardé ce caractere de modération & de douceur, qui lui est même trés-naturel, & qu'elle a pour tout le monde ; & elle l'auroit inspiré à ceux qui sont chargés de sa défense, si elle en prenoit quelque soin: Elle se seroit bien gardée de vouloir deshonorer sans necessité un nom qu'elle porte, & tourner en ridicule un homme dont elle est engagée par sa condition, à partager la gloire ou le deshonneur.

Mais ce qui prouve encore mieux combien Madame de Mazarin a peu de part à tout ce qui vous a été plaidé, c'est la contrarieté que vous verrez qui se rencontre entre les principaux faits que l'on a avancés, & ceux qu'elle a expliqués elle-même dans cette apologie qu'elle a donné au public sous le titre de Memoires, pour excuser une conduite qu'elle jugeoit bien que tout le monde devoit blâmer. Il n'y a pas d'apparence qu'elle eût fait plaider sa cause devant vous, MESSIEURS, d'une maniere si opposée à celle dont elle l'a défenduë devant toutes les nations de la terre, par cette histoire traduite en tant de langues differentes. Aussi,

Auſſi Maître Sachot a-t-il avoüé de bonne foi, Messieurs, qu'il n'avoit reçû ni memoires ni inſtructions de Madame de Mazarin ; & je ſuis bien-aiſe, pour l'interêt de ſa partie, auſſi-bien que de la mienne, qu'il ait fait cet aveu qui les juſtifie l'une & l'autre, en faiſant connoître que ces railleries piquantes ; ces faits calomnieux ; ces accuſations de perfidie, d'hypocriſie, de folie, ne viennent point de Madame de Mazarin, & que tout cela eſt ſuggeré par une paſſion étrangere.

Mais Maître Sachot me pardonnera, ſi en loüant tout enſemble ſon zele & ſa ſincerité, j'oſe me plaindre de la facilité qu'il a eüe de plaider ſous le nom d'une femme tant d'injures contre ſon mari, non-ſeulement ſans preuves, mais même ſans avoir d'elle ni ordre ni memoires. Il me ſemble qu'un homme auſſi exact que lui, qui veut que j'aye une procuration de Monſieur de Mazarin pour avancer qu'il permet à ſa femme d'aller à la comedie, étoit bien plus obligé d'en avoir une de Madame de Mazarin pour donner cette comedie au public aux dépens de ſon mari, & pour en faire une ſatire qui retombe ſur elle-même.

Mais enfin, de quelque main que partent les traits que l'on a tirés contre nous, il ne ſera pas difficile d'en garantir Monſieur de
Mazarin,

Mazarin, & de faire voir qu'il n'y a aucun des faits que l'on a plaidés qui doive lui nuire, dans le jugement de la cause, ni même dans l'opinion du public.

Je pourrois, Messieurs, négliger cette histoire aussi étrangere à nôtre cause qu'elle est fabuleuse, des 50000 écus que l'on prétend avoir été promis par Monsieur de Mazarin à Monsieur l'Evêque de Frejus pour procurer son mariage, & dont on dit que depuis il lui refusa le payement. Cependant comme l'on en a fait un sujet de déclamation, non seulement contre Monsieur de Mazarin, mais même en quelque sorte contre la devotion, je croi qu'il est bon d'informer le public, qui a paru l'écouter avec quelque plaisir, que ce fait est une pure fiction.

Comme il n'y en a point de preuves, la simple dénégation suffit ; mais pour y donner plus de poids, je vous supplie, Messieurs, de me permettre de vous lire ce que Monsieur de Mazarin m'en a écrit dans une lettre que je reçus hier ; on sçait combien il est incapable d'assurer un mensonge ou de nier une verité, & la délicatesse de conscience qu'il a là-dessus : ainsi je ne doute pas que le Conseil ne lui fasse l'honneur de le croire préférablement à Madame de Mazarin.

Lecture.

Rien au monde n'est plus faux que la convention des cinquante mille écus avec Monsieur l'Evêque de Fréjus ; il n'en a jamais été dit ni stipulé un mot. Feu Monsieur le Cardinal Mazarin arrêta le projet de mon mariage avec le seul Monsieur le Chancelier le Tellier. Il est vrai que Monsieur l'Evêque de Fréjus entra depuis dans la confidence. Où est le joli de plaisanter sur une fausseté & sur un manquement de parole imaginaire ?

Je n'ajouterai à cette lecture qu'une reflexion, qui est, qu'il me paroît difficile d'accorder le fait de cette perfidie, car c'est ainsi qu'on l'a nommée, & ç'en seroit une en effet, avec le caractere que l'on a donné à M. de Mazarin dans tout le reste du plaidoyé. Un homme qui donne, à ce que l'on dit, tout son bien aux pauvres, qui sacrifie des millions pour acheter le ciel, feroit-il une perfidie pour épargner 50000. écus ?

Vous lui faites une devotion prodigue & avare en même tems ; charitable & perfide ; donnant avec profusion ce qu'elle ne doit point, & refusant lâchement ce qu'elle doit. Vous deviez au moins lui donner un caractere égal, & concilier mieux vos fictions, si vous vouliez qu'elles trouvassent quelque créance.

Venons maintenant aux faits qui ont du rapport avec nôtre cause.

On a passé fort legerement sur la maniere dont Monsieur & Madame de Mazarin ont vécu ensemble pendant les premieres années de leur mariage, parce que la verité est, & l'on n'a osé en disconvenir, qu'ils les ont passées dans une trés-grande union. Or ce fait-là est d'une extrême importance : car on vous a dit, MESSIEURS, & il est vrai, que Monsieur de Mazarin étoit devot dès les tems de son mariage comme il l'est aujourd'hui. D'où vient donc que cette devotion est devenuë si odieuse à la partie adverse, après qu'elle l'a soufferte pendant six années sans peine, & sans que cela diminuât rien de sa tendresse pour Monsieur de Mazarin ? Comment peut-elle après cela s'en faire un prétexte pour excuser sa fuite, & pour autoriser la permission qu'elle vous demande de vivre séparément ?

Monsieur de Mazarin n'a point changé d'esprit : ses sentimens sont les mêmes qu'ils étoient au tems de leur mariage, & pendant cet âge d'or où ils ont goûté ensemble les douceurs d'une parfaite union. C'est donc de la part de Madame de Mazarin qu'est venu le changement : ce ne peut être qu'un effet de son inconstance ; & si elle avoit conservé les mêmes inclinations qu'elle avoit alors, elle joüiroit encore avec ma partie du même bonheur & de la même tranquilité.

On est passé ensuite au tems de sa fuite: on a cru être obligé pour son honneur de dire qu'elle avoit beaucoup souffert avec Monsieur de Mazarin avant que de prendre cette resolution ; mais en même tems, comme ses souffrances n'ont point paru, qu'elle même ne s'en étoit jamais plainte, & qu'elle s'étoit contentée en ce tems-là d'intenter une simple action en séparation de biens, on a ajoûté que son silence avoit été un effet de sa discretion, qu'elle avoit cru être obligée par le devoir de mere, de demander la separation de biens pour empêcher la ruine de ses enfans, mais qu'elle avoit negligé ce qui ne regardoit que son repos & son interêt personnel.

Voilà certainement une discretion bien loüable, qui empêche Madame de Mazarin de parler, & de se pourvoir en justice, & qui ne l'empêche pas de s'enfuïr, déguisée en habit d'homme, avec un seigneur des mieux faits, & des moins discrets de la cour.

Mais enfin, il n'est plus question d'avoir sur cela de la discretion : le masque est levé. Que n'expliquez-vous presentement ces mauvais traitemens ; ces sevices intolerables qui l'ont reduite à la dure necessité de se jetter entre les bras du Chevalier de Rohan, car il seroit inutile à present de taire son

nom,

nom, puisque vous l'avez nommé. Ou si Monsieur de Mazarin n'a pas été jusques aux mauvais traitemens, dites-nous au moins les menaces qu'il lui a faites, les discours outrageans qu'il lui a tenus ? Vous devez ce compte au Conseil ; vous le devez au public ; vous le devez à la justification de Madame de Mazarin, & à la défense de vôtre cause.

Croyez-vous persuader au Conseil que c'est encore par discretion que vous dissimulez ces choses ? Pensez-vous qu'il vous suffira d'affecter un air de mystere, & de dire que vous ne voulez pas faire à Monsieur de Mazarin l'affront d'expliquer des faits necessaires, quand vous lui dites sans necessité tant d'injures atroces, & que vous lui imputez gratuitement des crimes imaginaires ?

Vous voyez donc, MESSIEURS, évidemment, que le silence que Madame de Mazarin a gardé avant sa fuite, & celui que son avocat garde encore aujourd'hui sur les mauvais traitemens que l'on dit en general qu'elle a souffert, sont autant de reconnoissances formelles qu'elle n'en a jamais reçu aucun.

On vous a dit, MESSIEURS, que ce qui contraignit Madame de Mazarin à s'enfuïr, fut que Monsieur de Mazarin prévoyant qu'il alloit succomber en l'instance

de

de séparation, intimida Madame de Mazarin par de faux avis, afin de l'obliger à prendre la fuite ; qu'il lui fit dire par des personnes apostées qu'elle perdroit son procés, & qu'ensuite il l'enfermeroit entre quatre murs : mais que ce qui acheva de la déterminer, fut que Monsieur de Mazarin obtint un arrest portant permission de la reprendre, & qu'elle craignit qu'il ne l'enlevât en vertu de cet arrest.

Vous deviez encore vous accorder sur cela avec les memoires publics de Madame de Mazarin, puisque vous avoüiez que vous n'en avez point eu d'elle de particuliers ; ou du moins ceux qui vous ont instruit devoient tâcher de paroître d'accord avec les pieces, & de ne vous faire dire que des choses dont le contraire ne fût pas prouvé par écrit.

Madame de Mazarin dans ses memoires qui sont entre les mains de tout le monde, dit que ce qui lui fit prendre la resolution de sortir du Royaume, fut qu'elle sut que Messieurs de la Grand'Chambre l'alloient debouter de sa separation de biens, & qu'ils l'obligeroient à retourner avec son mari : que cet avis lui fut donné de si bonne part qu'elle ne put douter de sa verité, & que celui qui le lui donna fit en cela un pas si delicat, qu'elle ne découvrira jamais son nom

nom. Permettez-moi, MESSIEURS, de vous lire cet endroit. Il est conçû en termes encore plus forts que je ne le rapporte.

Lecture (1).

Parmi ces brouïlleries nôtre procès avançoit toûjours. Monsieur de Mazarin trouva la même faveur auprès des vieux que j'avois trouvé auprès des jeunes : j'eus avis au bout de trois mois qu'il étoit maitre de la Grand'Chambre : Que sa cabale y étoit toute-puissante : qu'il auroit tel arrest qu'il voudroit : Que quand même on m'accorderoit la separation de biens que je demandois, on ne me laisseroit pas celle de corps dont je joüissois, & que je ne demandois pas alors : Qu'enfin les Juges ne pouvoient pas dans les formes se dispenser de m'ordonner de retourner avec mon mari, quand ils me seroient aussi favorables qu'ils m'étoient contraires. Si cet avis m'étoit venu de moins bonne part, j'aurois la liberté de vous en nommer les auteurs ; mais comme ils faisoient un pas fort délicat en me le donnant, ils exigerent de moi un secret que je leur garderai éternellement. Jugez quel traitement je pouvois esperer de Monsieur de Mazarin, si je retournois avec lui par arrest, ayant la Cour & le Parlement contre moi, & après les sujets de ressentiment qu'il croyoit avoir. Voilà quels furent les motifs de la resolution si étrange & tant blâmée que je pris de me retirer en Italie auprès de mes parens.

Voilà, MESSIEURS, ce que Madame de Mazarin en a dit elle-même ; il n'est donc pas vrai que Monsieur de Mazarin fût
prêt

(1). Memoires de Ma- | dame Mazarin.

prêt de perdre son procès, ni qu'il ait fait donner de faux avis à Madame de Mazarin.

A l'égard de l'arrest qui permit à Monsieur de Mazarin de la reprendre, comment peut-on dire qu'il ait été la cause de sa fuite, puisqu'il ne fut obtenu que deux jours après son enlevement : que ce fut son évasion qui donna lieu à cet arrest, & que ce fut ce même arrest qui permit à Monsieur de Mazarin d'en informer ? L'évasion se fit la nuit du 13. au 14. de Juin. L'arrest est du 15. Et comment même Monsieur de Mazarin auroit-il pû demander avant cela la permission de reprendre Madame de Mazarin, puisqu'elle étoit logée actuellement dans sa maison ?

Toutes ces excuses sont donc très-mauvaises; & il faut qu'il demeure pour constant que la fuite de Madame de Mazarin n'a eu aucune autre cause que sa legereté & son emportement.

Mais, dit-on, Madame de Mazarin voyoit une dissipation étrange ; les meubles précieux disparoissoient chaque jour : elle se voyoit sur le bord de sa ruine, & ses enfans en danger de devenir les plus pauvres gentilshommes du Royaume.

Qui auroit crû, MESSIEURS, que l'heritiere de Monsieur le Cardinal Mazarin ne se fût fait enlever, & ne fût sortie du Royaume me, que pour fuïr la pauvreté, & de crainte de mourir de faim en France? Aussi allez-vous voir que ce prétexte est aussi frivole que les autres.

Les meubles précieux disparoissoient, dites-vous. Si vous entendez parler de ceux de vôtre appartement, vous avez raison de dire qu'ils disparurent, puisque vous les fîtes enlever. Ils disparurent même d'une maniere très-fâcheuse, car ils n'ont servi qu'à faciliter la retraite de Madame de Mazarin, & à contribuer à ses folles dépenses.

Mais tous les autres meubles sont demeurez, & sont encore existans, à la reserve de ceux que Monsieur de Mazarin a donnez à Mesdames ses filles en les mariant; il y en a encore pour plus d'un million dans le palais Mazarin. Il en est de même de tous les autres effets venus de Monsieur le Cardinal Mazarin. Ma partie n'en a pas vendu pour un sol: c'est ce que j'expliquerai tantôt dans son lieu.

Mais quand on supposeroit qu'il y eût eu de la dissipation, seroit-ce une raison pour excuser la fuite de Madame de Mazarin? Cela lui auroit-il fourni un juste sujet d'abandonner son mari & sa maison? Au contraire, c'est alors qu'une femme est plus obligée à demeurer dans sa famille, pour tâcher, ou d'empêcher par ses conseils les dissipations de son mari, ou de les reparer par son œconomie.

On vous a dit, Messieurs, que Monsieur de Mazarin a eu de la joye de la fuite de Madame de Mazarin, quoi qu'il ait feint d'en être affligé; que ses amis sont venus l'en feliciter; que même il n'a pas voulu profiter des occasions de se reconcilier quand elles se sont presentées.

N'insultez point ainsi à la douleur que cette fuite honteuse a donnée à Monsieur de Marin pour lui-même, & pour l'interêt de Madame de Mazarin. Elle n'a été que trop vive, trop publique, & de trop longue durée; Madame de Mazarin elle-même en parle ainsi dans ses memoires, & elle s'en fait un trophée, dont assurément elle ne trouveroit pas bon que vous lui voulussiez ravir la gloire.

Il se peut faire que les amis de ma partie s'en soient réjoüis, parce qu'ils en jugeoient plus sainement que lui, & sans prévention; mais pour lui, il n'a point de honte d'avoüer sa foiblesse; il reconnoît que jamais rien ne l'a touché si vivement, & qu'il fit tous ses efforts pour empêcher la sortie de Madame de Mazarin hors du royaume.

Ce fut même ce qui lui attira ce conseil plein d'esprit & de sagesse, d'une bouche accoûtumée à ne prononcer que des oracles:

Vous devriez plûtôt me demander des ordres aux Gouverneurs, pour l'empêcher de revenir en France, que pour l'empêcher d'en sortir. Mais comment Monsieur de Mazarin auroit-il été capable alors de profiter de ces conseils, puisque vous voyez qu'il ne l'est pas encore presentement?

On a ensuite parlé de ce qui se passa, lorsque Madame de Mazarin revint en France avec Monsieur le Duc de Nevers, qu'elle fut amenée à la Cour par l'ordre du Roi, qu'elle eut l'honneur de lui parler; mais on a raconté cet incident d'une maniere toute contraire à ce qui est, & à celle dont Madame de Mazarin l'expose elle-même dans ses memoires.

Il est vrai que le Roi ayant appris que Madame de Mazarin étoit à Nevers, & voyant avec déplaisir le malheur où elle se plongeoit elle-même, & où elle réduisoit son mari, eut la bonté de vouloir bien s'interposer pour les reconcilier.

Il manda à Madame de Mazarin de venir à la Cour, & il lui donna sa parole, qui est le meilleur sauf-conduit que ses ennemis même pussent avoir, qu'il ne lui seroit fait aucune violence; & que si elle ne s'accommodoit pas avec Monsieur de Mazarin, il la feroit reconduire en sureté jusques hors du Royaume. La Dame Belizani alla par son ordre la querir, & l'amena dans la maison de Madame Colbert.

Elle eut l'honneur de parler au Roi, qui ne lui proposa point, comme on l'a plaidé, de demeurer à Paris pour poursuivre sa demande en separation ; n'auroit-ce pas été un bel accommodement, & bien digne des soins d'un aussi grand Monarque? Il faut qu'une main comme la sienne guérisse parfaitement tout ce qu'elle touche. Et d'ailleurs Madame de Mazarin auroit bien eu un autre procès à essuyer que celui de sa separation de biens : elle auroit été bienheureuse que l'on eût fait une compensation de l'un avec l'autre.

Ce que le Roi lui proposa, comme elle le dit elle-même dans ses memoires, fut de se reconcilier parfaitement avec Monsieur de Mazarin, & de retourner dans sa maison ; & non-seulement il le lui proposa, mais elle avouë elle-même qu'il le lui conseilla.

Le Roi eut la bonté d'y ajoûter des conditions qui devoient calmer tous ses caprices, & dont toute autre qu'elle auroit été très-satisfaite, (Que Monsieur de Mazarin n'auroit aucune inspection sur ses domestiques, qu'elle ne le suivroit point dans ses voyages,) & quelques autres semblables que l'on vouloit bien accorder à la mauvaise humeur de Madame de Mazarin.

Cependant tout cela ne la contenta point: elle préfera son entêtement aux conseils obligeans du plus sage Prince de la terre; elle lui déclara qu'elle ne vouloit point absolument retourner avec Monsieur de Mazarin, & le conjura de la faire reconduire en Italie suivant sa parole, avec les 24000. livres de pension qu'il lui avoit fait esperer. Il n'est point vrai qu'elle ait opté de demeurer en France, ni que ç'ait été le Roi qui lui ait ordonné d'en sortir : & le placet ou la lettre que l'on a lûë en cette audience, est une piece supposée & démentie par ses propres memoires ; je supplie le Conseil de me permettre d'en lire l'endroit où cet incident est rapporté.

Lecture.

(1) *Pour savoir la verité, le Roi m'envoya querir au bout de trois mois par Madame Belizani, & un exempt des gardes, dans le carosse de Madame Colbert, chez qui mon frere avoit prié le Roi de me faire loger, comme dans un lieu où personne ne me pourroit contraindre de déguiser mes sentimens. Deux ou trois jours après, il me fit aller chez Madame de Montespan pour me parler : je n'oublierai jamais la bonté avec laquelle il me traita, jusqu'à me prier de considerer que s'il n'en avoit pas mieux usé pour moi par le passé, ma conduite lui en avoit ôté les moyens ; que je lui*

dis-

(1) Memoires de Ma- | dame Mazarin.

disse franchement ce que je voulois ; que si j'étois absolument resoluë à retourner en Italie, il me feroit donner une pension de vingt-quatre mille francs mais qu'il me conseilloit de demeurer ; qu'il seroit mon accommodement aussi avantageux que je voudrois ; que je ne suivrois Monsieur de Mazarin dans aucun voyage ; qu'il n'auroit rien à voir sur mes domestiques ; que même si ses caresses m'étoient odieuses, je ne serois pas obligée de les souffrir d'abord, & qu'il me donnoit jusqu'au lendemain pour y songer.

J'aurois bien pû lui répondre sur le champ ce que je lui répondis le jour suivant ;

Qu'après m'avoir voulu perdre d'honneur, comme M. de Mazarin avoit fait, & avoir refusé de me reprendre lorsque je lui avois fait offrir de revenir sans aucune condition, & qu'il me sçavoit dans la derniere necessité je ne pouvois me resoudre à retourner avec lui ; que quelques précautions que l'on pût prendre, de l'humeur dont il étoit, il m'arriveroit tous les jours vingt petites choses cruelles, dont il ne seroit pas à propos d'aller importuner sa Majesté, & que j'acceptois avec une reconnoissance extrême la pension qu'il lui plaisoit de me donner.

Après des raisons si legitimes, vous serez surpris d'apprendre que tout le monde blâma ma resolution ; mais les jugemens des gens de Cour sont bien differens de ceux des autres hommes. Madame de Montespan & Madame Colbert entr'autres, firent tout ce qu'elles pûrent pour me faire demeurer, & Monsieur de Lauzun me demanda ce que je voulois faire avec mes vingt-quatre mille francs, que je les mangerois au premier cabaret, & que je serois contrainte de revenir après toute honteuse, en demander d'autres qu'on ne me donneroit pas.

Vous voyez, Messieurs, le jugement que

que l'on faifoit de cette bonne ménagere qui accufe fon mari de diffipation.

Le Roi n'ayant pû perfuader Madame de Mazarin, fut obligé d'executer la parole qu'il lui avoit donnée, & de la faire reconduire en fureté hors du Royaume. Voilà la maniere dont les chofes fe font paffées. Nous examinerons dans la fuite les avantages que Madame de Mazarin prétend en tirer.

Il faut entrer prefentement dans la difcuffion des moyens que l'on vous a plaidez. Je ne répondrai point aux curiofitez hiftoriques que l'on a rapportées de l'ufage du divorce dans l'ancienne Rome, & de l'inclination qu'avoient les Dames romaines à le pratiquer; cela eft inutile à nôtre caufe, fi ce n'eft que l'on ait voulu faire connoître par-là que Madame de Mazarin n'eft pas la premiere qui a eu ces fentimens; qu'elle n'a point dégeneré des inclinations de ces Dames dont elle eft peut-être defcenduë, & qu'elle a en cela l'ame veritablement romaine. Mais cela ne la rend pas moins fujette aux peines qui furent établies contre ces mêmes Dames par les Novelles que j'ai rapportées.

On a tâché d'en éluder la difpofition par deux réponfes.

La premiere eft; Que l'on prétend qu'elles ont ceffé d'avoir lieu depuis que le divorce a été aboli, parce que la privation de la dot qu'elles qu'elles prononçoient, étoit une suite du divorce, & n'avoit jamais lieu que dans le cas du divorce.

J'ai déja prévenu cette objection en plaidant; & je vous ai fait voir, MESSIEURS, que bien-loin que l'abolition du divorce, qui étoit une des peines de la mauvaise conduite des femmes, doive les exempter de l'autre peine, qui étoit la privation de leur dot, elle rend cette derniere peine encore plus nécessaire qu'elle ne l'étoit en ce tems-là; je n'en repeterai point les moyens.

Vous avez même vû que c'est l'esprit de nos coûtumes; qu'il y en a plusieurs qui en contiennent des dispositions précises: que c'est aussi l'usage des compagnies souveraines; qu'il y a eu des arrests qui l'ont ordonné; je n'ai pas oüi que l'on ait rien répondu à tous ces moyens.

Il doit donc demeurer pour constant, que nôtre droit s'accorde parfaitement en cela avec les loix romaines, & que cette peine n'a point été abrogée par l'abolition du divorce.

La seconde objection qui m'a été faite, est que l'on dit que ces Novelles contiennent une exception en faveur des femmes qui se retirent chez leurs peres & meres. On prétend que Madame de Mazarin est dans ce cas, parce qu'au défaut de pere & de mere les autres proches parens peuvent à cet égard tenir leur place, sur tout lorsqu'ils sont revêtus d'une dignité éminente qui supplée au degré, & qui donne pour eux le même respect que l'on auroit pour des ascendans; c'est un principe dont je suis convenu.

Or, dit-on, Madame de Mazarin dans son premier voyage d'Italie, logea chez Monsieur le Cardinal Mancini son oncle, homme d'une très-grande vertu. Cela est encore vrai : mais on devoit ajoûter que Monsieur le Cardinal Mancini ayant bientôt reconnu que son autorité étoit trop foible pour retenir Madame de Mazarin dans la regularité où il auroit souhaité qu'elle eût vécu, il la mit dans un Convent dont Madame de Mazarin sœur de Monsieur le Cardinal, étoit Abbesse. J'avouë que la partie adverse étoit encore très-honnêtement dans cette maison, & à couvert de tout reproche ; mais après y avoir passé quinze jours elle en sortit par adresse, en feignant de reconduire Madame sa sœur. Elle conte elle-même cette histoire dans ses memoires, & elle en finit le recit agréablement en ces termes : » La pauvre vieille, dit-elle, « en parlant de sa tante, prit si fort à cœur « cette avanture, qu'elle en mourut de dé- « plaisir quelques jours après. »

Voilà une illustre marque du respect que

Madame de Mazarin porte à ses proches & à leurs dignitez, & de son bon naturel.

On a ajoûté, que dans son second voyage d'Italie Monsieur le Connétable Colonne son beau-frere, la reçut, & la logea dans sa maison.

Cela est encore veritable ; mais on ne vous a pas dit comment elle s'acquitta des devoirs de l'hospitalité. Elle employa ses premiers soins à inspirer à Madame la Connétable sa sœur les mêmes sentimens pour Monsieur le Connétable, qu'elle avoit pour Monsieur de Mazarin : Elle y travailla si utilement, qu'en peu de tems elle lui persuada de passer en France de la même maniere dont elle étoit passée en Italie ; & comme Madame de Mazarin savoit par expérience, les stratagèmes necessaires pour faire réüssir ces sortes d'entreprises, Madame la Connétable s'embarqua sous sa conduite, & arriva heureusement à Marseille, malgré toute la diligence que fit Monsieur le Connétable pour les faire suivre, & pour les arrêter.

Enfin on vous a dit, MESSIEURS, qu'en Angleterre Madame de Mazarin a été logée dans le Palais, & auprès de la personne de la Reine. Je n'ajoûterai rien à ce que j'ai dit à cet égard dans mon premier plaidoyé, sinon qu'il n'est pas vrai que Madame de Mazarin ait été logée, ni dans le Palais

de

de la Reine pendant qu'elle étoit duchesse d'Yorck, ni dans le palais des rois depuis que cette princesse a été sur le trône. Madame de Mazarin a toûjours eu pour logement dans l'un & dans l'autre de ces tems, un pavillon qui est à la verité de la dépendance du château de saint James ; mais ce château de saint James n'est point la demeure du Roi : il est à l'égard du palais que le Roi habite, & qui s'appelle Witehal, & non pas Louvre ; car le nom de Louvre a été pris du lieu où le palais de nos Rois est bâti. Il est, dis-je, à l'égard de Witehal, ce qu'est le château des Tuilleries à l'égard de l'ancien Louvre, & le pavillon de Madame de Mazarin est au château de saint James, ce qu'étoit autrefois la maison de Renard au château des Tuilleries. Jugez, Messieurs, si cela est assez proche du Palais, pour oser dire que la presence de la Reine, & le respect que Madame de Mazarin avoit pour sa personne, doivent bannir tous les soupçons, & s'il y a quelqu'un qui voulût sur ce fondement répondre de tout ce qui s'est passé dans ce pavillon.

Mais cet examen est inutile, puisque Monsieur de Mazarin veut bien pardonner à Madame de Mazarin tout le passé, pourvû qu'elle rentre presentement dans son devoir.

Ne

Ne vous engagez donc point dans une justification trop difficile, & que Monsieur de Mazarin n'exige point : il veut croire Madame de Mazarin innocente : contentez-vous de cela, & prenez garde qu'en voulant trop approfondir, les efforts que vous ferez pour la justifier, ne produisent un effet contraire.

La même raison me fera passer legerement sur la distinction que l'on a faite des deux retraites de Madame de Mazarin. On dit que si la premiere, qui fut lorsqu'elle se fit enlever de la maison de ma partie, est criminelle, elle a été couverte & reparée par son retour volontaire en France ; & qu'à l'égard de la seconde, elle est entierement innocente, puisque Madame de Mazarin est sortie du Royaume par la permission & par l'ordre même du Roi, & que sa sortie a été involontaire.

Mais premierement, comment peut-on prétendre que le retour de Madame de Mazarin en France sans la participation de M. de Mazarin ait effacé le crime de son enlevement ? Une femme enlevée hors du Royaume, n'a-t-elle qu'à toucher les terres de France pour recouvrer son innocence.

Je demeure d'accord, que si une femme étoit revenuë dans la maison de son mari : qu'il l'eût reçuë : qu'il eût vécu avec elle

sans

sans poursuivre la vengeance de cette injure, il ne seroit plus après cela reçu à s'en plaindre, parce qu'il seroit censé l'avoir remise. Mais il n'y a rien ici de semblable. Monsieur le Duc de Nevers a ramené Madame de Mazarin en France, comme il l'avoit menée en Italie, sans la participation de Monsieur de Mazarin : c'est plûtôt une continuation qu'une reparation de l'injure.

A l'égard de la seconde retraite, je vous ai déja fait connoître, MESSIEURS, que les choses ne se sont point passées de la maniere qu'on les a expliquées ; & que si le Roi fit reconduire Madame de Mazarin hors du Royaume, ce ne fut que pour satisfaire à sa parole & au desir de Madame de Mazarin ; de sorte que cela n'a ni effacé le crime de la femme, ni détruit le droit du mari.

Ne voyons-nous pas tous les jours des gens fugitifs & accusez de crime, paroître sur la foi d'un sauf-conduit qui leur est accordé, soit par leurs créanciers, ou par quelque arrest du Conseil ? Quand le terme du sauf-conduit est expiré, & qu'ils se sont retirez, ne reprendra-t-on point les poursuites contre eux comme auparavant, sans qu'ils soient reputez pour cela moins coupables ?

Aussi Madame de Mazarin a été si peu persuadée elle-même qu'elle fût innocente, ou que la permission que le Roi lui avoit accordée de repasser en Italie, la mît à couvert des poursuites de Monsieur de Mazarin, & du droit qu'il avoit de la reprendre, que quand elle repassa depuis en France avec Madame la Connétable sa sœur, elle n'osa y demeurer que déguisée : & même ayant sçu que Monsieur de Mazarin, qui avoit eu quelque avis de son arrivée, la faisoit chercher, elle se retira en diligence en Savoye, d'où elle passa en Angleterre.

Il faut donc retrancher toutes ces mauvaises défenses ; mais (je le repete encore une fois) que sert-il d'entrer dans cette discussion qui ne peut être que desavantageuse à Madame de Mazarin, puisque ma partie veut bien lui pardonner tout le passé, pourvû qu'elle revienne presentement avec lui ; quelle raison peut-elle avoir pour le refuser ? Je veux que son enlevement, ses voyages, son long séjour dans les pays étrangers, la conduite qu'elle y a tenuë ; je veux, dis-je, que tout cela soit couvert ; ou même que cela ait été innocent ; mais le refus qu'elle fait de revenir en France & avec Monsieur de Mazarin peut-il être excusé ? Son opiniâtreté peut-elle être regardée autrement que comme une nouvelle injure & un nouveau crime ? Monsieur de Mazarin n'est-il pas toûjours son mari ? Est-elle passée
sous

sous une autre autorité que la sienne ? L'Eglise & les loix de l'Etat le lui ont donné pour époux, & lui commandent de vivre avec lui, & de lui obéïr : quelle autre puissance l'en a dispensée ?

Quand il seroit vrai que le Roi lui auroit permis, ou ordonné même de se retirer pour quelque tems en Italie chez ses parens, ne seroit-ce pas abuser évidemment de cette permission que de l'étendre à un aussi long sejour que celui qu'elle a fait dans les pays étrangers, & de s'en faire un prétexte pour le continuer encore? Pourroit-elle prétendre que l'intention de ce Prince si religieux, si zelé pour la discipline, ait été de la separer pour toûjours d'avec son mari ? & n'a-t-il pas même témoigné assez ouvertement le contraire, quand, indigné de l'opiniâtreté de Madame de Mazarin, il lui a retranché la pension de 24000. liv. qu'il lui avoit fait payer pendant les deux premieres années de son absence ?

Enfin, quelqu'un oseroit-il soûtenir, qu'en permettant à Madame de Mazarin d'aller en Italie, il lui eût donné la permission de demeurer chez ses ennemis, dans la cour d'un usurpateur; dans un pays heretique; l'objet du courroux du ciel, & de la haine des hommes ?

Il faut donc qu'il demeure pour constant

que

que Madame de Mazarin n'a aucune excuse : Que sa fuite, son séjour pendant vingt-deux ans dans les pays étrangers, le refus qu'elle fait encore de revenir, sont autant de contraventions à ses devoirs & aux engagemens qu'elle a pris par son mariage ; que la privation de sa dot & de ses conventions en est la peine naturelle & legitime ; que vous lui ferez grace en lui accordant un délai pour éviter cette peine ; & que si elle manque dans ce délai, d'obéïr à vôtre arrest, vous ne pouvez punir trop sévérement ses fautes passées & sa contumace présente.

Passons à l'examen de ce que l'on a dit pour appuyer ses demandes incidentes, & commençons par celle de 100000. livres pour le payement de ses prétenduës dettes.

Je ne repeterai rien, Messieurs, des moyens que j'ai eu l'honneur de vous expliquer contre cette demande.

J'y ajoûterai seulement un arrest du Parlement du 23. Mars 1672. raporté dans la seconde partie du journal du palais, qui a debouté une femme d'une pareille demande dans une espece beaucoup plus favorable pour elle, que n'est celle de cette cause.

Françoise Frettier avoit quitté son mari ndant la poursuite d'un appel comme d'abus,

bus, qu'elle avoit interjetté de la celebration de son mariage, & qui n'étoit pas sans fondement, car elle avoit été mariée avant l'âge de douze ans. Elle contracta pendant cette absence pour 5000. livres seulement de dettes necessaires pour sa subsistance. Après qu'elle eut perdu son procès sur l'appel comme d'abus, elle demanda que son mari fût tenu de payer ces menuës dettes : elle se fondoit sur l'obligation où il étoit de lui fournir ses alimens, sur la cause & la faveur de ces dettes, contractées pour sa subsistance ; sur la necessité où elle s'étoit trouvée de quitter son mari, parce qu'en demeurant avec lui elle auroit ratifié son mariage.

Monsieur de Maupeou, qui depuis a été Avocat general, plaida pour le mari, & fit voir qu'il ne devoit les alimens à sa femme que pendant qu'elle demeureroit avec lui, & que l'obligation de la nourrir étoit attachée à cette demeure actuelle ; son plaidoyé est rapporté dans le journal : sur cela intervint l'arrest qui debouta la femme & ses creanciers de leurs demandes.

A combien plus forte raison cela doit-il avoir lieu contre une femme qui s'est absentée de sa maison & même du royaume sans aucune necessité, par un pur caprice, & à l'égard des dettes qui ne pourroient avoir été contractées que pour des dépenses entierement superfluës ?

On vous a dit, MESSIEURS, que tout cela seroit bon si l'on avoit affaire à des créanciers sujets à nos coûtumes, au lieu que nous avons affaire à des Anglois, dont les loix sont differentes des nôtres, & qui exigeront par violence ce qu'ils ne pourroient obtenir par justice. On a exageré sur cela d'une maniere pathetique le peril où l'on prétend qu'est la vie de la partie adverse, comme si l'on pratiquoit en Angleterre cette ancienne loi, qui permettoit aux créanciers d'un debiteur insolvable, de le déchirer par morceaux, & l'on vous a représenté Madame de Mazarin comme une personne qui attend à tous momens l'heure de son martyre.

Mais comment accorder cette peinture tragique avec ce que nous voyons clairement, qu'il n'a tenu qu'à Madame de Mazarin de passer en France, dans le tems qu'un si grand nombre de naturels Anglois, dont la plûpart avoient sans doute des dettes plus effectives que les siennes, y sont passés sans aucun empêchement ? Comment l'accorder avec ce que je vous ai remarqué, qu'il n'y a encore eu jusques ici aucune procedure, aucun obstacle formé par ses créanciers pour empêcher sa sortie ?

Tout

Tout le monde ne sçait-il pas même que bien-loin que Madame de Mazarin soit arrêtée dans Londres, elle a eu besoin d'une autorité superieure pour s'y faire souffrir? Si sa vie y étoit en peril, comme elle le dit; si elle y étoit exposée au martyre, auroit-elle eu recours à ces moyens pour obtenir la liberté d'y demeurer? Prefereroit-elle encore ce séjour à la maison de son mari, à moins qu'un beau zele ne lui fit rechercher cette glorieuse palme, & ne lui eût fait concevoir une sainte ambition d'être immolée par cette nation farouche, afin d'avoir au moins cela de commun avec cette fille que la France reconnoît pour sa liberatrice?

Mais il ne faut rien craindre de semblable de Madame de Mazarin : une femme qui trouve mauvais que son mari employe quelque partie de son bien en œuvres pieuses, ne prodiguera jamais son sang pour la religion; & il faut qu'elle soit dans une grande sureté en Angleterre, puis qu'avant que de se résoude à en sortir, elle veut faire sa composition sur l'habitation, & sur la pension qu'elle demande qu'on lui donne en France.

Aussi, MESSIEURS, vous ai-je fait voir clairement que ces prétenduës dettes ne sont qu'une illusion, & un prétexte inventé par son conseil de Paris, pour excuser son opiniâtreté. Je n'en repeterai point les moyens. Je répondrai seulement aux lettres qu'on a lûës en la derniere audience pour prouver la verité de ces dettes.

Ce sont, dit-on, des lettres écrites naturellement & sans étude, c'est le cœur qui s'y explique : par consequent on ne peut douter de la verité de ce que Madame de Mazarin y dit, qu'elle a des créanciers qui l'importunent, & dont elle craint les poursuites.

Premierement ces lettres ne sont point reconnuës.

Mais quand nous les supposerions veritables, serions-nous obligés de croire Madame de Mazarin ? Suffiroit-il pour lui faire donner 100000. francs, qu'elle eût écrit qu'elle doit cette somme, & qu'elle en a besoin ?

D'ailleurs, je supplie le Conseil de remarquer que ces lettres n'expliquent point quelle est la somme que doit Madame de Mazarin. Cependant si Madame la Duchesse de Nevers avoit quelque autre lettre plus précise où cette somme fût marquée, elle n'auroit sans doute pas manqué de la montrer. C'est donc Monsieur, ou Madame de Nevers ; ou celui qui a dressé les défenses, qui ont taxé d'office Monsieur de Mazarin à cette somme de 100000. livres.

Mais je vous demande, d'où avez-vous
appris

appris que ces dettes montent à 100000. l. puisque vous avoüés que vous n'avés aucuns memoires ni aucunes instructions de Madame de Mazarin, que ces lettres qui ne s'en expliquent point ? C'est donc au hazard que vous demandés cette somme ; & vous croyés que sur cela les Juges ordonneront que Monsieur de Mazarin payera 100000. livres, & qu'ils rendront un jugement au hazard, comme vous avés formé vôtre demande ?

Enfin, il est même évident que le fait de ces dettes a été inventé à Paris, & que Madame de Mazarin n'en a parlé dans ces lettres que sur ce qu'on lui a mandé qu'il falloit qu'elle écrivît en ces termes. Vous allés voir cette verité plus claire que le jour par deux ou trois circonstances,

La premiere est, que dans la plus ancienne de ces trois lettres, qui est du 15. d'Octobre dernier, Madame de Mazarin écrit à Madame de Nevers en ces termes : « Je vous envoye le certificat que vous m'avez demandé : cette lettre n'est précédée d'aucune autre. Il paroît donc par-là que c'est Madame de Nevers qui a demandé à Madame de Mazarin ce certificat, & qu'elle le lui avoit demandé avant que Madame de Mazarin lui eût parlé de ses dettes, ni de la difficulté qu'elle auroit à sortir de Londres sans les payer ; par consequent il est évident que le
fait

fait de ces prétenduës dettes, & de la détention de Madame de Mazarin, est un fait inventé à Paris sans la participation de Madame de Mazarin.

Le stile même dont ces lettres sont écrites, & que vous voulez faire trouver si naturel, ne l'est point du tout, & fait encore une preuve qu'elles ont été écrites de commande. Quand Madame de Mazarin écrit naturellement, & que c'est son cœur qui parle, elle écrit incomparablement mieux que ces lettres ne le sont, sur tout s'il étoit vrai qu'elle fût dans l'état qui y est marqué: le peril & le besoin joints avec son éloquence naturelle, l'auroient fait écrire d'une maniere beaucoup plus vive & plus touchante que celle qui se voit dans ces lettres.

Quelle apparence encore, qu'écrivant d'un pays où elle a été témoin de si grandes revolutions, & où il faut qu'il lui soit arrivé à elle en particulier, beaucoup d'évenemens singuliers, dont elle pouvoit croire que Madame de Nevers qui a tant de bonté pour elle, seroit bien-aise d'être instruite ; quelle apparence, dis-je, qu'elle n'eût rien écrit de toutes ces choses : pas même un seul mot de Monsieur de Mazarin, ni des sentimens qu'elle a pour lui ? Elle ne parle uniquement que de ses créanciers, parce qu'on ne lui avoit conseillé de ne parler que de cela dans ces lettres faites exprès, qui étoient sans doute accompagnées de quelque autre plus instructive; & elle en parle même si legerement, qu'il faudroit s'aveugler pour ne pas connoître que cela n'est point serieux.

Vous voyés donc, Messieurs, qu'il n'y eut jamais de demande formée plus temerairement, & avec moins de froideur que celle des 100000. livres.

Passons à l'autre demande, qui regarde la permission de demeurer dans un convent.

Vous sçavés, Messieurs, que cette permission ne s'accorde jamais que pour des causes très-graves; le caprice d'une femme, ou le dégoût qu'elle peut avoir conçu contre son mari, ne sont pas des raisons suffisantes pour rompre la societé à laquelle le mariage les engage l'un & l'autre; il faut qu'il y ait des mauvais traitemens, qui par leurs excès meritent le nom de sevices dont on les qualifie ordinairement. Prouve-t-on ici quelques faits de cette qualité ? On n'en allegue même pas.

On vous a dit pour toute raison, que Madame de Mazarin ne peut retourner en la maison de son mari, parce que les choses ne sont pas en cet état : Quel langage est-ce là ? Qu'entendez-vous par ce discours? Que faut-il, pour mettre les choses en état
qu'une

qu'une femme puisse & doive retourner avec son mari, sinon qu'il y ait entr'eux un mariage valable, que le mari veüille bien la recevoir, & que la femme n'ait point été maltraitée? Tout cela se rencontre ici.

Madame de Mazarin, dit-on, y a de la repugnance; car voilà tout ce que l'on peut dire de plus fort sur ce sujet.

Mais premierement, qui vous a dit qu'elle y a de la repugnance? Avez-vous une procuration d'elle pour cela? Point du tout. Vous n'avez pas seulement de memoires de sa part; ses lettres mêmes n'en disent rien. C'est donc Monsieur & Madame de Nevers, qui parce qu'ils n'aiment pas Monsieur de Mazarin, présument que Madame de Mazarin ne doit pas vouloir demeurer avec lui, & qui demandent de leur chef qu'on la separe de son mari.

Et moi je vous dis au contraire, que ne paroissant ni procuration ni memoires de Madame de Mazarin, qui fassent connoître cette repugnance & cette aversion que vous lui attribuez de vôtre autorité, on doit présumer qu'elle n'en a point, parce que l'on doit toûjours croire qu'une personne souhaite, & fait ce qui est de son devoir, tant que le contraire ne paroît pas.

Mais quand il seroit vrai que Madame de Mazarin auroit quelque repugnance à retourner

tourner avec Monsieur de Mazarin, seroit-ce une raison pour l'en dispenser & pour la separer d'avec lui ? Si l'on separoit toutes les personnes mariées dont l'une a conçu quelque dégoût pour l'autre, combien verrions-nous éclorre de divorces? Y a t-il des gens assez parfaits, assez formez l'un pour l'autre, & assez heureux, pour ne se donner reciproquement aucun chagrin dans une societé si étroite ? Cet état d'impossiblité n'est pas fait pour cette vie, & je ne sai même s'il est permis de l'y souhaiter. On ne doit donc pas écouter ces petites délicatesses, quand il n'y a point de raisons essentielles de separation : principalement dans la bouche d'une femme qui a vêcu avec son mari pendant six années dans une parfaite union : qui a eu de lui pendant ce tems quatre enfans, qui sont tout ensemble les gages de leur amour mutuel, & les preuves vivantes de son inconstance.

Mais, dit-on, Monsieur de Mazarin a trois grands défauts ; (on ne l'a pas dit en cet endroit, mais cela a été répandu dans tout le plaidoyé de la partie adverse) Il est jaloux ; il est devot, & scrupuleux par excès ; il est dissipateur ; il consume, dit-on, plus de bien en aumônes, qu'un autre n'en consumeroit par ses débauches.

Voyons s'il y a quelqu'un de ces défauts

qui puisse fonder la demande de Madame de Mazarin.

Premierement pour la jalousie, si elle étoit veritable, elle ne seroit qu'obligeante ; & quand ses effets seroient incommodes, on devroit les excuser en faveur du principe qui la produit, tant qu'ils ne passent point jusqu'à l'emportement & à la violence.

Mais quelles marques de jalousie avez-vous reconnuës en Monsieur de Mazarin ? Vous n'en sauriez citer aucune. Et comment pouvez-vous accuser de cette foiblesse un homme qui ne soupçonne point encore aujourd'hui vôtre vertu, & qui offre de vous recevoir, après tous les sujets de soupçon que l'imprudence de vôtre conduite lui a donnez ? Pouvez-vous même craindre qu'il soit jamais jaloux, après les épreuves ausquelles vous avez mis la bonne opinion qu'il avoit de vous, sans qu'elles l'ayent diminuée ?

A l'égard de la devotion, c'est un défaut trop beau pour nous en défendre ; mais peut-il fonder la demande de Madame de Mazarin ? Si l'Apôtre ne permet pas à une femme fidele de quitter un mari infidele, tant les devoirs de cette societé sont sacrés, comment pourroit-on permettre à Madame de Mazarin de quitter son mari, parce qu'il est exact, & exact aux devoirs de sa religion ?

gion ? sur tout après ce que Maître Sachot vous a dit, MESSIEURS, que Monsieur de Mazarin étoit devot dès le tems de son mariage. Elle l'a épousé devot, j'ajouterai même qu'elle l'a aimé devot, pourquoi ne le gardera-t-elle pas devot ? Et s'il est permis d'appliquer à cette qualité dans laquelle consiste la perfection d'un chrétien, ce qui a été dit touchant les vices effectifs des choses qui sont dans le commerce, ne pourroit-on pas opposer avec justice à Madame de Mazarin ce brocard vulgaire ; *prudens emisti vitiosum, dicta tibi est lex* ?

Madame de Mazarin n'aura même peut-être pas tant de peine qu'elle se l'imagine à s'accommoder à la maniere de vivre de Monsieur de Mazarin. Elle a en elle plus de principes de devotion qu'elle ne croit ; il est bien difficile qu'une dame formée du même sang qui a donné à l'Angleterre cette grande Reine, & à la France cette vertueuse Princesse, dont tous les siecles revèreront la sainteté (1), n'ait au dedans de soi quelque étincelle de ce feu sacré qui les a embrasées, & quelque rayon des vives lumieres de la foi dont elles ont été pénetrées.

Aussi voyez-vous, MESSIEURS, par ses défenses, qu'elle craint pour son salut : cette crainte

___
(1) Feuë Madame la | Princesse de Conti.

crainte est le commencement de la sagesse. Elle demande à se retirer en tel monastere que vous lui voudrez assigner. Il y a donc apparence qu'elle se sent plus de disposition qu'elle n'en avoit autrefois à vivre de la maniere dont on le doit faire dans ces maisons. Et cela étant, pourquoi ne s'accoûtumeroit-elle pas à celle de Monsieur de Mazarin ? Rien ne ressemble mieux à un convent, pour la regularité, que sa maison. Toute la difference est, que dans un convent elle seroit hors de l'ordre où la providence l'a placée ; au lieu qu'étant chez son mari, elle accomplira cet ordre ; & quand elle y sentiroit dans les commencemens quelque repugnance, elle s'accoûtumera en peu de tems à ce joug qui n'a que de la douceur pour ceux qui s'y sont une fois soûmis : & il arrivera ce que dit l'Apôtre au même endroit, que le mari fidele sanctifiera la femme infidele.

Passons aux prétenduës dissipations.

Premierement, comment Madame de Mazarin ose-t-elle accuser M. de Mazarin de dissipation ? Elle qui vous dit qu'elle n'a pû subsister seule, sans équipage, avec 20000. écus de pension qu'elle a toûjours reçus du Roi d'Angleterre ; elle qui a emporté & dissipé pour cent mille écus de pierreries & de meubles précieux, & qui pré-

prétend outre cela s'être encore endettée; elle enfin de qui l'on fait qu'un des divertissemens ordinaires de sa jeunesse, étoit de jetter à poignées des sacs d'or par les fenêtres du palais Mazarin, pour avoir le plaisir de faire battre le menu peuple.

N'a-t-elle pas bonne grace encore à demander compte à ma partie de la maniere dont il a gouverné leur fortune & leur maison, après qu'elle en a entierement abandonné le soin? Si Monsieur de Mazarin avoit voulu, à son exemple, quitter sa maison, & aller faire à Venise ou ailleurs ce qu'elle faisoit à Londres, que seroit devenuë leur famille & leur fortune? C'est donc une chose ridicule de faire paroître Madame de Mazarin, après toutes ses courses, demandant à Monsieur de Mazarin le même compte que ce pere de famille de l'évangile demandoit au retour de ses voyages à ses serviteurs, des talens qu'il leur avoit laissez en partant pour les faire profiter. Et s'il étoit vrai qu'il y eût eu quelque dissipation pendant l'absence de Madame de Mazarin, n'en seroit-elle pas autant & plus coupable par sa fuite, que Monsieur de Mazarin par son administration?

Secondement, quelles sont les dissipations dont on accuse Monsieur de Mazarin?

tin ? Il est, dit-on, prodigue dans ses aumônes. Accordez-vous avec l'évangile, qui dit que donner l'aumône, c'est amasser un trésor.

Je ne ferai point même de difficulté de dire que les biens de Monsieur le Cardinal étoient d'une qualité qui demandoit un peu de ce que vous appellés dissipation.

Il en est de ces fortunes immenses comme des corps trop pleins de sang, qui seroient accablés de leur propre santé, si l'on ne les soulageoit par quelques saignées. Elles ressemblent aux fleuves dont les eaux ne veulent pas être renfermées, & ne se purifient qu'en coulant & en se répandant en differens lieux ; elles se corromproient, ou même elles romproient leurs digues, & se perdroient entierement si l'on vouloit les tenir trop resserrées. Il faut que celui qui a le gouvernement de ces grandes fortunes imite la prudence & la resolution des pilotes, qui jettent dans la mer une partie de leurs marchandises afin de sauver le reste. Dissiper de la sorte, ce n'est pas détruire, c'est édifier.

En troisiéme lieu, quel rapport ont ces faits de dissipation avec nôtre cause ? Cela seroit bon si vous aviez, MESSIEURS, à prononcer sur une demande en separation de biens ; mais ne s'agissant que de savoir si

Ma-

Madame de Mazarin doit retourner chés son mari, quand il y auroit de la dissipation, seroit-ce une raison pour la dispenser de demeurer avec lui ? Au contraire, ce seroit ce qui l'y engageroit d'avantage, afin d'aider Monsieur de Mazarin de ses soins & de ses conseils, de veiller sur sa conduite, & de travailler conjointement avec lui à la conservation de leurs biens.

Enfin, il n'est même pas veritable que Monsieur de Mazarin ait fait aucune dissipation des biens qui lui ont été donnés par Monsieur le Cardinal. Au contraire il les a liberés ; il les a augmentés, aux dépens même de son propre patrimoine.

Quoique ces faits soient entierement étrangers, & que Monsieur de Mazarin pût se dispenser d'y entrer, sans nuire à sa cause ; il a interêt, puisqu'il a été calomnié devant vous, Messieurs, de se justifier aussi devant vous.

Premierement, Monsieur de Mazarin a-t-il aliené un seul des effets venus de Monsieur le Cardinal ? Je vous interpelle de le déclarer, & je vous défie d'en nommer un seul ; il en a eu des terres ; des Gouvernemens ; des droits sur le Roi : tout cela est encore en nature ; ou il les possede, ou il les a donnés en mariage à ses enfans. En quoi faites-vous donc consister cette dissipation de vos biens ? Vous a-t-il fait obligé à quelques dettes ? Point du tout. Comment donc avés-vous pû craindre la pauvreté pour vous, & pour vos enfans, au milieu de tous ces grands biens, & ne devant pas un sol ?

Suivons cet examen. Monsieur de Mazarin a touché, je l'avouë, 1,200000. liv. de deniers dotaux qu'il s'étoit obligé d'employer à l'acquisition d'une terre de dignité, à laquelle on donneroit le nom de Mazarin. Y a-t-il satisfait ? Il a acheté pour cela le Duché de Retel, non pas 1200000. livres seulement, mais deux millions deux cens mille livres. Il est vrai que pour achever ce prix, il a emprunté de Monsieur de Nevers quatre cens mille livres, dont il lui paye la rente au denier vingt; mais il reste encore six cens mille livres qu'il a fournis de ses deniers.

A l'égard des meubles, des pierreries, des statuës, des tableaux : tout cela est encore existant, à la reserve de ce que Madame de Mazarin en a emporté. Ma partie n'en a pas vendu pour un sol. (1)

Il

---

(1) M. Sachot ayant interrompu M. Erard en cet endroit, pour dire que les statuës n'é- toient pas entieres, M. Erard lui repartit en ces termes: Voilà une interruption faite bien à

Il est vrai que Monsieur de Mazarin n'a pas été aussi bon ménager de son propre patrimoine ; il a vendu sa charge de grand-Maître de l'artillerie & les Gouvernemens qu'il avoit eus de Monsieur le Maréchal de la Meilleraye son pere. Mais outre que cela n'interesse point Madame de Mazarin, pourquoi les a-t-il vendus ? ç'a été pour acquitter une partie du prix du Duché de Rethel, & pour payer quinze cens mille livres de reparations des divers benefices de Monsieur le Cardinal, à quoi il a été condamné.

N'est-il pas étrange après cela que l'on se donne la liberté de publier dans le monde, & de dire devant vous, MESSIEURS, que Monsieur de Mazarin ruine sa femme & ses enfans, & qu'il a dissipé cinq millions ? Voulez-vous savoir, MESSIEURS, ce que c'est que ces cinq millions ? Nous les mettrons, si l'on veut, presentement sur vôtre bureau : c'est pour cinq millions de billets de l'épargne & de dettes inexigibles, dont on n'a pas reçu un sol, & dont nous ferons bon marché à quiconque voudra les acheter.

Voilà, propos; est-ce pour cela que vôtre partie a quitté le palais Mazarin, & qu'elle refuse d'y revenir ? Prétendés-vous excuser par-là son évasion ?

Voilà, Messieurs, ce dissipateur ; ce mauvais mari ; il vend son patrimoine ; mais il en employe le prix à liberer, & à augmenter les propres de sa femme : il fait des aumônes ; mais il les fait de ses revenus, & de ce que sa modestie & sa frugalité retranchent sur la superfluité du luxe ordinaire des personnes de sa qualité.

Vous voyés donc, Messieurs, que de tous les moyens dont on s'est servi pour autoriser les demandes de Madame de Mazarin, il n'y en a aucun qui ait le moindre fondement.

Que l'on ne dise point qu'il y a trop long-tems qu'ils sont absens l'un de l'autre pour les rejoindre tout d'un coup. C'est au contraire, parce qu'il y a trop long-tems qu'ils sont separés, qu'on ne peut les remettre ensemble trop promptement. Il est tems que leur réünion fasse cesser le scandale qu'a causé leur divorce, & qu'elle impose silence à la médisance. Il faut effacer jusques aux moindres vestiges de cette funeste division. La retraite de Madame de Mazarin dans un convent seroit encore un reste de guerre, & ce seroit même la semence d'une nouvelle. On ne manqueroit pas, comme vous voyés, Messieurs, qu'on nous en menace déja, de conseiller à Madame de Mazarin de de renouveller son ancienne demande en séparation de biens, toute injuste & toute abandonnée qu'elle est, dans la seule vûë d'en faire un prétexte pour éloigner leur réünion; au lieu qu'en obligeant dès-à-présent Madame de Mazarin de retourner avec son mari, vous effacerez la memoire de tous leurs differends passés, & vous préviendrés ceux qui pourroient renaître.

On s'est fait un dernier moyen du nombre, de la qualité & du merite des personnes qui sollicitent pour la défense de Madame de Mazarin. Je demeure d'accord que vous avés dans vôtre parti tous les avantages de la nature & de la fortune, les grandeurs, le credit, la faveur, les graces, l'éloquence même, tout est pour vous, hors la loi : Monsieur de Mazarin n'a pour lui que son bon droit, soûtenu de ma foible voix, & des soins obligeans d'un ami qui veut bien agir pour lui dans son absence ; non par un esprit d'interêt, comme vous l'avés dit sur de mauvais memoires, mais gratuitement, par un principe d'amitié, fondée sur la parenté dont il a l'honneur d'être lié avec Monsieur de Mazarin, & sur la reconnoissance des faveurs & des marques d'estime qu'il reçoit de lui depuis un grand nombre d'années.

Mais

Mais vous ne deviés pas pour cela insulter à nôtre solitude & à nôtre foiblesse ; je vous déclare que tous ces avantages étrangers ne nous donnent aucune crainte devant des Juges dont l'integrité nous est connuë ; qui ne péseront assurément que vos raisons, sans compter les suffrages ni les sollicitations de vos amis.

Je dirai même hardiment, que quoique toutes ces personnes illustres ayent cru, par un effet sans doute de leur generosité, devoir venir au secours d'une absente & du parti le plus foible, il n'est pas possible qu'elles approuvent la conduite de Madame de Mazarin, ni qu'elles veüillent sérieusement empêcher sa réünion avec Monsieur de Mazarin.

En effet, MESSIEURS, il est public que tous les parens de Madame de Mazarin prirent parti contre elle après son évasion, qu'ils se joignirent à Monsieur de Mazarin, pour poursuivre le procès criminel, & que même ils signerent tous un acte, par lequel ils prioient Monsieur le Connétable de ne la point recevoir, afin de l'obliger à revenir avec son mari : Madame de Mazarin le dit ainsi dans ses memoires. Que s'est-il passé depuis ce tems-là qui pût donner aujourd'hui à ces mêmes parens ou à leurs enfans, des sentimens si differens de ceux-là ;

Il est vrai qu'à l'égard de Madame la Duchesse de Nevers, elle n'étoit pas alors de la famille ; mais la sage conduite de cette Dame peut-elle laisser le moindre lieu de douter du jugement qu'elle fait dans son cœur, de celle de Madame de Mazarin, quoique des raisons de famille l'obligent à paroître ici pour appuyer ses interêts? Plût au ciel! que Madame de Mazarin, au lieu d'implorer son secours, voulût profiter de ses exemples, & imiter, je ne dis pas toute sa vertu, mais une partie seulement de sa regularité, de sa douceur, de sa complaisance pour les volontés de Monsieur son époux. Ce seroit bien plus qu'il n'en faudroit pour rétablir la concorde entre elle & Monsieur de Mazarin, & pour le rendre parfaitement heureux.

Je ne vois donc pas, MESSIEURS, qu'il y ait rien dans tout ce qui vous a été plaidé, qui puisse vous faire trouver la moindre difficulté à rendre à Monsieur de Mazarin la justice qu'il vous demande. Il l'attend de vous aussi entiere qu'il étoit prêt, comme vous l'avés vû, de la recevoir de Messieurs de la grand'Chambre, lorsqu'ils en furent empêchés par la fuite de Madame de Mazarin : & il a grande raison de l'attendre de la sorte, puisque la conduite que la partie adverse a tenuë depuis ce tems, ne rend ni sa cause meilleure, ni sa condition plus favorable.

Il ne craint pas que dans une cause de cette importance, vous preniés pour regles de vôtre jugement, les répugnances mal fondées que l'on attribuë, peut-être faussement, à Madame de Mazarin. Il n'est pas question de consulter le penchant de la partie adverse, mais d'examiner, & de lui ordonner ce qui est de son devoir.

C'est ici une affaire toute publique, où vous devés, MESSIEURS, considerer l'interêt de la discipline autant & davantage que celui des parties qui plaident. Vous avés à décider, non pas simplement entre Monsieur & Madame de Mazarin, de leurs interêts particuliers, mais entre l'honnêteté publique d'un côté, & l'inclination de Madame de Mazarin de l'autre. C'est à vous de voir si vous voulés sacrifier la premiere, aux vaines délicatesses de la derniere; ou pour mieux dire, à ses erreurs & à ses caprices.

Vôtre arrest est attendu dans le public comme un exemple mémorable qui maintiendra la discipline & les droits du mariage, ou qui autorisera le relâchement & la licence : qui rompra les barrieres, & qui ouvrira le champ à une infinité de femmes mondaines & emportées, ou qui les retiendra dans leur devoir. Vous

Vous ne souffrirez pas sans doute, Messieurs, qu'on puisse dire dans l'avenir, que sous le regne où nous vivons, vous avés introduit cette pernicieuse maxime, que la devotion d'un mari ; que sa regularité ; que son humeur liberale envers les pauvres, mais sans prodigalité, fournissent à sa femme une raison suffisante pour le quitter ; il n'est pas possible que dans un tems où nous voyons la pieté assise sur le trône de nos Rois, elle soit maltraitée jusqu'à ce point dans l'un des plus saints & des plus augustes tribunaux de leur justice, où elle a toûjours trouvé jusques ici une entiere protection.

EXTRAIT

EXTRAIT
de l'Arrest.

ENTRE Messire Armand-Charles, Duc de Mazarin, de la Meilleraye, & de Mayenne, Pair de France, demandeur, &c. & défendeur, d'une part; Et Dame Hortence Mancini, Duchesse de Mazarin, son épouse, défenderesse, & incidemment demanderesse, &c. d'autre part. Après qu'Erard pour le Duc de Mazarin, Sachot pour la Duchesse de Mazarin, & Benoist pour le Procureur General du Roi, ont été oüis pendant six audiences. LE CONSEIL, avant faire droit sur la requête du Duc de Mazarin, ordonne que la Duchesse de Mazarin se retirera dans trois mois dans le convent des filles de Sainte Marie de Chaillot, pour six mois après retourner dans la maison du Duc de Mazarin; Et avant faire droit sur le surplus de la requête de la Duchesse de Mazarin, ordonne qu'elle donnera l'état des sommes par elle dûës, dans un mois, pour ledit état accordé ou contesté par le Duc de Mazarin, être ordonné par le Conseil ce qu'il appartiendra.

Il y a eu dans la cause de Monsieur & Madame de Mazarin, plusieurs pieces imprimées pour l'un & pour l'autre, mais comme hors le plaidoyé de M. Erard, & la réponse de Monsieur de Saint-Evremond, qui est dans le tome cinquiéme de cette édition, page 202. le reste sont des factums imprimez dans le tems du procés, on n'a pas jugé à propos de les mettre dans ce recüeil. Outre que la plûpart sont mal écrits, & de mauvais françois : joint à cela que ce sont des apologies, des repliques, & autres procedures pleines d'invectives & de discussions ennuïeuses, qui ne font aucun plaisir aux personnes judicieuses & de bon goût.

LETTRE
DE M. ERARD
A M. LE DUC
DE CAROUSSE,
Au sujet du plaidoyé ci-dessus.

JE vous suis très-obligé, Monsieur, de l'avis que vous avez eu la bonté de me faire donner par Monsieur le Duc de Noirmoutier : mais j'attens plus que cela de l'amitié dont vous m'honorez, & j'espere qu'après m'avoir découvert le mal, vous voudrés bien y apporter le remede. Rien ne m'affligeroit davantage que de savoir que Madame la Duchesse de Boüillon ne fût pas contente de moi. Outre les raisons qui m'attachent à sa maison, j'ai toûjours eu pour elle un respect & une estime particuliere, qui se sont augmentés par les occasions que j'ai euës depuis un an d'avoir l'honneur de la voir : mais j'espere qu'elle ne me condamnera point ; & même qu'elle voudra bien elle-même me justifier auprès de Madame sa sœur, quand elle aura fait les refléxions
sui-

suivantes, que je vous supplie, Monsieur, de lui expliquer quand vous la verrés, & que vous arrangerés beaucoup mieux que moi.

Il n'y a que deux choses qui puissent donner sujet de se plaindre de moi ; la composition de la piece, ou l'impression : je ne croi point avoir peché dans l'un ni dans l'autre. Pour la composition, je ne croi pas qu'il y ait personne, qui étant obligé de défendre cette cause pour Monsieur de Mazarin contre Madame sa femme, eût pû y garder davantage de mesures, ni parler avec plus d'honnêteté. Madame la Duchesse de Boüillon sait que ce plaidoyé fut regardé de la sorte de tout le public, & même de toute la famille de Madame de Mazarin, qui honora cette cause de sa presence, & qu'ils furent très-contens de ma conduite. Il y avoit une necessité indispensable de chercher des foibles dans la dame, pour couvrir & excuser ceux du mari. La qualité de la cause demandoit cela : ainsi si j'avois dit quelque chose malgré moi qui la pût blesser, ce seroit la faute de l'affaire & de mon emploi, non pas la mienne. Que n'avois-je à défendre Madame de Mazarin ! je l'aurois fait avec bien plus de plaisir, & n'y aurois peut-être pas gardé tant de modération. Aussi son avocat en garda-t-il bien moins que moi : & ce ne fut qu'en défendant, & pour excuser la conduite de M. de Mazarin, que je fus quelquefois obligé de blâmer celle de Madame sa femme. Mais ce fut toûjours dans des termes respectueux, & avec tout le ménagement possible. Si j'avois eu en ce tems-là l'honneur d'appartenir à la maison de Boüillon, je n'aurois eu garde de me charger de cette cause : & sans cela même j'étois fort mal content de mon partage. Mais je n'avois pas à choisir, & je ne pouvois pas refuser mon ministere à M. de Mazarin, du conseil de qui j'avois l'honneur d'être.

A l'égard de l'impression, elle n'est pas nouvelle, & je n'en ai pas été l'auteur. Le plaidoyé fut imprimé aussi-tôt après qu'il eut été prononcé ; & il l'a été depuis jusqu'à quatre fois, avant le reciieil qui a paru depuis un an (1), sans que j'aye eu aucune part à toutes ces impressions. Le reciieil que l'on a donné au public, & où on l'a compris, est un amas de quelques-uns de mes plaidoyés, qui avoient déja été imprimés séparément, de même que celui-là, & qu'un libraire s'est avisé de compiler, sur une permission obtenuë en son nom. Et tout cela s'est fait, Monsieur, avant que j'eusse

_____
(1) C'est-à-dire en l'an 1694.

j'eusse l'honneur d'être attaché à la maison de Boüillon.

Voilà un compte exact de la verité des choses, après lequel j'espere que ni vous, Monsieur, ni Madame de Boüillon, ne trouverez point que je merite aucun blâme. Je la connois trop judicieuse, pour n'être pas satisfaite d'aussi bonnes raisons, quand vous aurés la bonté de les lui expliquer. Si elle avoit été à Paris au moment que Monsieur de Noirmoutier m'a fait l'honneur de m'en parler, je serois aussi-tôt couru chés elle, pour lui marquer sur cela mes sentimens.

Au reste, que ne persuade-t-elle à Madame sa sœur de revenir en France ? Pouvons-nous dire d'elle trop de mal, pendant qu'elle méprise ce pays, & qu'elle prive cette cour d'un de ses plus beaux ornemens ? Que n'a-t-il point été permis de dire & de faire, pour l'obliger de revenir : Il me semble que s'il y a quelque chose à me reprocher, c'est de n'en avoir pas assés dit, pour l'y obliger. C'auroit même été lui faire plaisir : elle ne peut avoir un meilleur moyen pour détruire tout ce qu'on pourroit dire contre elle. Elle est faite d'une maniere à avoir toûjours raison, par tout où elle sera; & à paroître toûjours avoir tort, où elle ne voudra point être.

Voilà

Voilà, Monsieur, une très-bonne cause comme vous le voyés : & je suis sûr que vous la défendrés bien, & que vous vous ferés un plaisir de rendre ce bon office à l'homme du monde qui vous revere le plus, & qui est avec plus de respect & d'attachement, Monsieur,

Vôtre, &c.

Fin du sixiéme Tome.

TABLE ALPHABETIQUE

DES MATIERES

Contenuës dans ce sixiéme Tome.

A.

ABondance : (dégoût de l') L'ame n'a pas assez de force pour la digerer. p. 53.

Abracadabra : remede contre la fievre quarte. p. 278.

Abracalan, remede pour guérir la fiévre quarte, en prononçant ce mot, &c. p. 278.

Academie des beaux esprits de Rome : quand est-ce qu'elle a commencé ? p. 281.

Academie de Rome : où est-ce qu'elle se tenoit ? p. 352.

Accommodement (l')de M. de Beaufort avec le Cardinal, l'a ruiné. p. 16.

Accord fait par le Roy, entre Monsieur & Madame Mazarin. p. 320.

Acte signé par les parens de Madame Mazarin, pour prier le Connêtable de ne la pas recevoir. p. 492.

Adages d'Erasme, marquent un grand sçavoir. p. 279.

Admirateurs : sottes gens : les faut avertir de rire. p. 126.

Adresse pour la conservation de la vie, demeure inutile à la mort. p. 51. 52.

Tome VI. Vu *Afflictions*

Afflictions, doivent porter l'homme à avoir recours à Dieu quand il les ressent. p. 5. 36.
Afflictions : rien ne les augmente si fort que la fierté & l'orgueil de ceux qui semblent les braver. p. 51.
Agamemnon déclamateur : ce qu'il promet dans une harangue. p. 69.
Agamemnon Roy, pere d'Iphigenie, qui devoit être sacrifiée à Diane, &c. p. 69.
Alabaster : son Epigramme. p. 261. 262.
Alauph : lieu où l'on faisoit quarantaine. p. 335.
Albigeois (les) approuvoient-ils le baptême des petits enfans ? p. 254.
Albon (*Jacques d'*) sa femme Marguerite de Lustrac, qui épousa en secondes nôces Godefroy de Caumont. p. 244.
Alexandre (*le Pere*) Jacobin, dit dans son Histoire Ecclesiastique, que la statuë de la Papesse ne subsistoit plus. p. 111.
Amadis consomma son mariage avec Oriamre aux eaux de Tunbridge. p. 140.
Amant (*Saint*) a fait une chambre de débauche dans le style de son siécle. p. 161. 162.
Ambition des peres pour élever leurs enfans dans le barreau & dans les charges de la Republique. p. 85.
Ammian - Marcellin, commmenté par M. de Valois. p. 184.
Amertumes s'adoucissent par une résignation à la Providence. p. 35. 36.
Ames fortes, agissent pour la satisfaction de leur conscience. p. 39.
Ame (l') des femmes, est aussi fardée que leur visage. p. 95.
Ame (l') qui se prépare à la résistance par la consideration du péril, en est moins ébranlée. p. 45.
Amelot (*Monsieur*) *de la Houssaye*, Auteur de la Traduction Françoise du Concile de Trente. p. 233.
Ami qui se donne pour exemple, en dit trop pour

être crû. p. 123.
Ami fidèle, fait le bonheur de celui qui le choisit. p. 122.
Amis du mort vont au tombeau, loüant la fidelité de la femme, &c. p. 105.
Amitié peut tirer des larmes legitimes de la mort d'un ami. p. 48.
Amitié : celle des familles, est celle qui naît dans la monde, p. 127 se relâche dans la suite. p. 129.
Amitié (*seconde espece d'*) se trouve entre le mari & la femme, vivant en bonne intelligence. p. 129.
Amiral : (*Grand*) le Duc de Beaufort l'étoit en l'année 1650. p. 3.
Amirauté (*l'*) a ruiné M. de Beaufort. p. 16.
Amirante : a fait le payement des services que M. de Beaufort a rendus. p. 4. 5.
Anacreon : ses Odes naïves, douces, & plus insinuantes que celles d'Horace. p. 149.
Anagramme sur Josias le Mercier, *Carior ex Musis*. p. 236.
Anglois : leurs loix differentes des nôtres. p. 4. 74.
Annales de Baronius : Blondel y a fait des notes. p. 187.
Annales d'Eutychius, jointes aux ouvrages de Selden. p. 228.
Anne d'Autriche, fille de Philippe II. Roy d'Espagne, femme de Loüis XIII. mere de Loüis XIV. p. 232. 233.
Animaux (*Histoire des*) faite par Aristote : ce qui en a été supprimé. p. 203.
Annales de Hainaut, parlent d'un Guy de Colomier, Evêque de Cambray. p. 177.
Anselme, Archevêque de Cantorbery, reçoit le Pallium d'Urbain II. p. 240.
Antitheses d'Agamemnon, déclamateur contre Iphigenie, loüées par ses auditeurs. p. 72.
Antitheses, & paradoxes, étoient la maniere d'écrire de Seneque. p. 148.

V u 2 *Anthologie*

TABLE

Anthologie traduite par Grotius avec les Epigrammes, &c. p. 214.

Antiquitez d'Auvergne par le Président Savaron. p. 240.

Antiquitez de Rosin, inserées dans les remarques sur Horace. p. 182.

Apellés enseignoit la peinture. p. 82.

Approbations, sont suivies par les censures. p. 43.

Apologie du Duc de Beaufort contre la cour, la noblesse & le peuple. p. 1.

Apollodore a écrit *de Diis Gentium.* p. 105.

Apologie de Casaubon par la Valterie. p. 222.

Apôtres S. Pierre & S. Paul : leurs corps emportez de Rome par les Sarrasins. p. 112.

Arcana Papatûs : Ouvrage posthume du Pere Paul. p. 195.

Attachement des femmes à donner de l'amour, & d'être aimées. p. 95.

Arrêt de la troisiéme Chambre, favorable à Madame Mazarin. p. 318. 319.

Arrêt qui permet à M. Mazarin de faire arrêter sa femme. p. 343.

Arrêt d'appointement signé par M. Mazarin, &c. p. 354.

Arrêt attendu comme un exemple mémorable. p. 494.

Aristote a eu peu de parfaits disciples. p. 146.

Aristote : les regles de sa Logique decreditées par l'auteur de l'art de penser. p. 17.

Aristote : ses qualitez occultes. p. 170.

Art (l') de penser : comment est-ce que l'auteur veut que les hommes conçoivent ? p. 179.

Arius Roy : tout est changé en Angleterre depuis son regne. p. 142.

Avis sur le Colomesiana. p. 183.

Audience (seconde) d'Erard contre Mad. Mazarin. p. 401.

Auguste parle dans Cinna. p. 150.

Ausone

DES MATIERES.

Ausone Consul Gaulois : son action de graces à l'Empereur, au sujet de son Consulat, &c. p. 167.
Auteurs déguisez, découverts. p. 245. 246. 247.
Auteurs : pour juger de leurs ouvrages, faut chercher des vûës certaines, &c. p. 146.
Auteurs des vies de divers Historiens, Theologiens, voyageurs, & autres personnes illustres, &c. p. 269. 270. 271. 272.
Autorité du sçavant dans la conversation, est fâcheuse, mais lui est acquise par l'âge, &c. p. 125.
Azelin, a mis en vers le traité *de la Cene du Seigneur*. p. 269.

B.

Bade (*la Princesse de*) conduit Madame Mazarin au Roy, qui lui permet de poursuivre sa separation de biens. p. 375.
Baillet : jugemens des sçavans. p. 186.
Balzac, est-il vrai modele de perfection pour les ouvrages d'esprit ? p. 147.
Barguigner : expression ordinaire du Duc de Beaufort. p. 13.
Barleus, Poëte de Hollande : ce qu'il dit de Charles-Quint, & de Philippes II. son fils. p. 243.
Barthius, jaloux d'une Dame, & en colere, la laissa noyer dans le Rhin. p. 189.
Barthius, Auteur du Livre qui a pour titre, *Adversaria*. p. 204.
Bassette établie dans Londres par Madame Mazarni, p. 410.
Bayard : (*Brother*) langage de M. de Beaufort. p. 5.
Batême des petits enfans : est-il d'institution divine ? p. 253. 254.
Bautru dit de bons mots : la Cour les suit. p. 126.
Bayle : ce qu'il dit sur Ausone dans son Dictionnaire. p. 167.

Bayle dit que l'histoire de la Papesse Jeanne est imaginaire. p. 252.

Beaufort (le Duc de) est appellé Mazarin sur le Pont-neuf, dans le Palais, &c. p. 4.

Beaufort (M. de) veut gagner le cœur & l'amitié de la noblesse, & ne le peut. p. 9.

Beaufort, sans faire peur ni mal aux troupes de S. Germain, ôte quatre-vingt mille liv. de rente à la Reine mere, & comment ? p. 17. 18.

Beauté des ouvrages d'esprit: de la vraye & de la fausse. p. 144.

Belleforest a traduit le Recueil des lettres aux Princes, de l'Italien en François. p. 237.

Bellinzani (Madame) a rendez-vous de M. Mazarin à la Croix de Nanterre, & pourquoy ? p. 307.

Bellinzani (Madame) accompagne Madame Mazarin jusqu'à Rome. p. 357.

Bethune : (M. de) M. de Beaufort lui écrit des lettres ridicules. p. 12.

Béze : ses Pseaumes en vers François. p. 247.

Bibliotheque de M. Harlay composée de beaucoup de Livres Latins, Grecs, Hebreux & Arabes. p. 190.

Bignon : (M.) comment il appelle dans ses notes sur Marculfe le Président Savaron : p. 239.

Blondel : sa continuation de la primauté en l'Eglise. p. 187.

Blondel Theologien Protestant, parle fort mal, & fait des fautes. p. 261.

Blondel (Moyse) Auteur du Livre intitulé, *Rome au secours de Geneve*. p. 249.

Blotius (Hugues) Bibliotecaire de l'Empereur, conserve un Dioscorde de 1300 ans. p. 190. 193.

Bochard, Theologien Protestant, s'étend trop à prouver des choses communes. p. 261.

Boileau par ses Satyres détruira les mechans Poëtes. p. 88.

Bonne chere (la) avec ses amis, est le remede contre le

DES MATIERES.

le chagrin secret. p. 55.

Bonnecourcy (*Jean de*) Cordelier: Assertion dans sa These contre le droit des Rois, fut banni du Royaume. p. 257. 258.

Bouchel (*Laurens*) compilateur des decrets de l'Eglise Gallicane. p. 257.

Bouhours (*le Pere*) Jesuite, a traduit en François, le Traité de la verité de la Religion chrétienne de Grotius. p. 239.

Bouhours, (*le P.*) Auteur des vies des Saints Ignace & François Xavier. p. 148.

Boüilland Mathematicien: sa dissertation Latine sur S. Benin de Dijon. p. 219. 220.

Boüillon (*Madame de*) accusée d'être grosse à six ans. p. 284.

Bourdeille (*Pierre de*) de Brantome, a fait un discours sur la vie de la Reine Marguerite. p. 273.

Braillardes attirent les Chevaliers errans pour les vanger. p. 143.

Brave du Connêtable arrive à Marseille, & loge dans le logis où la Connêtable & Madame Mazarin étoient logées. p. 363. 364.

Briole soutient un combat contre M. de Beaufort, p. 10. 11. lui arrache son épée comme un homme perdu. p. 11.

Brissac (*Madame de*): sa raillerie de l'accommodement de Madame Mazarin. p. 320.

Brocard vulgaire, opposé à Madame Mazarin. p. 483.

Brodeau (*Julien*) a écrit la vie de Charles Dumoulin, p. 69.

Brutus & Cassius s'embrassent avant la bataille, comme pour la derniere fois. p. 46.

Bruxelles: Madame Mazarin y veut aller avec sa sœur la Connêtable, & pourquoi? p. 327.

Bruyere (*la*) Auteur des caracteres: ce qu'il a dit des expressions metaphoriques. p. 155.

Buchanan: sa description d'une vieille. p. 161.

Cabale

C.

CAbale bigotte de M. Mazarin contre une jeune femme. p. 304. 305.

Candale (le Duc de) Auteur en partie de l'Apologie, ou Satire contre le Duc de Beaufort. n. p 1.

Candale, parent de Beaufort. p. 4.

Candale (le Duc de) soupant en compagnie chez Renard, le Duc de Beaufort mit le soupé en désordre. n. p. 6.

Candale (le Duc de) avoit aversion de l'estime que les courtisans recherchent avec ardeur. p. 42. 43.

Calamitez publiques: qui est-ce qui n'y est sensible, & qui les peut soutenir? p. 53.

Calvin: (Jean) sa devise. p. 230.

Calypso, n'a rien qui alarme la pudeur. p. 169.

Cappel (Jacques) Auteur de l'Assertion de Bonne-foi contre le Jésuite R. Sveidus. p. 207.

Caprice de l'homme le porte à juger par précipitation, pour ne paroître pas ignorant. p. 145.

Caraccioli, Evêque de Troyes en Champagne, se fit Protestant. p. 238.

Cardinal Mazarin: sa reconciliation avec M. de Beaufort, sincere & franche. p. 2.

Carignan (la Princesse de) mene Madame Mazarin à l'Hôtel de Soissons. p. 307.

Cartesien: (le) comment il se represente le systême ancien. p. 170.

Casaubon: ses lettres dans la Bibliotheque de Colvius à Dordrecht. p. 195.

Casaubon, Auteur du Livre *de libertate Ecclesiastica*. p. 206. 207.

Casaubon: sa pieté & sa doctrine. p. 222.

Casaubon est fait Bibliothecaire du Roy. p. 223.

Cassender (George): sa devise. p. 230.

Cassine près de Sedan: maison de M. Mazarin, p. 203.

Cassius

Cassius & Brutus, s'embrassent comme pour la derniere fois, avant la bataille. p. 46.
Cas qui privent la femme de ses conventions. p. 401.
Catherine mere de Henry II. chasse ceux qui étoient auprès de lui, & pourquoi ? p. 175.
Caton, après le service de la Republique, entretenoit les enfans. p. 58.
Catulle : quel terme ou épithete a-t-il donné aux Annales de Volusius ? p. 162.
Cavoy tire l'épée contre Courcelles qui l'attaque. p. 322. 323.
Celius frere de Clodia, reproché en plein Senat, & de quoi? p. 160.
Cesar fut égal en dignité à Pompée, & à Petrone. p. 160.
Certificat Anglois : que les créanciers de l'étranger peuvent retenir sa personne & ses biens. p. 424.
Chambery : Madame Mazarin y va, & y fait sa residence. p. 365.
Champfleury, Capitaine des Gardes du Cardinal Mazarin. n. p. 18.
Chagrin du Cardinal sur la liaison de la Connétable avec le Roy. p. 289.
Chaînes : M. de Beaufort les fait tendre dans Paris. p. 20.
Chanson sur *Alleluya*. p. 137.
Charenton embarassé à découvrir le dessein du voyage de la Demoiselle Pelissary. p. 137.
Chartre d'Angleterre (la grand) trouvée en original par le Chevalier Robert Cotton. p. 191.
Chastillon (l'*Amiral de*) Auteur de l'histoire des choses memorables de son tems. p. 239.
Chastre (M. de la) Colonel des Suisses, est du parti de M. de Beaufort. p. 13.
Chelles : (l'*Abbaye de*) Retraite proposée à Madame Mazarin : elle n'y veut pas aller. p. 312. 313.
Chevaliers errans attirez par les braillardes, pour les vanger.

xanger. p. 143.

Chevreau, Auteur du genie de Christine. p. 202.

Chevreuse, (*Madame de*) broüillée avec le Duc de Beaufort : pour quel sujet ? p. 3.

Chronologie Historiale des Archevêques de Roüen, parle de Pierre de Colomie, &c. p. 276.

Ciceron, parlant dans le Senat contre Pison, de quels termes se servoit-il ? p. 162.

Ciceron ne peut être préferé pour l'éloquence. p. 66.

Ciceron a eu peu de parfaits disciples. p. 146.

Ciceron, maître de l'éloquence. p. 89.

Ciceron : sa plaisanterie dans son oraison pour Calius. p. 160.

Cieux (*les*) ont assez de beauté pour satisfaire l'esprit de ceux qui les contemplent. p. 60.

Circé n'a rien qui alarme la pudeur. p. 169.

Civita-Vecchia : Madame la Connétable & Madame Mazarin y arrivent pour s'embarquer, & venir en France. p. 362. Elles arrivent à la Cieuta en Provence. p. 363.

Clermont (*le Comte de*) fait condamner sa femme à rentrer dans sa maison. p. 420. 421.

Clodia reprochée en plein Senat, & de quoi ? p. 160.

Coaquin, (*Madame de*) compagnie de Madame Mazarin : se divertissoient ensemble. p. 302.

Colbert (*Monsieur*) fait rendre les grosses pierreries. p. 312.

Colbert (*Madame*) veut faire rester Madame Mazarin à Paris, & pour quel sujet ? p. 356.

Colin-Maillard : est-ce un peché d'y joüer ? p. 299.

Confidente gagnée, est d'un grand secours pour un amant. p. 103.

Combat de Vitry, plus indifferent à la Cour que la negociation de l'Amirauté. p. 17.

Comedie ne dissipe pas le chagrin secret. p. 54.

Comedie ne peut faire sentir à ses partisans de veritables délices. p. 24.

Commeny

DES MATIERES.

Commeny, domestique de M. de Beaufort : sous quel état ? p. 18.

Commentaires de Gervatius sur Manille, & sur la vie de l'Empereur Antonin. p. 188.

Commentaire sur Sidonius, par le Président Savaron. p. 240.

Compagnie des honnêtes gens devient ennuieuse, il s'en faut éloigner, & pourquoy ? p. 54.

Comparaisons données dans un discours, doivent être justes & courtes. p. 93.

Conference d'Eude Evêque de Cambray, & d'un Juif. p. 214.

Conclusions de M. Erar, Avocat de M. Mazarin. p. 444.

Connétable (*Madame la*) veut se retirer en France : & pour quel sujet ? p. 359.

Conseil perd sa force dans la bouche de l'ami complaisant. p. 123.

Consolation de Malherbe à M. du Perier. p. 5.

Conti (*le Prince de*) d'un temperament délicat & dévot. p. 19.

Conti (*l'Hôtel de*) demeure proposée à Mad. Mazarin : elle ne le veut pas accepter. p. 312. 313.

Conti (*la Princesse de*) sœur de Mad. Mazarin, brilloit par ses vertus. p. 483.

Conversation des personnes vertueuses leur fait des partisans de leurs ennemis. p. 41.

Conversation : (*de la*) c'est le commerce de la vie civile. p. 118.

Conversations ne lient pas l'amitié. p. 132. 133.

Coqueterie est le fonds de l'humeur des femmes. p. 95.

Corneille attiroit au théâtre toute la Cour & tout le Royaume. p. 151.

Corneille, admirable par ses Tragedies. p. 149.

Cornelius Nepos : ses œuvres ont été notées par le Président Savaron. p. 240.

Cosmographie de Pierre Heylyn : ce qu'il y raporte. p. 262. I.

Courage

Courage de M. de Beaufort, chez Renard. n. p. 6.
Courbeville quitte Madame Mazarin, &c. p. 347.
Courbeville, Gentilhomme de M. de Rohan, accompagne Madame Mazarin dans son voyage. p. 333.
Courbeville enveloppé dans la procedure criminelle, prie Madame Mazarin de ne le pas congedier. p. 343. 344.
Courbeville, prisonnier à Civitavecchia, implore le secours de Madame Mazarin. p. 349.
Courcelles, Ministre, Auteur d'un systême de Theologie. p. 187.
Courcelles (*Madame de*) est mise à Sainte Marie. p. 315.
Cour: (*la*) païs de grande contradiction. p. 323.
Courriers du Connétable envoyez après sa femme, &c. p. 363.
Courtisan qui a la faveur de son Roy, doit se défier de la fermeté de son assiette. p. 45.
Coûtumes des Orientaux: qui en est l'Auteur. p. 256.
Coûtumes, privent la femme qui a quitté son mari, de son doüaire, &c. p. 410.
Crainte est le commencement de la sagesse. p. 484.
Créateur: il faut contempler ses ouvrages, & les merveilles de la nature. p. 59.
Crepa: injure que la Connétable disoit à sa sœur, pour luy prédire ses malheurs. p. 294.
Cruauté s'insinuë dans l'esprit de la jeunesse par les leçons des Ecoles. p. 78.
Cujas: comment il s'explique sur les Novelles. p. 403.
Curez gâtent les petits clandestins qui subsistent à l'ombre du mystere. p. 135.
Cupidon: son supplice aux Champs Eliséens: piece ingenieuse. p. 167.
Cyran, (*l'Abbé de Saint-*) Auteur du Livre intitulé: *Somme des fautes & faussetez de la Somme Theologique de Garasse*. p. 232.

Dacier

D.

DAcier, Auteur des Commentaires sur Horace. p. 149.

Dacier explique des passages de l'Ecriture dans ses remarques sur Horace. p. 182.

Daillé: bon ecrivain. p. 184.

Damascene (Nicolas), commenté par de Valois. p. 184.

Débauches de Petrone, n'ont rien qui rebute le feu de l'âge. p. 158.

Décades de Tite-Live: leur destinée plaisante. p. 191.

Descartes: par quel endroit peut-on lever son systême? p. 180.

Déclamateur: quel est son style? p. 156.

Déclamateurs: corrupteurs de l'éloquence. p. 79.

Déclamateurs sont semblables aux parasites, &c. p. 84.

Déclamations introduites pour exercer l'esprit des jeunes gens. p 74.

Défense contre les Tyrans; qui en est l'Auteur? p. 209.

Delicatesse à vaincre: c'est ôter de nous, ce qui déplaît à autrui. p. 124.

Décrets de l'Eglise Gallicane, imprimez par Laurens Bochel. p. 204. 205.

Démons envieux, opposent leur malice à la haute vertu. p. 41.

Demosthene, ne peut être préferé pour l'éloquence. p. 66.

Demosthene regnoit sur l'esprit des hommes pour l'éloquence. p. 79. Il a décrié les Sophistes ou Pedans. p. 80.

Dépendance, insupportable à l'homme de cœur. p. 122.

Déplaisir s'éloigne de l'esprit, comme l'objet de l'imagination. p. 49.

Déplaisirs: c'est un grand secret de les savoir adoucir. p. 44.

Déesse vindicative contestée par les Grecs. p. 75.

Desportes, Poëte François, écrivoit impurement. p. 160. 161.

Despreaux dans ses Satyres a condamné le vice, comme la vertu le condamne elle-même. p. 164. 165.

Désespoir de la Matrone ? elle s'arrache les cheveux, & les jette sur le cercueil de son mary. p. 99.

Désespoir du soldat d'obtenir sa grace, veut se tuer. p. 104.

Desirs: en diminuer la violence, & comment ? p. 36.

Decret d'ajournement personnel contre le Duc de Nevers. p. 393.

Decrets de prise-de-corps contre les domestiques du Duc de Nevers. p. 393.

Desolation de la Connétable, de se voir traitée froidement du Roy. p. 288. 289.

Devotion de M. Mazarin : est-ce une cause de séparation ? p. 434.

Discretion : il en faut beaucoup pour donner conseil, & de docilité pour le suivre. p. 123.

Dialogue attribué à Quintilien : qu'est-ce qu'il condamne ? p. 68.

Diane déesse : l'oracle avoit prédit qu'Iphigenie lui seroit sacrifiée. p. 69.

Diane : l'appaiser en sacrifiant Iphigenie. p. 75.

Difference de la vraye éloquence avec la fausse, entre l'honnête femme & la coquette. p. 81.

Didon & Enée dans une caverne, dont l'entrevüe a été faite par Virgile. p. 168.

Disgraces ne sont pas à craindre pour ceux qui jouïssent des plaisirs des champs. p. 58.

Disgraces : ce qui nous y touche le plus, est de n'avoir personne qui nous ressemble. p. 51.

Division entre les domestiques de Mad. Mazarin. p. 336.

Divorce de l'ancienne Rome : comment les Dames le pratiquoient?

pratiquoient? p. 463.
Domfront: Montgommery y est pris les armes à la main, & decapité. p. 238.
Doctrine & mœurs de Casaubon fort estimées. p. 223.
Dorat (*Jean*). Auteur de la traduction en Latin des Odes d'Anacreon. p. 194.
Douleur: l'excès des plaisirs en est la cause. p. 62.
Droit Canonique: son autorité en matieres de mariages. p. 411.
Droit Romain prive la femme de la dot & des conventions, & en quels cas? p. 401.

E.

Eaux: leur vaste étenduë épouvante l'homme. p. 30.
Egaremens: quand est-ce que l'on s'en apperçoit? p. 159.
Enchanteur d'Amadis a donné une vertu aux eaux de Tunbridge. p. 140.
Enée & Didon: leur entrevûë faite par Virgile dans une caverne. p. 168.
Egyptiens ont enseigné la peinture par une methode plus courte qu'Apellés. p. 82.
Elegance florissante de l'amitié: en quel tems elle a paru? p. 181. 182.
Elemens: leur combat perpetuel donne lieu à des meditations. p. 30.
Elemens (*les*) ont assez de beauté pour satisfaire l'esprit qui les contemple. p. 60.
Elemens qui composent tout, se verront détruits. p. 52.
Eloge de Pierre de Colomiés dans des vers. p. 277.
Eloquence de Demosthene pourroit revivre s'il étoit permis aux Professeurs de mesurer les talens des Ecoliers. p. 85.
Eloquence (*modele d'*), se trouve-t-il dans Seneque? p. 148.

p. 148. La vraye éloquence dissipe les faussetez éclatantes. p. 153. 154.
Eloquence solide bannit les faux-brillans. p. 177.
Eloquence, favorable à Mad. Mazarin, & non la loi. p. 491.
Eloquence de Petrone. p. 66.
Eloquence : qu'est-ce qui y est opposé ? p. 75.
Eloquence ferme le jugement par la verité, &c. p. 79. Elle n'a rien que de réel & de solide. p. 180. 81.
Envie : est une passion qui corrompt tous nos plaisirs. p. 63.
Envie : qui est-ce qui peut luy fermer la bouche ? p. 41.
Epernon (*le Duc d'*), ami de Beaufort, dont il est accusé de contribuer à sa ruine. p. 4.
Epernon (*le Duc d'*) : M. de Beaufort le veut tirer de son Gouvernement. p. 20.
Ephese (*la Matrone d'*) : Dame d'une grande beauté. p. 96.
Episcopaux d'Angleterre, vont joüer chez Mad. Mazarin. p. 418.
Epigramme de Martial. p. 260.
Epigramme d'Alabaster. p. 261.
Epigrammes tirées des Marbres d'Italie. p. 214.
Epicure reveilloit ses appetits par l'abstinence, & fuïoit les excès, & pourquoy ? p. 53. 54.
Epitaphe de Selden, qu'il se fit lui-même. p. 228. 229.
Epithete grossiere, donnée par Catulle aux Annales de Volusius. p. 162.
Epîtres d'Erasme, marquent un grareenie. p. 279.
Enlevement de Mad. Mazarin fait, & comment ? p. 392.
Ennuis : les savoir adoucir, c'est un grand secret. p. 44.
Entêtement : ce que c'est, & à quoy il est contraire. p. 170.
Equivoques doivent être évitez par les Orateurs. p. 93.

Erasme.

Erasme portoit une devise pour songer souvent à la mort. p. 208.
Erasme, grand Theologien, a fait des paraphrases sur le Nouveau Testament. p. 278.
Erasme a écrit sa vie. p. 269.
Erreur, de condamner les plaisirs comme plaisirs, & non pas comme injustes, &c. p. 62.
Erreurs ne peuvent rien contre un esprit ferme. p 178.
Erudition des écoles, semblable aux fruits que l'on fait meurir par artifice. p. 85.
Eschine a décrié les Sophistes ou Pedans. p. 80.
Essarts (le Seigneur des), a traduit en François le Roman d'Amadis. p. 236.
Esprit (dons de l') ne se trouvent pas en toutes sortes de personnes. p. 145.
Estime generale: qui a le merite & le bonheur pour l'acquerir ? p. 41.
Etat du Solitaire, violent pour l'homme. p. 120.
Etoiles (les) ont assez de beauté pour satisfaire l'esprit qui les contemple. p. 60.
Etoiles perdront leur lumiere. p. 52.
Etoiles : leur beauté dispose insensiblement à la religion. p. 29.
Etoile politique de M. de Beaufort, le destine au gouvernement de l'Etat. p. 16.
Etude doit être préferée à la conversation. p. 120. 121.
Etude immoderée engendre de la crasse dans l'esprit. p. 122.
  Solide nourriture de l'esprit. p. 121.
Etude (de l') lien de la societé. p. 118.
Evasion de Madame Mazarin ? quel jour elle s'en alla ? p. 456.
Eumolpe garantit ses amis du danger, &c. p. 94.
Eunuque, confident de la Connétable, veut se rendre necessaire auprès de Mad. Mazarin. p. 295.
Eunuque, Musicien du Cardinal: sa passion pour Madame Mazarin. p. 282.

X x 3   *Evremond*

Evremond (Monsieur de Saint-), Auteur en partie de l'Apologie, ou Satire contre le Duc de Beaufort. n. p. 1.
Euripide a fait des satires qui étoient recitées, &c. p. 89.
Euripide prenoit la cothurne sans monter sur des échasses. p. 80.
Excellence : titre d'honneur qu'en Pologne on donne à tout le monde. p. 220.
Exemple (le mauvais) peut servir à nous éloigner du mal. p. 124.
Excommunication du Pape contre ceux qui parleroient contre la Connêtable & contre Madame Mazarin. p. 363.
Exercitations de Casaubon contre Baronius. p. 222.
Existence de Dieu (de l') : les reflexions que l'on y fait sont la source de nos miseres & de notre bonheur. p. 28.
Extravagance de Courcelles : il reprend sa femme dans l'Hôtel Mazarin. p. 322.

F.

Fables ridicules qu'on apprend dans les Ecoles, ne servent qu'à amuser la jeunesse. p. 77.
Factieux armez par M. de Beaufort. p. 20.
Faïette (la Comtesse de la), a fait l'histoire de la *Princesse de Montpensier*. p. 196.
Fantôme : *(fortune)* le monde y court : folie de l'acquerir par des travaux si mal recompensez. p. 42.
Fauchet (le Président), Auteur du Traité de l'origine des Chevaliers. p. 234.
Favin (André), Auteur du Livre qui a pour titre : *Théatre d'honneur.* p. 206.
Favin, Auteur de l'Histoire de Naples. p. 243.
Fausseté d'esprit : en quoy est-ce qu'elle paroît davantage ? p. 179.
Félicité des necessiteux, est dans le désir de l'abondance.

dance. p. 37.

Felicité parfaite : il n'y en a point dans le monde pour les hommes. p. 26.

Felicité entiere ne peut être formée par les avantages de la nature & de la fortune réünis. p. 38. 39.

Femmes illuſtres : Livre compoſé par M. de Brantome. p. 273.

Femme : il n'en faut point quand on boit les eaux. p. 300. 301.

Femmes (les) n'ont de tendreſſe que par foibleſſe ou caprice. p. 95.

Femmes, dépendent de leurs maris par les loix & par la coutume. p. 129.

Fevre (le) *de Saumur*, a écrit ſur les Auteurs prophanes avec ſuccès. p. 182.

Fevre (*Jacques le*), retiré à Nairac auprès de la Reine Marguerite. p. 116. 117.

Fieſque (le Comte de), ami de Beaufort, avoit de la generoſité pour lui, qui l'abandonna. p. 4.

Flateur ignorant : ſon entretien eſt préferé à la converſation d'un ſavant. p. 125.

Flaterie ſervile : un orateur s'en doit detacher. p. 92.

Fleurs (les) peuvent-elles pas enchanter la vûë ? p. 60.

Foibleſſe à recevoir conſeil, eſt auſſi blâmable que la rudeſſe à le donner. p. 123.

Folie de vouloir ſe retrouver aux lieux qu'on a quittez, &c. p. 58.

Folie de chercher le ſouverain bien ici bas. p. 22.

Fontrailles, ancien ami de Beaufort, qui l'abandonne. p. 4.

Force pour la conſervation de la vie, demeure inutile à la mort. p. 51. 52.

Fortune punit l'ingratitude par des ſuites de malheurs. p. 291.

Fortunes immenſes, ſont ſemblables aux corps trop pleins de ſang. p. 486.

Fragmens de Tite-Live trouvez à Fontevrault, & par quel

quel moyen ? p. 191.

Fra-Paolo, Auteur de l'Histoire du Concile de Trente. p. 233.

France chrétienne : Livre composé par les Sainte Marthe : ils y ont inseré la vie de Girard le Roux, Prédicateur de la Reine Marguerite. p. 218.

Frederic II. Electeur Palatin : son voyage en Espagne vers Chatles-Quint. p. 219.

Frederic II. Empereur, fut déposé par Innocent IV. p. 277.

Frederic II. Auteur du Traité de l'Antechrist. p. 234.

Frejus (M. de) propose à la niece du Cardinal d'épouser le Connétable : elle le refuse. p. 280.

Fretier (Françoise) deboutée de sa demande, à ce que son mary paye ses alimens vivant separez. p. 472. 473.

Froideur du Roy pour la Connétable. p. 288.

Frondeurs, unis avec avec M. de Beaufort. p. 3.

Frondeurs ne vouloient pas laisser entrer le Roy dans Paris. n. p. 6.

Fuchsius (Leonard), savant Medecin & Botaniste. p. 256.

Funerailles d'Anne de Bretagne. p. 215.

G.

G*Alis* (Pierre) Espagnol, de la religion, mis à la géne dans Rome, y perdit un œil, p. 263. fut brulé en Flandre. p. 264.

Galimatias : style tourné en ridicule par ce mot. p. 68.

Gassendi, Auteur de la vie de Peiresse, parle avec éloge de Rubens. p. 201.

Gassions passent leur vie comme des Cravattes. p. 21.

Gataker, Theologien Protestant en Angleterre, a un style trop affecté. p. 261.

Gaulmin (Gilbert) Maître des Requêtes, &c. prisonnier à la Bastille : son Poëme sur l'immortalité de l'ame. p. 185. 186.

General

DES MATIERES. 523

General d'armée ne doit pas s'enfler de la gloire : elle vient de ses troupes. p. 45.

Generosité de M. de Beaufort admirée, à pardonner ou à souffrir les injures. p. 13.

Genies extraodinaires ne peuvent servir d'exemple. p. 121. 122.

Gentilshommes : cent travestis en diables, langage de M. de Beaufort, c'est-à-dire, en habit de chasse. p. 5.

Gervatius, Historiographe de l'Empereur & du Roy d'Espagne. p. 187.

Gentilhomme Italien : premieres inclinations de Madame Mazarin. p. 289.

Gloire (la) : il importe à l'homme d'en connoître le juste prix. p. 37.

Gloire de la femme : en quoy est-ce qu'elle consiste ? p. 281.

Golius, Professeur Arabe & Mathematicien, grand genie pour l'érudition. p. 265.

Gondi (Albert) Mareschal de Retz, détourne le Roy de faire imprimer l'Histoire écrite par l'Amiral de Châtillon. p. 239.

Gouvernement de Bretagne demandé par M. de Beaufort, pour les services qu'il a rendus. p. 45.

Girard (M.), Auteur de la vie du Duc d'Epernon. n. p. 1.

Girard le Roux, Prédicateur de la Reine Marguerite avoit été Jacobin. p. 218.

Gillot (Jacques), Conseiller en la Grand-Chambre : son éloge de Casaubon. p. 222. 223.

Goldast (Melchior), Auteur du Traité de la *Monarchie de l'Empire Romain*. p. 207.

Gomberville (Marin le Roy, Sieur de), Imitateur des Sonnets de Malherbe. p. 235.

Grand-Maître de l'artillerie, charge venduë par M. Mazarin. p. 489.

Gramond dans son Histoire de France, dit que Colomiés

TABLE

lomiés commandoit pour le Roy au siege de Montauban. p. 278.

Grecs : leur sacrifice d'Iphigenie à la déesse Diane. p. 75.

Grenoble : la Connétable qui y étoit, y rappella Madame Mazarin. p. 365.

Gregoire VII. a fait défenses de donner le nom de Pape à d'autres qu'à l'Evêque de Rome. p. 240.

Grignan (*Mad. de*) envoye des chemises à Mad. Mazarin & à sa sœur. p. 364.

Grillon bourgeois d'Avignon, partisan de Lesdiguieres. p. 241. 242.

Grillon prête à Mad. Mazarin pour retirer ses pierreries. p. 353.

Grillon va à Rome, rejoindre Madame Mazarin. p. 357.

Grotius (*Hugues*) : sa devise. p. 230.

Grotius, Auteur du Traité de l'Antechrist. p. 233.

Guerre de Paris : sur la generosité de M. de Beaufort, & de sa valeur. p. 10.

Guerre civile en Angleterre : Selden se declare pour le Parlement. p. 226.

Guesle (*Jacques de la*). Procureur General, Auteur du Plaidoyé fait pour l'indépendance de la Couronne de nos Rois. p. 256.

Guise (*François de Lorraine Duc de*) . épousa Anne d'Est, &c. p. 244.

Gustave-Adolphe , Roy de Suede, méprisoit les acclamations des peuples, &c. p. 42.

H.

Harangue au Roy, au nom de plusieurs Princes d'Allemagne. p. 220.

Harangue, par Charpentier, contre les Benedictins sur l'Imitation de J. C. sous le nom de Thomas à Kempis. p. 203.

Harangues

Harangues commentées par M. de Valois. p. 184.
Harangueurs froids : comment ils commencent leurs discours. p. 87.
Hatillius dit qu'un sage ne doit pas hazarder sa vie pour le repos des foux. p. 43.
Hébreux (*Livres*) dans la bibliotheque des Peres de l'Oratoire de Paris. p. 197.
Helene : quel bruit fit son ravissement. p. 136.
Helene : son portrait extravagant. p. 151.
Helene fait des reproches à Paris dans l'Iliade. p. 69.
Henry II. joute contre Montgommery, & est blessé à mort. p. 237.
Henry-Estienne n'est pas Auteur de la traduction Latine des Odes d'Anacreon. p. 194.
Henry IV. raconte une histoire au Parlément. p. 241.
Hemistiche citée dans Lucrece, n'y est point. p. 166.
Herodote, imité par les Historiens de son tems : comment ils commencerent leur histoire? p. 89.
Héros : il en est de toute maniere. p. 66.
Hesiode : ses vers ne sont point citez par Agamemnon déclamateur. p. 70.
Hesychius : quel profit les doctes en peuvent-ils tirer ? p. 190.
Histoire auguste: Saumaise en est l'Auteur : ce qu'il y dit d'Azelin, moine à Reims. p. 269.
Histoire Ecclesiastique d'Eusebe, commentée par de Valois. p. 184.
Histoire des dixmes par Selden, luy attire la haine du Clergé d'Angleterre. p. 225.
Histoire du Connétable de Lesdiguieres. p. 241.
Histoire d'Espagne, faite par Mariana Jesuite. p. 252.
Histoire de Melun par Rouillard, parle d'un Guidon de Colomiés. p. 276.
Homere a excellé pour la Poësie, & peut être donné pour original de satyre. p. 149.
Homere, ne guindoit pas son style jusqu'au galimatias. p. 80.
Homere

Homere : ses vers ne sont point citez par Agamemnon, déclamateur contre Iphigenie. p. 270.

Homere a décrit ce qui se passa entre Junon & Jupiter sur le Mont Olympe. p. 168. 169.

Homme (l') doit s'appliquer à la recherche de sa felicité, &c. p. 22.

Homme (l') est né pour être sociable & raisonnable. p. 118.

Homme se faisant Juif ou Payen, la femme peut-elle se separer de luy ? p. 434. 435.

Homme (l') qui a besoin de conseil, se doit regarder comme un malade. p. 124.

Hommes illustres de Brantome, dediez à la Reine Marguerite. p. 274.

Hommes avides de réputation, la perdent par le déreglement dont ils la recherchent. p. 47.

Honnêteté (de l') des expressions. p. 158.

Honneurs changent les mœurs : exemple rare. p. 235.

Hôpital (*Chancelier de l'*), Auteur d'une satyre. p. 204.

Hôpital (*Chancelier de l'*) : sa devise. p. 230.

Horace a eu peu de parfaits disciples. p. 146.

Horace : quelle figure décrit-il dans son Epître aux Pisons. p. 151.

Horace, parfait original de satyres, a été commenté par Dacier. p. 149.

Horace : faut pratiquer ses préceptes. p. 126. 127.

Horace : son avis sur la maniere de s'expliquer. p. 152.

Horace : son précepte pour l'art poëtique. p. 180.

Hospitalité faite par le Connétable Colonne à Madame Mazarin. p. 466.

Huet (*Monsieur*), Auteur du Livre qui a pour titre : l'origine des Romains. p. 236.

Hyperide n'a pû être égalé pour l'éloquence. p. 81.

Hypocrisie dans une nouvelle maniere de parler, &c. p. 171.

Hymenæus Pacifer de Gervatius : piece galante sur le mariage du Roy avec l'Infante. p. 188.

Hyver

Hyver, nous change, & change toutes choses à nôtre égard. p. 23.

I.

Jalousies font perdre l'asseurance d'être aimé. p. 131.
Jambe-de-Fer (*Philibert*) a mis en musique les Pseaumes traduits par Poitevin. p. 247.
Jardin de Renard: rendez-vous des Courtisans. n. p. 6.
Jarzay (le Marquis de) soupant en compagnie au jardin de Renard, le Duc de Beaufort mit le souper en desordre. n. p. 6.
Idolatrie (*Traité de l'*), composé par Vossius. p. 203.
Jerôme de Prague fut Hermite au Mont Apennin pendant vingt ans, &c. p. 245.
Jesuites (les) de Mayence ont fait imprimer la vie de la prétenduë Papesse Jeanne, &c. p. 249.
Ignorance, honteuse à l'homme. p. 281.
Imitation de à Kempis, mis du Latin en Arabe par Pierre Golius. p. 267.
Immutabilité de Dieu: le mouvement perpetuel des creatures lui rend hommage. p. 156. 157.
Inconstance de l'homme: trop de choses y contribuënt. p. 177.
Incredules sont miserables, sans être aussi criminels que les impies. p. 35.
Indifference efface l'amitié née par l'objet des passions grossieres. p. 130. 131.
Infaillibilité des oracles, soûtenuë par Agamemnon déclamateur. p. 70.
Infamie: l'excès des plaisirs y fait tomber. p. 62.
Informations contre le Duc de Nevers sur l'enlevement de Madame Mazarin. p. 393.
Instrumentum securitatis écrit sur de l'écorce d'arbre du tems de l'Empereur Justinien. p. 220.
Intelligence eternelle par l'ordre de l'univers: l'esprit

de l'homme ne sauroit la comprendre. p. 33.
Intendant des plaisirs de Neron : titre de Petrone. p. 160.
Interêt divise les familles, & comment ? p. 128.
Josias le Mercier, bon critique. p. 236.
Jour mauvais nous change, & change toutes choses à nôtre égard. p. 23.
Iphigenie, condamnée par l'oracle à être sacrifiée à la déeſſe Diane. p. 69.
Jugement de tout ce qui a été imprimé contre le Cardinal Mazarin : livre rare. p. 201.
Jugement de Melancthon touchant l'Eucharistie, envoyé à l'Electeur Palatin. p. 221.
Jurisconsultes : comment ils appellent les divorces ? p. 409.
Justesse (de la), & du raisonnement. p. 169.
Juvenal a fait des traits bien grossiers des plus grands déreglemens. p. 163.

L.

Lamberius parle dans son Catalogue, de Dioscoride. p. 194.
Lampito Lacedemonienne, fille de Roy, femme de Roy, & mere de Roy. p. 232.
Langbaine (Gerard), Commentateur de Longin. p. 224.
Languet (Hubert), Auteur du Livre intitulé : *Vindiciæ contra Tyrannos*. p. 208.
Larmes : grand art des femmes pour tromper les hommes. p. 295.
Laval est mort d'une confusion à la tête. p. 12.
Lavardin (Hildebert de), Evêque du Mans, a fait des poëmes. p. 231.
Lauzun (M. de) veut faire demeurer Mad. Mazarin à Paris. p. 356.
Lettre du desaveu qu'a fait M. Mazarin du billet de

50000 écus promis à M. l'Evêque de Frejus. p. 450.
Lecture d'un extrait des Memoires de Madame Mazarin. p. 455
Lecture d'un extrait tiré des Memoires de Mad. Mazarin. p. 461. 462.
Legereté des femmes à se dégager. p. 95.
Leon X. Pape, a fait l'éloge de Luther. p. 195.
Leon (*Jean*) d'Afrique, bon historien : se fit chrétien. Il est auteur du Traité des Savans qui ont été parmi les Arabes. p. 267. 268.
Lettre sur le sentiment de M. de Beaufort dans les affaires du tems. p. 18.
Lettre de l'autre monde attribuée à S. Evremond. p. 107.
Lettre à une Dame. p. 134.
Lettre en vieux Gaulois, digne du siecle d'Orianne. p. 135.
Lettre de M. Pavillon à Mad. Pelissary. p. 136.
Lettres de Despreaux à M. de Vivonne : fines satyres des ouvrages de Voiture & Balzac. p. 147.
Lettre de Melanchton à l'Electeur Palatin. p. 221
Lettre de Casaubon au P. Fronton Duduc Jesuite, & au Cardinal du Perron. p. 222.
Lettre d'Olympia Fulviamorata. p. 244.
Lettre contenant le portrait & le caractere de Mad. Mazarin. p. 366. 367. *& suiv.* 378.
Lettres de Mad. Mazarin, où elle explique les dettes qu'elle a faites à Londres. p. 476. 477.
Lettre de M. Erard à M. le Duc de Caderousse. p. 498.
Lexicon Grec, manuscrit, vû dans le College de Clermont, où le P. Cossart étoit Bibliothecaire. p. 190.
Lexicon Hebreu & Latin de Junius. p. 215.
Liaison des cœurs : d'où elle naît ? p. 127. 128.
Liberté des femmes en France, est permise à la Connétable à Rome. p. 295.
Libertinage du feu & du stile de Petrone, n'ont rien qui rebute le feu de l'âge. p. 158.

Lindenbrod

Lindenbrod, larron de Livres à S. Victor. p. 202.
Lipse, Auteur du Livre *de una Religione*. p. 255.
Lobera, Auteur du Roman d'Amadis. p. 236.
Loi de Pompée pour les horloges d'eau : ce que c'est ! p. 87.
Loix d'Angleterre ont été tirées de celles des Normans. p. 428.
Loix qui declarent les femmes incapables de s'obliger, n'a d'autorité en Angleterre. p. 427.
Lombard (*Pierre*), maître de toutes les questions scholastiques. p. 176.
Longueville (le Duc de) : sa conversion donne de la joye au Prince de Conty : il dit son Breviaire. p. 20.
Lorge (*Gabriel de*) Comte de Montgommery, joûte contre Henry II. & le blesse à mort. p. 237.
Lorraine (*le Duc de*) donne vingt Gardes à Madame Mazarin pour l'escorter. p. 333.
Lorraine (*M. de*) veut se marier avec la Connétable. La Reine mere fait rompre l'intrigue. p. 294.
Lorraine (*Henry de*) Duc de Guiche, compagnon de Henry IV. p. 241. 242.
Lorraine (le Chevalier de) offre son credit en France à la Connétable, & ne le fait pas. p. 360. Il est rapellé en France. *Idem*.
Lorraine (*Françoise de*), fille unique du Duc de Merccœur, mere du Duc de Beaufort, femme fort grossiere. n. p. 12.
Loüanges données à Petrone, desavoüées. p. 160.
Louviere (*la*), envoyé pour suivre Mad. Mazarin. p. 331.
Louviere (*la*) joint Mad. Mazarin à Alauph. p. 336.
Louvois (*M. de*) est averti du voyage de Madame Mazarin en Italie. p. 330.
Lucien : sa raillerie ingenieuse contre les Abderites, historiens de son tems, p. 88.
Lucien : son discours sur l'histoire est un chef-d'œuvre de l'esprit. p. 89. Ses preceptes pour être heureux.

DES MATIERES.

reux. p. 90.

Lucrece : ses illusions extravagantes dans ses vers. p. 165. Le caractere de son esprit peu propre à faire le serieux. *Ibid.*

Lyriques (*les neuf Poëtes*) n'ont pû égaler les vers d'Homere sur le sublime. p. 80.

M.

Magistrat batu par Scriverius, à cause d'une Dame. p. 189. 190.

Magistrats d'Ephese ne peuvent consoler la Matrone d'Ephese. p. 97.

Maladie change toutes choses à nôtre égard. p. 23.

Malherbe : quelles sont les expressions qu'il appelle Plebées ? p. 92.

Malherbe a excellé pour la beauté des Odes, au goût des lecteurs habiles. p. 146.

Malherbe : de quelle maniere chantoit-il ses belles Odes ? p. 151.

Malherbe a donné le goût de la bonne poësie. p. 88.

Manuscrits de la bibliotheque de Vossius. p. 212. 213.

Mare clausum : Livre composé par Selden, contre le *Mare liberum* de Grotius. p. 225. 226.

Marguerite Reine de Navarre, sœur de François I. aimoit les lettres. p. 216.

Mariage du Roy, avec l'Infante d'Espagne, conclu, le Cardinal éloigne la Connétable. p. 288.

Mariage : quels sont les cas qui en causent la dissolution ? p. 404. 405.

Marsal : M. Mazarin fait le voyage, & envoye sa femme en Bretagne. p. 300.

Marsan & Grillon ont querelle à Rome à cause de Madame Mazarin. p. 359.

Martial : son détour pour loüer la netteté de sa chienne. p. 182.

Martinozzi, tante de Mad. Mazarin : elle y va demeurer.

meurer. p. 347.
Matrone (*la*) d'Ephese veut pendre son mary mort, & conserver son amant. p. 105.
Matta, ancien ami de Beaufort, qui l'abandonne. p. 4.
Maupeou, Avocat general : son plaidoyé raporté dans le Journal, &c. p. 473.
Maximes outrées des vieux Romains, ne corrigent pas par leur austerité, mais effraient. p. 59.
Mazarin (*le Cardinal*) : son commerce avec Renard, valet de chambre du Commandeur de Souvré. n. p. 6.
Mazarin (*Madame*) revient en France avec le Duc de Nevers son frere, & Grillon. p. 253.
Mazarin (*M.*) refusa la Connétable, &c. p. 282.
Mazarin (*M.*) promet 50000 écus à l'Evêque de Frejus. p. 292.
Mazarin (*Madame*) va en Bretagne, & pourquoy ? p. 301.
Mazarin (*M.*) va à son Gouvernement d'Alsace : y veut emmener sa femme. p. 311.
Mazarin (*M.*) veut mener sa femme en Bretagne. p. 314. 315.
Mazarin (*Mad.*) va en retraite dans un Convent à Rome. p. 348. Elle veut revenir auprès de son mary. p. 349. Elle s'échappe du Convent. p. 351.
Mazarin (*Madame*) passe en Savoye, & de là en Angleterre. p. 470.
Mazarin (*Madame*) va à Vivier pour éviter Polastron. p. 364.
Mazarin (*Madame*) demande d'aller dans un Convent. p. 438.
Mazarin (*Monsieur*) a fait tenir plusieurs sommes à sa femme depuis son absence. p. 429.
Mazarin (*Monsieur*) : ses défauts : jaloux, devot, scrupuleux. p. 481.
Méchans : il faut les abhorrer, & se mocquer des sots. p. 33.

Medailles

Medailles du Cabinet de M. Seguin, Doyen de Saint Germain l'Auxerrois. p. 197.
Medecin : sa complaisance pour un nouveau jargon. p. 171.
Medecin doux, n'est pas le plus secourable. p. 124.
Medecina, poëme de Serenus Samonicus. p. 278.
Médisance : qui est assez puissant pour l'interdire à ses ennemis? p. 41.
Médisance : est-il naturel de s'en défendre ? p. 280.
Meditations chrêtiennes en Latin, traduites en François : livre plein d'imperfections. p. 181.
Mélanges de Thomas Gataker. p. 203.
Mélanges historiques de Colomiés, bien reçûs du public. p. 183.
Memoires de la Reine Marguerite, furent envoyez à M. de Brantome. p. 274.
Memoires de Madame la Duchesse Mazarin, par l'Abbé de Saint Real. p. 280.
Mensonge (le) imite la verité, & comment ? p. 152.
Mesgrin (Saint) soupant en compagnie au jardin de Renard, le Duc de Beaufort mit le souper en desordre. n. p. 6.
Messaline : ses excés & ses debauches, haïssables. p. 163.
Metamorphose d'amitié entre deux personnes à se transformer l'une en l'autre. p. 132.
Metaphores : ne s'en servir ni trop souvent, ni trop long-tems. p. 153.
Millions dissipez par M. Mazarin. p. 305.
Mirabeau : Mad. Mazarin & sa sœur y vont. p. 364.
Misantrope (Timon) d'Athenes, extravagant : disoit aux hommes de se pendre. p. 119.
Montagne : ses essais, ses pensées & ses inclinations naïves. p. 173.
Moliere attiroit au théatre toute la Cour & tout le Royaume. p. 151.

Montespan

Montespan (*Mad. de*) veut faire rester Mad. Mazarin à Paris, & pourquoy ? p. 356. 357.
Montfaucon (*le P. Dom Bernard*) : ce qu'il a vû à Naples p. 193.
Montgommery (*le Comte de*) joûte contre Henry II. & le blesse à mort. p. 237.
Montpellier : Mad. Mazarin & sa sœur y vont. p. 364.
Montpensier (*Loüis de Bourbon Duc de*) épousa Jaquette de Longuy, &c. p. 244.
Morel (*Frederic*) a écrit sur Libanius. Son sang froid sur la nouvelle de la mort de sa femme. p. 18
Mornac (*Antoine*), cité sur la L. 5. contre les femmes. p. 431.
Moret (*le Comte de*), Auteur en partie de l'Apologie, ou satyre contre le Duc de Beaufort. n. p. 1.
Moret : son rendez-vous à M. de Beaufort, trop éloigné des chirurgiens. p. 5.
Mort, & la retraite : quelle difference y a-t-il entre ces deux estats ? p. 120.
Mort du P. Sirmond : harangue sur ce sujet. p. 184.
Mort du P. Petau : harangue sur ce sujet. p. 185.
Mort de M. du Puy : harangue sur ce sujet. p. 185.
Mort de Nerlien. p. 10.
Mort de Naudé. p. 203.
Mort de Jacques le Fevre, âgé de 101 ans. p. 219.
Mort du Cardinal de Bagny. p. 204.
Mort de Pierre Galès. p. 264.
Mort de Selden, âgé de 70 ans. p. 223. 224. 227.
Mort de Schot. p. 259.
Mort d'Alvare de Lune. p. 252.
Mort du Cardinal Mazarin. p. 185. 293.
Mort du Roy d'Angleterre. p. 395.
Mort de l'époux de la Mattone d'Ephese. p. 96
Mort de Marca. p. 243.
Mort de nos amis, & la nôtre, touche plus que la perte des prosperitez de la vie. p. 47

Moreau

Moreau, Medecin, garde l'Ecole de Salerne de Jean de Milan. p. 192.

Mousquetades acquerent de l'honneur à celui qui s'expose au danger. p. 64.

Mouvement perpetuel qui est en nous, quel est son effet ? p. 23.

Muscles : leur assortiment necessaire à la composition & à la conservation du corps humain. p. 31.

Musique des oiseaux dans les bocages, est un avantage pour les hommes qui vivent à la campagne. p. 60.

Mylords joüent, & passent les jours & partie des nuits chez Mad. Mazarin. p. 406.

N.

Naissance de l'amitié : quelles choses y contribuënt. p. 127.

Nanci : Madame Mazarin y couche. p. 333.

Nanon accusé Courbeville d'avoir mal parlé. p. 344.

Nanon déguisée en homme, suit Madame Mazarin. p. 332. 333.

Narcisse suit Mad. Mazarin dans son voyage. p. 353.

Narcisse & Nanon, jaloux de Courbeville, l'accusent d'avoir mal parlé. p. 344.

Narcisse, valet de chambre de M. de Nevers, accompagne Mad. Mazarin. p. 391.

Narration d'un discours : comment il doit être composé. p. 92.

Navaille (le Duc de) au teint hâve & plombé : malade d'Eliam chirurgien, dit qu'on le purgera, &c. p. 342.

Naudé (Gabriel) est Auteur du jugement de ce qui a été imprimé contre le Cardinal Mazarin. p. 202.

Naudé, Auteur du Livre intitulé : *Considerations politiques sur les coups d'Etat*. p. 204.

Naudé : son jugement de Cardan, & de ses ouvrages. p. 237.

Nerfs: leur assortiment necessaire à la composition & à la conservation du corps humain. p. 31.

Nerlieu. M. de Beaufort reçoit des complimens sur sa mort. p. 10. 11.

Nevers: M. Mazarin y fait aller sa femme, de la Bretagne, où elle étoit. p. 302.

Nevers (*le Duc de*) accompagne Madame Mazarin. p. 408.

Nevers (*Monsieur de*) épouse Mademoiselle de Fiange. p. 153. 154.

Nevers (*le Duc de*), auteur du divorce. p. 388.

Nevers (*la Duchesse de*): sa sagesse à juger de la conduite de Madame Mazarin. p. 493.

Neveu (*la*): son rang dans les ouvrages de Boileau, faute excusable à l'Auteur. p. 165.

Neuton (*Adam*) a traduit l'Histoire du Concile de Trente. p. 233.

Nice: Madame Mazarin y va par mer. p. 365.

Noblesse a méprisé le Duc de Beaufort. p. 2.

Nodot, Auteur de la traduction de Petrone: ce qu'il a dit contre les censures faites contre les debauches de Petrone. p. 158.

Nonius Marcellus, ouvrage de Josias le Mercier. p. 237.

Notaires gâtent les petits clandestins. p. 135.

Novelle sur le divorce: ce qu'elle décide. p. 402.

O.

Objection en faveur des femmes qui se retirent chez leurs peres & meres. p. 464.

Observations sur la langue, & le bel usage des termes. p. 157.

Observations sur Malherbe par Menage. p. 196.

Opinion ne se doit point établir sur l'opinion d'autruy. p. 126.

Oppian avec figures, vû dans la bibliotheque Royale. p. 192. *Opuscules*

DES MATIERES.

Opuscules de Colomiés imprimés en 1668. p. 183.
O acles barbares, demandent que des Vierges soient immolées pour faire cesser la tempête. p. 77.
Oraison de Ciceron pour Cælius contenant des plaisanteries. p. 160.
Orange (*Guillaume de Nassau Prince d'*) eut pour femme Charlotte de Montpensier. p. 244.
Orange (*le Prince d'*) a autorisé Mad. Mazarin à rester en Angleterre. p. 425.
Orateur : sa fécondité moins admirée que la patience des Auditeurs. p. 74.
Ordres du Roy aux Gouverneurs, pour empêcher la sortie de Mad. Mazarin. p. 392.
Orgueil : s'il se taisoit, la vertu ne se tairoit pas. p. 159.
Orianne consomma son mariage avec Amadis aux eaux de Tunbridge. p. 140.
Original d'amitié n'a point été vû par les Peintres qui en donnent des copies. p. 132.
Originaux sont sujets à des foiblesses comme les copies. p. 38.
Origine de la justesse du raisonnement : en quoy il consiste ? p. 174.
Origene : sa lettre à Africanus. p. 214.
Orgueil (*l'*) de l'homme le porte à juger pour ne paroître pas ignorant. p. 145.
Orgueil (*l'*) : comment est-ce qu'il se forme en lui-même ? p. 169.
Os : leur assortiment necessaire à la composition & à la conservation du corps humain. p. 31.
Ouvrages Latins de Selden. p. 227. 228.
Oeuvres de S. Chrysostome imprimées par les soins du Chevalier Savillé. p. 203. 204.
Ouvrages d'esprit : de leur beauté. p. 144.

TABLE

P.

Page de la Chambre: premieres inclinations de Madame Mazarin. p. 289.

Pain: M. de Beaufort en fait venir dans Paris sans combattre. p. 17.

Paix (la) est un bien precieux. p. 302.

Paix: triomphe pour M. Mazarin, ne peut être de durée. p. 308.

Palais [Mazarin] ajugé pour habitation par Arrest à Madame Mazarin, avec 20000 liv. de provision, & l'Arsenal à M. Mazarin. p. 319.

Palavicini, Auteur du divorce celeste, & du courrier dévalisé. p. 202.

Palluau (le Comte de), Auteur en partie de l'Apologie ou satyre ridicule contre le Duc de Beaufort. n. p. 1.

Palluau, Conseiller de la Grand-Chambre, va à Nevers pour faire arrêter Mad. Mazarin. p. 354.

Panegyriques des Orateurs, rejettez par Gustave Roy de Suede. p. 42.

Pape (le): sa réponse au Cardinal Mancini sur la retraite forcée de Mad. Mazarin dans le Convent. p. 352.

Papesse Jeanne: sa vie se trouve dans l'Anastase de la bibliotheque du Roi, & à Milan dans la bibliotheque Ambrosienne. p. 250.

Paradoxes & antitheses, étoient la maniere d'écrire de Seneque. p. 143.

Parens de la matrone d'Ephese, ne la peuvent consoler de la mort de son mary. p. 97.

Paresse [la] ne peut point avoir d'excuses. p. 75.

Paris & Helene: leurs reproches dans l'Illiade. p. 164.

Parmillac, confident du voyage de Madame Mazarin en Italie. p. 328.

Parmillac, Gentilhomme de M. le Duc de Nevers, accompagne

DES MATIERES.

compagne Mad. Mazarin. p. 391.
Partisans : esprits lâches qui s'attachent au parti des fameux libertins. p. 33.
Pascal (*M.*) : ce qu'il dit de la pieté chrêtienne, & de la civilité humaine. p. 172.
Passeport de Mad. Mazarin & la Connétable, envoyé à l'Intendant de Marseille. p. 363.
Passion (*la*) expose souvent aux railleries. p. 283.
Passions grossieres : le commerce n'en peut être soutenu que par l'amitié. p. 130.
Patin [*Guy*] a écrit la vie de Pietre. p. 270.
Patrimoine de M. de Mazarin, employé à augmenter l'heritage du Cardinal. p. 488.
Pavillon [*M.*] ; sa lettre à Mad. Pelissary. p. 136.
Payens [*les*] ont gardé la sainteté du mariage par les lumieres de la raison. p. 432.
Pensées de Corneille, fertiles & abondantes. p. 149
Pensées d'un Gentilhomme : Bourdonné, Parisien, éto t l'auteur de ce livre. p. 249.
Pension du Roy d'Angleterre à Mad. Mazarin ; & pour quelle cause ? p. 395.
Pere mort depuis peu d'heures, l'est comme nos bisayeux. p. 49.
Periclés ; l'éloquence le faisoit regner. p. 79.
Permission à Mesd. Mazarin & de Courcelles de retourner à Chelles. p. 316.
Permission à M. Mazarin d'entrer dans l'Abbaye de Chelles, & enlever sa femme. p. 317
Perron [*Cardinal du*] faisoit lire plusieurs personnes pour luy. p. 205.
Perroniana : Recueil des particularitez dites par le Cardinal du Perron. p. 216.
Persécution contre Mad. Mazarin par son frere. p. 343
Persévérance dans l'amitié, diminuë par la contrainte de conserver la même société. p. 131.
Petau [*le Pere*], a écrit contre Scaliger. p. 229.
Petit. Theologien protestant, conjecture peu heureusement.

Tome VI. Zz

reusement. p. 161.
Petrone sur l'éloquence. p. 66.
Petrone : son conte de la matrone d'Ephese. p. 94.
Petrone étoit Intendant des plaisirs de Neron. p. 160.
Phebus, stile tourné en ridicule par ce mot. p. 68.
Phebus: quelles sont les expressions qui sentent le Phebus ? p. 92.
Philippes II. fils de Charles-Quint : son incivilité luy attire un soufflet de son pere. p. 243.
Philosophe ne doit point condamner par chagrin les magnificences de la Cour. p. 59.
Philosophes disent que les animaux ont un langage entr'eux p. 119.
Philosophe ancien, regarde en pitié le Cartesien sur sa découverte de la matiere subtile. p. 170.
Philosophes modernes : leurs idées sur le souverain bien, images confuses de celuy qui peut remplir la vaste capacité de nos desirs. p. 22. 23.
Pinasse [le Marquis de] a fait un Traité des veritez de la religion. p. 239.
Pictura veterum : Livre de peinture fait par Junius. p. 199.
Piece composée par la Valterie. p. 144
Pierreries de Mad. Mazarin luy sont ôtées. p. 306.
Pierreries [petites] de Mad. Mazarin, valant 150000 liv. oubliées. p. 311. 312.
Pierreries engagées pour subsister. Mad. Martinozzi les retire. p. 352.
Pierre de Colomiés, Archevêque de Roüen, & Cardinal, nommé pour la déposition de Frederic II. p. 277.
Pindare n'a pû égaler les vers d'Homere dans le genre du sublime. p. 80.
Pithou [Pierre], son éloge fait par Josias le Mercier. p. 237.
Plaidoyé de M. Mazarin par Erard Avocat contre Mad. Mazarin. p. 379.

Plaines,

Plaines : leur étenduë n'a-t'elle pas assez de charmes pour enchanter la vûë ? p. 60.

Plaintes de l'Eunûque au Roy, contre M. Mazarin. p. p. 295. 296.

Plaisanterie de Ciceron dans son oraison pour Cœlius. p. 160.

Plaisanteries des Dames Mazarin & Courcelles dans le Convent de Sainte Marie, dites au Roy. p. 315

Plaisirs insipides à l'homme quand il commence à s'élever. p. 37.

Plaisirs de la vie : les choses étrangeres y contribuënt. p. 56. Les plaisirs innocens sont exemts des regrets que donnent les choses passées. *Ibid.*

Plaisir de l'esprit, se trouve dans l'étude de la nature. p. 61. Il est l'objet de toutes nos actions. p. 65.

Plaisir (le) permis, deshonore qui le procure à autruy. p. 159.

Platon a banni de sa republique les Pedans, ou Sophistes. p. 80.

Platon, employé dans les harangues, sont souvent rejettez. p. 88.

Plessis (M. du) faisoit lire pour luy plusieurs personnes. p. 205.

Pline : ce qu'il dit du cameleon, & du crocodille. p. 255.

Plutarque : ses livres meilleurs que ceux de Puteanus. p. 205.

Poëmes Latins, faits par M. de Valois. p. 518.

Poësie, libre sans effronterie, & ornée sans affectation, &c. p. 79.

Poësies de Maynard. p. 268.

Poitevin (Jean), chantre à Poitiers, a traduit les Pseaumes. p. 247.

Polastron s'est offert de ramener Mad. Mazarin à son mary. p. 342.

Polastron arrive à Marseille pour arrêter Mad. Mazarin. p. 364.

Polaſtron, capitaine des gardes de M. Mazarin, envoyé pour s'informer de la conduite de Mad. Mazarin. p. 354
Pollux; quel profit les doctes en tirent-ils ? p. 190
Polus Cardinal, a écrit la vie de Chriſtophle de Longueil. p. 269. 270.
Polybe (*fragment de*) commenté par de Valois. p. 184
Pompe, contente-t'elle tous ceux qui l'environnent ? p. 38.
Pompée fut égal en dignité à Petrone. p. 160
Port-Royal (*Meſſieurs de*) ont décrié Montagne. p. 174.
Prague (*Jerôme*) fut brulé à Conſtance en execution d'un Decret du Concile. p. 244.
Prairies (*les*) peuvent enchanter la vûë. p. 60
Préceptes de S. Loüis à Philippes ſon fils. p. 275
Prédicateur arrive à la vie éternelle ſans ſuivre l'arrangement qu'il avoit promis. p. 181
Préface de Nodet ſur ſa traduction de Petrone. p. 158
Presbyteriens vont joüer chez Mad. Mazarin. p. 418
Presbyteranisme établi en Angleterre ſur les ruines de l'Epiſcopat. p. 226
Prévoyance que l'homme prend pour la conſervation de la vie, demeure inutile à la mort. p. 51. 52
Priam, pris ſous la protection de Diane. p. 75
Prince ne ſe doit fier qu'avec raiſon à ſon empire p. 46.
Princes (*les*) doivent-ils ſe dévoüer au bonheur de leurs Etats ? p. 71. Leur obligation envers leurs ſujets. p. 74
Priſon: ſon petit eſpace ne ſauroit empêcher le ſage d'y trouver ſa tranquillité. p. 61
Procez entre M. & Mad. Mazarin, porté en la Grand-Chambre. p. 321
Procez intenté par M. Mazarin contre M. le Chevalier de Rohan, &c. p. 337
Prodige d'amitié: les exemples en ſont rares. p. 135

Productions

Productions de la chaleur de l'esprit, doivent estre immolées à la verité. p. 92
Professeurs: on ne doit pas leur imputer l'abus des déclamations. p. 83
Propositions de marier Madame Mazarin avec le Roy d'Angleterre. p. 287
Propositions d'accommodement faites par le Roy à Madame Mazarin. p. 355. Sa réponse au Roy. p. 356
Prosopopée d'Agamemnon déclamateur contre Iphigenie, loüée par un des Auditeurs. p. 72. 72
Proverbes, doivent être évitez par les Auditeurs. p. 93
Public (le) a abandonné M. de Beaufort. p. 2
Pudeur (la) de tout un sexe s'armera pour sa défense. p. 159.

Q.

Quintilien, un des meilleurs maîtres de l'éloquence. p. 89
Quintilien, trouvé par Pogge au Concile de Constance chez un chaircuitier. p. 191. 192

R.

Rainold (Jean), Theologien Protestant, passa en France: y abjura, & se fit Prêtre; s'en retourna en Angleterre, & retourna estre Protestant. p. 260. 261.
Rainold (Guillaume), Theologien Protestant, frere de Jean, passe en France, &c. p. 260. 261
Racine, admirable par ses Tragedies. p. 149
Raison (la) est enuïeuse & contraignante. p. 137
Raison pour justifier le voyage de la Demoiselle Pelissary en Angleterre. p. 138
Reconciliation du Cardinal, avec M. de Beaufort, pleine de sincerité & de franchise. p. 2

TABLE

Recueil de particularitez litteraires de M. Colomiés, fait en 1665. p. 183

Reflexion sur la divinité, fait rentrer en soy-même pour se consulter. p. 28. 29

Reflexions de l'honnête homme sur la foiblesse & la fragilité de l'estime. p. 42

Reformation des tetons sur un modelle. p. 141

Regle pour bien juger. p. 145

Réjoüissances publiques ne dissipent pas le chagrin secret. p. 55

Remparts qui se sont défendus du canon, auront leur part à la ruine universelle. p. 52

Remarques sur Horace, comprennent les antiquitez de Rosin. p. 182

Remarques sur les Commentaires de Cesar. p. 215

Renard, valet de chambre du Commandeur de Souvré : son commerce en tapisseries avec le Cardinal Mazarin. n. p. 6

Renée doüairiere de Ferrare, zelée pour la religion Protestante. p. 242

Réparations des Benefices du Cardinal payées par M. de Mazarin. p. 489

Reproches des Heroïnes à Cupidon : à quel sujet p. 167

Réputation, est la passion de l'homme pour être estimé. p. 39.

Replique au plaidoyé fait par M. Sachot dans la cause d'entre M. & Mad. Mazarin. p. 445

Réponse à la lettre de l'autre monde. p. 115. 116. 117

Repos public : quel est son fondement ? p. 133

Republique des Lettres, sujette à des revolutions comme les Estats. p. 176

Réputation de celuy qui parle, impose à ceux qui l'écoutent. p. 126

Réputation : l'homme qui la perd par la débauche, y perd aussi la santé, &c. p. 62

Requête pour faire décheoir Mad. Mazarin de ses conventions. p. 399

DES MATIERES.

Retel (*Duché de*) acquis par M. Mazarin de la dot de Mad. Mazarin. p. 488.

Retraite : pour y vivre, il faut être quelque chose de plus que les hommes. p. 118.

Retraite : ceux qui l'ont consacrée, sont loüables. p. 119. Elle affoiblit l'esprit. p. 120.

Rhodius (*Jean*), Auteur du Traité de ACIA, & des éloges des hommes illustres. p. 194.

Riche (*le*) prévoit qu'il échoüera sur la mer. p. 255.

Roche-Pozay (*Henry-Loüis Chastaigner de la*) Evêque de Poitiers, a fait un SCRIPTIS CARDINALIUM. p. 190.

Rohan (*le Chevalier de*), averti que Mad. Mazarin veut aller en Italie, s'offre de l'y accompagner. p. 323.

Roi (*le*) aime la Connétable. p. 283.

Rois sur le trône, & vingt-quatre heures après à la suite d'un chariot, &c. p. 46.

Rois par leur sagesse, ont fait disparoître de leur cour la raillerie, &c. p. 177.

Rolin (*Nicolas*) Chancelier de Bourgogne, a fondé & fait bâtir un hôpital magnifique à Beaune. p. 253.

Romains honorez comme quelque chose de plus que des hommes. p. 46.

Ronsard : ses vers ont eu leur cours, comme la Venus. p. 88.

Rosin : ses antiquitez comprises dans les remarques sur Horace. p. 182.

Rossignols : leur musique a été imitée par les hommes pour composer la leur. p. 60.

Rubens [*Philippes*], Auteur de l'ELECTA, a traduit des Homelies d'Asterius, &c. étoit frere du Peintre. p. 201.

Rubens [*Albert*], grand Peintre & grand Antiquaire. p. 201.

Ruisseaux [*les*] n'ont-ils pas assez de charmes pour enchanter

enchanter la vûë ? p. 60

Rofelli, Auteur du Recueil des lettres aux Princes, contient la justification de Montgommery. p. 137

Rus (*Madame de*) est faite gouvernante de Madame Mazarin. p. 296. 297

S.

Sage : combien de choses meritent ses soins ? p. 22

Sages (*les*) s'accommodent au tems où ils se trouvent. p. 175

Saintes Mœurs ; les mêler avec les profanes, c'est sortir de son caractere. p. 182

Salomon eut la sagesse en partage, & se porta à la recherche des solides biens. p. 25

Satyre fine & delicate de Petrone, sur le discours d'Agamemnon. p. 88

Satyre de Petrone contre les déclamateurs, & à quel sujet ? p. 68

Satyre ingenieuse contre le Duc de Beaufort. p. 1

Satyres de Boileau, nous déferent des méchans Poëtes. p. 88

Satyriques (*esprits*) méprisent tout ce que les autres estiment. p. 67

Savans ne peut se défendre de son caprice, & de sa sottise. p. 38

Savans, appellez gens bizarres par ceux qui souhaitent l'applaudissement. p. 40

Savaron (*le President*), Auteur des Traitez du duël, des Confreries, de la sainteté de Clovis, & de la souveraineté de nos Rois. p. 240

Shube (*Catherine*), brulée à Montpellier, & pourquoy ? p. 354

Savoye : Mad. Mazarin y va, & de-là passe en Angleterre. p. 470

Savoye (*le Duc de*) fait demander en mariage la niece du Cardinal Mazarin. p. 187

Savoye

DES MATIERES.

Savoye (M. le Duc de) fait honnêteté à Mad. Mazarin à Turin. p. 357

Saumaise, se disoit plus savant que tous les Savans du monde. p. 186. 187

Saumaise dit dans son Traité *de la Transubstantiation*, que les Catholiques Romains ne mêlent point d'eau avec le vin. p. 268. 269

Scaliger : ses lettres dans la bibliotheque de Colvius à Dordrecht. p. 195

Schurman (*Mademoiselle de*) : sa devise. p. 230

Science commence l'homme : le commerce du monde l'acheve. p. 123

Scotus, nommé le Docteur subtil. p. 176

Scriverius, homme fort amoureux. p. 188. 189

Scriverius (Pierre), sa devise. p. 230

Secret de la persuasion : en quoy est-ce qu'il consiste ? p. 178.

Sedition excitée dans Paris par M. de Beaufort. p. 20

Selden, Auteur du Commentaire *de Jure naturali & gentium*. p. 201

Selden est fait garde des registres de la tour de Londres par le Parlement. p. 226

Selden, savant, mais mauvais écrivain. p. 223

Seneque : sa maniere d'écrire par antitheses, & paradoxes. p. 148

Séparation de l'ame & du corps, se fait ressentir à tout le monde. p. 50

Séparation de biens proposée à Mad. Mazarin. Elle ne le veut que de l'avis de M. Colbert. p. 513

Servin, Avocat general, faisoit lire pour luy. p. 205

Seste (le Duc de), Gouverneur de Milan, donne passage à Mad. Mazarin par Alauph. p. 336. 337

Sienne : Mad. Mazarin y va avec le Connétable chez le Cardinal Chigi, &c. p. 345. 346

Silence, repos, & meditation, necessaires pour recüeillir le fruit de sa lecture. p. 120

Sincere : il le faut être au-delà de nos mœurs pour s'expliquer

s'expliquer nettement contre le ridicule. p. 152.
Soldat va voir la matrone dans le sepulchre, qui pleuroit. p. 98
Soleil qui éclaire tous les hommes, pourroit-il donner sa lumiere au hazard ? p. 20
Soleil : quand il commence à luire, on ne doit point s'attendre à voir le soir. p. 47
Soleil perdra sa lumiere. p. 52
Soleil a assez de beauté pour satisfaire l'esprit qui le contemple. p. 60
Soleil : sa lumiere est impenetrable à nos regards, &c. p. 88
Solitaire : un vrai solitaire est inestimable, & merite des loüanges. p. 119
Solitaires : leur repos est souhaité par ceux qui sont embarrassez dans la foule. p. 37.
Solitude : ses bornes ne sauroient empêcher le sage d'y trouver sa tranquillité. p. 61
Sonnets de Malherbe : celui qui lui plaît. p. 234
Sophocle prenoit la cothurne sans monter sur des échasses. p. 79. 80.
Sot, qui desire de l'estime, ne sauroit long-tems la posseder. p. 42.
Sots : il faut s'en moquer, & abhorrer les méchans. p. 33.
Soupirs & pleurs de la mort d'un ami dans le trouble des premiers mouvemens, ne doit pas empêcher l'ame forte de rentrer dans son assiette. p. 48
Source de la justesse du raisonnement : en quoy elle consiste ? p. 174.
Spina (*Barthelemy*), on le croit Auteur du Livre intitulé : *Fortalium fidei*. p. 252.
Splendeur immoderée : il ne la faut pas accuser dans les autres, quand on ne peut être splendide. p. 59
Splendeur, contente-t-elle tous ceux qu'elle environne ? p. 58.
Stache, Auteur de l'Hemistiche attribuée à Lucrece. p. 16.

Strabo

DES MATIERES.

Strabo (*Vvalafridus*), Auteur du Traité des choses Ecclesiastiques. p. 252

Strabon, ce qu'il dit des Bearnois & des Espagnols. p. 232

Stupidité (la) ne doit point être excusée. p. 175.

Suede (la Reine de) veut recevoir chez elle Madame Mazarin. p. 350. Son Conseil luy fait retirer sa parole. p. id. & 351.

Suidas; quel profit les doctes en tirent-ils? p. 290.

Syrenes (les) de l'Odysée, n'ont rien qui alarme la pudeur. p. 160

T.

Table frugale, toûjours prête. p. 135

Talens necessaires pour acquerir la perfection de l'éloquence. p. 99

Tarteron (le P.), Auteur de la traduction de Juvenal, peu fidele. p. 164.

Témoignage de nôtre conscience nous doit consoler contre les sentimens injustes du public. p. 44

Témoins (faux) déposent pour tromper. p. 134

Temperance: ses loix ne peuvent être violées par le goût & les délices, &c. p. 59.

Temperance est éloignée de tout excès. p. 26

Testament de Loüis XIII. est le motif de la broüillerie du Duc de Beaufort avec la Duchesse de Chevreuse. p. 3.

Testament de Jacques le Fevre: donne ses Livres à Girard le Roux. p. 218

Tetti (*Scipion*), Auteur de la dissertation de Apollodoris, &c. p. 275. Il fut condamné aux galeres, & pour quel sujet? p. 276.

Theatre d'honneur, composé par André Favin. p. 206.

Theatre de comedie dans le Palais Mazarin, abattu par le Duc; & pour quel sujet? p. 321

Theologiens Protestans; leurs défauts marquez par la Valterie.

Valerie. *p.* 26
Thomas (Saint) paroissoit stupide dans ses études. *p.* 175.
Thou (M. de) raporte un abregé de la harangue faite au Roy par plusieurs Princes d'Allemagne. *p.* 220.
Thucidide, celebre par son éloquence. *p.* 81.
Thucidide, imité par les historiens de son tems; comment ils commençoient leur histoire? *p.* 89
Timon Misantrope, extravagant d'Athenes: son épitaphe pour maudire les hommes après sa mort. *p.* 119.
Toison d'or (l'Ordre de la), institué par Philippes le bon Duc de Bourgogne; & à quelle occasion? *p.* 206.
Torinon Notaire, fait condamner sa femme à rentrer dans sa maison, quoique separée de biens. *p.* 241
Totanus (Guillaume), Auteur du Livre intitulé: Fortalium fidei. *p.* 252.
Toussy (Mad. de) accompagne Mad. Mazarin à Sainte Marie, &c. *p.* 314.
Tragi-Comedie du Cid, fit du bruit à la cour & à la ville. *p.* 150
Traité des dieux des Syriens, fait par Selden. *p.* 224
Traité de la verité de la religion chrétienne, par Grotius. *p.* 238. 239.
Trembleurs d'Angleterre, vont joüer chez Madame Mazarin. *p.* 418.
Trismegistes, employez dans les discours, sont souvent critiquez. *p.* 88.
Tunbridge (les eaux de) en Angleterre sont minerales & medecinales. *p.* 139.
Turenne (M. de) parle au Roy en faveur de Madame Mazarin. *p.* 337
Turin: Madame Mazarin y va pour aller à Montmeillan. *p.* 365
Tyrans commandent aux enfans d'être les bourreaux de leurs peres. *p.* 77
Tyrans

DES MATIERES.

Tyrans les plus cruels, ne peuvent trouver de cachot pour l'ame. p. 62.

V.

Valliere (Mad. de la) achete de la vaisselle d'argent de Mad. Mazarin. p. 332.

Valterie (M. de la), Auteur du Traité de l'usage de la vie. p. 22.

Valterie (M. de la) a traduit le fragment de Petrone sur l'éloquence. p. 66.

Vanité de toutes choses : comment la reconnoître ? p. 38.

Vanité dans les plaisirs, fait haïr la vie. p. 126.

Vardes (M. de) reçoit une visite de Madame la Connétable. p. 364.

Vavasseur : ses épigrammes. p. 252. 253.

Vendôme (Madame de) disoit à M. de Beaufort, qu'il vaut mieux mourir que de chercher sa guerison dans la Magie. p. 8.

Vendôme (M. de), artificieux : M. de Beaufort le possedoit. p. 11.

Venelle (Madame de), gouvernante des nieces du Cardinal. p. 287.

Venise : Madame Mazarin y va avec le Connétable son frere, & sa sœur. p. 345.

Venus faite riche par le Sculpteur, pour n'avoir pû la faire belle. p. 88.

Vergne (la Demoiselle de la) a fait l'histoire qui a pour titre : *Princesse de Montpensier*. p. 196.

Verité (la) n'a rien de changeant. p. 152.

Vers sur les eaux de Tunbridge. p. 140.

Vers sur la conscience, qui sert de Juge & de bourreau. p. 34.

Vers sur la mort d'un pere. 50.

Vers sur la destruction de la nature, &c. p. 52. 53.

Vers sur le plaisir de vivre à la campagne. p. 60. 61.

Vers sur les amis importuns. p. 138.

Vers sur l'abandon à à l'amour. p. 143
Vers d'Homere magnifiques dans le genre du sublime, n'ont pû être égalez par Pindare. p. 80
Vers à la loüange de Charles II. Roy d'Angleterre. p. 138. 139.
Vers sur ceux qui joüent aux eaux de Tunbridge. p. 139.
Vers sur le voyage en Angleterre. p. 137
Vers sur la loy de l'amour. p. 136
Vers sur l'avanture de la lettre de l'autre monde. p. 108 & *suiv.*
Vers sur le désespoir de la matrone d'Ephese pour la consoler. p. 100. 101.
Vers sur la tristesse de M. Mazarin, au sujet du départ de sa femme pour l'Italie. p. 330. 331
Vers à la loüange de Mad. Mazarin, &c. p. 341. 342
Vers sur les agrémens de la nature. p. 142
Vers sur les pucelles. p. 141
Vertu (la), son étude fait l'honnête homme. p. 22
Vertu des femmes, est une habileté à cacher leurs coquetteries. p. 95
Vertu d'un vray solitaire, contraire à la nature, oblige de la reverer. p. 119
Vertu (la) doit être le fondement de l'amitié, &c. p. 131.
Vertu (beauté de la) : qui peut s'empêcher de l'aimer? p. 172.
Vespasien s'ennuïoit de la longueur du triomphe. p. 42
Veuve qui se remarie dans l'an du deüil, quelles sont les peines de la loy ? p. 411
Vie des medecins de l'antiquité, faite par Pierre Castellanus. p. 112
Vie de Junius, composée par Gravius. p. 199. 200
Vie de S. Chrysostome, traduite du Grec de Pallade. p. 203.
Vie de Casaubon, écrite par la Valterie. p. 222
Vieillards n'osent avoüer qu'ils n'ont pas été bien élevez

DES MATIERES.

vez dans leur jeunesse. p. 86
Vigilance des Ministres réveille la paresse des Courtisans. p. 177
Vin reveille les forces de la nature, & donne à l'ame une vigueur capable de chasser l'ennuy. p. 55
Vincennes (*le bois de*) : le Prince de Condé y est emprisonné & y soûtient sa fermeté & sa constance. p. 19.
Vincenzo-Rospigliosi (*Fra*) , accorde la liberté de Courbeville. p. 349. 350
Windsor : le Roy Stuart y tient sa cour. p. 141
Virgile : de quelle maniere écrivoit-il ? p. 150. 151
Virgile a excellé dans la Poësie heroïque, & peut être donné pour original. p. 149
Virgile a décrit l'entrevûë d'Enée & de Didon dans une caverne. p. 168
Vitry, lieu d'un combat contre les Frondeurs pendant les guerres de Paris. p. 17
Vivonne (*Diane de*) , mere de Madame de Retz. p. 274.
Ulysse n'abuse point des bontez de la Princesse Nausicaa. p. 199.
Voiture, est-il un vray medele de perfection pour les ouvrages d'esprit ? p. 147
Voiture, exact dans sa maniere d'écrire. p. 161
Voltard Kornhert (*Theodore*) : ses œuvres sont dans la bibliotheque de Beuning à la Haye. p. 254. 255
Voleur pendu, enlevé par ses parens. p. 104
Volupté se tire des sciences & de l'étude. p. 64
Vood dit qu'Edmond Rainold mourut dans la communion Romaine. p. 262
Vossius a écrit sur *Pomponius Mela*. p. 185
Vossius avoit un Anacreon où Scaliger avoit écrit que Jean Dorat avoit traduit les Odes de ce Poëte en Latin, & non Henry-Estienne. p. 194.
Voyages de Polo Venitien : ses particularitez. p. 198
Voyages de Rauvolf traduits en Latin. p. 198

Voyages

Voyages de M. & Mad. Mazarin à ses terres & gouvernemens. p. 298
Voyages de Mad. Mazarin, recitez par Erard dans son plaidoyé. p. 394
Voyageurs s'égarent, faute de prendre de guide. p. 122
Usage de la bonne chere, est conseillé par les Philosophes, & en condamnent l'excès. p. 55
Usage de la vie, pour la recherche de la felicité. p. 22.
Usserius, Theologien Protestant en Angleterre, n'a pas le discernement fin. p. 261

X.

Xiphilin sur S. Matthieu, dont Henry-Estienne apporte des fragmens. p. 214

Y.

York (*le Duc d'*) monte sur le trône d'Angleterre, & continuë la pension à Madame Mazarin. p. 395.

Z.

Zeuxis Peintre, enseignoit la peinture. p. 81
Zidam (*Mouley*) Roy de Maroc, reçut un Atlas & un nouveau Testament Arabe que luy avoit envoyé Erponius. p. 266

Fin de la Table du sixième Tome.

www.ingramcontent.com/pod-product-compliance
Lightning Source LLC
Chambersburg PA
CBHW070828230426
43667CB00011B/1720